任晢宰全集 ①

# 韓國口傳說話

平安北道 篇 Ⅰ

# 任晳宰

1903년 5월 1일 출생
1929년 3월 京城帝國大學 法文學部 哲學科 心理學 專攻
1946~1958년 韓國心理學會 會長
1947~1968년 서울大學校 師範大學 敎授
1958~1968, 1984~1986년 韓國文化人類學會 會長
1959~1969년 大韓精神健康協會 會長
1981년 굿학회 會長
1998년 5월 2일 作故

著書 : 『끝이영감』, 『이야기는 이야기』, 『옛날이야기 선집』(전5권),
　　　 『날이 샜다』, 『봄아 어서 오너라』, 『씨를 뿌리자』(이상 3권 동요집),
　　　 『任晳宰全集 韓國口傳說話』(총12권)
論文 : 「韓國巫俗硏究序說」, 「우리나라 天地開闢神話」 外

任晳宰全集 ①
# 한국구전설화 | 평안북도 편 I

초　판 1쇄 발행일　1987년　2월 28일
초　판 4쇄 발행일　1995년　3월 15일
　2판　1쇄 발행일　2011년　4월 20일
개정판 1쇄 발행일　2025년　11월 21일

엮은이　　임석재
펴낸이　　이정옥
펴낸곳　　평민사
　　　　　서울시 은평구 수색로 340 동일빌딩 202
　　　　　전화: 02·375-8571(代)  팩스: 02·375-8573

《평민사 블로그에 다양한 도서가 소개되어 있습니다》
http://blog.naver.com/pyung1976
e-mail : pyung1976@naver.com

등록번호　　25100-2015-000102호
 ISBN　　978-89-7115-880-7　03810
 값　　　　24,000원

임석재 전집 ①

# 한국구전설화

## 평안북도 편 Ⅰ

평민사

# 일러두기

1. 說話의 배열은 소위 分類法으로 하지 않고 類話 위주로 하였다.
2. 우리 나라 說話는 說話題名이 없는 것이 常例이다. 그런데 여기서는 설화에 각각 특정 題名을 붙였다. 說話題名은 編者의 판단 내지 査定에 의하여 설화내용을 어렴풋하게나마 파악할 수 있게 便法的 假定題目으로 하였다. 설화의 내용이나 구성이 비슷하여도 그 전체에서 풍기는 意義나 興趣가 다른 것은 다른 題名으로 붙였고 또 그와 반대로 설화의 내용이나 구성이 다르더라도 兩者가 풍기는 의의나 興趣가 같아 보이는 것은 같은 제명을 붙였다.

   說話題名은 표준어로 표기하였다.
3. 各說話의 末尾에는 採集年月, 採集場所, 採集者 姓名을 付記하였다.

   敍述이 약간 달라도 내포한 사항·意義·興趣 등이 별 차이가 없는 것은 同一話로 간주하고 일괄하여 同一題名을 붙이고 채집년월, 채집장소, 채집자 성명을 末尾에 付記했다. 同一題名의 설화 중 특이하게 다른 점이 있는 것은 그것을 명시하기 위하여 略述하였다. 同一題名의 설화의 서술내용은 최초에 입수한 것을 대표로 제시하였다.
4. 方言 중 同義語가 여러 가지 있는 것은 그중 하나로 대표화하지 않고 모든 것을 전부 다 표시하기로 하였다.

   例 1. 내기 : 내기상 / 내기새

   例 2. 묶는다 : 꽁진다 / 동진다

   例 3. 옷 : 입성 / 닙성 / 우테

   例 4. 거짓말 : 거짓뿌리 / 거리뿌리 / 겁소리 / 겁쏘리

   例 5. 떠든다 / 큰소리친다 : 과틴다 / 곤다
5. 표기는 한글 맞춤법에 따랐으나 맞춤법대로 하였을 때 그 발음이 方言대로 되지 않는 것은 맞춤법에 따르지 않고 지방의 방언대로 하였다.

   例 1. 꽃이 : 꽃시 / 꼬시

   例 2. 닭이 : 달기 / 닥이

# 平安北道 篇 I

**평안북도 군별 설화채록수 표시도 [平安北道 郡別 說話採錄数 表示図]**

| | | | |
|---|---|---|---|
| 厚昌郡 후창군 | 江界郡 강계군 | 渭原郡 위원군 | 楚山郡 초산군 |
| 熙川郡 희천군 | 碧潼郡 벽동군 | 昌城郡 창성군 | 雲山郡 운산군 |
| 寧邊郡 영변군 | 朔州郡 삭주군 | 泰川郡 태천군 | 義州郡 의주군 |
| 新義州府 신의주부 | 龜城郡 구성군 | 龍川郡 용천군 | 宣川郡 선천군 |
| 定州郡 정주군 | 博川郡 박천군 | 鐵山郡 철산군 | |

# 책 머리에

여기에 收錄된 說話는 編者가 1931년에서 1940년까지 10년간 宣川 信聖學校에 在職中 採集한 것이 그 주축을 이루고 있다. 그중에 編者가 동료, 知友, 학부형에게서 聽取한 것과 隣近各處를 답사하여 採錄한 것도 있으나 信聖學校 학생들이 방학 때마다 고향에 돌아가서 채록하여 제공한 것이 압도적으로 多量을 占하고 있다.

說話의 記述은 提報者가 口述한 그대로 記述하는 것을 원칙으로 하였다. 그런데 記述한 결과는 원칙대로 되지를 못하였다. 녹음기가 없었던 그 시절에는 제보자의 口述을 그대로 記述한다는 것은 능숙한 速記士 외에는 평상인으로서는 불가능에 가까웠다. 口述 그대로를 비교적 올바르게 文字化하는 방법이란 口述을 청취한 후 기억이 사라지기 전에 그를 회상하여 기술하는 방법이었다. 그런데 이렇게 해서 이루어진 것은 아무리 충실하고 정확하게 했다 해도 많은 變貌가 있는 것이었다. 口述者가 說話의 본 줄거리와 벗어나게 한 敍述, 口述者가 간간이 삽입하는 私見이나 解釋이나 敷衍한 것, 同一敍述의 중복 등은 생략해 버리는 수가 많았다. 口述者의 구술 중의 時制의 誤用, 能動·被動의 착오 등을 올바르게 하느라고 제나름대로 整齊하기가 일쑤이고, 語尾를 '했다'나 '하였습니다'로 끝막아서 표시하는 수가 있기 때문이다.

학생들이 작성하여 제공한 說話資料는 그들이 정성들여 충실히 採錄했다 해도 여러 가지 欠點을 내포하고 있어서 만족스럽지 못한 것이 많았다. 그것은 학생들의 불성실에서 생긴 것이 아니고 학생들의 國語

知識이 부족에서 緣由한 것으로 보여졌다.

日政治下의 우리 나라 학교교육의 수업시간은 初等·中等學校에서는 週當 34시간이었다. 그중에서 국어교육시간은 2시간이었다. 국어교육은 朝鮮語漢文의 名目下에 이루어졌으므로 純國語教育은 이것보다 훨씬 줄어든 시간이라 하겠다. 국어교사는 교원자격증이 없어도 國漢文을 해득할 수 있는 사람으로 學校長이 任意採用하여 충당되는 人士였다. 이러한 教師 중에는 높은 識見과 해박한 학식이 있다 하여도 국어교육의 정규적 교육은 하지 못했다. 문법·철자법·띄어쓰기·作文 등의 교육은 염두에 두지 않고 교과서의 讀解에만 그쳤다. 朝鮮語漢文 教科書는 日政教育 當局者가 편찬한 것으로서 내용은 새로운 지식을 얻게 하는 것보다는 偉人의 德行의 逸話나 교훈적 사항에 관한 것이었다. 이러한 교재 내용은 학습의욕을 부풀어 올리지 못했다. 朝鮮語는 상급학교 입학시험과목에서 제외되었기 때문에 朝鮮語(國語) 教育은 학생들의 짐이 되고 있었다. 학교교육의 교과서는 朝鮮語를 제외하고는 日語로 되어 있고 그 수업도 日語로 이루어졌다. 그러므로 학생들은 日語로만 교육받고 수업시간 외에나 國語로 會話하여 의사소통을 할 뿐이었다. 그러므로 학생들은 학교의 국어교육을 통하여 국어의 묘미·興趣·예술성 등을 習得하지도 못했고 感得하지도 못했다.

이러한 국어교육을 받은 학생들이 채록한 설화자료는 그대로는 만족할 만한 것이 극히 드물었다. 띄어쓰기는 전혀 볼 수 없고 철자 맞춤법도 익숙지 못했다. 우리 말로 口述되었을 것을 품격 높이기 위해서인지 '先生曰, 金風이 蕭蕭한 秋夜長에, 明月이 滿乾坤한데' 등의 記述이 있고 方言을 서울식으로 바꾸어 쓰느라고 '떡'을 '쩍'으로, '등대문'을 '종재문'으로, '사이'를 '새'(鳥)로, '가이'를 '개'(犬), '피양'을 '平壤', '이사'를 '의사'(醫師)로, '되션'을 '조선'(朝鮮) 등등으로 變調·歪曲·誤記한 것이 많았다.

학생들이 채록한 설화자료는 위에서 말한 것과 같이 變調·誤記·歪

曲이 있어 口述 그대로의 記述은 아니었다. 그렇지만 그것들은 구술 그대로를 추정할 만한 것이기 때문에 소중한 자료임에는 틀림없었다. 학생들이 채록한 자료 안의 變調·誤記·歪曲 등을 修正하고 訂正하면 녹음기가 없는 시절의 口述 記述로서는 더 이상 바랄 수가 없는 것이었다. 그래서 編者는 학생들이 제공한 자료의 修正·訂正의 작업을 하게 되었다. 수정·정정의 작업을 한다고 해서 보다 나은 문장으로 整齊하기 위하여 改作·變作한다든가 加筆·添加·削除·補完 등은 하지 않았다. 다시 말해서 학생들이 제공한 자료는 될 수 있는 대로 손상하지 않고 그 記述을 十分 살려 두려고 애썼다. 그러한 탓으로 說話의 記述이 매끄럽고 流麗한 문장으로 되지 못하게 되었다.

여기에 수록된 설화 중에 1927년에 수록된 것이 섞여 있는데 그것은 다음과 같은 事由에서이다.

畏友 咸秉業 學兄이 일본 東京帝國大學 大學部 國文學科(日語學科)에 재학 중 우리 나라 名地의 설화를 수집하는 작업을 벌여 전국 각지의 公立普通學校에 의뢰하여 많은 자료를 취득하였다. 이에 응하여 자료를 제공한 사람은 보통학교 학생들이었다.

1927년 2월 하순경에 編者는 咸秉業 兄과 우연히 화합하여 설화에 대하여 언급하게 되어 編者가 설화에 관심을 가지고 이를 수집하고 있다는 것을 말하자, 咸兄은 자기가 다년간 간접수집한 資料를 고스란히 넘겨 주며 이것도 함께 연구자료로 써 달라고 했다. 그는 그 귀중한 자료를 아무런 보수도 요구하지 않고 아무런 조건도 내세우지 않고 넘겨 주었다. 이 자료는 보통학교의 연소한 소년들이 記述한 것인데도 설화의 내용을 충분히 了得할 수 있게 기술한 것들이었다. 각 설화에는 제보자의 성명은 명기되어 있었고 採集地에 대해서는 더러는 해당 지명이 명기되어 있는 것도 있었으나 대부분은 通學하는 소속학교명을 표시한 것이었다. 그런데 採集年月日은 빠뜨리고 있었다. 그래서 이런 설화의 채집일자는 編者가 咸兄에게서 인수한 달을 채집일자로 삼기로 했다.

編者는 수많은 설화를 수집하여 놓기는 했으나 게으름과 주변 없는 탓으로 이를 50~60년이 훨씬 넘게 오랫동안 잠재우고 있었다. 근래에 이르러 우리 나라 민속에 관한 관심이 사회적으로 높아짐에 따라 설화에 관심을 가진 崔來沃 敎授, 金仁會 敎授, 金秀男 學士, 黃縷詩 碩士 등 少壯學者들이 이것의 出版을 위하여 활동을 벌였다. 그러던 중 평민사의 李甲燮 사장과 連繫되었다. 編者가 所藏한 설화를 모두 다 出版한다는 것은 한두 권의 것이 아니고 이십여 권이나 될 방대한 것이다. 이것의 出版은 수익성이 별로 없을 것이다. 그런데 李 社長은 이것의 출판을 快諾하셨다. 編者는 李 社長의 각별한 厚意에 敬意어린 感謝를 올린다. 崔來沃 敎授, 金仁會 敎授, 金秀男 學士, 黃縷詩 碩士 등 여러분들이 열렬한 好意的 활동으로 말미암아 이 설화집의 출판 기회를 마련하여 준 데 대하여 감격적인 감사를 드린다.

이 책자를 특색 있게 꾸미기 위하여 字體選定, 조판양식 모색, 교정·색인·分布圖 작성 등 중요하면서도 돋보이지 않는 귀찮고도 지루한 숨은 雜務를 도맡아 일해 주신 姜金希 學士를 비롯하여 編輯部 諸位의 숨은 노고에 고마운 인사를 드린다.

이 冊子에 담겨 있는 설화의 제공자는 모두 다 10代의 어린 소년이었는데 그들이 작성한 說話記述을 近 60년이 지난 이제 와서 출판하게 되어 그 제공자들은 지금에 와서는 60~70의 노인이 되어 있고 개중에는 幽明을 달리한 人士도 있을 것이다. 소년들이 애써 작성해 준 原稿를 近 50~60년이나 잠재웠다가 이제 와서 출판하는 데 대해서 編者는 제공자들에게 송구함이 앞선다. 이 冊子를 對하고 소년 시절의 原稿를 새삼스럽게 보게 될 人士가 있을 것이라는 것을 생각하면 감개가 무량하기도 하다.

　　1986년 8월 編者 識

# 平安北道 I/ 차례

# 고양이의 꾀 |

넷날에 어드런 집에서 괭이를 멕이드랬는데 이놈에 괭이레 도무지 쥐를 잡디를 않았어요. 그래서 쥔한테 당창 욕만 얻어먹구 있었더랬는데 하루는 이 괭이레 쥔에 베감투를 빼트러 쓰구서리 골간에 들어갔어요. 쥐들은 저들을 통 잡아먹디를 않은 괭이가 오느꺼니 쥐들은 나와서 "괭이님 어드레 베감투를 썼읍니까?" 하구 물었어요. 괭이는 "울 아버지레 세상을 떠나서 베감투를 썼음메" 하멘 "야 너들 다 나와서 상문하라우" 그렇게 말하니꺼니 쥐들은 모주리 나와서 상문할라구 했어요. 그때 괭이는 얼른 쥐구넝을 막구서리 다 잡아먹었어요.

\*1934年 7月 宣川郡 山面 下端洞 金國柄

# 메추라기의 꼬리 |

넷날에 토까이레 개굴갱변[1]을 깡충깡충 뛰어가드랬는데 둥지를 틀구 있는 메추래기를 보구 메추래기를 잡아먹구파서 댑새[2] 달라들어서 메추래기를 물었다. 메추래기는 잡아멕히겠으느꺼니 한 계구[3]를 피워서 토까이과[4] 말했다. "야 토까이야 난 이젠 죽는 몸이 됐으니꺼니 죽는 거는 할 수 없다만 죽을 적에 오마니란 말 한번 듣구 죽으며는 한이 없갔다. 그러느꺼니 너 한번 오마니 소리를 불러다오" 하구 말했다.

토까이는 그 말을 듣구 그카갔다 하구서리 "오마니" 하구 크게 불렀다. 이때, 토까이 입이 쩍 벌레지느꺼니 메추래기는 뽀르르 날라갈라구 했다. 토까이는 이걸 보구서리 니어[5] 달라들어서 메추래기 꽁지를 콱 물었다. 메추라기는 그냥 날라갔는데 고만에 꼬리는 토까이 입에 물리워서 빠지구 말았다. 그래서 메추래기는 이제까지 그 꽁지가 나딜 않아서 메추래기 꽁지는 없다구 한다.

\*1932年 8月 宣川郡 郡山面 砂橋洞 李弘泰

1) 개울가    2) 덥석    3) 꾀    4) 토끼더러    5) 곧

# 메추라기와 여우 | 넷날에 여우 한 마리가 배가 고파서 뭐이 먹을 거 없나 하

구 여기더기 돌아다니는데 한 곳에 가느꺼니 메추래기가 있어서 이걸 잡아먹을라구 했다. 메추래기는 이것을 보구 "야 여우야, 나를 안 잡아 먹구 살례 주문 내레 배불리게 해주갔다"구 말했다. 그러느꺼니 여우는 그카라 하구 메추라기를 놔 줬다. 메추라기는 앞서 가는데 "날 따라 오라" 하구서리 앞서 가느꺼니 여우두 뒤따라갔다. 그때 데켄을 보느꺼니 어떤 낸[1]이 함지에다 밥을 니구서리 가구 있는 것이 보였다. 그때 메추라기는 그 낸 앞에 가서 발딱발딱 뛰었다. 그러느꺼니 그 낸은 이 메추라기를 잡갔다구 손을 내밀었다. 메추래기는 또 조곰 더 멀리 뛰어갔다. 낸은 그걸 또 잡갔다구 쫓아와서 손을 내밀었다. 메추래기는 또 깡충 뛰어서 멀리 갔다. 낸은 또 이걸 잡갔다구 뒤쫓아갔다. 그래서 잡을라 잡을라 해두 잡히디 않으느꺼니 낸은 밥함지를 내리놓구서 쫓아갔다. 메추래기는 잽힐 듯 잽힐 듯하면서 조금식 조금식 앞으루 갔다. 낸은 또 그 뒤를 따라왔다. 이렇게 해서 멀리까지 왔다.

그 짬에 여우는 낸이 내려놓은 밥함지에서 밥을 먹었다. 메추래기는 이걸 멀리서 보구서리 호루루 날아갔다. 낸은 고만에 메추래기를 잡딜 못허구 도로 밥함지 있는 데루 왔다. 와 보느꺼니 여우란 놈이 밥을 다 먹어서 이 낸은 멍하니 서 있었다. 그때 메추래기는 공둥에서 이걸 보구서리 피 하구 웃었다.

그리구 나서 여우한테 다시 내레와서 "야 여우야, 네레 밥 실컷 먹었디?" 하느꺼니 여우가 그랬다구 했다. "고롬 요담에는 너 우스운 꼴 보간?" 그러느꺼니 그라갔다구 했다. 그때 마침 옹기짐을 지구 가는 두 형데가 왔다. 메추래기는 앞에 가는 형에 옹기짐 우에 가 앉았다. 뒤따라 오던 저그니레 이걸 보구 메추래기를 잡갔다구 손을 내미는데 닿딜 않아서 요번에는 작시미루 메추래기를 후레갈겼다. 그러느꺼니 메추래기는 맞디 않구 날라가구 형에 옹기짐만 바싹 때레서 망가뗐다.

형이 이걸 보구서 "이 새끼 미쳤네?" 하며 "와 놈에 짐을 때래부수네? 너 좀 맛 좀 볼래?" 하멘 형은 작시미를 들구 아우에 옹기짐을 때래부 쉈다. 그래서 둘이서 냅다 쌈질을 했다. 여우와 메추래기는 이걸 보구 하하 하구 웃었다. 고담에 메추래기는 여우과[2] "네레 우스꽝스런 거 봤 디? 고롬 요담에는 너 서럽고 아픈 꼴 보간?" 하구 말했다. 여우레 "아 그카갔다"구 했다. "고롬 네레 땅을 파구서 그 안에 들어가서 코빼기만 내놓구 있으라" 그러느꺼니 여우레 메추래기가 하라는 대루 땅을 파구 그 안악에 들어가서 코빼기만 내놓구 몸을 묻구 있었다.

메추래기는 여우에 내논 콧잔등 우에 가서 앉아서 졸구 있었다. 그 때 새꾼[3]이 하나 지나가다가 메추래기가 졸구 있으느꺼니 이것을 잡갔 다구 작심이루[4] 후려갈겼다. 메추래기는 맞디를 않구 여우에 코빼기만 탁 태서 피가 났다. 여우레 코에서 피가 나구 아프구 허느꺼니 눈물을 흘리구 있었다. 그때 메추래기가 와서 "여우야, 네레 슬프구 아픈 꼴 봤 디?" 했다. 여우레 이 말을 듣구서리 "요놈에 새끼" 하멘 달라들어서 물 어서 죽이갔다구 했다.

그러느꺼니 메추래기는 "야 여우야, 난 이제는 죽게 된 몸이느꺼니 죽어두 할 수 없다마는 죽기 전에 오마나나 한번 보구 죽갔다. 그러느 꺼니 너 '오마니' 하구 한번 불러주람" 했다. 여우레 그 말을 듣구 "오마 니" 하구 소리를 내서 크게 불렀다. 이 짬에 여우에 입이 벌어지느꺼니 메추래기는 쪼이 허구서 날아가 버렸다. 여우는 또 달라들어서 메추래 기를 물었는데 꽁지만 물어서 꽁지가 빠지고 메추리는 그냥 날라갔다. 그래서 메추리는 꽁지가 없다구 한다.

＊1936年 12月 宣川郡 台山面 圓峯洞 朴根葉

＊1936年 12月 定州郡 觀舟面 近潭洞 金英甲

＊1936年 12月 定州郡 觀舟面 草庄洞 鄭聲源

＊1936年 12月 鐵山郡 西林面 化炭洞 金景龍

1) 여자　　2) 여우더러　　3) 나무꾼　　4) 작대기로

# 비에 놀란 호랑이 |

넷날에 어늬 비 오는 날 밤에 범 한 마리가 뭘 잡아 먹갔다구 어드런 집에 들어갔다. 그때 마침 어린애레 울구 있었다. 오마니레 이걸 달래누라구 야 광이 온다 그래두 울음을 그치디 않았다. "야 도깨비 온다" 그래두 아는 울음을 그치디 안했다. 야 뭐 온다 뭐이 온다 이래두 아는 근냥 울구만 있었다. 오마니는 이번에는 "데켄에 범 왔다" 그러는데두 아레 근냥 울구 있었다. 범은 데켄에서 이 말을 듣구 '어드레 내가 여기 온 걸 아누?' 허구 가만히 서 있었는데 고담에 오마니레 "야 비 온다 비 와" 그러느꺼니 아레 울음을 딱 그텠다. 범은 이 말을 듣구서리 깜짝 놀라서 '비레 뭔가? 아마 비는 나보다두 더 센 놈이구 그거한테 잽혔다가는 죽갔다' 그러구서 범은 비한테 잽히디 않갔다구 마구 달아뒀다구 한다.

＊1934年 7月 朔州郡 朔州邑 東部洞 田種哲
＊1934年 7月 義州郡 枳峴面 蘆北洞 金用謙


# 호랑이와 토끼 |

넷날에 도죽놈[1] 하나이 껌껌한 밤둥에 소를 채구려[2] 어드런 부잿집으 텅간[3]에 들어갔다. 텅간 안이 껌껌하기 때문에 손으루 여기더니 더듬어서 보느꺼니 살찐 소가 한 마리 있어서 그 소으 잔등에 올라앉아서 몰구 밖으루 나왔다. 그런데 이것이 놀라서 그런지 뛰서 자꾸 산 우으만 올라갔다. 도죽놈은 이상해서 자세히 보느꺼니 탄 소가 아니구 큰 범이 돼서 깜짝 놀라서 가던 도둥에 나뭇가지가 늘어진 것이 있어서, 그 나뭇가지를 쥐구서 뛰어내렸다.

　범은 제 잔등에 뭐이 올라앉은 걸 저보다두 더 힘센 거인 줄 알구 미서웠던 거인데 이거이 제절루 떨어데 나갔기 때문에 그놈한테 다시 잽히우디 않갔다구 자꾸자꾸 도망갔다. 뛔가는데 토까이를 만났다. 토까이레 범이 뛰는 걸 보구서 "와 그렇게 뛰는가?" 하구 물었다. 범은 "뭐이나 잔등에 올라앉았었넌데 그거이 무서워서 떨어디라구 뛨는데 그거이 이자 막 제딜루 떨어데서 다시 못 붙게 하느라구 뛔간다"구 말했다. 그러느꺼니 토까이는 "고거이 뭐인가 한번 자세히 보러 가자" 하멘 범을 앞세워서 나무 있는 데루 갔다.

도죽놈은 범에서 뛔내려서 그 나무으 구세먹은[4] 통 안으루 들어가서 숨어 있댔다. 토까이와 범이 그 나무 있는 데 왔는데 잘 보이딜 않아서 토까이레 그 쿠새먹은 나무에 올라가서 쿠새먹은 안악에다가 꼬랭이를 넣어서 이리더리 휘둘러 봤다. 그 안에 숨어 있던 도죽놈은 뭐이 또 들어오느꺼니 미서워서 그 들어온 거를 붙잡아 개지구 힘껏 잡아댕겼다. 토까이는 꼬랭이를 잡아당기느꺼니 아파서 놀래서 뙤달아날려구 하는데 꼬랭이가 나오딜 않았다. 힘을 더 줘서 냅다 뛨는데 고만에 꼬랭이가 끈캐디구 말았다.

오늘날 토까이 꼬랭이가 짧은 건 그때 끊긴 때문이라구 한다.

*1932年 8月 宣川郡 郡山面 砂橋洞 李弘泰

1) 도둑놈  2) 훔치려고  3) 외양간  4) 고목나무 둥치가 썩어서 구멍이 난

# 호랑이와 토끼와 곰 | 넷날에 범 한 마리가 배가 고프느꺼니 뭐이

잡아먹을 거이 없갔나 하구서리 산에서 내레와서 어드런 집 앞에 가 가만히 숨어서 경우[1]를 살피구 있었다. 그 집 남덩[2]이 뜨락[3]에 앉아서 저녁을 먹구 있었는데 조금 있다가 "아, 소나기가 오갔군" 하멘 상을 들구서 집 안으루 들어갔다. 범이 이런 거를 보구서리 소나기레 나보담도 호께[4] 미서운 거인가 보다 허구서 자기도 소나기한테 잡히디 않갔다구 소외양간으루 들어가서 숨어 있었다.

그때 마침 소도죽놈이 소를 채레 왔다. 소외양간에 들어가서 어둔데

서 손으루 여기더기 더듬더듬하면서 소를 찾았다. 마침 소 같은 거이 있으느꺼니 도죽놈은 그 잔등에 올라타구서리 앵덩이[5]를 때리면서 몰구 나갔다. 범은 소나기가 제 잔등에 올라탄 줄 알구서 이거 미서워서 이걸 떼갔다구 마구 뛰었다. 들루 밭으루 산으루 뛰어가는데두 이거이 떨어지디 않으느꺼니 자꾸자꾸 뛨다. 그리다가 날이 밝았다. 소도죽놈은 자기가 탄 걸 보느꺼니 소가 아니구 범이 돼서 놀래서 뛰어내리갔다구 하는데 마침 길가에 큰 나무가 있어서 그 나뭇가지를 붙잡구 범으 잔등에서 뛰어내렀다. 그 나무가 구새먹은 나무레 돼서 구새통에 들어가서 숨어 있었다. 범은 미서운 소나기가 다시 달라붙딜 않게 하느라구 마구 뛰면서 숨을 벌렁벌렁하면서 뛔갔다.

토까이레 이걸 보구 "아즈버니, 와 그리 급해 뛤메?" 하구 물었다. 범은 "야 소나기레 달라붙었다가 떨어데서 다시 달라붙디 못하게 하누라구 이렇게 뛔간다" 그러느꺼니 토까이레 힝 웃으면서 "그거 뭐 미서운 거이갔네. 사람이야. 날래 다시 가서 잡아 먹자"구 했다. 범은 싫다구 가디 않갔다구 했다. 그때 마침 곰이 나왔다. 토까이레 곰과 "우리 범과 하냥 서이서 가보자"구 말했다. 그래서 범과 곰과 토까이레 서이서 그 구새먹은 나무 밑에까지 갔다. 그런데 이 사람은 구새통에 숨어 있어서 잡아 낼 수가 없었다. 곰은 "수가 있다" 그러멘 구새먹은 나무에 올라가서 우에 뚫레 있는 구넝을 앵둥이루 앉아서 막았다. 그리구서리 범과 토까이보구는 "너들 고낭구 밑이를 깎아서 구넝을 뚫으라"구 했다.

소도죽놈은 '이거 야단났다. 이거 어드럭허믄 둏갔누?' 하구서리 우에를 테다보느꺼이 곰에 부랄이 덜렁덜렁하게 늘어데 있어서 소도죽놈은 제 고메끼[6]를 풀어 개지구 곰에 부랄을 매개지구 힘껏 잡아댕겠다. 그러느꺼니 곰은 아파서 "아이구 아이구 나 죽갔다 나 죽갔다" 하멘 과뎄다.[7] 이 소리를 듣구서리 토까이와 범은 "거 무서운 소나기레 곰 잡아 죽인다" 하멘 달라 뛰었다. 곰은 아파 죽겠으느꺼니 소도죽놈보구 말했다. "야야 나 부랄털을 하나 뽑아 줄 거니 놔달라"구 했다. 곰 부랄털은 쌀 나오라 하멘 쌀 나오구 돈 나오라 하멘 돈 나오는 그런 보물이 돼서 도죽놈은 그럭하라구 하구서리 곰으 부랄털을 하나 개지구 놔줬다. 그 래 가지구 그 곰으 부랄털을 개지구 집에 돌아와서 잘살다가 앞산은 들 어가구 뒷산은 나오는 사이에 있다가 그만 죽었다구 한다.

＊1934年 7月 龜城郡 舘西面 造岳洞 金光俊
＊1938年 1月 定州郡 玉泉面 文仁洞 金珽鴻
1) 동정, 상황   2) 男子   3) 마당   4) 퍽이나   5) 엉덩이   6) 대님   7)
큰소리를 질렀다


# 호랑이 |
넷날에 어드런 집이서 밤중에 아레 자꾸 울어싸서 고 오마니레 울음을 끄치게 하두룩 달래느라구 "야 범왔다" 하는데두 그 아는 울음을 끄치디 않구 근냥 울구만 있었다. 이 때 마츰 범이 데켄에 와서 이 말을 듣구 '나 온 줄 어드렇게 알구 있누?' 하멘 있었는데 그 오마니는 아 울음을 끄치게 하느라구 요번에는 "깍쟁 이 왔다" 하니꺼니 그 아는 고만 울음을 뚝 끄텄다. 범은 이 말을 듣구 깜짝 놀랐다. '이 세상에는 나보담두 더 무서운 거이 없는 줄 알았는데 깍쟁이란 것이 더 무서운 것이 있나 보다. 그르느꺼니 그 아레 깍쟁이 란 말을 듣구서리 울음을 끄쳤디' 하구서르 '야 이거 여기 있다가는 깍 쟁이한테 잽히갔다.' 이렇게 생각하구 거그서 어슬렁어슬렁 나갔다. 그 때 소도죽놈이 왔더랬는데 범이 어슬렁어슬렁 나가느꺼니 소가 그렇 게 나가는 줄 알구서 '야 호박 떨어뎄다나' 하구 그 범 잔등에 올라탔다. 범은 자기 잔등에 올라탄 거이 아무래두 깍쟁인가 보다 하구 이것을 떨 굴레구[1] 마구 힘을 주어서 달아뭬었다. 그런데 소도적놈은 떨어데서는 안 되갔다구 더욱더욱 꽉 부톄 잡구 있었다. 범은 또 이걸 떨구갔다구 마구 달아뛰었다.

　그러다가 날이 밝아뎄넌데 소도죽놈이 보느꺼니 자기레 탄 거이 소가 아니구 범이 되서, 고만 혼이 나서 어떡할 줄 모르는데 그때 마침 큰 나무 밑으루 범이 지나가서 그때 날래 나뭇가지를 잡구서 그 나무에 올라갔다. 범은 그놈이 떨어데 나갔기 때문에 이젠 살았다 하구서리 근냥 뛰어갔다. 달아 뛰어가다가 깍쟁이란 거이 어드렇게 생긴 거인가 하구 보갔다구 뒤를 돌아다보느꺼니 아무것두 없구 다만 네내[2] 사람이 있었다. '아 내레 데따우한테 속았다' 하멘 분이 나서 그놈을 잡아먹갔다구 나무로 기어올라갔다. 범이라는 건 나무에 오를 적에는 까꾸루 올라가는 법인데 이 범이 까꿀루 이렇게 올라가는데 소도죽놈은 범한테 잡혀먹히디 않갔다구 우에루 우에루 올라갔다. 범은 자꾸 자꾸 올라갔다. 소도죽놈은 더 올라갈래야 올라갈 수가 없게 되느꺼니 그때에 자기 허리띠를 풀러서 홀강이[3]를 맨들어서 범에 부랄을 매서 힘껏 잡아댕겼다. 그러느꺼니 범은 뽀두룩 뽀두룩 하면서 죽구 말았다.

＊1934年 7月 義州郡 古舘面 堂谷洞 劉昌悙

1) 떨어뜨리려고　　2) 보통사람, 늘 보는 사람　　3) 올가미


# 호랑이와 곰 |
넷날에 어드런 집에서 밤에 어린아레 자꾸 울구 있어서 고 오마니레 곶감 주갔다, 사탕 주갔다, 뭘 주갔다, 이렇게 먹을 걸 준다구 허면서 달래는데두 아는 울음을 그티디 않구 자꾸 울기만 했다. 그러느꺼니 이번에는 오마니레 승냥이 온다, 범 온다, 이렇게 무서운 거이 온다구 말을 해두 울음을 그티디 않구 근냥 울기만 했다. 그러느꺼니 고담에는 "어리두 온다" 하느꺼니 그제서야 아는 울음을 딱 끊쳤다.

　요때 범이 와서 오마니레 아이한테 말하는 거을 다 듣구 있었넌데 범이 온다 해두 울던 아레 어리두 온다 허느꺼니 울음을 딱 끊쳐서 범이 생각허기를 '야 내가 이 세상에서 제일 무서운 건 줄 알았는데 무서운 거이 온다 해두 아레 울음을 끊치디 않더니 어리두 온다 허느꺼니 끊치

는 걸 보니 어리두레 호께 미서운 거인가 보다' 하구 겁이 나서 범은 숨 갔다구 말텅간에 들어가서 한 구세기에 가 틀어백히구 있었다. 이때 말 도죽이 말을 채러 왔었다.

텅깐에 들어가서 어두운 데 손을 여기더기 흔들러 보면서 말을 챘는데 마침 털이 도혼 말이 있으느꺼니 그 말에다가 말굴레를 씌워서 올라타구서 몰구 나왔다. 범은 제 잔덩에 올라타는 거이 아무래두 어리두가 올라탄 거라구 생각하구 미서워서 이걸 떨굴라구 마구 뛔갔다. 이리 뛔구 데리 뛔구 하멘 산으루 올라갔다. 이렇게 해두 등에 탄 건 떨어지디를 않아서 마구 뛔가는데 그런 동안에 날이 밝게 됐다.

도죽놈은 자기레 탄 거이 말인 줄 알구 얼마나 도혼 말인가 허구 아래를 내레다 보느꺼니 그건 말이 아니구 범이 돼서 고만 겁이 왈칵 나서 머리칼이 하늘루 올라가서 야단났다. 어드러케 해야 여기서 뛔내릴까 하구 있더랬넌데 마침 범이 버드나무 밑이루 뛔가서 그때에 버드나무 가지를 얼른 붙잡구 얼른 뛔내렸다. 범은 어리두가 잔등에서 떨어데 나가느꺼니 다시 달라붙디 못하게 하느라구 마구 더 힘을 내서 뛔 달아났다. 범이 정신없이 뛔가는데 곰이 이걸 보구 "너 와 그리 숨차게시리 뛔가네?" 하구 물었다. "야 말 마라. 무서운 어리두가 내 잔등 우에 올라탔던 거 떼겠다구 뛨는데 도무디 떨어지딜 않다가 이제 막 데기 있는 버드나무에서 떨어데서 다시 붙을까 봐서 이렇게 뛴다"구 말했다. 곰은 이 말을 듣구 웃으멘 "어리두가 뭐가? 고따우레 있는 거 아니야, 고건 사람이야. 그러느꺼니 우리 같이 가서 고놈을 잡어먹자"구 말했다. 범은 "아니다 아냐. 사람이 어드레 나 잔등에 올라타간? 어리두이느꺼니 올라탔디" 하멘 듣디 않구 갈라구 했다. 곰은 또 웃으멘 "그렇게 무서워할 거이 없이 너는 내 뒤에 딸라오나" 하멘 앞서서 갔다. 범은 멀찌감치 뒤 떨어데서 슬금슬금 따라갔다.

도죽놈은 범 잔등에서 뛰어내레 개지구 무서워서 버드나무 쿠새먹은 안악에 들어가서 숨어 있었는데 곰이란 놈이 범을 데불구서 그 나무꺼정 오는 걸 보구 더 무서워서 조그맣게 몸을 해개지구 숨고 있었다. 곰은 버드나무 우에꺼정 올라와서 봤는데 사람이 보이딜 않으꺼니 우에서 밑이루 쿠새통을 딜이다보구 "야 데 쿠새통 안악에 사람 있다. 그런데 너무 깊어서 꺼낼 재간이 없구나. 쿠새통 안악에 들어가멘 데놈이 아무래두 칼루 찔러서 날 죽이갔다. 그러느꺼니 난 할 수 없이 쿠새통 우에 구넝을 막아서 숨차서 죽게 한 다음에 꺼내서 잡아먹갔다" 하구서리 곰은 쿠새통 우에 구넝을 탈아막갔다구 엥둥이를 딜이대 개지구 주저앉구서 방구를 퉁퉁 꾸고 있었다. 도죽놈은 '이거 어떡하노' 하멘 우를 테다보느꺼니 곰에 부랄이 너덜너덜 늘어데 있어서 허리띠를 풀러 개지구 곰에 부랄을 올가매구 힘껏 잡아댕겼다. 그러느꺼니 곰은 아프느꺼니 앙 소리를 티면서 울구 있었다. 범이 곰이 소리치는 것을 듣구서리 "거 봐라 내레 뭐라데. 어리두라구 그랬는데 너는 그 말을 믿딜 않구 잡갔다구 허멘 올라가더니 너 어리두한테 죽게 됐다" 하면서 다시 뛰어서 멀리 달아났다.

곰은 부랄을 몹시 댕기게 되느꺼니 혼자서 아프다고 소리소리 지르며 과테다가 고만에 죽구 말았다. 도죽놈은 곰을 가죽채 갖게 되었다. 도죽놈은 쿠새통에서 나와 개지구 가매를 해놓구서리 곰 고기를 구워서 먹구 있었다. 범은 멀리 뛔갔다가 다시 한 번 돌아다봤다. 사람은 앉아서 뭐인가 구워 먹구 있었어. 범은 차츰차츰 도죽놈 있는 데꺼지 가까이 왔다. 그리구 도죽놈이 뭘 먹구 있으느꺼니 가까히 와서 "어리두님, 고기 한 점 주구래" 허구 고기를 달라구 했다. 도죽놈은 "너 이놈, 하나 줄 거이니 그 고기레 따에 떨어지기 전에 받아 먹어야디 그라느먼 너꺼정 잡아먹갔다"구 했다. 그러느꺼니 범은 "네 그라갔수다" 하며 그 앞에 앉아서 고깃덩이를 던져 주는 것을 기두루구 있었다.

도죽놈은 곰에 고기를 굽느라구 모아놓은 돌 가운데서 새빨게 달구 어딘 거을 하나 집어서 범한테루 던졌다. 그러느꺼니 범은 고거이 따에 떨어지기 전에 받아 먹갔다구 입을 짝 벌리구 이것을 받아서 꿀꺽 샘켰다. 그러느꺼니 새빨개 달은 돌이 뱃속에 들어가서 고만에 밸[1]이 와주르와주르 하구 탔다. 범은 겐딜 수레 없으느꺼니 개울에 가서 물을 먹었다. 그런데 너무너무 물을 많이 먹어서 배가 뚱뚱 불거데서 오지두 가지두 못하구 고기에 가만히 있었다. 도죽놈은 범한테 가서 범꺼정 마자 잡아 개지구 그 범가죽을 벳게서 또 아까 벳긴 곰에 가죽과 두 마리 짐승으 가죽을 어깨에 멨다. 이거를 서울루 개지구 올라가서 임금님한테 바뎨서 많은 상금을 받았다구 한다.

＊1934年 7月 龍川郡 外上面 新龍洞 白基偉

＊1934年 7月 鐵山郡 鐵山面 嶺洞 崔元丙

＊1936年 12月 龜城郡 舘西面 造岳洞 金致載

＊1936年 12月 宣川郡 宣川邑 川北洞 張鳳漢

＊1937年 7月 宣川郡 郡山面 長公洞 金鳳煥

＊1938年 1月 宣川郡 深川面 古軍營洞 金援角

1) 창자


# 호랑이와 토끼 |

넷날에 한 사람이 소에다 소곰을 신구서리 산골루 들어갔더렜는데 날이 저물어서 한 집이 있어서 그 집에 들어가서 주인 좀 붙자구[1] 했다. 그러느꺼니 그 집 쥔[2]이 들라 했다. 소곰당시레 그 집에 들어가서 소곰짐을 다 풀어놓구 소에서 방울을 떼서 집 안으루 개지구 들어갔다. 주인이 그 방울을 보구서 "그거이 뭘 하는 거이요?" 하구 물었다.

소곰당시는 이거는 범 잡는 방울인데 이걸 놔주기만 하면 범에 불알에 가서 각 부태서 잡는다구 말했다. 그런데 이 집은 백호[3]네 집인데 이 백호는 길 가는 사람이 저 집에 쥔들면 자는 동안에 잡아먹군 했다. 이 소곰당시는 볼쎄 이 집이 백호네 집인 줄 알구서리 그렇게 말을 허구 그리구 밤이 돼서 든누워서 자는 티하구 있다가 눈을 떠보느꺼니 쥔은 백호레 돼서 자구 있었다. 소금당시는 방울을 떼다가 백호에 부랄에다가 잡아매 놓구서리 밤등으로 다른 데루 가 버렸다. 다음날 아침에 백호레 닐어날라구 허느꺼니 밑에서 덜렁덜렁 하는 소리가 났다. 깜짝 놀래서 뛰느꺼니 덜렁덜렁덜렁 허구서리 자꾸만 소리가 났다. 백호는 고만 혼이 나서 산꼴째기루 달아뛌다. 뛰면 뛰더럭새[4] 덜렁덜렁 소리가 더 나더랬는데 어드렇게 된 노릇인디 그 방울이 떨어데서 범은 도타쿠나 하구 다시 그 방울이 달라붙디 못하게 하느라구 자꾸 뛔가구 있었다.

토까이레 이걸 보구시리 "백호 아주머니 와 그렇게 혼이 나서 뛰구 있음메?" 하구 물었다. 그러느꺼니 백호레 "야, 어제 나즈[5] 웬 사람이 우리 집에 들어와서 자더랬는데 그 사람이 개지구온 범 잡아먹는다는 방울이 내 부랄에 깍 달라붙어서 혼이 나서 뛰더랬는데 이자 오다가 그 방울이 떨어데서 다시 못 달라붙게 하느라구 이렇게 뛰구 있다"구 말했다. 토까이레 그 말을 듣구서리 점을 태보더니 "건 거짓소리우다"구 말했다. "아니다. 겁소리 아이다"구 아니라구만 했다. 그러느꺼니 토까이는 "고롬 우리 하냥 가서 그걸 보자"구 했다. 백호는 "나 안 가갔다"구 하면서 가디 않을라구 하느꺼니 토까이는 "고롬 우리 이렇게 해개지구 갑세다" 하멘 자기 꼬랭이허구 백호꼬랭이허구 서루 맞잡아 매개지구 하냥 가더랬는데 방울 있는 데 와서 토까이는 방울을 깍 밟아 봤다. 그러느꺼니 방울이 데구루 굴러가며 떨렁 허구 소리를 냈다. 백호는 이 소리를 듣구서리 또 혼이 나서 마구 달아뛌다.

토까이는 채 뛰기두 전에 끌리워 가더랬는데 백호는 빨리 달라뛰지마는 토까이는 같이 달라서 따라갈 수가 없었다. 그래서 망판[6]에는 토까이 꼬랭이레 끊어뎄다. 그래서 지금 토까이레 꼬리가 짧은 것은 그렇게 해서 짧아뎄다구 한다.

＊1935年 1月 宣川郡 山面 香山洞 劉準龍

＊1936年 12月 宣川郡 宣川邑 川北洞 張膺植

＊1936年 12月 宣川郡 水清面 古邑洞 李鐵

＊1936年 12月 宣川郡 台山面 仁岩洞 金興善

＊1936年 12月 宣川郡 深川面 付皇洞 桂勳梯

＊1936年 12月 定州郡 定州邑 城內洞 卓時德

＊1936年 12月 龍川郡 楊光面 龍溪洞 李東昱

＊1936年 12月 龍川郡 內中面 李世益

＊1936年 12月 鐵山郡 站面 龍堂洞 白天福

1) 하루밤 자고 가자고    2) 主人    3) 오래된 호랑이로서 사람으로 둔갑할 수
도 있다    4) 뛸수록    5) 밤    6) 나중에는

# 호랑이와 토끼 |
넷날에 어떤 소곰당시 하나이 산골
루 소곰을 싫구서 가더랬는데 가다
가 길가에서 고운 실에 자매 놓은 방울을 하나 얻었다. 그걸 개지구서
가다가 날이 저물어서 자리 붙을 곳을 찾노라구 여기더기 헤매다가 멀
리서 불이 빤쩍빤쩍 하는 데가 있어서 그곳을 찾아가서 주인 좀 붙자구
했다. 쥔이 나와서 들오라구 해서 들어갔넌데 소곰장수는 소곰자루를
데켠에 놔두고 방울을 들구서 들어갔다. 배레 너므 고파서 소곰당시는
쥔과 "김치래두 좀 주구래" 하느꺼니 쥔이 갯대 주는 걸 보느꺼니 사람
머리칼을 담은 거를 한 바리 갯다 주었다.

　소곰당시는 이걸 보구서리 '아 이 집은 백호네 집이로구나' 허구 한
수단을 페 개지구 "나는 울룽사이라는 사이를 개졌는데 이 울룽사이는
날 잡아먹을라구 하는 짐승을 보믄 그 밸을 다 뽑아 먹는 사이인데 요
몰에는 사람 잡아먹는 짐승이 없갔디요?" 하구 말했다. 그러느꺼니 쥔
은 그 말을 듣구 갑재기 상이 빠래디며[1] "울룽사이는 내노티 말구래"
허구 말했다. 밤이 들어서 소곰당시는 자다가는 백호한테 잽히워멕힐
거 같아서 자딜 못하구 있구, 백호는 자기 밸을 떼울까 봐 자딜 못허구

둘이서 눈만 말뚱말뚱허구 있었다. 백호레 나중에는 곤했던지 고만 멘제 잠이 들었다. 그 자고 있는 동안에 소곰당시는 방울을 꺼내서 백호네 꼬랭이에다가 자매구 범으 어깨를 탁탁 티며 "여보시 울렁사이레 이자 나갔소" 하멘 과됐다.[2] 그러느꺼니 백호는 깜짝 놀래서 달아뛰었다. 달아뛰느꺼니 뒤에서 울렁울렁 허구 소리가 났다. 백호는 또 미서워서 울렁사이가 벌쎄 자기한테 달라붙은 줄 알구설라믄 마구 힘껏 뛔가며 이걸 떼갔다구 했다. 그런데 뛔면 뛔두룩새 울렁울렁 하멘 그 소리가 딸라왔다. 백호레 할 수 없이 숲 사이루 들어갔다. 그러느꺼니 그 방울은 낭구에 걸레서 떨어지구 말았다. 백호는 그제야 울렁사이란 놈이 떨어댔다구 하멘 다시 이거이 달라붙기 전에 멀리 달아나야 갔다 하멘서 자꾸자꾸 뛔가더랬는데 망판에는 목이 말라서 물을 먹갔다구 큰 팡구[3] 옆에 있는 샘에 가서 물을 마시구 있었다. 고때에 토까이란 놈이 나와서 보구서리 "와 여기 있능가?" 하구 물었다. 백호는 "울룽사이가 내 밸 뽑아 먹으레 딸라붙어서 그것을 못 딸라붙게 하느라구 뛔어오다가 목이 말라서 여기 와서 물을 마시구 있다"구 말했다.

　토까이는 울렁사이란 말을 처음 듣는 거이 돼서 그거이 보구파서 백호와 하냥 가서 보자구 했다. 백호레 혼이 나서 거기 갔다가는 밸을 뽑히워 멕히느꺼니 안 가갔다구 했다. 그래두 토까이는 자꾸 하냥 가자구 하멘 졸랐다. 그러멘서 자기 꼬랭이와 백호에 꼬랭이와를 한데 자매 개지구 하냥 가기루 했다. 범은 깜찍한 토까이 추김에 할 수 없이 방울 떨어진 수풀 속으루 들어갔다. 방울이 범에 꼬랭이에 걸레서 떨렁떨렁 허구 소리를 냈다. 그 소리를 듣구 범은 깜짝 놀래서 "울렁사이가 또 달라붙는다" 하멘 냅다 달아 뛰었다. 그런데 범은 토까이보다 힘쓰고 빨라서 빨리 가는데 토까이는 암만 해두 백호와 함께 따라갈 수가 없었다. 그래서 줄줄 끌레서 가더랬는데 토까이가 가시낭구에 배가 걸레서 갈 수가 없었다. 백호는 그냥 뛔가는데 토까이 배레 가시넝쿨에 걸레서 째져서 밸이 나왔다. 백호레 한참 뛔가다가 방울소리가 나질 않아서 "에

이 이자 살았다" 하멘 뒤돌아다 보느꺼니 토까이 밸이 나와 있었다. "야 고놈에 울렁사이 기어쿠 토까이 밸을 뽑아 먹구 갔구나" 하멘 토까이과 "와 길쎄 가딜 말자구 그렇게 말했는데두 가개지구 밸을 뽑히웠네?" 하구 자기 미련한 줄 모르구 토까이만 불쌍하게 여겼다구 한다.

＊1936年 12月 朔州郡 朔州邑 東部洞 田種哲

＊1936年 12月 昌城郡 昌城面 甲岩洞 姜學道

＊1936年 12月 義州郡 枇峴面 蘆北洞 金用謙

＊1936年 12月 龍川郡 外上面 停車洞 金英珍

＊1936年 12月 龍川郡 外下面 倣義洞 張錫珪

＊1936年 12月 龍川郡 東下面 台山洞 李菖奎

＊1936年 12月 龍川郡 楊下面 伍松洞 崔英欽

1) 빨개지며    2) 소리쳤다    3) 바위

# 호랑이와 당나귀와 토끼 | 넷날에 범 한 마리가 배가 고파

서 뭘 먹을 거 없갔나 하구서리 산에서 내레와서 어드런 몰[1]에 왔다. 당나구레 있는 것을 보구서리 범은 당나구를 처음 보는 거이느꺼니 "데거이 뭐이가" 하구서리 가까이 가서 "네 배에 척 늘어딘 거이 뭐이가?" 허구 물었다. 당나구는 "이건 도롱태다"구 말했다. 범은 또 "너에 배에 몽둥이 같은 거이 뭐이가?" 하구 물었다. 당나구는 "이건 총"이라구 말했다. 그러느꺼니 범은 그거이 총배치[2]인 줄 알구서 미서워서 냅대 뛰어갔다.

토까이레 깡충깡충 뛰어오다가 범이 달아뛰는 걸 보구서리 "형님, 와 이리 급히시리 뜁네?" 하구 물었다. 범은 "야 더기 총배치레 있어서 미서워서 뛴다"구 말했다. "그 총배치 모냥이 어드렇게 생겼읍데?" 하구 물었다. 범은 도롱태가 있구 총이 있더라구 말했다. 그러느꺼니 토까이는 그 말을 다 듣구서리 "그건 총배치레 아니구 형님의 밥이우다. 그런데 와 그 밥을 내던지구서 오는가? 날래 가서 잡아먹구레" 하구 말했다. 그래두 범은 "아니다, 총배치다" 하멘 가딜 않갔다구 했다. 토까이는 "고롬 우리 하냥 가보자"구 했다. 그래두 범은 가딜 않갔다구 했다.

토까이는 자기 꼬랭이와 범에 꼬랭이를 자매 개지구 하냥 가더랬는데 당나구는 범이 왔다 간 담에 이놈두 역시 미서워서 좃을 뚝 버티구서 앙앙 소리를 지르고 있었다. 토까이가 오다가 이 소리를 듣구 겁이 나서 돌아서서 뛰었다. 범두 하냥 뛰었다. 그런데 토까이는 적고 약하느꺼니 범을 딸라가딜 못했다. 그래서 고만에 꼬랭이레 쪽 뽑혔다. 그담부텀 토까이 꼬리는 없어뎄다구 한다.

＊1934年 7月 宣川郡 宣川邑 越川洞 梁命相

＊1934年 1月 鐵山郡 西林面 化炭洞 金正恪

＊1934年 1月 鐵山郡 鐵山邑 東部洞 李壽榮

＊1934年 1月 定州郡 觀舟面 觀揷洞 桂昌沃

＊1936年 12月 宣川郡 水淸面 古邑洞 李庸逸

＊1937年 12月 宣川郡 南面 三峰洞 朴炳灝

＊1937年 7月 龍川郡 龍川面 德峰洞 李錫泰

＊1937年 7月 新義州府 霞町 崔錫根

1) 마을    2) 포수


# 노파와 토끼 | 넷날에 어드런 산골에 집 하나이 있더랬는데 그 집에는 토까이란 놈이 바줏

구넝[1]으루 늘 들어왔다 나갔다 해서 그 집으 노친네레 이거이 밋둥시러워서[2] 이놈을 잡갔다구 바줏구넝에다가 올코[3]를 놔두었다. 그런데 두 이놈으 토까이란 놈이 도무디 걸리디를 않더니 하루는 보느꺼니 토까이레 걸레 있었다. 노친네는 기뻐서 이걸 잡아 개지구 와서 가마에다가 넣구 앞집이로 불을 얻으레 갔다. 토까이는 그 짬에 얼른 가매뚱[4]을 열구 나와서 아루궅[5]에 누워 있는 언나[6]를 가매 안에다가 쓰레 넣구서리 자기레 구둘에 들어가서 포대기[7]를 덮구 있었다. 노친네는 불을 얻어 개지구 와서 아궁이에다가 불을 넣구서리 땠다. 아는 죽갔다구 응애 응애 하구 울었다. 노친네레 "가만히 있건. 토까이 고기 삶아 줄껀" 하멘 불을 땠다. 불을 다 땐 담에 가매를 열어 보느꺼니 토까이는 없구 언나가 있어서 노친네는 고만 슬퍼서 너므너므 울다가 죽었다구 한다.

＊1927年 1月 楚山郡 板面 板幕洞 金芳惠

＊1936年 7月 宣川郡 宣川邑 川南洞 李贊基

＊1936年 7月 義州郡 枇峴面 替馬洞 崔尙振

1) 울타리 구멍   2) 미워서, 마땅치 않아서   3) 올가미   4) 솥뚜껑   5) 아랫목   6) 어린아이   7) 이불

# 꿩과 쥐 |

넷날에 어떤 산골에 당꿩과 암꿩이 살구 있었드랬는데 겨울날에 눈이 많이 와서 이 꿩덜이 여러 날 먹딜 못해서 배레 혹게 고파서 할 수 없이 앞산에 사는 쥐한테 콩을 얻어다 먹기루 했다 그래서 당꿩은 까투리를 쥐에 집으루 보냈다. 까투리는 쥐한테 가서 "광이밥 쥐자성 댁내 있음마" 하구 찾았다. 쥐는 이 말을 듣구 결[1]이 나서 대답두 하디 않했다. 까투리레 자꾸 불러서 쥐는 이즉만해서 갸우 나와서 "무슨 일루 찾네" 하구 물었다. 까투리는 "우리 집 껵세완[2]이 콩 좀 얻어오래서 왔다"구 했다. 쥐는 "나 먹을 것두 없는데 남 꿔줄 거이 머 있갔네" 하멘 집안으루 들어갔다. 까투리는 할 수 없이 집으루 돌아와서 콩을 얻어오딜 못했다구 했다. 당꿩은 고롬 자기레 가서 얻어 개지구 오갔다 하구 두 눈에다 사둔집 선기덩이 같은 눈꿉을 부티구 아주 맥없이 날라가서 "이형방 데형방 쥐형방 댕내 게시우" 하구 찾았다. 쥐레 나와 보구 "껵세완 와 왔네" 하구 물었다. 콩 좀 꾸레 왔다구 하느꺼니 쥐는 아직 결이 덜 풀린 말루 "아께 님제네 노친

네레 와서 와 말을 고따우루 하는가. 고리비단 철숙에 동댕이 뗀 마이밥이 세피옷에 가죽신을 신은 과이밥아 하구 찾으니, 아 고론 페리한³⁾ 게집년이 어데 있능가" 하구 말했다. 당꿩은 이 말을 듣구 "아 우리 집 노친네레 고론 말을 하던가. 오종통⁴⁾을 한데루 누는 계집에 말에 뭘 그리 분해 하시우. 용세하시구레" 하멘 싹싹 빌었다. 그러느꺼니 쥐는 콩을 다스 알을 내다 주멘 "님제 노친네로 봐서는 한 알두 주디 않갔디마는 꺽세완을 봐서 다스 알 주갔음메" 하구 말했다. 꺽세완은 고맙다구 절을 하구 집에 돌아와서 두 알을 제가 먹구 세 알은 까투리를 주었다. 다음날에 꺽세완은 새낭⁵⁾을 나가 보갔다구 했다. 그러느꺼니 까투리는 간밤에 몽세⁶⁾레 수상하느꺼니 세낭을 그만두자구 했다. 꺽세완은 쇠삽시런⁷⁾ 말 말라구 하멘 부슬부슬⁸⁾ 떠났다. 그러느꺼니 까투리두 할 수 없이 당꿩을 따라서 세낭 나갔다.

당꿩은 밭 가운데에 있는 팡구 우에 앉아서 사멘을 봤다. 더기 눈이 없는 곳에 콩알이 있었다. 당꿩은 그 콩을 먹갔다구 갈라구 하느꺼니 까투리레 가디 마우다, 다른 데는 모두 눈이 있는데 고기만 눈이 없는 거이 수상하니 가디 말라구 말리는데두 당꿩은 배레 고파서 가서 먹갔다구 하멘 가서 콩을 줏어먹다가 고만에 창에 티었다.

까투리는 이걸 보구 팡구 우에 앉아서 "첫 가당은 니선달네 마이한데 죽구 둘재 가당은 김포수에 맞아 죽구 세재 가당은 세낭가이한데 물레 죽구 네재 가당은 창에 티어 죽느나. 이놈에 팔자가 어드메 있누" 하멘 슬피 울었다.

당꿩은 까투리 우는 소리를 듣구 "喪夫 개진 가문에 改娶한 거이 잘못이다. 그러나 데러나 이자 와서 어카갔노. 노친네야 날래 와서 내 눈짜구나 좀 봐주구레" 했다. 까투리레 네레와서 보구 "틀레수다 틀레수다" 하구 있넌데 엄첨지레 뛰어나왔다. 그래서 까투리는 날라갔다. 당꿩은 날라가는 까투리과 "노친네야 노친네야 나를 볼레면 엄첨지네 기둥에 와서 보구레" 했다. 창에 티인 꿩은 잡아다가 기둥에 걸어 놓으꺼니 고기 와서 보라는 말이다.

＊1935年 1月 宣川郡 郡山面 蓬山洞 金應龍

1) 화    2) 꺽생원    3) 예의 없는, 생각이 모자란    4) 오줌똥    5) 사냥
6) 꿈자리    7) 방정맞은    8) 부득부득


# 꿩과 쥐 |

넷날에 어떤 산골에 꿩 한 쌍이 살구 있었다. 겨을이 돼서 눈이 많이 내려쌓여서 먹을 거이 없어서 여기더기 돌아다니다가 한 곳에 가느꺼니 콩알이 있었다. 숫꿩은 이걸 보구 "아아 이 백세당에 불은 콩알이 있다. 이런 복이 어데메 있간. 날래 가서 주워먹자" 하멘 콩알 있는 데루 갈라구 했다. 이때 암꿩은 가디 말라구 가는 거를 말렜다.

"데 콩은 건넌집 김서방이 꿩 잡갔다구 창에 놔논 콩이야요"

숫꿩은 "에이 요 쇠삽한 간나, 무슨 재수 없는 벨놈으 소리 하는가?" 하멘 암꿩이 가디 말라는 것두 듣딜 않구 가서 콩을 툭 쪼았다. 그랬더니 데깍 하는 소리가 나문서 숫꿩에 모가지가 창에 티웠다.

암꿩이 놀래서 숫꿩한데루 가까이 가느꺼니 숫꿩은 "에이 요 쇠삽스런 간나 같으니라구. 님제레 방정마즌 소리 하더니만 내레 이렇게 됐다. 창 웃다리는 들구 아랫다리는 눌르라" 하구 말했다. 그런데 암꿩은 급해서[1] 창에 웃다리를 누루구 아랫다리를 들어올렜다. 그랬더니 숫꿩은 고만에 죽구 말었다.

암꿩은 숫꿩이 죽으느꺼니 장세를 지낼라구 하넌데 일꾼 밥해 멕일 낭식이 없어서 쥐한테 가서 "여보시 광이밥 서상님, 나 동농 좀 주구레" 했다. 쥐는 "난들 광이밥 서상인 줄 모르간 넌들 마이밥 서상인 줄 모르간" 하멘 동농을 좀 줬다. 암꿩은 쥐가 준 동농을 개지구 와서 숫꿩 장세를 지내구 그 후에는 함자서[2] 섭섭궁금하게 살았다구 한다.

＊1936年 12月 定州郡 郭山面 石洞下端 金相允

# 꿩과 쥐 | 넷날 어떤 겨울날에 눈이 와서 먹을 거이 없게 되

느꺼니 당꿩과 까투리는 열 두 아덜과 아홉 딸 수물 하나 줄줄이 다리구 밭에 나가 너는 이 골 줍구 나는 데 골 줍자 하구 밭에 떠러데 있는 콩과 팍¹⁾을 줏어먹구 있는데 눈 우에 赤豆팍이 하나이 있어서 당꿩이 그거를 줏어먹으레 하는데 까투리레 이걸 보구 지난밤 꿈자리가 수상하느꺼니 먹디 말라구 했다. 당꿩은 "쇠삽한 게 집 같으니라구. 아르뎡강이²⁾를 꺾어 줄라" 하멘 그 赤豆팍을 덥벅 쪼았다. 그랬더니 사정없은 창애³⁾가 당꿩 목에 걸레서 파딱파딱했다. 까투리는 양디펴던 자개앞⁴⁾에서 데굴데굴 굴멘 첫 낭군은 청삽살이가 물어가구 둘재 낭군은 독수리가 물어가구 세재 낭군은 창에 티었구나 하멘 애골애골 울었다. 당꿩은 "여보시 여보시, 내 눈띠나 좀 봐주구레" 했다. 까투리레 울다가 당꿩 가까이 가서 보구 한눈에 부테는 첫새박에 도망가구 한눈에 부테는 파랑보에 보따리 싸구 있수다 하구는 다시 슬피 울었다. 당꿩은 이 말을 듣구 내 시테를 볼라문 안동관에 걸렜거나 베영사뚜⁵⁾ 차담상⁶⁾에 올렜거나 하갔이니 글루루 오람 했다. 까투리는 이 말을 듣구 할 수 없이 가만히 앉아 있었다.

이즈막해서 卓첨지레 높은 벙거지를 쉬게 쓰구 작삼막대기 둘러딮구 휘이휘이 다라들더니 "얼시구나 돟구나 千年 묵은 당꿩이 걸렜구나 조상님네가 도으셨넌디 산신님이 도으셨넌디 꿩 둥에두 엄지꿩이 걸렜구나 얼시구나 돟구나" 하멘 걸린 당꿩을 추켜들구 혀를 뽑아서 팡구 틈에다 끼우구 "까토리마자 잡게 해 주시요" 하멘 빌었다. 卓첨지레 간 후에 까투리는 그 혀를 뽑아서 줌넢으루 대렴하구 줌넉줄루 結棺해서 山役하기 돟은 데루 개굴작을 찾아가서 음식은 싸리풍에 백설기와 잔 멕자구⁷⁾ 거던 자반 가랑닢 이슬에 청감주를 해놓구 따오기레 와서 祝文

을 지어 告祀하구 장세를 잘 지냈다구 한다.

＊1936年 7月 宣川郡 南面 浂泗洞 高日祿

1) 팥   2) 아랫정강이   3) 덫   4) 자갈밭   5) 兵使仕道   6) 진지상   7) 개구리


# 꿩과 쥐 | 넷날에 눈이 많이 와서 먹을 거이 없어데서 즘승들이 곤란을 겪었다.

참새 한 마리가 배레 고파서 먹을 거를 얻으레 돌아다니다가 양디에 눈 녹은 데루 가서 거기 머 먹을 것 없갔나 하구 테다보구 있드랬는데 쥐구넝이 있는 걸 보구 그 안으루 들어갔다. 들어가느꺼니 쥐레 있어서 "쥐형사 큰아바님 계시우" 하구 부르느꺼니 "거 누구요. 일루루 들어오우다" 하구 쥐가 말했다. 참새레 들어가서 "눈이 많이 와서 먹을 거이 없어서 머 먹을 것 좀 얻으레 왔수다" 하구 말하느꺼니 쥐는 먹을 거를 많이 내주었다. 참새는 이거를 짊어지구 쥐구넝에서 나와서 갔다. 하하 가드랬는데 꿩을 만났다. 이 꿩두 먹을 거이 없어서 먹을 거를 얻으레 다니드랬넌데 참새레 먹을 거를 많이 짊어지구 가는 거를 보구 "어드메서 먹을 거를 얻었능가" 하구 물었다. 쥐형사 큰아바님한데서 얻어온다구 참새레 말했다. 꿩은 참새 말을 듣구 쥐구넝으루 물었갔다. 그런데 메라구 쥐를 찾을디 몰라서 쥐구넝을 들이다 보구 있었다.

그때 토까이레 지나가다가 꿩을 보구 "님제레 거기서 멀하구 있네" 하구 물었다. 내레 쥐를 만나보레 왔는데 메라구 불러야 할디 몰라서 이러구 있다구 말했다. 토까이는 과이밥투거리라구 부르라구 대주구 갔다. 그래서 꿩은 인차 쥐구넝에다 대구 "과이밥투거리!" 하구 불렀다. 이때 쥐는 쉬쉬가루를 치구 있었드랬는데 과이밥투거리라구 부르는 소리가 나서 증이 나서[1] 웬 놈이 와서 메라네 하멘 쉬쉬가루 묻은 손으루 꿩에 목을 잡구 꼬랭이를 텄다. 그랬더니 꿩에 꼬랭이는 새빨게 되구

목은 기당게 됐다구 한다.

＊1935年 1月 朔州郡 朔州邑 東部洞 田種哲

1) 화가 나서

## 꿩과 쥐 |
넷날에 겨을날에 눈이 혹게[1] 많이 와서 먹을 것이 없어데서 꿩은 건네켠에 사는 쥐한테서 먹을 거를 꾸갔다구 암꿩을 보냈다.

암꿩은 쥐에 집에 가서 "과이밥트덜기 있음마" 하구 문간에서 불렀다. 암만 불러두 대답이 없어서 암꿩은 집으루 돌아와서 당꿩과 아무리 불러두 대답이 없어서 근냥 왔다구 말했다.

당꿩은 이 말을 듣구 결이 나서 쁘드덕 날라서 쥐에 집에 가서 "쥐찰낭님[2] 쥐형님 겨시우" 하구 불렀다. 그러느꺼니 쥐레 나와서 "와 두 번식이나 와서 부르네" 하구 물었다. 당꿩은 "우리 집 노친네레 와서 메래 길레 대답두 안했음메?" 했다. "아 고놈에 깨투레 와서 과이밥끌떼기 있음마 해서 너머너머 결이 나서 대답두 하디 안했다."

꿩은 이 말을 듣구 "아 거 잘못했수다레 용서하시구레. 아 근데 눈이 많이 와서 먹을 거이 없어서 근심인데 머 먹을 거 좀 꿰주구레" 하멘 빌었다. 그러느꺼니 쥐는 "고놈에 깨투리 말한 거 봐서는 암것두 주디 않갔디마는 덜거기[3]를 봐서 좀 주갔음메" 하멘 먹을 거를 내주었다.

＊1935年 1月 宣川郡 郡山面 蓬山洞 金應龍

1) 무척    2) 찰방, 형방 등 벼슬이름을 붙여서 쥐를 존대하는 표현    3) 장꿩의 별칭

## 꿩과 쥐 |
넷날에 겨을이 돼서 먹을 거이 없게 되느꺼니 당꿩은 깨투리과 데켄에 사는 쥐한테는 먹을 거이

많으느꺼니 가서 콩 한 섬만 꿔 오라구 했다.

깨투리레 쥐한테 가서 "괴밥끼투리 있음마" 하구 문간에서 찾았다. 집안에 있던 당쥐레 이 말을 듣구 장쥐과 누구레 와서 그르능가 나가보라구 했다. 잔쥐레 나와보구 장쥐한테 가서 마이밥끼투리레 와서 그러무다 하구 말했다.

당쥐는 깨투리를 둘오래 개지구 깨투리레 들어오느꺼니 말할 짬두 없이 깨투리한테 달라들어 깨투리 꼬랭이를 물어 뽑았다. 깨투리레 깜작 놀래구 혼이 나서 집으루 도망테 왔다.

당펭이 이걸 보구 "와 도망테 오네?" 하구 물었다. 깨투리는 콩두 주디 않구 꼬랭이를 물어 뽑아서 혼이 나서 도망테 온다구 말했다.

"님제레 메랫길레 당쥐레 님제 꼬랭이를 물어 뽑았누?"

"괴밥끼투리 있음마 하구 찾았다."

당펭은 이 말을 듣구 "거 안됐다. 내레 가 보아야갔다" 하구 쥐에 집에 가서 "쥐철님 英雄 게십니까?" 하구 찾았다. 당쥐레 나와 보구서 "부덜간 대장군님 오셨입니까 날래 집으루 들어가시디요" 하멘 집안으루 모시구 갔다.

당펭은 안으루 들어가서 쥐과 넌제[1] 우리 집 노친네레 와서 무레시리 구러서 안됐다구 빌멘 먹을 거이 없어 그러니 콩 좀 빌레 주시구레 하구 말했다. 그르느꺼니 쥐는 아아 그카디요 하멘 콩 한 섬을 내주었다.

＊1936年 7月 宣川郡 南面 淓泗洞 高日祿

1) 저번에


# 노래소리 판정 |
넷날에 어떤 나무에 꾀꼬리허구 뻐꾸기허구 따오기허구 서이서 살구 있드랬는데 이 사이[1] 세 마리는 서루가락 자기레 노래를 델루[2] 잘 한다구 다투었다. 그런데 저덜끼리 아무리 다투어 봐두 결판이 나딜 않아서 두루미한테 가서 결판을 받아 볼 수밖에 없다구 의견이 일치했다.

따오기는 아무리 생각해 봐두 자기레 노래를 델루 잘 못할 것 같아서 두루미레 도와하는 징금치[3]를 한 마리 구해 개지구 두루미한테 개지구 가서 "아무날 꾀꼬리와 뻐꾸기와 자기과 서이 와서 노래자랑할 꺼이니 내 소리가 델루 잘한다구 해주구레" 하구 말했다.

노래자랑하는 날이 돼서 꾀꼬리와 뻐꾸기와 따오기는 두루미한테 가서 노래를 불렀다. 맨제 꾀꼬리레 불렀다. 두루미는 듣구 나서 "너에 노래소리가 둏긴 둏다마는 색시[4]소리 같다" 하멘 칭찬하디 않했다. 다음에 뻐꾸기가 노래했다. 두루미는 "너에 소리는 작아서 안 되갔다"구 했다. 마즈막에 따오기가 따옥따옥 했다. 두루미는 "야아 네 소리는 남자답게 씩씩하다" 하멘 델 잘한다구 칭찬했다.

사람도 무슨 일을 할라문 따오기초롬 交際性을 개져야 한다는 이야기우다.

＊1936年 12月 龍川郡 東下面 法興洞 金洪寬

1) 새    2) 제일로    3) 물고기 이름    4) 여자, 또는 기생


# 까치와 여우와 왁새 | 넷날에 까치 한 마리가 높은 낭구에 둥지를 틀

구 새끼를 기루구 있는데 하루는 건넌 산골작이 여우레 머리를 달싹거리메 와서 까치과 "내레 올라가서 너를 잡아먹갔다. 네레 잡아멕히디 않을라문 네 새끼 한 마리를 주람" 하구 말했다. 까치레 자기가 죽기 싫어서 새끼 한 마리를 내레보내 주었다. 그러한 후보탄[1] 여우레 날마다 와서 까치새끼 한 마리식 빼틀러 먹었다. 그래서 까치는 새끼 한 마리만 기트게[2] 됐다. 이거마자 여우한테 빼틀리게 되는 거이 슬퍼서 울구 있었다. 왁새가 날라가다가 까치레 울구 있는 거를 보구서 와 우는가 하구 물었다. 까치는 여우레 날마다 와서 나에 새끼를 안 주문 이

낭구에 올라와서 나를 잡아먹갔다구 해서 할 수 없이 주구 주구 했넌데 이자는 새끼 한 마리만 기텄넌데 이거를 마자 여우한테 빼틀게 돼서 그래 슬퍼서 운다구 했다. 왁새는 이 말을 듣구 "네레 밍퉁이[3]다. 여우는 눈 낭구[4]두 못 오르는데 센 낭구[5]를 어드렇게 오르간. 요담에 오거던 주딜 말라" 하구 갔다.

　다음날 여우레 와서 까치과 새끼 안 주문 올라가서 너를 잡아먹갔다구 했다. 까치는 "눈 낭구두 못 오르는 네레 어드레 센 낭구를 오르간. 올라오갔으문 올라와 보라"구 했다. 여우는 이 말을 듣구 "누구레 그런 말을 대주던?" 하구 물었다. 건넌 산 골제기 돌구녕에서 버들쳉이를 잡아먹는 왁새레 대주더라 하는꺼니 여우레 증이 나개지구 왁새를 잡아먹갔다구 건넌 산 골재기루 달레갔다. 그리구 버들쳉이를 잡아먹구 있는 왁새를 물라구 했다. 왁새는 왝! 하멘 날으면서 너무 급해서 여우 콧잔등에다 쌔한[6] 띠[7]를 싸구 날아갔다. 그래서 여우 콧잔등이 그때보탄 쌔하게 됐다구 한다.

＊1935年 1月 宣川郡 深川面 付皇洞 桂勳梯

1) 후부터는　　2) 남게　　3) 미련한 사람　　4) 누워 있는 나무　　5) 서 있는 나무　　6) 하얀　　7) 똥


# 까치와 여우와 왁새 | 넷날에 한 곳에 까치레 둥지를 틀구 알을 나서

품구 있는데 여우레 그 나무 밑에 와서 까치과 알을 하나 달라구 했다. 까치레 못 주갔다구 하느꺼니 여우레 안 주갔으믄 내레 올라가서 너꺼정 잡아먹갔다구 했다. 까치레 이 말을 듣구 미서워서 할 수 없이 알을 하나 내리보냈다. 그런데 다음날 여우레 또 와서 알을 하나 달라구 했다. 안 주갔다구 허느꺼니 올라가서 너꺼정 잡아먹갔다구 해서 까치는 할 수 없이 알을 주었다. 다음날 여우는 또 와서 알을 달라구 했다. 이와

같이 날마다 여우레 와서 알을 빼틀어 가서 까치는 슬퍼서 울구 있었다. 왁새레 와서 보구 와 우능가 하구 물었다. 여우레 와서 알을 달라구 하길레 못 주갔다느꺼니 낭구에 올라와서 나꺼정 잡아먹는다구 해서 할 수 없이 알을 주었드랬넌데 고담보탐 날마다 와서 알을 달라구 해서 그카다가는 알을 다 빼틀리울 것 같아서 운다구 말했다. 왁새는 그 말을 듣구 "야 일없다. 낼 와서 알을 달라구 해서 안 주갔다구 하면 올라가서 너꺼정 잡아먹갔다구 하거덩 야이 너에 큰아바지레 눈 낭구두 오르디 못했는데 네레 선 낭구를 어드렇게 오르간. 올라올 수 있으문 올라와 보라구 하라"구 대줬다.

다음날 여우레 와서 알을 달라구 하느꺼니 까치레 안 주갔다구 했다. 여우는 또 올라가서 너꺼정 잡아먹갔다구 했다. 까치는 "너에 큰아바지는 눈 낭구도 못 올랐넌데 네레 선 낭구를 어드렇게 오르간. 올라올 수 있이문 올라와 보라"구 했다. 여우는 그 말을 듣구 "야 그런 말을 누구레 대주단?" 하구 물었다. 까치는 왁새가 대주더라구 했다. 여우는 그 왁새레 어드메루 갔능가 하구 물었다. 논두렁에 베 알 주어 먹으레 갔다구 하느꺼니 여우레 왁새를 쥑이갔다구 논두렁으루 달레갔다. 그리구서리 베 알을 주어먹구 있는 왁새으 뒤루 가서 꼬랭이를 칵 물었다. 왁새는 깜작 놀라서 달아났넌데 달아나다가 고만에 꼬랭이가 몽땅 빠졌다. 왁새는 꼬랭이가 없어데서 남보기가 점적해서 나를 적에는 두 다리를 뒤루 쭉 페티구 날게 됐다구 한다.

＊1927年 1月 楚山郡 板面 鄭炳一


# 까치와 호랑이와 메추라기 | 네 날에 까치 한

마리가 높은 낭구에 둥지를 틀구 알을 났드랬넌데 범이 와서 알 하나를 달라구 했다. 까치레 안 주갔다 하느꺼니 범은 고롬 내레 올라가서 너꺼정 잡아먹갔다구 했다. 까치레 이 말을 듣구 미서워서 할 수 없이 알을 하나 내리테 줬다. 그런데 고 담날 범이 또 와서 알을 하나 달라구 했다. 안 주갔다 하느꺼니 올라가서 너꺼정 잡아먹갔다구 해서 까치레 또 할 수 없이 알을 하나 내리테 줬다.

그런데 범은 날마다 와서 까치에 알을 빼틀러 먹어서 이자는 알 하나만 기트게 됐다. 까치는 이거마자 범에게 빼틀리우게 되갔으꺼니 슬퍼서 울구 있었다. 그때 메추리레 지나다가 까치레 울구 있으꺼니 와 우능가 하구 물었다. 까치레 범이 알을 달라구 해서 안 주갔다 하느꺼니 낭구에 올라와서 나꺼정 잡아먹갔다구 해서 하나 주었더니 고담보탄 날마다 와서 알을 빼틀어갔던데 이자는 하나만 기텄던데 요거마자 빼틀리우게 돼서 슬퍼서 운다구 말했다.

메추리는 "야야 걱정 말라. 범은 눈 낭구두 못 오르는데 센 낭구를 어드레 올라간. 안 주어두 일없다"구 말했다. 다음날 범이 와서 까치과 알을 달라구 하멘 안 주문 올라가서 너꺼정 잡아먹갔다구 했다. 까치는 "눈 낭구두 오르디 못하는 거 센 낭구를 어드레 오르간. 올라올 수 있으문 올라와 봐라" 하멘 알을 주디 안했다. 범은 그 말을 듣구 "누구레 그 따우 소리 하던?" 하구 물었다. 매추리레 그랬다구 하느꺼니 범은 증이 나서 매추리를 잡아 먹갔다구 매추리한데 가서 매추리 꽁지를 칵 물었다. 매추리는 "야 범아 난 이제 너한데 잽히워서 죽게 됐는데 내레 죽기 전에 오마니 한번 보구 죽구푼데 네레 오마니 좀 불러 주간?" 하구 말했다. 범은 그카라 하구 "매추리 오마니 매추리 오마니" 하구 불렀다. 범이 매추리 오마니 하구 부를 적에 범에 입이 벌레지느꺼니 매추리는 잽새게 뛰멘 달아났다. 범은 이걸 보구 얼렁 달라들어 매추리를 물었던데 꽁지만 물었다. 매추리는 도망티기는 했지만 꽁지레 범에 물리워서 빠지구 말았다. 그때보탐 매추리는 꽁지레 없게 됐다구 한다.

＊1936年 7月 定州郡 安興面 好峴洞 朴享采

# 포수와 토끼 |

녯날에 총배치 한 사람이 뭘 잡갔다구 총을 메구 산으루 올라갔다. 토까이가 이걸 보구서리 가만 있다가는 자기레 총 맞아 죽게 되겠으느꺼니 마침 거기에 지나가던 쉬파리과 "야 내 몸에 쉬[1] 좀 쓸어 주렴" 하구 말했다. 쉬파리는 그카라 하멘 토까이에다가 쉬를 많이 쓸어 주었다. 토까이는 그 자리에 가만히 누워 있었다. 총바치래 글루루[2] 지나가다가 토까이가 있으니꺼니 이것을 들구 보았다. 온몸에 쉬가 많이 쓸어 있으느꺼니 "야 이거 언제 죽은 거인지 혹게[3] 많이 쉬가 쓸어 있다" 하멘 근냥 거기다 놔두구 지나갔다. 그랬더니 토까이는 총바치가 다 지나간 걸 보구서리 후두둑 뛰메 달아났다. 총바치레 이걸 보구서리 "죽은 토까이 감메. 쉬 쓸은 토까이 감메" 하더라구 한다.

\*1934年 7月 義州郡 光城面 豊下洞 張炳煥

1) 파리 알    2) 그곳으로    3) 퍽

# 토끼의 꾀 |

녯날에 농궁[1]에 농왕[2]이 병이 나서 죽게 됐다. 어드런 고기레 토까이 간을 먹으며는 낫는다구 했다. 그러느꺼니 농왕은 조구와 도미보구 이 세상에 나가서 토까이를 구해 오라구 말했다. 도미와 조구는 이 세상에 나갈 수가 없으느꺼니 뉵지도 잘 다닐 수 있는 거북을 보내라구 말했다. 그러느꺼니 농왕은 거북에게 이 세상에 나가서 토까이를 얻어 개지구 오라구 했다. 거북은 뉵지에 나와서 토까이를 찾누라구 여기더기 돌아다니는데 한 짐승이 있어서 목을 들어닣구 발을 움추리구 가만히 있었다. 그러느꺼니 그 짐승이 와서 맨자 보멘 "이거이 뭐가? 쇠뚱 같은데" 하멘 발루 툭 채봤다. 거북은 그 즘승이 별루 해티디 않는 것을 보고서 목을 쭉 내밀구 "너는 뭐이가?" 하구 물었다. "나는 토까이라구 하는 거인데 너는 뭐이가?" 하구 물었다. 거북은 "나는 농궁에 사는 거북인데 이 세상에 토까이란 거이 재간이 많다구 하는 말을 듣구서 용궁에서는 데불러다가 귀한 베실을 주고 재미있는 세월을 보내게 하갔다구 나를 내보내서 여기 왔다. 그러느꺼니 너는 나하구 같이 농궁에 가디 않간?" 하멘 이런 말 데런 말 하멘 토까이를 꼬시었다. 토까이는 그 말을 듣구서 농궁에 가고픈 맘이 났다. 그래 개지구 거북이 잔등에 올라앉았다. 거북은 토까이를 태우구서 물속에 들어가서 순식간에 농궁에 갔다. 농궁에 와 보느꺼니 거북이 말과 가티 산둥[3]에서는 볼 수 없는 집두 있구 금은보화가 많이 있어서 정신을 읽구 있는데 용궁에 나졸 자가사리가 나와서 토까이를 잡아서 농왕 앞에다 갯다놨다. 농왕은 토까이를 보구 "내레 지금 벵[4]이 나서 죽게 됐는데 너에 간을 먹어야 낫갔다구 해서 너를 데불러 왔다"구 했다. 토까이는 그 말을 듣구 그제야 자기레 속아서 온 걸 알구 죽게 되느꺼니 한 계구를 피웠다. "내 지금 나는 간이 여기 없습니다. 나는 한 달에 한 번씩 간을 넜다 냈다 함메다. 지금 간을 내서 봉래산 불로초 이파리에 싸서 두었음메다. 내 간을 쓸라며는 세상에 나가서 개져와야 하겠읍네다"구 말했다. 농왕은 그런가 하멘 "그러면 세상에 나가서 간을 개져오라" 하구 거북과 토까이를 육지루 데리구 가서 간을 개져오게 하라구 했다. 토까이는 거북이 등에 타구서 육지에 다시 나왔다. 육지에 나오느꺼니 토까이는 거북 잔등에서 뛰어내리멘 거북이 귀쌈을 갈기며 "내 간은 내 배 안에 있디 어디메 있간?" 하멘 산으루 뛔갔다. 토까이는 죽을 걸 살아난 거이 기뻐서 "죽은 토까이 간다. 산 토까이 간다" 하멘 가더랬는데 가다가 고만에 창애에 걸래서 정[5] 죽게 됐다.

　그때에 쉬파리레 날라가구 있어서 토까이는 그 쉬파리과 자기 밑구녕에다 쉬 좀 쓸어 달라구 했다. 쉬파리는 그카라구 하멘 쉬를 많이 쓸어 주었다. 고 담에 샛군[6]들이 지나가다가 이 토까이를 보구서리 창애에서 뺄라구 하느꺼니 토까이는 방구를 방긋이 뀌구 있었다. 샛군들은 이 토까이를 창에서 빼서 들구 보구 쉬가 많이 쓸어 있구 구린내가 나느꺼니 "야 이건 걸린 디 오래 돼서 벌쎄 쉬가 쓸구 몹쓸 냄새가 난

다"하멘 토까이를 팽개티구 갔다. 토까이는 또 죽을 거이 살아나서 깡충깡충 뛰가면 "죽은 토까이 간다. 산 토까이 간다" 하멘 달아났다. 그리구 산 말랭이에 가서 쉬구 있는데 갑재기 뭐이 윅 하더니 칵 부태쥐구 공중으로 올라갔다. 토까이는 놀래서 보느꺼니 독수리가 잡구 올라가구 있었다. 또 계구를 피워서 독수리과 말했다. "난 이자 죽어두 아깝디 않지만 이삿주머니가 못쓰게 된 거이 더 아깝다"구 말했다. 그러느꺼니 독수리가 그걸 뺏들구파서 "너 뭐라네? 그 이삿주머니를 날 달라" 했다. 토까이는 "난 아무래두 죽을텐데 그 이삿주머니를 날 달라" 했다. 토까이는 "난 아무래두 죽을 텐데 그 이삿주머니는 형님이나 개지구래. 그런데 그거이 데켄 굴 안악에 있으니꺼니 나하구 하냥 갑세다" 했다.

그러느꺼니 독수리는 토까이를 움케쥐구서 그 굴 있는 데까지 갔다. 놓치면 야단이라구 한 발루 꽉 움케쥐구 토까이를 굴 안에다가 대췄다. 토까이는 굴 안악으루 들어가며 "조꼼만 더 들어가게 해 주구래" 했다. 또 들어가서는 "또 조꼼만 더 들어가게 해 주구래" "또 조꼼만 더 들어가게 해 주구래" 이렇게 몇 번을 해서 조금씩 조금씩 굴 안악으루 들어갔다. 나케는 독수리 발이 모자라서 털썩 노느꺼니 토까이는 굴 안악으루 쑥 들어가며 "여기 이삿주머니 있수다" 하멘 죽게 된 걸 또 살아났다구 한다.

＊1932年 8月 義州郡 古舘面 上舘洞 韓命順

1) 용궁　　2) 용왕　　3) 산중　　4) 병　　5) 정말로, 아주　　6) 나무꾼

# 두꺼비 신랑 | 넷날에 넝감 노친네레 살구 있었넌데 하루는 넝감이 고기를 잡으레 가서 물을 다 말리우구 보느꺼니 고기는 한나투 없구 두터비[1] 한 놈만이 있었다. 넝감은 "이넘! 네레 고기 다 잡아먹구 너 함자 있네!" 하멘 큰 소리

치구 이거라두 먹갔다구 두터비를 잡아서 집이 와서 노친네과 고기 잡
으레 갔더니 고기는 한나투 없구 이 두터비밖에 없어서 이걸 잡아 개지
구 왔으꺼니 이거라두 지저 먹자구 하멘 주었다. 노친네는 두터비를
받아 개지구 칼루 목을 벨라구 하느꺼니 두터비는 눈물을 흘리멘서 "날
죽이디 말구 아들겉이 키워 주시요" 하구 말했다. 그래서 노친네는 죽
이디 않구 아들겉디 키우기루 했다.

두터비는 잘 자라서 크게 됐넌데 이 두터비는 당개 가갔다구 하멘
건넌집 김정승 집이루 당개 보내 달라구 했다. 노친네는 "거 무슨 소리
가. 그런 말 말두 말라"구 하느꺼니 두터비는 그 집이루 당개 못 가문
난 죽갔다구 했다. 노친네는 할 수 없이 김정승에 집이 가서 우리 집
두터비레 이 집으루 당개 오갔답니다 하는 말을 차마 할 수 없어서 그
저 삿귀만 뜯구²⁾ 앉아 있다가 집으루 돌아왔다. 노친네가 돌아오느꺼
니 두터비는 말을 하구 왔능가 물었다. 노친네는 차마 말할 수가 없어
서 말 못하구 왔다구 했다. 두터비는 고롬 내일 가서 꼭 말하구 오라구
했다. 다음날 노친네는 아침부터 김정승네 집이 가서 저녁 때꺼지 있
었지만 말을 하디 못하구 삿귀만 뜯구 왔다. 두터비는 말하구 왔능가
물어서 노친네는 또 차마 말할 수가 없어서 그대루 있다 왔다구 했다.
두터비는 내일은 가서 꼭 말하라구 하멘 만일에 안하구 오멘 그땐 난
죽갔다구 했다.

노친네는 다음날 김정승 집에 갔넌데 또 차마 말을 하디 못하구 삿
귀만 뜯구 있었다. 김정승이 이걸 보구 "노친네 와 당쭐³⁾ 오누. 자오간⁴⁾
무슨 일이 있기에 오디, 죽을 말이구 살 말이구 말해 보구레" 하구 말했
다. 그래서 노친네는 "이거야 멀 될 말이요, 데머사니⁵⁾ 우리 집 두터비
레 길세⁶⁾ 정승님 딸과 혼세해 달라무다레. 이거 말이나 될 말입니까. 그
레 당쭐 오기는 했읍니다마는 차마 말을 낼 수가 있시야디요" 하구 갸
우갸우 말했다. 정승은 이 말을 듣구 자오간 딸들과 물어나 보자구 하
구서리 맏딸을 불러서 이 노친네레 "두터비레 혼세 묻자 하넌데 네레

두터비과 혼세하간?" 하구 물었다. 맏딸은 "세상에 났다가 하필이면 두터비허구 사다가 죽갔소" 했다. 둘채딸을 불러서 물어 보느꺼니 둘채두 "형과 마찬가지우다" 했다. 세채를 불러들여서 물어 보느꺼니 "아버지 마음대루 하시디요" 했다. 그래서 세채와 두터비와 혼세 묻기루 했다.

노친네레 집이 돌아와서 두터비과 세채딸과 혼세 묻기루 했다구 하느꺼니 두터비는 혹게 기뻐하더니 하루는 문을 열어 달라구 하더니 나가서 네장 쌀 여러 가지 물건을 한머사니<sup>7)</sup> 제다가 토당에다 부레났다.

당개 갈 날이 와서 두터비는 말 잔덩에 올라타구서리 당개를 가넌데 김정승 집이서는 이름이 두터비인 줄 알았더니 정말 두터비가 당개 온다구 웃군 하드랬넌데 밤에 색시하구 자게 됐을 적에 자다가 두터비는 두터비 허울<sup>8)</sup>을 벗구 아주 고흔 새시방이 돼서 색시는 너머너머 기뻐서 잘살기루 했다.

세채는 두터비 새실랑과 재미나게 살드랬넌데 하루는 두터비 새실랑이 과가보레 가갔다 하멘 두터비 허울을 벗어서 색시에게 주멘 이걸 잘 건새하구<sup>9)</sup> 아무가이가 보재두 보이디 말라구 하구 집을 떠났다. 색시는 그 허울을 속고롬에 여서 잘 건새하구 있드랬넌데 뉘들이 하루는 와서 그 허울을 보자구 송아멕였다.<sup>10)</sup> 색시는 할 수 없이 속고롬에 감추어 두었던 허울을 꺼내보였다. 뉘들은 이것을 보구 "에이 티겁다.<sup>11)</sup> 걸<sup>12)</sup> 멀 싸개주구 있네" 하멘 화루에다 탁 테넸다. 그러느꺼니 허울은 타멘서 연기와 냄새가 널리 퍼져 나갔다. 두터비는 그 냄새를 맡구 색시한테루 다시 오디 안했다.

색시는 새시방이 한 번 가구 오디 않으느꺼니 새시방 찾으레 집을 떠났다. 하하 가다가 한 곳에 가느꺼니 콩마당질하는 곳이 나타났다. 콩마당질하는 사람과 고흔 새시방 가는 거 못 봤능가 하구 물었다. 그러느꺼니 이 콩마당질 다 해주어야 대주갔다구 했다. 색시는 콩마당질을 다 해주었다. 그랬더니 그 고흔 새시방은 델루루 갔다구 했다. 색시는 대준데루 갔더니 팍마당질하넌<sup>13)</sup> 데가 있었다.

"여보시 웬 고흔 새시방 가는 거 못 봤소?" 하구 물었다. 그러느꺼니 "이 마당질 다 해주문 대주갔소" 했다. 색시는 또 거기서 꽉마당질을 다 해주었다. 다 해주느꺼니 델루루 갔다구 했다. 색시는 대주는 데루 하하 가느꺼니 어떤 낸이 서답[14]을 하구 있었다. "여보시 일루루 웬 새 시방 가는 거 못 봤소?" 하구 물었다. 낸은 이 서답을 다 해주어야 대주 갔다구 해서 색시는 흰 거는 감뎅이루 감뎅이는 흰 거루 흰 거과 감뎅 이는 알락달락허게 다 빨아 주었다. 그랬더니 그 낸은 "이제 내레 제까 치[15]를 내리틸 적에 구넝이 뚜러디갔년데 그 구넝으루 들어가 보라우" 하구 말했다. 그래서 색시는 그 낸이 제까치를 내테서 뚤러 논 구넝으 루 들어가 봤더니 고기 새시방이 있었다.

새시방은 색시를 보구 어드레 왔능가 하구 물으면 나허구 살을레면 물 한 독 퍼냈다가 도루 담아서 한 독 채우구 또 범에 눈섭 다슷 대를 뽑아와야 한다구 했다. 색시는 물 한 독을 퍼냈다가 도루 담아서 채워 놓구 산골에 들어갔다. 가느꺼니 돌팡구 우에서 물레질을 왱왱 하구 있 는 백호가 있었다. 색시는 백호 곁에 가서 "오마니 나 왔수다레 오마니 나 오래비 눈섭 다슷 대만 뽑아 주구레" 하구 말했다. 백호는 그카라 하 구 자기 사채기[16] 안에 가 들어가서 있으라구 했다. 색시레 백호에 사 채기 안에 가 있으느꺼니 이즉만해서[17] 큰아들 범이 들어왔다. 백호는 "야 늬 눈에 티가 있다. 티를 꺼내 주갔다" 하멘 눈섭 한 대를 뽑았다. 둘 채 아들 범이 오느꺼니 "늬 눈에 티가 있다. 꺼내 주갔다" 하멘 또 한 대 뽑았다. 그렇게 하나하나 뽑아서 다슷 대를 뽑아서 색시에 주었다. 색 시는 범에 눈섭 다슷 대를 받아 개지구 갈라구 하년데 오래비들 까타나 어드렇게 가간 하느꺼니 백호는 물레 토까이를 주면 이걸 개지구 가다 가 급할 적에 내티라구 했다. 그래서 색시가 오년데 범덜이 뒤서 쫓아 와서 급해서 색시는 물레 토까이를 내텠다. 범덜은 그걸 보구 "이거 우 리 오마니 물레 토까이다" 그르멘서 그걸 주어 개지구 갔다. 그 짬에 색 시는 글넉껏 뛔서 새시방한테 와서 잘살다가 신단[18]디 _꼬꾜_…….

＊1937年 7月 龍川郡 楊光面 龍溪洞 韓炳一

1) 두꺼비     2) 삿자리의 한 귀퉁이만 만졌다는 뜻인데 중요한 말을 하려 하여도 차마 말을 내지 못하고 안타까와하는 뜻을 나타내는 표현이다     3) 자꾸만, 연달아서     4) 좌우간     5) 저어     6) 글쎄     7) 한짐 잔뜩이라는 뜻     8) 허물     9) 간직하고     10) 성화졸랐다, 귀찮게 굴었다     11) 더럽다     12) 그것을     13) 팥을 타작하는     14) 빨래     15) 젓가락     16) 사타구니     17) 얼마 있다가     18) '신다'는 일본말로서 죽는다는 뜻


# 두꺼비 신랑 |

넷날에 李정승에 막세리[1]에 넝감 노친네레 살구 있드랬넌데 하루는 두터비 하나이 이 집에 들어왔다. 넝감 노친네는 이 두터비를 구막[2]에다가 두어 두구 끼마다 숫밥을 떠서 주군 하드랬넌데 한 삼 년 두어 두었더니 이 두터비레 커 개지구 집안에 들어와서 "아바지 내레 들어왔수다 오마니 내레 들어왔수다" 하멘 절을 했다. 그래서 넝감 노친네는 "야아 오마니 아바지 소리 듣기가 처음이다. 너는 이제보탐 여기서 자구 먹구하라" 했다. 그러느꺼니 두터비는 "멀 벽에 내리가서 자구 먹구 하갔시요" 했다.

그러구 있드랬넌데 하루는 두터비레 집안에 둘오더니 노친네보구 李정승네 딸한테루 당개 가게 해 달라구 했다. 노친네레 이 말을 듣구 "야 네레 사람이래두 우리는 막세리구 李정승네는 부잰데 어드레 그런 말을 하간. 못할 소리다. 두터비레 어드래서 그런 말을 하네" 하구 말했다. 그러느꺼니 두터비는 "안하갔으문 나는 오마니를 잡아먹갔수다"구 하느꺼니 노친네는 미서워서 고롬 가서 말하갔다구 했다.

다음날 노친네는 李정승 집에 가서 그 집 딸으 방에 들어갔넌데 차마 말을 할 수가 없어서 삿꼬제기만 뜯구 있었다. 체네[3]레 이걸 보구 "데 노친네레 무슨 할 말이 있간넌데 말두 않구 삿꼬제기만 웃음시리 뜯구

있네. 죽을 말이구 살 말이구 말해 보구레" 하넌데두 노친네는 말을 할 수가 없어서 고만 집이루 왔다. 두터비는 어드렇게 됐는가 하구 물었다. 노친네는 차마 말을 꺼낼 수가 없어서 말두 못하구 왔다구 했다. 그러느꺼니 두터비는 "오마니레 낼 가서 꼭 말해야디 만일에 낼두 말 못하구 돌아오문 오마니를 잡아먹갔수다. 죽기는 일반이느꺼니 낼은 가서 꼭 말하구레" 하구 말했다.

노친네는 다음날 李정승네 집이 가서 "내레 두터비를 한 삼 넌 길렀드랬넌데 이 두터비레 맷날을 두구 하는 말이 큰애기씨한테루 당개 들게 해달라구 하면서 만일에 안해주면 잡아먹갔다구 해서 이렇게 왔수다레" 하구 말했다. 그러느꺼니 체네는 "걸 머이 그리 힘이 들어서 말 못하구 있능가. 곳 당개 들라구 가서 말하구레" 하구 말했다. 노친네는 집이루 돌아와서 두터비과 이 정승에 딸이 당개 들라구 하더라구 말하멘 우리 집이 가난한데 네장[4]은 무얼루 하구 잔치는 멀루 하간 하멘 근심하느꺼니 두터비는 그걸랑 근심할 거 없다구 하멘 글을 석 당 써주멘 "이걸 큰 江에 가서 물에 들어테라. 그러면 물에 길이 환하게 트일 터이느꺼니 그 길루 가문 고래 같은 큰 기와집이 즐펀히[5] 있는데 그 집 사랑에 들어가 그 집 녕감한테 글 한 당을 내주라"구 했다. 노친네는 두터비 말대루 강에 가서 글 한 당을 내티느꺼니 강물에 길이 환하게 나서 그 길루 갔더니 고래 같은 기와집이 즐펀히 있어서 그 집에 사랑에 들어가 녕감에게 글 한 당을 내주었다. 녕감은 그 글을 보구서 "아 우리 아들한테서 펜지레 왔구나" 하멘 하인을 불러서 네장과 돈을 많이 말께 실려서 주었다. 노친네레 네장과 돈을 싣구 나와서 李정승네 집이루 보내구 두터비는 당개들었다. 색시에 형이나 저근니[6]나 일가집 체네들이 와서 보구 데놈으 에미나이 새시방이 많은데 두터비한테 시집 가넌 거 알다가두 모르갔다구 쑥덕거렸다. 두터비 실랑이 큰상을 어드렇게 먹나 하구 보느꺼니 탁탁 채서 순식간에 다 먹었다.

두터비가 당개든 지 닷새 만에 李정승은 朝廷에 들어갔더니 간신들

이 李정승을 몰아내기 위하여 살찌구 둥은 노루를 잡아와야디 그라느
문 죽이갔다구 했다. 李정승은 이러한 어려운 일을 당장 해낼 재간이
없어서 집에 돌아와서 근심이 돼서 식음을 전폐하구 자리에 누었다. 두
터비레 李정승한테 와서 와 그러능가 하구 물었다. 이 정승은 "네레 알
문 멀 하간" 하멘 말하디 안했다. 두터비는 "그래두 말하시라구요" 하멘
자꾸 물었다. 이 정승은 "朝廷에서 살찌구 좋은 노루를 잡아와야디 그
라느문 죽인다구 해서 나는 그런 재간이 없어서 그런다"구 말했다. 두
터비는 이런 말을 듣구 "그까짓 거 일없수다. 일나서 어서 진지 자시구
게시라우요" 하구서는 밖에 나와서 하인과 잘 가는 말에 말안장을 지어
놓구 그 우에다 딮둥지를 올레놓라구 일렀다. 하인이 말한 대루 해노느
꺼니 두터비는 말우으 딮둥지 우에 타구 깊은 산둥으루 들어갔다. 그리
구 山神靈을 불러 냈다. 산실렁이 예에 하구 나와서 이거 將軍님 어드
렇게 오셨습니까 하구 물었다. 살찌구 둥은 노루가 하나 所用이 돼서
왔다구 했다. 산실렁은 "하인을 보내두 보내드릴 것을 將軍님께서 우
정[7] 오셨십네다. 많은 노루를 잡아서 내일 보내드리겠습니다" 하구 말
했다. 두터비는 집에 돌아와 있넌데 산실렁이 살찌고 좋은 노루를 많이
잡아서 보내왔다. 李政丞은 그 둥에서 델 좋은 노루를 朝廷에 바쳤다.
그러느꺼니 왕이 보구 참 재간 있다구 칭찬했다.

　그 뒤에 朝廷에 간신들은 李정승과 大同江에다 튼튼한 다리를 노라
하구 만일에 놓지 못하문 죽인다구 했다. 李정승은 이거이 근심이 돼서
식음을 전폐하구 자리에 누었다. 두터비는 그 이유를 알아보구 그까짓
일 아무것두 아니느꺼니 조금도 근심 말구 어서 일어나서 진지 자시라
하구 말을 타구 大同江으루 가서 龍王을 불러 내서 대동강에 다리를
튼튼하게 잘 노라구 했다. 龍王은 하인을 시케도 될 것을 將軍님이 우
정 오셋십니까 하구 인차 다리를 잘 놨다. 王과 간신은 이 다리를 둘러
보구 李政丞 재간 용타 하구서리 그 다리 우에서 놀음놀이를 했다. 그
때 두터비는 다리를 거더찼다. 그러느꺼니 다리 우에서 놀던 왕과 간신

은 모주리 강에 빠져 죽었다. 두터비는 그제서야 사람으로 벤해 개지구 王 자리에 올르구 李정승을 불러다가 큰 베슬을 주어서 항게 나라를 다스렸다. 李정승은 하루는 두터비왕과 왕후를 구해야 하디 않갔능가 하구 말했다. 그러느꺼니 두터비왕은 李정승에 딸이 왕후인데 또 무슨 왕후를 구하갔는가 하구 말했다. 이정승은 그제서야 자기 사우가 두터비가 아니구 잠시 두터비루 변한 줄 알구 기뻐서 그 후 잘살드랬넌데 戊辰年 홰통에 날송침 열닷 단 때구 맹근[8] 덮구 땀을 내다가 죽었다.[9]

*1936年 12月 義州郡 枇峴面 替馬洞 韓命三
*1936年 12月 宣川郡 郡山面 長公洞 安龍織

1) 소작인이 거처하는 오두막집    2) 부뚜막    3) 처녀, 즉 그 집 딸    4) 예단
5) 즐비하게    6) 동생    7) 일부러    8) 망건    9) 이야기 끝부분을 재미있게 맺는 常用語句


# 구렁덩덩 시선비 | 넷날에 한 낸이 아를 낳으거이 구렝이를 낳서 너무 흉측

해서 이거를 뱁[1] 구세기에다가 두고 삼태기루 씌워 놨다.

앞집의 딸 三兄弟가 이 집에 와서 구렝이를 보구 윈 맏딸은 에이 티겁다 하멘서 막대기꼬챙이루 구렝이으 한 눈을 쑤세서 눈물을 나게 했다. 고 담에 둘채딸두 구렝이를 보구서 에이 티겁다 하멘 막대기꼬챙이루 구렝이의 한 눈을 쑤세서 눈물을 나게 했다. 세채딸은 와서 보구 구렝이 눈에서 눈물이 나는 거를 보구 와 눈물을 흘리구 있네 하멘 제 옷고롬으루 눈을 문테 주구 눈물을 닦아 줬다.

그 후 구렝이는 저 오마니과 앞집 세채딸한테 당개 가게 해 달라구 했다. 오마니는 말두 안 되는 말 하디두 말라구 하느꺼니 구렝이는 하여간 가서 말해 보라구 졸랐다. 오마니레 싫다구 하느꺼니 구렝이는 정 안하갔다문 내레 나온 구넝으루 도루 들어가갔다구 했다. 그래서 오마

니는 혼이 나서 앞집이 가서 체네 오마니과 우리 집 구렝이레 이집으 세채딸과 혼세 묻자구 한다구 말했다. 체네 오마니는 세채딸을 불러서 그 말을 하구 "네레 어카간" 하구 물었다. 세채딸은 오마니 하라는 대루 하갔다구 했다. 이렇게 해서 혼세가 됐넌데 당개 가는 날 구렝이는 허울을 벗구 아주 새파란 예뿐 새실랑이 돼서 갔다.

　구렝이는 결혼한 담에 구렝이 허울을 색시에게 주멘 이거를 잘 건세 하구 아무한테두 보이디 말구 이거를 없애던지 하문 나는 다른 데루 가 서 영 오디 않갔다구 했다. 색시는 그 허울을 잘 건세한다구 농 안에 넣 어 두었드랬넌데 하루는 뉘덜이 와서 그 허울을 보재구 성화 멕에서 색 시는 할 수 없이 허울을 뉘들에게 내보였다. 두 형덜은 이걸 보더니 "에 이 티겁다. 이따위 티거운 거 멀 할레 건세하네" 하면서 화루에다 내리 테서 태웠다. 그르느꺼니 새시방은 어데루 달아나 삐맀다.

　색시는 새시방을 찾갔다구 집을 떠났다. 하하[2] 가누라구 가넌데 가 마구레 까욱까욱 하구 있어서 색시는 "일루루 새파란 닙성 입구 회색 바디 입은 새시방 가는 거 못 봤능가" 하구 물었다. 가마구는 더기 서답 질하넌 색시과 물어보라구 했다. 색시는 거기 가서 서답질하는 색시과 "새파란 닙성 입구 회색 바디 입은 새실랑 가는 거 못 봤능가" 하구 물 었다. 서답질하는 색시는 싸깜한 서답은 쌔하게 맨들구 쌔한 서답은 쌔 까맣게 해주어야 대주갔다구 했다. 그래서 색시는 쌔한 서답은 쌔까맣 게 하구 쌔까만 서답은 쌔하게 해주었더니 델루루 가문 큰기와집이 있 넌데 그 새시방은 그 집으로 들어갔다구 대주었다.

　색시는 대준 데루 가서 큰기와집에 들어가 보느꺼니 새시방이 있넌 데 다른 女子를 데불구 살구 있었다. 색시는 나하구 또다시 살디 않갔 능가 하구 말하느꺼니 새시방은 "내 허울을 다 타테 없앴는데 그런 사 람과 어드릏게 살갔능가" 했다. 색시는 그거는 자기가 타틴 거이 아니 구 형들이 화루에다 테넣서 타틴 거라구 말했다. 구렝이 새실랑은 그 말을 듣구 그렁가 하구 도루 같이 살게 됐넌데 둘이는 같이 잘살다가

앞산 안구 뒷산 지구 달구다리 호통 푸드덕 깽 했다구 한다.[3]

*1936年 12月 宣川郡 水淸面 古邑洞 李鐵

*1936年 12月 宣川郡 郡山面 長公洞 安龍機

*1936年 12月 定州郡 郭山面 鹽湖洞 桂昌沃

1) 부엌     2) 한참     3) 常用語句


# 구렁덩덩 시선비 | 넷날에 한 부체[1]레 있넌데 아들 낳디 못해서 근심우루 사

드랬넌데 하루는 아를 났넌데 난 거이 사람이 아니구 큰 구렝이를 났
다. 남덩은 이거 티껍다 하구 길바닥에다 내티갔다구 하넌데 낸은 깨끗
한 숲에다 네주갔다구 구렝이를 초매에다 싸개지구 숲에 갔넌데 고기
에 낙시질하넌 사람이 있어서 내티디 못하구 도루 싸개지구 집으루 와
서 텅간 구세기에다 놔두었다. 그랬더니 밤에 엄매야 엄매야 하넌 소리
가 나서 낸이 텅간에 가보았더니 구렝이는 사람에 말루 음매야 하구 부
루구 있었다. 그러더니 오마니를 보구 "앞집에 부재집에 딸이 三兄弟
가 있지요. 오마니는 그 집이 가서 나는 그 집 딸하구 결혼하구푸다구
말해 보구레. 만일에 안하갔다구 하면 내레 그 집 사람을 다 잡아먹갔
다구 말해 주구레" 하구 말했다. 오마니는 앞집 부재집이 가서 그 말을
했더니 그 집에 맏딸은 싫다구 하구 두채딸두 싫다구 하넌데 셋채딸은
부모를 위하여 시집을 가갔다구 했다.

다음날 잔채를 하구 밤에 자게 대서 구렝이는 색시몸을 뱅뱅 테감아
두 색시는 가만히 있었다.

다음날 아침에 구렝이는 니러나더니 색시과 "난 본시 사람인데 날 적
에 구렝이 허울을 쓰구 나왔지만 이젠 구렝이 허울을 벗갔소" 하멘 구
렝이 허울을 벗었다. 그리구 그 허울을 색시에게 주며 이걸 잘 건세해
야 하넌데 만일에 이거이 조금이라두 상하문 내 손이나 발이 없어지구

마느꺼니 그리 알구 잘 건세하라구 했다. 색시는 그 구렝이 허울을 받아 개주구 이걸 잘 건세하갔다구 주머니에 예서 고롬에 찼다. 하루는 친정오마니가 와서 보구 "젊은 거이 볼세 주머니를 와 차구 있네" 하멘 주머니를 빼틀러 열어보구 구렝이 허울이 있으꺼 "이따위 것을 머라구 넣구 있네" 하멘 화루에다 테넣서 태웠다. 그러느꺼니 새시방은 고만 멀리 가구 말았다. (고 담에는 닞어 삐렸시요)

*1935年 1月 鐵山郡 站面 龍堂洞 白天福

1) 夫妻, 부부

# 구렁덩덩 시선비 │ 녯날에 李정승과 金정승이 앞뒤집에 살구 있었넌데 李

정승은 어허 둥둥 매화라는 딸이 셋이 있넌데 金정승에게는 아덜두 딸두 없었다. 그런데 그 후에 金정승의 부인이 아를 개저서 났넌데 구렝이를 났다. 金정승집에서 아를 났다구 허느꺼니 李정승으 딸덜이 멀 났나 하구 보레 왔다. 李정승에 맏딸 어허가 보구서 에이 티겁다 하구서 달아났다. 둘채딸 둥둥이 보구서는 이것두 에이 티겁다 하구서 달아났다. 그런데 셋채딸 매화가 보구서는 "구럭덕덕신선님 나났수다레" 하멘 체뜨러[1] 보구 가만히 누페놓구 갔다.

구렝이는 잘 자라서 컸넌데 하루는 이 구렝이가 저에 오마니과 뒷집 李정승에 딸과 혼세 묻구 시푸느꺼니 그 집이 가서 혼세 묻자구 말하라구 했다. 구렝이 오마니는 李정승집에 가서 말을 할라넌데 차마 말할 수가 없어서 말두 못하구 집에 돌아왔다. 구렝이는 말하구 왔능가 하구 물었넌데 오마니는 그런 말 하기가 멋해서 말두 꺼내디 못하구 왔다구 했다. 구렝이는 "오마니레 말두 꺼내디 못한다면 나는 죽갔수다" 하구 말했다. 구렝이 오마니는 놀래서 낼 다시 가서 말해 보갔다구 했다. 다음날 구렝이 오마니는 李정승네 집이 가서 "우리 집 구렝이레 이 집에 딸과 혼세 묻자구 하멘 만일에 못한다문 죽갔다구 하니 이 일을 어카문 둏갔소" 하구 말했다. 李정승부인은 딸덜을 불러서 "숲정승에 구렝이레 너덜과 혼세 묻자구 하멘 만일 혼세 못하게 되면 죽갔다구 한다는데 너덜 구렝이한테 시집 가간" 하구 물었다. 맏딸 어허는 이 말을 듣구 "죽갔으문 낳딜 말갔디 나와 개지구 벨난 소리 다 하누만. 난 싫수다레" 하구 나갔다. 둥둥이두 어허와 같이 싫다구 하구 나갔다. 그런데 매화는 오마니 하라는 대루 하갔수다구 말했다. 구렝이 오마니는 이 말을 듣구 집이 와서 구렝이과 그 말을 하느꺼니 구렝이는 혹게 기뻐서 네장을 마련하야갔다구 했다.

다음날 구렝이는 저에 오마니를 잔덩에 태와 개지구 굴엄물²⁾ 있는 데루 가서 오마니과 여기 좀 서 있으라 하구 저 함자 굴엄물 속으루 들어가더니 큰 함에다 네장을 넣은 것을 지구 나왔다.

다음날 이 네장함은 李정승에 집에 보내구 구렝이는 李정승에 셋채 딸과 結婚했다. 결혼해 개지구 첫날밤에 신방을 차렸넌데 구렝이는 허울을 벗구 고흔 선비가 됐다.

얼마 동안 지낸 後에 구렝이는 구렝이 허울을 색시에게 주면서 나는 공부하레 멀리 가갔넌데 이 허울을 잘 건세하라구 하구 만일에 이거를 잃던지 망가티던지 하문 우리는 같이 살 수 없게 된다구 말했다. 색시는 구렝이 허울을 받아 개지구 잘 건세하갔다구 조고리 고롬에 네서 잘 건세하구 있드랬넌데 하루는 뮈들이 와서 구렝이 허울을 좀 보자구 했다. 색시는 보이디 않갔다구 하넌데두 자꾸 졸라서 할 수 없이 보여주었더니 "에이 티겁다 이까짓 거 멀 건세하네" 하멘 화루불에 테넣서 태워 버렸다. 그랬더니 새실랑이 와서 색시과 허물을 잘 건세하라구 했넌데두 태워 버렸으니꺼니 같이 살 수 없다 하구 달아났다. 색시는 놀라구 슬퍼서 뒤쫓아서 갔다. 그런데 새시방은 어드메루 갔넌지 찾을 수가 없었다. 그래두 찾아보갔다구 가넌데 하하 가느꺼니 한 넝감이 낚시질을 하구 있었다. 색시는 이렁이렁한 새실랑 가능 거 못 봤능가 하구 물었다. 넝감은 한 십 리 앞서 갔다구 했다. 색시는 또 가넌데 한 아이레 과자를 먹구 있는 거를 만났다. 이 아레 과자를 먹구 있넌데 가마구가 와서 까우까우 하멘 과자 좀 달라구 하느꺼니 아는 구럭덕덕신선님 줄 건 있어두 너 줄 건 없다구 했다. 색시는 그 아에 가까이 가서 구럭덕덕 신선님은 어드메 있능가 하구 물었다. 그 아는 안 대주갔다구 했다. 색시는 좀 대달라구 자꾸자꾸 말하느꺼니 델루루 가문 굴엄물이 있넌데 그 굴엄물에는 금복지게[3]레 있갔으니 그거루 물을 떠먹구 수욱 들어가문 고기 있다구 대췄다. 색시는 그 아레 대준 대루 가서 굴움물에서 금복지게루 물을 떠먹구 글루루 들어갔더니 큰 기와집이 있구 그 집에 구럭덕덕신선님이 있었다. 구럭덕덕신선님은 매화를 언제나 다시 만나 볼 수 있을가 하구 노래를 부르구 있었다. 매화는 그 노래 소리를 듣구 안으루 처억 들어갔다. 신선님은 매화를 보구 반가와하멘 어드릏게 여 기를 찾아왔능가구 물었다. 그런데 여기서 색시를 하나 얻구 있어서 두 색시를 데불구 살 수가 없어서 신선님은 여기서 얻은 색시과는 물 한동 이를 가뜩 길러서 물 한방울두 흘리디 않구 오구 매화과는 산에 가서 싸리를 열 단 베서 개지구 오라 하멘 누구던지 맨제 오는 색시를 대불 구 살갔다구 했다. 그랬더니 매화레 맨제 싸리를 열 대 베와서 신선님 은 매화를 데불구 잘살았다구 한다.

*1936年 12月 宣川郡 山面 保岩洞 金聖濬

1) 처들어    2) 굴 안에 있는 우물    3) 금으로 만든 밥그릇 뚜껑

# 구렁덩덩 시선비 | 녯날에 과부 하나이 있었드랬 넌데 하루는 이 집에 권센[1]하

레 왔던 중이 신을 삼아 주어서 이걸 신었더니 태기가 있어서 七年 만에 알을 하나 났다. 그 알을 깨봤더니 그 알에서 구렝이가 나왔다. 과 부가 구렝이를 났다구 하느꺼니 앞집에 李정승네 딸 서이서 보레 왔

다. 맏이는 구렝이를 보구서 에이 티겁다 하멘 침을 탁 뱉았다. 둘채두
에이 티겁다 하구 침을 뱉았다. 그런데 망내는 구럭덕덕시선님이라구
말했다.

구렝이는 잘 자라서 큰 구렝이가 됐넌데 하루는 저에 오마니과 앞집
에 李정승네 딸과 결혼하구푸느꺼니 가서 말하라구 했다. 오마니는 "그
런 말은 말두 말라. 구렝이레 어드렇게 사람과 결혼하갔네. 말두 안된
소리 하디두 말라" 하멘 안하갔다구 했다. 그런데두 구렝이는 가서 말
하라구 자꾸 졸라 대서 오마니는 할 수 없이 李정승네 집이 갔다. 그런
데 차마 말을 할 수가 없어서 그리 삿귀제기만 뜯다가 돌아왔다. 구렝
이레 말하구 왔능가 물어서 말 못하구 왔다구 했다. 구렝이는 낼 가서
말하라구 했다. 다음날 구렝이 오마니는 李정승집에 갔넌데 또 말할 수
레 없어서 삿귀제기만 뜯다가 돌아왔다. 구렝이는 말하구 왔능가 물었
다. 오마니는 차마 말할 수레 없어서 그냥 돌아왔다구 했다. 구렝이는
낼은 가서 꼭 말하라구 했다. 오마니는 다음날 李정승네 집이 가서 차
마 말을 하디 못하구 삿짝만 뚝뚝 뜯구 있으꺼니 색시오마니레 "데
노친네 당쭐 와 오네 무슨 일이 잇기 오디 할말 있으문 해보시래요. 죽
을 말이구 살 말이구 자오관 해보시라요" 하구 말했다. 그래서 구렝이
오마니는 이거야 멀 될 말이갔소. 데메사니 우리 집 구렝이레 길세 정
승님네 딸과 혼세하자무다그레. 그래서 당쭐 오기는 오무다마는 차마
말을 낼 수가 있시야디요 하구 갸우갸우 말했다. 색시 오마니는 이 말
을 듣구 자오관 딸들과 물어나 보자 하구 딸덜을 불러서 물어봤다. 맏
딸은 "세상에 났다가 어드래서 구렝이하구 결혼해서 살갔소 난 싫어요"
했다. 두채딸과 물어 보느꺼니 두채딸두 구렝이한테 시집 가디 않갔다
구 했다. 세째딸보구 물어 보느꺼니 부모님 마음대루 하갔다구 했다.

이렇게 해서 구렝이는 李정승에 세째딸하구 결혼하게 됐넌데 결혼한
첫날밤에 신방을 차렸넌데 밤이 이즉만해서 자게 되였는데 구렝이는
허울을 벗구서 아주 홀룽한 새실랑이 됐다. 색시는 너머너머 기뻐서 그

밤을 지냈다. 다음날 아침이 되느꺼니 구렝이 신랑은 다시 구렝이 허울을 쓰구 다시 구렝이가 됐다. 새실랑은 밤이면 허울을 벗구 사람이 되구 낮에는 허울을 쓰구 구렝이가 되구 했다.

이렇게 지내다가 어느 날 새실랑은 공부하레 서울루 가갔다 하멘 구렝이 허울을 벗어 주구 이걸 잘 건세하라 했다. 누가 보재두 보이디 말구 잘 건세하넌데 만일에 잃던지 보스게티리던지 하멘 우리는 항게 살 수 없게 된다구 했다. 색시는 구렝이 허울을 받아서 잘 건세하갔다구 옷고롬 속에 넣서 잘 건세했다. 그런데 하루는 형덜이 와서 구렝이 허울을 보자구 했다. 색시는 안 된다 하멘 보이디 않았넌데 믲덜은 빼틀어 보구서 "에이 티겁다. 이따우레 와 건세하네" 하멘 화루에 체넣서 태와 버렸다.

구럭덕덕신선님은 한번 간 후 다시 돌아오디 않했다. 그래서 색시는 구럭덕덕신선님을 찾으레 집을 나섰다. 하하 가느꺼니 가마구레 한 물커리²⁾ 구데기를 먹구 있었다. 색시는 가마구과³⁾ 구럭덕덕시선님 가는 거 못 봤능가 하구 물었다. 가마구는 이 구데기를 깨끗히 시처 주면 대주갔다구 했다. 색시가 그 숫태 많은 구데기를 깨끗히 싯처 주느꺼니 델루루 가더라구 대줬다. 색시는 대준 데루 하하 가느꺼니 서답을 산더미만큼 싸놓구 서답질하는 낸이 있었다. 구럭덕덕신선님 가능 거 못 봤능가 하구 물으느꺼니 그 낸은 이 쌔감안 거는 쌔하게 빨구 쌔한 거는 까맣게 빨아 주면 대주갔다구 했다. 색시는 까만 거는 쌔하게 쌔한 거는 쌔까맣게 다 빨아 주느꺼니 델루루 갔다구 대주었다.

색시는 대준 데루 하하 가느꺼니 한 아레 새를 보멘 "구럭덕덕신선님이 먹을 거를 와 네레 먹네" 하구 있었다. 색시는 이 소리를 듣구 구럭덕덕신선님이 어드메 사능가 물었다. 새 보던 아는 안 대주갔다구 했다. 색시는 자꾸자꾸 대달라구 조르느꺼니 델루루 가문 굴암물이 있넌데 고기 금복지개가 있넌데 그걸루 물을 떠먹구 쑤욱 들어가문 큰 기와집이 있넌데 그 기와집에 살구 있다구 대줬다. 색시는 대준 대루 굴암

물에 가서 금복지게루 물을 떠먹구 그 안으루 들어갔더니 큰 기와집이 있었다. 색시는 그 집 앞에 가서 서 있으느꺼니 집안에서 구럭덕덕신선님은 언제나 색시를 만나보갔나 하구 노래부루구 있었다. 색시는 그 노래소리를 듣구 구럭덕덕신선님 앞으루 갔다. 구럭덕덕신선님은 색시를 보구 반가와하멘 어드렇게 찾아왔능가 했다. 그런데 구럭덕덕신선님은 여기서 다른 색시를 얻어서 살구 있었넌데 색시 둘을 대불구 살 수가 없어서 색시 둘에게 물동이에 물을 가득 길러서 한 방울두 흘리디 않구 오기와 산에 가서 싸리나무 열 단을 베어오기 내기를 해서 누구던지 잘해서 맨제 오는 색시를 데불구 살갔다구 했다. 두 색시는 서루가락 물 길러오기와 싸리나무 열 단 베어오기를 했넌데 맨저 색시가 다 잘하구 맨저 해서 구럭덕덕신선님은 맨제 색시를 데불구 살기루 했다.

*1936年 12月 寧邊郡 球場驛前 金仁國

1) 동냥　2) 一群, 무리지어서　3) 까마귀에게

## 나무꾼과 선녀 |

넷날 어늬 산골에 총각 하나이 살구 있드랬넌데 이 총각은 맨날 새[1]를 해서 팔아 개지구 살드랬넌데 하루는 산에 가서 새를 하다가 쉬는 짬에 잠이 들었다. 자구 있넌데 꿈에 쌔헌 넝감이 나타나서 "넌 브즈런한 총각이느꺼니 당개 가게 해주갔으니 나 하라는 대루 해라. 요 산넘에 누평[2]이 있넌데 그 누평에 仙女들이 하늘서 내리와서 맥을 감는다. 너는 고기 가서 仙女레 벗어논 입성[3] 하나를 채두면 仙女는 닙성 없이는 하늘루 올라가디 못하느꺼니 그 仙女를 데불구 살게 된다. 아이 너이 난담에 그 닙성을 내주라" 하구 말하구서는 넝감은 사라뎄다.

총각은 잠을 깨개지구 넝감이 대준 대루 산넘에 누평이 있는 데루 가서 수플 속에 숨어 있었다. 이즉만해서 하늘서 仙女들이 내리와서 닙성을 벗구 누평에 들어가서 멕을 감구 있었다. 총각은 가만히 가서 仙女

닙성 하나를 채서 수풀 속에 숨어 있었다. 仙女들이 맥을 다 감구 나와서 닙성을 입구 하늘루 올라갔던데 仙女 하나이 입성이 없으꺼니 하늘루 올라가디 못하구 울구 있었다. 총각은 수풀에서 나와서 仙女한테가서 나하구 살멘 닙성을 주갔다구 했다. 仙女는 할 수 없어서 총각을따라와서 살게 됐다.

여러 해가 지나서 아이를 서이나 낳았다. 총각은 이자는 일 없갔디하구서리 仙女에게 닙성을 내주었다. 그랬더니 仙女는 그 닙성을 입구낭팔에 아를 하나씩 끼구 하나는 등에 업구 하늘루 올라가 버렸다. 총각은 그만에 슬퍼서 발을 둥둥 굴르메 울었다. 울구울구 또 울다가 잠이 들었다. 꿈에 또 그 새헌 넝감이 나와서 박씨를 서이 알 주멘 이걸심어서 박넝쿨을 타구서 하늘루 올라가라구 했다. 잠을 깨어 보으꺼니손에 박씨가 서이 알 있었다. 총각은 그 박씨를 심었더니 넝쿨이 뻗구뻗구 해서 보름 만에 하늘꺼정 올라갔다. 총각은 그 넝쿨을 잡구서 하늘에 올라갔다.

하늘에 올라가느꺼니 아덜이 총각을 보구서 아바지 온다구 과티멘서[4] 달라 뛰어오넌데 仙女도 뒤따라서 오멘 반가와하넌데 난데없이군사가 오더니 이 총각을 잡아 개지구 왕한테 데불구 갔다. 왕은 네레地上 사람인데 하늘으 仙女와 살라문 하늘에서 살 만한 재간이 있이야 한다. 내가 내놓는 시형에 합격해야디 그라느문 목을 베겠다구 하구서 큰 활에다 화살을 메워 쏘구는 그 화살을 찾아서 개오라구 했다.총각은 이 말을 듣구 어드메 가서 그 화살을 찾아와야 할디 몰라서 야아 난 꼭 죽갔다 죽는 바야 仙女나 한 본 보구 죽갔다 하구 仙女 있넌데루 갔다. 仙女는 총각이 시름없이 오넌 거를 보구 어드래서 그릏는가무렀다.

총각은 王한데서 큰 활루 쏜 화살을 얻어 개주구 와야디 그라느문 죽인다구 해서 난 딱 죽게 돼서 그른다구 말했다. 仙女는 白馬 한 마리를주멘 이 말을 타구 가다가 이 말이 스는 곳에 화살이 있을 거이느꺼니 고기서 화살을 얻으멘 된다구 말하구 무슨 일이 있어두 이 말 곁을 떠나서는 안돼요 말이 앙 쏘리 세 번 허구 하눌루 올라가느꺼니 하구 말했다. 총각은 백마를 타구 가넌데 말이 빨리 뛰어가더니 한곳에 서서 고기를 보느꺼니 화살이 있었다. 그런데 말이 선곳은 바루 이 총각에 저근니에 집 밖이였다. 총각이 화살을 집어서 말을 타구 갈라구 하넌데 저근니레 나와서 이거 "형님 몇 해 만이요" 하멘 붓잡구 밥먹구 가라구 했다. 그래서 총각은 저그니 집에 들어가서 밥과 국을 먹구 있넌데 백마레 앙 쏘리 세 번 허구 하늘루 올라갔다. 총각은 저근니에 밥과 국을 먹다가 하늘루 올라가디 못하게 돼서 고만 한이 돼서 죽어서 사이가 됐다. 이 사이는 밥국 밥국 하멘 울구 다넸다. 우리 귀에는 뻑국뻑국 하구 들리는데 세상 사람은 이 사이를 뻑국사이라구 한다. 밥과 국 때문에 죽은 거이느꺼니 밥국사이라구 하는 거이 옳갔다.

*1934年 7月 義州郡 加山面 玉江洞 金成淳

1) 나무, 땔감   2) 못, 沼   3) 옷   4) 소리치면서

# 나무꾼과 선녀 │

녯날에 총각 하나이 있었드랬넌데 산우루 새하레 가서 새를 하구 있느라느꺼니 노루 한 마리가 숨이 차게 뛰어오멘 포수레 쫓아오느꺼니 좀 숨게 달라구 했다. 그래서 총각은 샛단 안에다 닣구 잘 숨게 주었다. 인차[1] 포수레 달레와서 노루 뛔가능거 못 봤능가 물었다. 총각은 델루루 갔다구 하느꺼니 포수는 글루루 뛔갔다. 포수가 멀리 간 뒤에 노루는 샛단에서 나와서 고맙다구 하구 자기를 따라오라구 했다. 총각이 따라가느꺼니 노루는 어드런 게수[2] 있는 데루 가서 "이 게수에는 하늘서 仙女 서이 내리와서 멕감는 덴데 여기 숨어 있다가 원 적은 仙女에 소곳을 감추어 두구레. 그러면 그 仙女레 소곳이 없어서 하늘루 올라갈 수 없을 거이느꺼니 그 仙女와 같이 살문 옷을 주갔다 하구 아이 너이

난 담에 그 옷을 주라." 이렇게 말하구 노루는 어데메루 가 삐렜다.

총각은 노루가 말한 대루 게수 옆에 숨어 있었다. 이즉만해서 하늘서 仙女 서이 내리와서 게수에 들어가서 멕을 감았다. 총각은 윈 저근 仙女에 소곳을 감추었다. 仙女덜이 멕을 다 감구 나와서 소곳을 닙넌데 웬 저근 仙女는 소곳이 없으꺼니 닙딜 못하구 있었다. 하늘에 올라갈 시간이 돼서 다른 仙女는 "우리는 맨제 올라간다. 넌 투데[3]라두 입성을 얻게 되문 입구 올라오라" 하구 올라갔다.

두 仙女가 하늘루 올라간 담에 총각은 仙女 앞에 나가서 넴제 소곳은 내레 개지구 있넌데 나하구 같이 살문 주갔다구 했다. 仙女는 할 수 없이 총각하구 살기루 했다.

멫 년이 지난 후에 아이를 셋을 낳았다. 총각은 아이를 셋이나 낳았으꺼니 이자는 소곳을 줘두 일없갓디 하구서리 소곳을 仙女에게 줬다. 그랬더니 선네는 그 소곳을 닙구 아들 양넙헤 하나식 끼구 하나는 잔등에 업구 하늘루 올라가 삐렜다. 총각은 기가 맥혀 발을 동동거리며 하늘만 테다보구 있었다. 이때에 전에 노루가 나타나서 "아이 너이 난 담에 주렜넌데 서이 난넌데 주어 개지구 하늘루 올라가게 했능가. 이젠 할 수 없으꺼니 이제 이거 줄꺼느꺼니 이걸 심어서 넝쿨이 뻗으면 그 넝쿨 타구서 하늘에 올라가 보라" 하멘 호박씨 한 알을 줬다.

총각은 호박씨를 받아 개지구 심어서 넝쿨이 뻗어서 하늘에 닿았을 때 그 넝쿨을 타구 하늘루 올라갔다. 하늘에 올라가느꺼니 아덜이 보구서 아바지 왔다구 하멘 달라오구 仙女도 마주나왔다. 그런데 仙女는 여기는 인간사람은 못 오는 곳이 돼서 여기서 살라문 훌륭한 재간이 있이야 한다구 말하구 내일 우리 형덜이 와서 재간이 있나 없나 시험할 터인데 우리 형들이 수탉이 돼서 잿간[4]에서 꾸더꾸더 할 터이니 그때 가서 "점디않은데[5] 와 티꺼운 데 이러구 게시우" 하구 말하라구 대줬다.

다음날 아침에 총각은 재통[6]에 가서 수탉이 두 마리 꾸더꾸더 하구 있넌 걸 보구서 "아 형님딜, 점디않는데 와 이 티꺼운 데서 이러구 게시우" 하구 말했다. 그러느꺼니 수탉은 인차 벤해서 仙女가 되더니 님재 어드릏게 알아보능가 그만한 재간이 있으문 하늘에서 살 수가 있다구 말했다.

＊1937年 7月 定州郡 觀舟面 觀揷洞 桂昌沃

1) 곧바로    2) 늪    3) 나중에    4) 뒷간    5) 점잖은데    6) 뒷간

# 나무꾼과 선녀 |

넷날에 어느 곳에 늪이 있넌데 이 늪에 하늘서 센네딜이 내리와서 맥을 감구 감구 했다. 센네가 맥감는 거를 근체 사넌 총각 하나이 보구서리 하루는 가만히 가서 센네 옷 하나를 채서 감차 뒀다. 그랬더니 다른 센네는 옷을 닙구 하늘루 올라갔넌데 이 센네는 옷이 없으꺼니 하늘루 올라가디를 못했다. 그래서 이 센네는 할 수 없이 총각하구 살게 됐다. 살멘서 아를 둘이나 낳구 사넌테 하루는 근체 집에 잔채가 있어서 센네는 그 잔채집에 가고푸느꺼니 총각과 옷을 내달라구 했다. 총각은 아를 둘이나 났으꺼니 일없갔디 하구 옷을 내주었다. 그랬더니 센네는 그 옷을 닙구 아를 낭팔에 하나식 끼구 하늘루 올라가뻐렸다. 총각은 기가 막혀서 왕왕 울구 있었다. 그때 웬 사이 한 마리가 날라와서 총각과 와 우능가 물었다. 총각은 함께 살던 센네가 하늘루 올라가서 슬퍼서 운다구 했다. 그러느꺼니 사이는 웬 씨알을 서이 알 주멘 이걸 심어서 넉줄이 뻗어서 하늘루 올라갈 꺼이느꺼니 사흘 만에 그 넉줄을 붓잡구 하늘루 올라가라구 말했다.

총각은 그 씨알을 받아서 심구 다음날 아침에 보느꺼니 넉줄이 뻗어서 하늘꺼지 올라가 있어서 그걸 붓잡구 하늘루 올라갔다. 그런데 그 넉줄이 아직으는 덜 자라서 약해서 둥간에서 끈어데서 고만 올라가딜 못하구 따우루 떠러뎄다. 총각은 또 왕왕 울구 있었다. 그랬더니 그 사

이가 또 와서 와 우능가 물었다. 넉줄을 붓잡구 하늘루 올라가드랬넌데 고만 끈어데서 따우에 떠러지구 말아서 운다구 했다. 사이는 오이씨를 주멘 이걸 심어서 넉줄이 뻗으면 사흘 있다가 잡구 올라가라구 했다.

총각은 오이씨를 받아서 심구 넉줄이 하늘꺼정 뻗어 올라가서 붓잡구 올라갔다. 그런데 이 넉줄이 아직 덜 자라서 도둥에서 끈어데서 따우루 떠러뎄다. 총각은 또 왕왕 울구 있었다.

그 사이가 또 와서 와 우능가 물었다. 넉줄을 잡구서 하늘루 올라가다가 넉줄이 끈어데서 떠러데서 하눌루 올라가디 못해서 운다구 말했다. 사이는 또 씨를 주멘 이거이 마즈막이느꺼니 이제는 꼭 사흘 있다가 잡구 올라가라구 했다.

총각은 그 씨를 심어서 삼일 만에 넉줄을 잡구서 하늘루 올라갔다. 올라가느꺼니 아덜이 보구서 아바지 온다구 하멘 끌구서 센네 있는 데루 갔다. 센네가 아덜이 과티는 소리를 듣구 "야 아비지가 여기가 어드메라구 오갔네" 하멘 나왔다. 보느꺼니 정말 총각이 와 있어서 기뻐하멘 어드렇게 왔능가 했다.

그런데 좀 있으꺼니 仙女 아바지레 와서 "인간세상 사람이 하늘에 올라오기란 아주 어려운 일인데 님제레 올라온 걸 보니 재간이 용쿠나" 하멘 나하구 내기해 보자. 내기해서 이기문 센네와 살구 이기디 못하문 못 산다구 했다.

총각은 이 말을 듣구 근심이 돼서 센네과 어드릏게 하문 이기갔는가 물었다. 센네는 근심 말구 내가 대준 대루만 하라 하구 "낼 내레 베를 짜구 있넌데 숫달[1]이 와서 구둘구둘 하거던 '아비지 어드래서 숫달이 돼서 구둘구둘 합니까' 하구 말하라"구 했다. 다음날 센네가 베를 짜구 있넌데 수달이 와서 구둘구둘 하구 있었다. 총각은 이걸 보구, 아바지 어드래서 숫달이 돼서 구둘구둘 합니까 하구 말했다. 그랬더니 수달이 센네 아바지가 돼서 님제 용쒜 하구서 천리 밖에다 활을 서이대를 쏘구서 그 활촉을 얻어오라구[2] 했다.

총각은 근심이 돼서 센네과 어드릏가문 돟갔능가 물었다. 센네는 "아바지과 말 한 마리 달래 개지구 그걸 타구 가넌데 아비지과 말을 달래문 상사말을 주갔다구 할 꺼이느꺼니 그 말은 싫구 죽어가는 배지말[3]을 달라구 하시라요. 그래 그 말을 타구 가문 큰 기와집이 있넌데 그집 체네레 활촉에 맞아서 앓구 있을 터이니 그 체네 벵을 고테 준다구 하구서리 그체네 가슴에 박힌 활촉 서이 개를 뽑아서 개주구 오라"구 했다. 총각은 센네 말을 듣구 센네 아바지한테 가서 말 한 마리를 달라구 했다. 센네 아바지는 상사말을 주갔다구 했다. 총각은 그 말 말구 죽어가는 배지를 달라구 했다. 센네 아바지는 그 배지는 안 된다구 하는 거를 총각은 그 말만 달라구 했다. 센네 아바지는 할 수 없이 배지를 주었다.

총각이 배지를 타구 가넌데 배지는 힘이 나서 눈 깜작할 사이에 千里를 달려서 큰 기와집 앞꺼지 왔다. 그 집이 들어가서 체네 벵을 고테 주갔다구 하구서 체네 가슴에 백혜 있는 활촉 서이를 뽑아 개지구 말을 타구 갔다. 가넌데 도둥에서 웬 꿩 한 마리가 나타나더니 게게소리 하멘 달라들었다. 총각은 이거이 머이가 하멘 활촉으루 탁 텄더니 그 활촉 하나를 빼틀어 개주구 달아났다. 그러느꺼니 어드메서 마이[4] 한 마리가 날라와서 꿩이 빼틀러간 활촉을 빼틀어서 날라갔다. 총각은 활촉 두 개만 개지구 집에 돌아와서 풀이 죽어 개지구 걱정하구 있었다.

센네레 보구서 와 그런가 하구 물었다. 총각은 활촉을 서이 개 뽑아 개주구 오다가 꿩한테 하나 빼틀렀넌데 마이가 이거를 빼틀러 멀리 날라가서 그런다구 말했다. 그랬더니 센네는 활촉 하나를 내주멘 빼틀린 활촉이 이거이가 하구 물었다. 총각은 깜작 놀래며 이거이 어드래서 여기 와 있능가 물었다. 센네는 활촉을 빼틀러 간 꿩은 우리 오래빈데 그 오래비는 당신이 활촉 서이 개를 아바지한테 바테서 칭찬받는 거이 미뚱스러워서[5] 빼틀러갔넌데 내레 마이가 돼서 그걸 빼틀어서 여기 개저 왔다구 말했다. 총각은 그 말을 듣구 기뻐하구 활촉 서이 개를 센네 아바지한테 개저다 바티구 또 칭찬받았다.

그 후 메칠 지나서 센네 아바지는 총각과 칼싸움내기 하자구 했다. 그래서 총각은 센네 오래비과 칼싸움을 하게 됐넌데 총각은 센네 오라비 목을 텄다. 그랬더니 오래비 목이 툭 떨어뎄넌데 이 목이 다시 가서 부틀라구 했다. 이때 센네레 와서 매운 재를 오래비 목이 베인 자리에 뿌렛다. 그랬더니 떨어진 목이 도루 와서 부틀라구 하다가 붓딜 못하구 떨말데서 오래비는 죽구 말았다. 그 후보타는 아무 일 없이 총각은 센네와 잘살았다구 한다.

＊1934年 7月 鐵山郡 站面 龍黨洞 白天福
＊1936年 12月 龍川郡 外上面 南市洞 催秉根

1) 수탉    2) 찾아 오라고    3) 약하고 병든 말    4) 매    5) 미워서

# 나무꾼과 선녀 | 넷날에 총각 하나이 있넌데 이 총각이 밥을 하구 있누라문 아침이건 저녁이건 쥐 한 마리가 나와서 놀구 있어서 이 쥐에게 밥두 주구 멋두 주구 하멘 먹을 거를 당창 주어서 길렀다. 그래서 이 쥐는 큰 쥐가 됐다.

하루는 이 총각이 산으루 새 하레 가서 새를 하구 있넌데 노루 한 마리가 숨이 차서 뛰오멘 뒤에 총배치레 쫓아오느꺼니 날 좀 숨게 달라구 했다. 총각은 그렇가라구 하구서 노루를 샛단 안에다 숨게 놨다. 그러자 바루 총배치레 달레와서 노루 지나가는 것 못 봤능가 물었다. 노루는새나[1] 노루 그림재두 못 봤다구 하느꺼니 총배치는 델루루 가구 말았다. 총배치가 간 담에 노루는 샛단에서 나와서 고맙다구 절을 하구 색시 하나 얻게 해줄 꺼이느꺼니 날 따라오라구 했다. 노루는 총각을 데불구 고개 넘에 높 있는 데꺼정 왔다. "이 높에는 하늘서 仙女 서이 내리와서 멕을 감으느꺼니 이 아근[2]에 숨어 있다가 가운데 仙女에 속옷을 감차두면 그 仙女는 옷이 없어서 하늘루 올라가딜 못하구 있을 터이느꺼니 그때 仙女한테 가서 같이 살자구 하구 집으루 데불구 와서 사넌데 아

를 다섯 난 담에야 그 옷을 주라"구 말하구 노루는 가삐렀다.

총각은 노루가 말한 대루 늪역에 숨어 있으꺼니 하늘서 仙女 서이가 내리와서 옷을 벗구 늪에 들어가 맥을 감았다. 총각은 가운데 仙女에 속옷을 채서 감췄다. 仙女들은 맥을 다 감구 나와서 옷을 닙구 하늘루 올라갔넌데 가운데 仙女는 옷이 없으느꺼니 올라가디 못하구 있었다. 총각은 仙女한테 나가서 나하구 같이 살갔다문 옷을 주갔다구 했다. 仙女는 그카라 하구 총각을 따라와서 살기루 했다. 이렇게 해서 仙女와 총각은 부체레 돼서 사넌데 아를 너이나 낳게 됐다. 총각은 이자는 옷을 내줘두 일없갔디 하구서 옷을 내줬다. 그랬더니 仙女는 아를 양 옆에 하나식 끼구 하나는 등에 업구 하나는 가슴에 안구 하늘루 올라가 삐렀다. 총각은 이걸 보구 슬퍼서 발을 동동거리며 울구 있었다. 그러느꺼니 그 노루가 와서 와 우능가 하구 물었다. 총각은 속옷을 仙女에게 내주었더니 아를 다 데불구 하늘루 올라가서 슬퍼서 운다구 했다. 그러느꺼니 노루는 "님제레 하늘에 올라가서 仙女를 만나라구 하멘 바가지 씨를 한 알 주멘 이걸 심어서 넝줄이 뻗어서 하늘꺼정 닿거덩 그 넝줄을 잡구 올라가 보라. 그런데 올라갈 적에 아레를 내리다보문 떨어지느꺼니 그리 알라구 말하구 가 삐렀다. 총각은 그 바가지 씨를 받아서 심었더니 인차 넝줄이 뻗어서 하늘꺼정 올라갔다. 총각은 그 넝줄을 잡구서 올라가넌데 가다가 아레를 내리다봤다. 그랬더니 고만 떠러데구 마랐다. 총각은 또 울구 있었다. 노루레 와서 와 우는가 물었다. 하늘에 올라갈 적에 아레를 내리다보디 말라 한 걸 내리다봤다가 떠러데서 운다구 했다. 노루는 또 바가지 씨를 주멘 이거는 마즈막 주는 거이느꺼니 그리 알구 이젠 올라갈 적에 절대루 내리보디 말구 올라가라구 했다. 총각은 그 씨를 심었더니 바가지 넝줄이 뻗어서 하늘꺼정 올라갔다. 총각은 그 넝줄을 잡구서 하늘루 올라갔다.

하늘에 올라가 보느꺼니 큰 버드낭구 밑에서 놀구 있던 아덜이 보구서 아바지 온다 하멘 뛔와서 손을 잡구 오마니 있는 데루 갔다. 仙女는 밥하다가 나와서 반가와하멘 끌구 방안으루 들어갔다. 이때 仙女 아바지가 오더니 "야 윈 인간 내레 나네?" 하구 말했다. 仙女는 인간 세상에 내레갔을 적에 살던 가당3)이 와서 그른다구 했다. 仙女 아바지는 총각을 보더니 "님제레 인간사람인데 여꺼정 오다니 참 재간 있소아. 재간 있으문 나하구 내기새 해보간?" 하멘 숨기내기를 하자구 했다. 仙女 아바지가 맨제 숨기루 했넌데 총각이 찾일라구 하넌데 아무리 찾아 내려구 해두 찾아낼 수레 없어서 이거 야단났다 하구 밥두 먹디 않구 울구만 있었다. 仙女는 이걸 보구 근심 말라 하구 여기서 고추4) 가면 조고마한 집이 있구 그 집 앞에 수탉이 있을 터이니 그 닭보구 "아바지, 될 거이 머이 없어서 놈으 집 수탉이 돼 있읍니까" 하구 말하라구 말했다. 총각은 그 말을 듣구 그 조그마한 집에 가서 수탉과 "아바지 될 거이 뭐이 없어서 놈으 집 수탉이 돼 있읍니까" 하구 말했다. 그랬더니 수탉은 仙女 아바지가 돼서 "야 네레 재간 있소와" 하멘 칭찬했다.

다음날 仙女 아바지레 와서 또 내리새하자 하구 내레 숨은 거를 찾아내라구 했다. 총각은 또 어떻갈 줄 몰라서 울구 있으꺼니 仙女레 와 우능가 물었다. 仙女 아바지가 숨은 거를 찾아내라 하넌데 어데메 가서 찾아내야 할디 몰라서 운다구 했다. 仙女는 "울디 말구 데켄 山 아래에 가문 집이 하나 있넌데 그 집에 가서 그 집에 젊은 색시과 '나요. 손가락에 가시가 들어서 그러넌데 바늘 좀 빌레 주구레' 하구 바늘을 빌레 개지구 '될 거이 머이 없어서 놈에 색시 바늘이 됐읍니까' 하구 말하라"구 대줬다. 총각은 山 아래 집이 가서 그 집 색시과 바늘 좀 빌레 달래 개지구 "될 거이 머이 없어서 놈에 색시 바늘이 됐읍니까" 하구 말했다. 그랬더니 바늘이 仙女 아바지가 돼 개지구 "님제 참 용쏘와" 하멘 칭찬했다.

다음날 仙女 아버지는 "내레 활대 세 개를 쏠 터이니 그 활대 서이 개를 얻어오라" 하멘 "만일에 얻어오디 못하문 죽이갔다"구 했다. 총각은 이거이 또 근심이 돼서 울구 있으꺼니 仙女레 와 우능가 물었다. 仙

女 아바지레 활대 서이 개를 쏴서 그걸 얻어와야디 못 얻어오문 죽이갔다구 해서 울구 있다구 말했다. 仙女는 아바지한데 가서 말을 한 마리 얻어 개지구 오넌데 웬 못되게 보이는 말을 얻어 개지구 오라구 했다. 총각이 仙女 아바지한테 가서 말을 한 마리 달라구 했다. 仙女 아바지는 데일 둏은 말을 주멘 이걸 개저가라 했다. 총각은 웬 못된 말을 달라구 하구서리 못된 말을 끌구 仙女한데 왔다. 仙女는 멩디베⁵⁾ 석자를 주멘 이걸 목에 감구 말을 타구 가멘 가는 도둥에 아무것두 방해되넌 거이 없이 가게 되넌데 가다가 큰 기와집이 나올 거이니 그 집 대문 밖에는 죽어 가는 까투리 한 마리가 암만 죽어 가는 모양을 하구 있어두 너주억질⁶⁾ 말구 그 집 안으루 들어가서 활대 서이 개를 맞구 죽은 그 집에 독신아덜⁷⁾ 몸에서 활대를 빼개지구 오라구 말했다. 총각은 웬 못된 말을 타구 멩디베를 목에 감구 가는데 말은 千里馬가 돼서 잘 달리구 높은 산두 깊은 강두 아무 일 없이 넘어가구 건너갈 수가 있었다.

이렇게 해서 큰 기와집이 있넌 데꺼정 왔다. 그 집 大門 앞에는 죽어 가는 까투리가 있었다. 총각은 이런 너주억질하디 않구 그 집으루 들어갔다. 들어갔더니 그 집에는 독신아덜이 죽었다구 동리 사람들이 늘퍼하게 많이 모여서 슬퍼하구 있었다. 총각은 그 죽은 아덜에 몸에 박힌 활대를 서이 개 뽑아서 개지구 나왔다. 나오다가 대문 앞에 죽어 가는 까투리를 보구서 너무너무 불상해서 활대루 좀 툭 다테 봤더니 까투리는 그 활대를 빼틀러 개지구 공둥으루 날라가 베렸다.

총각은 이거 야단났다 하구 어카노 하구 있넌데 어드메서 왔넌지 마이 한 마리가 와서 그 까투리를 뒤쫓아갔다. 그런데 독수리 한 마리가 날라오더니 이거이 마이 뒤를 딸라 쫓아갔다. 총각은 이러한 거를 보구 말을 몰구 仙女한테루 돌아와서 근심하구 힘 없이 한숨만 딥다 쉬구 있었다. 仙女는 와 그렇게 힘 없이 한숨딥구 있능가 물었다. 총각은 까투리한테 활대를 빼틀레서 仙女 아바지에게 활대를 개저다 줄 수 없게 돼서 죽게 돼서 그른다구 말하구 마이와 독수리가 나타나서 까투리를 쫓아가던 말을 했다. 仙女는 빙그레 웃으멘 근심 말라 하멘 활대를 내놨다.

　총각은 깜작 놀라 이거 어드렇게 된 노릇인가 하구 물었다. 仙女는 그 까투리란 거는 나에 저근니으 새시방인데 그 활대를 자기레 갯다 아바지한테 바치려구 하느꺼니 형으 새시방이 마이레 돼서 활대를 빼틀어 아바지한테 바치레 했이요. 그래서 내레 독수리가 돼서 쫓아가서 빼틀어다가 여기 개저다 놨이요" 하구 말했다. 총각은 기뻐서 그 활대를 仙女 아바지한테 개저다 바텟다. 仙女 아바지는 "참 님제 재간 있음메" 하구 칭찬했다.

　다음날 仙女 아바지는 이거 마즈막이다 하멘 과이8)나라에 있는 보배구이를 개저오라, 만일에 개저오디 못하문 죽인다구 했다. 총각은 말을 타구 보배구이를 얻으레 가넌데 어드메루 가야 할디 몰라서 그저 스름스름 가드랬넌데 가다가 쥐나레에 가게 됐다. 이 쥐나라서는 농세레 잘됐다구 왕과 신하덜이 많이 모여서 큰 잔채를 하구 있었다. 총각이 잘 보느꺼니 쥐나라 王이란 쥐는 자기레 세상에 있을 적에 밥을 줘서 기르던 쥐레 돼서 쥐왕한데루 가서 인사하려고 했다. 그랬더니 쥐왕두 총각을 보더니마는 "아 쥐인님 어드렇게 여기에 다 오섭십니까" 하구 절을 하구 쥐나라 대궐루 데불구 갔다. 쥐왕은 총각을 잘 대접했다. 총각은 광이나라에 보배구이를 어드릏가문 얻갔능가 하구 쥐왕과 물었다. 쥐왕은 "광이나라 보배구이를 얻는 거 혹게 힘드는 일우다마는 얻어 보갔이요" 하더니 쥐란 쥐를 모주리 모아개지구 여기서 과이나라 대궐꺼정 굴을 뚤루라구 영을 내렸다. 그러느꺼니 숫한 쥐덜은 모주리 달라들어 과이나라 대궐꺼정 굴을 다 뜯어놨다. 그래 개지구 보배구이를 개저왔다. 쥐왕이 보배구이를 총각에게 주느꺼니 총각은 그 보배구이를 개지구 와서 仙女 아바지한테 바텟다. 仙女 아바지는 "참 님제 재간 용쏴아" 하멘 기뻐했다. 그리구 그 댐보탐 어려운 일두 시키딜 않구 하늘서 살게 했다. 그래서 총각은 仙女하구 아덜하구 하늘서 잘 살았다구 한다.

＊1937年 7月 昌城郡 昌城面 坪路洞 康顯楖

1) 노루는커녕    2) 근처    3) 남편, 가장    4) 똑바로    5) 명주베    6) 건드리지    7) 외아들    8) 고양이

# 나무꾼과 선녀 |

넷날에 한 총각이 있드랬년데 어드런 부재집이서 멈살이[1]를 하구 있었다. 하루는 산우루 새하레 가서 새를 하구 있누라느꺼니 사심이 한 마리가 뛔오멘서 더기 총배치레 나를 쏠라구 하느꺼니 날 좀 숨게 달라구 했다. 그래서 총각은 그카라 하구서리 사심이를 새루 덮어 두었다. 이즉만하더니 아닐세라 총배치레 헐덕거리멘 달레와서 사심이 뛔가능 거 못 봤녕가 물었다. 총각은 데켄이서 머이 어슬렁어슬렁하넌 거이 있었넌데 그거이 아매두 사심이레 글루루 간 것 같다구 했다. 총배치는 그 말을 듣구 글루루 뛔갔다. 총배치레 멀리 간 담에 사심이는 샛단에서 나와 개지구 고맙다구 인사하구 자기를 딸라오라구 했다. 총각이 딸라가느꺼니 사심이는 험한 산골쩨기루 가더니 더기 누펑이레 있넌데 그 누펑이에 하늘서 仙女덜이 내리와서 맥을 감으느꺼니 님제는 요기 숨어 있다가 윈 적은 仙女에 입성을 감춰 두라 仙女레 맥을 다 감구 하늘루 올라갈 적에 닙을 입구 올라가넌데 윈 저근 仙女는 입성이 없어서 못 올라갈 거이느꺼니 그 仙女한데 가서 같이 살문 입성을 내주갔다구 하라. 그런데 같이 살멘서 아이 너이를 난 담에 그 입성을 내주라구 말하구 가삐렀다.

총각은 사심이가 대준 대루 누펑이 아근에 숨어 있누라느꺼니 아닐세라 하늘서 仙女 서서 내리와서 둘은 입성을 척척 벗구서 누펑이루 들어갔넌데 윈 저근 仙女는 입성을 뻈디 않구 난 오늘은 벨수러워서 멕 안 감갔다구 했다. 그러느꺼 다른 仙女들은 벨수럽기는 멀 "벨

수럽간. 날래 벗구서 둘오라" 했다. 그러느꺼니 윈 저근 仙女두 입성을 벗구 물에 들어가서 멕을 감았다. 총각은 가만히 가서 그 입성을 채서 감추어 났다.

仙女들은 멕을 다 감구 나와서 입성을 닙넌데 윈 저근 仙女는 입성이 없으느꺼니 닙디두 못하구 있었다. 다른 仙女는 하늘루 올라갔다. 윈 저근 仙女는 하늘루 올라가디두 못하구 있넌데 총각이 나타나서 자기하구 같이 살갔다문 입성을 주갔다구 했다. 仙女는 할 수 없으느꺼니 같이 살갔다구 했다.

총각은 仙女를 대불구 와서 같이 사넌데 아들 서이 낳게 됐다.

어늬날 仙女는 입성을 달라구 했다. 총각은 아럴 서이나 났으느꺼니 줘두 일없가디 허구 입성을 내줬다. 그날 나주²⁾ 총각은 자다가 깨어 보느꺼니 살던 집두 없어디구 仙女두 아덜두 없구 풀밭에 누어 있었다. 총각은 기가 막혀 울구 있었다. 그때 사심이레 오더니 아를 너이 난 담이 주라구 했넌데 어드래서 서이 난 담에 줬능가, 仙女는 그 입성을 입구서 낭켄 소매에 아 하나식 끼구 하나는 잔등에 업구 하늘루 올라갔다구 말했다. 총각은 이렇게 된 헹펜에 더 메라갰능가, 하늘에 올라가 부구푸다구 말했다. 사심이는 말을 한 마리 주멘 이걸 타구 하늘루 올라가 보라구 했다. 총각은 그 말을 타구 하늘에 올라가서 仙女에 집 앞으 엄물³⁾께 있는 낭구 우에 올라가서 겡우⁴⁾만 보구 있었다. 이즉만해서 아덜이 나와서 낭구 우를 테다보더니 야아 아비지레 왔다구 과티며 가더니 저 오마니를 앞에서 끌구 뒤에서 밀구 해서 총각 있는 데꺼지 왔다. 仙女는 총각을 보더니 기뻐하멘 여기를 어드릏게 올라왔능가 하멘 저으 집으루 대불구 갔다. 조금 있누라느꺼니 쿵쿵하멘 머이 들어오구 있었다. 仙女는 얼른 총각을 학갑⁵⁾ 안에다 숨겠다. 쿵쿵거리며 仙女 오래비덜이 들어오더니 "야 윈 벌거지⁶⁾ 내레난다. 윈 노릇이가?" 하멘 벅작 과텠다. 仙女는 방을 잘 쓸디 안해서 그러무다레 하멘 구둘을 쓸었다. 그래두 오래비는 벌거지 내레 난다구 했다. 仙女는 내레 모욕을 하딜 안해서 그러는가무다레 하구서리 모욕을 했다. 그래두 벌거지 내가 난 다구 하멘 한참 돌아가다가 하깝을 열구서 총각을 보구서리 데거이 머이가 하구 물었다. 仙女는 그제야 人間世上에서 같이 살던 서나[7]라구 했다. 그러느꺼니 오래비덜은 총각과 학갑에서 내리오라구 하구서리 내리오느꺼니 절을 하넌데 반절만 하구 벌거지 내레 나서 더 못 있갔다 하구 가 삐맀다.

오래비덜이 총각에게 대하는 꼴을 보느꺼니 아무래두 못살 것 같이 굴 것 같았다. 그래서 仙女는 총각과 "여보시 이거 암만해두 당신은 여기서 살디 못할 것 같수다. 그러느꺼니 다시 인간세상에 내리가는 거이 둏갔수다" 하구 말했다. 와 그렁가 하구 물으느꺼니 仙女는 여기 하늘에는 재간이 많은 사람만이 사는 데가 돼서 재간이 없으문 쥑이게 돼요. 아매두 메칠 있으문 玉皇上帝가 불러내서 여러 가지 어려운 문데를 내주구 그걸 알아맞추라 하기두 하구 어려운 내기새를 해서 내기새에 지문 죽일 꺼이느꺼니 야단 아니갔소. 그러느꺼니 날래 인간 세상으루 내리가는 거이 둏갔수다 하구 말했다. 총각은 이 말을 듣구 "그렁가. 그런데 내레 여기꺼정 올라왔넌데 어드레 도루 인간세상에 내리가갔소. 난 죽어두 일없으니꺼니 내리가디 않구 여기 있갔수다" 하구 말했다.

멧날이 지난 담에 아닐세라 옥황상제레 총각을 불레내 개지구 님제레 인간세상 사람으루 이 하늘에 온 건 처음인데 님제레 재간 많갔는데 우리 숨기내기 해서 님제레 이기문 여기서 살 수 있지만 지문 죽는 줄 알라구 했다. 총각은 그렇가갔다 하구서리 仙女한데루 돌아왔넌데 어칼디 몰라 근심이 돼서 꿍꿍거리구 있었다. 仙女레 보구서리 와 그릉가 말이나 해보구레 했다. 총각은 옥황상제과 숨기내기를 했넌데 어칼디 몰라서 그른다구 말했다. 仙女는 옥황상제과 숨기내기 할 적에 옥황상제더러 맨제 숨으라 하구 옥황상제가 다 숨은 댐에 아무데 가문 큰 닭우가리레 있을 터이느꺼니 그 닭우가리 앞에 가서 옥황상제님 숨을 데레 그렇게두 없어서 닭우가리에 숨었입니까 하구 말하라구 대줬다.

다음날 총각은 옥황상제하구 숨기내기를 했넌데 옥황상제과 맨제 숨우라구 했다. 그래서 옥황상제레 맨제 숨었넌데 총각은 仙女레 대준대루 큰 닭우가리 있넌데 가서 옥황상제님 숨을 데레 없어서 닭우가리에 숨었입니까 하구 말했다. 그러느꺼니 옥황상제는 그 닭우가리에서 나와서 "님제레 참 재간 있쉐" 하멘 칭찬했다.

그런 뒤에 한 다쌔쯤 지나서 옥황상제는 총각과 숨어 보라구 했다. 총각은 仙女한테 와서 옥황상제과 숨기내기를 하게 됐넌데 나는 어드렇게 숨어야 하능가 하구 물었다. 仙女는 아무 데라두 가서 숨구 있으면 내레 님제 머리 낭켄에다 꾸리를 달아 놀 터이니 아무런 일이 있어두 음쪽 말구 가만히 있어야 한다구 말하구 웃던지 하문 꾸리레[8] 떠러데서 님제 모습이 헨둥하게[9] 나타나게 돼서 옥황상제레 찾아내게 된다. 그러느꺼니 절대루 웃지 말구 가만히 있으라구 말했다.

다음날 총각은 옥황상제와 숨기내기를 하넌데 총각은 한곳에 가서 숨었다. 仙女레 와서 총각에 머리 낭켄에다 꾸리를 달아놓구 갔다. 옥황상제는 총각을 찾갔다구 여기더기 다 뒤져보넌데 아무리 뒤져두 찾아내딜 못했다. 요고이 어드메 숨었길레 안 보이누 하멘 총각 앞을 싹 지나가멘서두 알아보디두 못하구 지나갔다. 총각은 웃으워서 웃음이 나넌 걸 꽉 참구 있었다. 옥황상제는 아무리 찾아두 찾딜 못해서 야 못 찾갔으꺼니 나와 보라 했다. 총각은 이 말을 듣구 하하 웃으메 니러서느꺼니 꾸리레 뜰렁 떠러지멘서 총각에 모습이 나타나게 됐다. 옥황상제는 이걸 보구 "야 님제 참 재간 용쉐. 꾸리 속에 다 들어가 숨어 있구만" 하멘 칭찬했다.

그 후 메칠 지나서 옥황상제는 활을 세 번 쏘아서 활대 서이를 얻어 개지구 오라구 했다. 그 쏜 활대가 어드메에 떨어뎄넌지 알 수가 없어서 총각은 仙女에게 와서 그 말을 하구 야단났다구 근심하구 있었다. 仙女는 말을 한 마리 주멘 이 말을 타구 하하 가누라면 큰 기와집이 있갔넌데 그 집이서는 곡소리가 날 거이느꺼니 그 집이 들어가서 경우를 보다가 벵을 고테 준다 하구 벵자에 맥을 딮어 보멘서 그 벵자에 밖힌 활대 서이를 뽑아서 주머니다 넣구서 오라구 했다.

　총각은 仙女가 준 말을 타구 하하 가는데 큰 기와집이 나타났다. 그 집이서는 곡소리가 요란하게 났다. 총각은 대문을 열구 들어가느꺼니 사람들이 많이 모여 있었다. 하인과 이 집에는 와 사람이 많이 모여 있구 곡소리가 요란하게 나능가 물었다. 하인은 사할[10] 있으문 시집 가게 된 체네가 갑자기 벵이 나서 죽게 됐넌데 약이란 약을 다 써 봐두 났딜 않구 이사[11]란 이사를 다 보여두 고티디두 못해서 그른다구 말했다. 총각은 그 말을 듣구 그렇다멘 내래 한번 고테 보갔넌데 어떵가 하구 말했다. 그 집이서는 벵만 고틸 수 있다면 고테 보라구 했다. 총각은 체네 방에 들어가서 체네 허리춤을 풀구 보느꺼니 너꾸리에 활대가 서이 꼬테 있었다. 총각은 그 활대를 얼렁 뽑아서 자기 허리춤에 찬 주머니에 다 넣구 방에서 나오면서 이젠 벵이 났다구 했다. 과연 체네 벵은 다 났다. 그 집 사람은 기뻐서 잔채를 베풀구 총각과 잔채상을 받으라구 했다. 총각은 나는 갈길이 바빠서 그럴 짬이 없다 하구 말을 타구 집으루 돌아왔다.

　오넌데 버리[12] 한물커리 나타나더니 총각에 달라들어 살을 쏘구 물어뜯구 했다. 집이서 떠나올 적에 仙女는 어떤 고생스런 일을 당하드래 두 참구 오라구 해서 총각은 아푼 걸 참구 버리를 쫓갔다구 활대를 넣 둔 주머니를 내두르멘 버리를 쫓았다. 그리구서 오넌데 이번에는 가마 구레 와서 총각에 머리와 손을 물어뜯었다. 총각은 너머너머 큽해서 주 머니를 내둘으며 가마구를 쫓을라구 하느꺼니 가마구는 그 주머니를 물구 하늘루 높이 떠서 날라갔다. 그런데 독수리가 갑작이 나타나더니 가마구한테서 그 주머니를 빼틀러서 날아갔다. 그러느꺼니 또 검독수 리레 나타나더니 독수리한테서 주머니를 툭 채개지구 멀리 날라갔다. 총각은 힘들여서 얻은 활대를 빼틀리구 보니 고만 맥이 빠져서 꿍꿍 하멘 "에이 고놈에 빌어먹을 가마구 같아네. 에이 고놈에 망할 놈에 검독수리 같아네" 하구 투덜거림리멘서 仙女한테루 왔다. 仙女레 총각이 풀이 죽어 개지구 오는 거를 보구서 와 그러능가 물었다. 총각은 활대를 잘 얻어 개지구 오넌데 고놈에 가마구까타나 고놈에 검독수리까타나 활대를 빼틀리워서 아무 겡황이 없다구 했다. 仙女는 비식히 웃으멘 머이가 내주멘 "이거 말이요" 했다. 자세히 보느꺼니 활대를 넌 주머니레 돼서 총각은 기뻐하멘서두 피쭉 해 개지구 "고롬 님제레 검독수리가 됐단 말이가. 그렇다멘 '내레 검독수리가 돼서 활대주머니를 개구 가갑메' 하구 한 말이라두 하구 갔더라멘 내레 근심이나 놀 거 아니갔능가" 하구 투덜댔다.

총각은 그 활대 서이를 옥황상제한테 밭텟다. 옥황상제는 활대를 받구선 "님제 참 재간 동쉐" 하멘 칭찬했다.

그 후 메칠 지나서 옥황상제는 총각과 자우광텅에 두드런 金冠을 얻어오라구 하멘 만일에 얻어오디 뭇하문 죽이갔다구 했다. 총각은 이 말을 듣구 근심이 돼서 仙女과 이 노릇을 어카멘 동갔능가 하구 말했다. 仙女도 그 말을 듣구 어카멘 동을지 모르갔다구 했다. 仙女두 어칼디 모르것다 하느꺼니 총각은 고만 앞이 캄캄해데서 이자는 죽게 됐다. 죽을 바에야 인간세상에나 내려가서 죽갔다 하구 말을 한 필을 얻어서 타구 인간세상으루 내레왔다. 그리구 가넌데 짠내비나라두 지나가구 멋 나라두 지나가구 하면 여러 나라를 지나가드랬던데 쥐나라두 지나가게 됐다. 이 쥐나라 王은 이 총각이 인간세상에서 멈살이 할 적에 한 집이서 항께 지내던 쥐더랬넌데 이 쥐王이 총각을 보더니만 어드레 여기꺼정 오셌소 하구 물었다. 총각은 자기는 지금 하늘서 사넌데 하늘에 옥황상제레 자오광텅에 두드런 金冠을 얻어와야지 그라느문 쥑인다구 해서 그 金冠을 얻으레 가는 도둥에 여기 왔다구 했다. 쥐王은 그 말을 듣구 자기가 알아보갔다 하구 점티는 쥐를 불러다가 金冠이 있는 곳을 알아보라구 했다. 점티는 쥐는 한사날 점테 보더니 모르갔다구 했다. 쥐王은 그 말을 듣구 "이넘! 모른다는 거이 머이가. 썩 알아보야지 못 알아보문 쥑인다!"구 과뎄다. 그러느꺼니 점티는 쥐는 하하 낑낑 푸념하더니 그 金冠은 총나라 님금님 책상 우에 있다구 말했다. 그러느꺼니 쥐王은 신하쥐덜을 모주리 모아 개지구 여기서 총나라 님금님 책상 밑꺼정 굴을 뚤르라구 했다. 숫한 쥐덜이 모여서 총나라 님금님 책상 밑꺼정 굴을 다 뚤었다. 그리구서 그 金冠을 채왔다. 총각은 그 金冠을 개지구 와서 옥황상제한테 바텠다. 옥황상제는 님제 재간 용쉐 하몐 칭찬했다.

그 후 메칠 뒤에 옥황상제는 총각을 불러다가 목베기내기를 하자구 했다. 목을 베면 그것으로서 죽게 되느꺼니 총각은 그만 근심이 돼서 기가 팍 죽어서 仙女한테 와서 그 말을 했다. 仙女는 아무턴지 옥황상제의 목을 맨제 비라구 했다.

목베기내기 하는 날이 돼서 玉皇上帝와 총각은 마주 서서 목을 베게 됐넌데 옥황상제는 총각과 맨제 비어 보라구 했다. 총각은 옥황상제에 목을 비느꺼니 옥황상제에 목은 툭 잘라데서 따에 떨어지더니 다시 부텄다. 옥황상제는 또 베어 보라구 했다. 총각이 옥황상제에 목을 베었더니 떨어뎄다가 다시 부텄다. 옥황상제는 또 베라구 했다. 총각이 옥황상제에 목을 베서 떨어데서 다시 부틀라 할 적에 仙女레 와서 옥황상제에 목 벤 자리에다 매운 재를 뿌렀다. 그랬더니 목은 부틀라 하다가 붇디 못하구 데구르르 떨어뎄다. 그래서 옥황상제는 죽구 말았다.

그 후 총각은 하늘서 아무 일 없이 仙女와 잘살다가 무진년 홰통에 달구다리 뻗두룩 했다구 한다.

*1938年 1月 龍川郡 楊西面 北坪洞 金昌根

1) 머슴살이   2) 밤에   3) 우물   4) 형편, 상황   5) 벽장   6) 벌레   7) 남자   8) 실꾸리가   9) 분명하게   10) 사흘   11) 의사   12) 벌이

# 살려 준 고기의 보은 | 넷날에 한 총각이 있

드랬넌데 집이 가난

해서 날마당 신을 삼아서 팔아 개지구 먹구 사넌데 하루는 신을 당에 가서 팔아서 집으루 돌아오드랬넌데 도둥에서 어떤 아레 붕어를 잡아 개지구 가는 거를 봤다. 보느꺼니 붕어레 눈물을 철철 흘리구 있어서 보기가 불상해서 신을 판 돈을 주구 그 붕어를 샀다. 그리구 이 붕어를 게수에다 넣었다. 그랬더니 붕어는 도와라구 물속에서 오르락 내리락 하멘 헴을 치더니 물속 깊이 들어가서 술잔 하나를 물 우에다 띄워 주었다. 이 총각은 그 술잔을 집으루 개지구 와서 밥을 하갔다구 그 술잔 으루 쌀을 퍼서 부었다. 그랬더니 쌀은 배가 돼서 나왔다. 그래서 이 총각은 큰 부재가 됐다구 한다.

\*1936年 12月 宣川郡 新府面 院洞 桂學模

# 살려 준 고기의 보은 | 넷날에 한 사람이 있

었넌데 이 사람은 하

루는 고기를 잡으레 강가루 나갔다. 가다가 아이덜이 여럿이 모여서 손 벽을 티멘 벅작[1] 구구 있어서 가서 보느꺼니 고기 한 마리를 잡아 개지 구 놀리구 있었다. 자세히 보느꺼니 고기는 눈물을 흘리구 있었다. 이 사람은 고기레 불상해서 그 고기를 사서 강에다 넣어 주었다. 그리구 다음날 그 강가에 갔더니 어제 놔준 고기레 나와서 이 사람과 자기 집 에 가자구 했다. 그래서 이 사람은 고기 잔둥에 올라타구서 물속으루 들어갔다.

　이 고기는 농왕에 아들인데 농왕은 저에 아덜을 살레 준 사람이 왔다 구 대단히 기뻐서 나와서 고맙다는 인사를 하구 여기서 마음껏 놀구 지 내라구 했다. 그래서 이 사람은 농왕에 아덜과 같이 돌아다니멘 구경하 멘 지내드랬넌데 하루는 용왕에 아덜이 하는 말이 당신이 집에 돌아갈 적에 우리 아바지레 선물을 주갔다 하멘 여러 보배를 줄 터이니 그걸 다 마다하구 광이를 달래 개지구 돌아가라구 했다. 이 사람은 여러 날을 지내다가 집으루 돌아가게 됐넌데 농왕은 여러 가지 보배를 내주멘 개저가라구 했다. 그런데 이 사람은 왕에 아덜이 대준 대루 광이를 달라구 했다. 농왕은 광이를 줘서 이 광이를 개주구 나왔넌데 이 광이는 곻은 색시루 변했다. 그래서 이 사람은 그 색시과 내우가 돼서 사넌데 이 색시가 곱다는 소문을 들은 그 골 사뚜는 이 색시를 자기 색시루 삼구파서 이 사람을 불러다가 아무 날꺼정 쌔한 띠[2]를 싸는 내기를 해서 넘제레 지문 넘제 색시를 나를 주어야 한다구 말했다. 이 사람은 할 수 없이 그카자구 하구 집에 돌아왔넌데 쌔한 띠를 쌀 가망이 없어서 걱정이 돼서 밥두 안 먹구 있었다. 색시가 어드래서 그렁가 물었다. 사뚜하구 아무 날꺼정 쌔헌 띠를 싸는 내기를 하구 왔넌데 이길 가망이 없어서 그런다구 했다. 색시는 그 말을 듣구 그건 어려운 것 없다, 날래 밥이나 먹으리 하구서 그날보탕 색시는 이 사람에게 도라지만 멕엤다. 그리서 내기하는 날이 돼서 사뚜한테 가서 쌔헌 띠를 싸는 내기를 하넌데 사뚜는 거먼 띠를 쌌넌데 이 사람은 쌔헌 띠를 싸서 이기구 고흔 색시두 뻬틀리디 안했다구 한다.

＊1933年 1月 碧潼郡 松西面 六西洞 李枝洙

1) 시끄럽게    2) 똥

# 살려 준 잉어의 보은 | 넷날에 한 사람이 있었넌데 하루는 쑥구[1]

를 짊어지구 쑥구를 팔레 가드랬넌데 가다가 어드런 江역을 지내느라느꺼니 아덜이 큰 잉어를 잡아 개지구 이거 넷 거다 넷 거다 하멘 쌈질을 하구 있었다. 이 사람이 가만히 보느꺼니 잉어는 눈물을 흘리구 있었다. 이 사람은 잉어가 불상해서 쑥구를 주구 잉어를 샀다. 사개지구서는 잉어를 집으루 개지구 와서 벽에 물독에다 넣어 두었다.

다음날 이 사람은 들에 나가서 일을 하구 돌아와 보느꺼니 니팝²⁾에 맛있는 음식을 많이 차린 상이 놓여 있었다. 이 사람은 이상하게 생각하면서두 배가 고파서 잘 먹었다. 다음날 일을 하구 돌아와 보느꺼니 또 맛있는 밥상이 놓여 있었다. 그 다음날에도 또 맛있는 음식상이 놓여 있었다. 이 사람은 이상해서 머이 그러능가 알구파서 다음날은 몰래 숨어서 지켜보구 있었다. 그랬더니 물독에서 잉어가 고흔 색시가 돼서 나와서 밥상을 잘 차려 놓구 도루 물독으루 들어갈라구 했다. 이때 이 사람은 얼렁 달라들어 색시를 깍 붓잡구 나하구 같이 살자구 했다. 색시는 이 사람이 그렇게 말하느꺼니 그카갔다구 했다. 이렇게 해서 둘이는 夫妻가 돼서 사넌데 이 사람은 일 나가두 색시 생각만 하누라구 일을 잘 하딜 못했다. 하루는 일 나갔다가 집에 돌아오느꺼니 색시는 오늘은 김을 얼매나 매구 왔능가 하구 물었다. 한 고랑두 매디 못하구 왔다구 하느꺼니 하루종일 나가 있으면서 한 고랑두 매디 못했다구 하는 거 무슨 말이가 하구 말했다. 그러느꺼니 이 사람은 색시 보고푼 생각하누라구 김 멜 생각이 나디 안해서 그랬다구 했다. 색시는 이 말을 듣구 자기 상과 꼭 같은 그림을 그려서 주멘 이걸 보멘 김을 매라구 했다.

이 사람은 그 그림을 받아 개지구 일하러 나갔넌데 김을 한 고랑 매군 그림을 보구 두 고랑 매구 그림을 보구 하멘 김을 매드랬넌데 돌개바람³⁾이 갑자기 불어서 그 그림이 공중 높이 떠올라갔다. 그런데 이 그림은 나라 王이 사는 집에 뜨락에 가서 떨어뎄다. 왕에 종이 뜨락을 쓸다가 이 그림을 보구서 주워다가 왕한테 바뒀다. 王이 이 그림을 보구서 그림 잃은⁴⁾ 사람은 나오라구 광고를 내부뒀다. 이 사람은 그 광고를 보구 왕한테 갔다. 왕은 이 그림은 누구에 그림인가 물었다. 이 사람은 그 그림은 나에 색시 그림이우다 하구 말했다. 王은 그 색시레 욕심이 나서 뺏을라구 내기 해서 내레 지문 돈을 많이 주갔구 이기문 그 색시를 王에게 주기루 하자구 했다. 그리구 말을 타구 큰 강을 건너뛰는 내기를 하자구 했다.

이 사람은 말두 없구 큰 강을 건네뛸 재간두 없구 해서 암만해두 색시를 빼틀리울 것 같아서 슬퍼서 엉엉 울멘서 집으루 왔다. 색시레 와우능가 물어서 왕이 말을 타구 큰 강을 건너뛰는 내기를 해서 이기는 사람이 색시를 차지하자 하넌데 내래 질 것 같아서 슬퍼서 운다구 했다. 색시는 그 말을 듣구 일없다구 하멘 조그마한 종이에다가 글을 멧 자 써 주멘 이걸 아무 데 있는 다리서 강에다 던저 넣으면 되는 수가 있을 거라구 말했다. 이 사람은 글 쓴 종이를 개지구 그 다리에서 강물에다 던졌다. 그랬더니 물속에서 말이 나왔다. 이 사람은 그 말을 타구 왕한테 가서 강을 건너뛰는 내기를 했넌데 왕은 건너뛰딜 못했넌데 이 사람은 강을 잘 건네뛔서 왕한테서 많은 돈을 받았다.

그 담에 왕은 달기쌈[5] 내기를 하자구 했다. 이 사람은 또 색시가 써준 종이자박을 개지구 강에다 던졌더니 달이 나와서 그 달과 왕에 달과 싸와서 이게서 또 돈을 많이 받았다.

그 후에 王은 군병싸움 내기를 하자구 했다. 이 사람은 그카자구 하구 집에 돌아와서 색시과 그 말을 하느꺼니 색시는 또 종이에다 글을 써주멘 이거를 그 강에다 덴져 넣어라구 했다. 이 사람은 그 종이를 개지구 가서 강에다 던졌더니 쌔한 둥지와 퍼런 둥지와 빨간 둥지와 이렇게 둥지 서이 개가 나왔다. 이 사람은 그 둥지 서이 개를 개지구 집으루 돌아왔다. 색시는 왕과 쌈내기 할 적에 하나하나 둥지 마개를 빼서 싸우라고 했다.

왕과 쌈내기 하넌데 왕은 군사를 혹게 많이 끌구 나왔넌데 이 사람은 군사라구는 하나투 없구 둥지 서이 개만 개지구 나갔다. 쌈이 시작해서 왕에 군사가 와 하멘 달라드넌데 이 사람은 쌔헌 둥지 마개를 뽑았다. 그랬더니 물이 수타 나와서 왕에 군사가 물에 빠져서 옴직 못하구 있었다. 이 사람은 이걸 보구 파란 둥지 마개를 뽑았다. 그랬더니 찬바람이 세차게 불어서 물이 꽁꽁 얼구 왕에 군사는 머리만 내놓구 모주리 얼어부텄다. 이 사람은 고담에 빨간 둥지마개를 뽑았더니 숫탄 步兵이 나와서 돌아다니멘 얼음 우루 나와 있넌 왕에 군사 모가지를 툭툭 차서 다 떨어데서 굴러가게 했다. 왕은 이걸 보구 고만 겁이 나구 무서워서 살레 달라구 빌멘 돈을 많이 줬다. 이 사람은 또 돈을 많이 받아 개지구 집에 돌아와서 색시하구 잘살다가 戊辰年에 달구다리 뻣두룩 했다구 한다.

＊1937年 7月 義州郡 枇峴面 替馬洞 金洸夒

1) 숯, 炭    2) 쌀밥    3) 회오리바람    4) 잃은    5) 닭싸움

# 살려 준 붕어의 보은 │ 녯날에 한 사람이 있드랬넌데 이 사람은

매일 새를 해서 이거를 팔아서 갸우갸우 먹구 살구 있었다. 하루는 새를 팔구 집으루 돌아오더랬넌데 아덜이 큰 붕어 한 마리를 개지구 서루가락 이건 내 꺼다 이건 내 꺼다 하멘 쌈질을 하구 있었다. 이 사람은 이걸 보구 너덜 쌈질하디 말구 나한테 팔구 돈을 나누어 개지라구 했다. 그랬더니 그카라 해서 이 사람은 그 붕어를 사개지구 오넌데 붕어레 눈물을 흘리구 있었다. 이 사람은 붕어레 불상해서 큰 강에다 놔주었다.

그 담날 이 사람은 새를 팔루 가멘 그 강역을 지나가넌데 강에서 이 사람을 부르는 소리가 났다. 돌아다보느꺼니 어제 놔준 붕어레 물 우에 떠 있었다. 붕어는 이 사람에게 절을 하구 "죽을 목숨을 살레 준 은혜는 죽두룩 잊디 못하갔소. 우리 부모레 당신을 데불구 오라 해서 데불러 나왔으느꺼니 같이 가자" 하멘 뒷잔등을 내밀었다. 이 사람이 붕어 뒷잔등에 올라타느꺼니 붕어는 물속으루 들어갔다. 들어가느꺼니 큰 기와집이 있넌데 열 두 대문을 지나서 들어갔더니 붕어에 부모가 마주나와서 맞아들이구 돟은 닙성을 입으라 하구 또 돟은 음식상을 채레 주었다. 그리구 머 개지구푼 거 있으문 말해 보라구 했다. 이때에 붕어는 데

샛문에 놓여 있는 연덕[1]을 달라구 하라구 말했다. 그래서 이 사람은 데 연덕이 갖구푸다구 했다. 그랬더니 붕어에 부모는 다른 거는 다 줘두 고것만은 줄 수가 없다구 했다. 붕어는 내 죽을 목숨을 살레 준 은인이 갖구푸다는데 못 주갔다는 게 될말이갔소, 날래 주시라구요 하구 말했다. 그러느꺼니 붕어에 부모두 할 수 없어 그 연덕을 주었다. 이 사람은 연덕을 얻어 개지구 붕어에 잔등을 타구 다시 이 세상에 나와서 집으루 돌아왔다.

　다음날 이 사람은 새를 해개지구 집에 돌아와 본즉스는 니팝에 맛있는 음식이 차레 있는 상이 있었다. 이 사람은 놀레멘 이상히 생각하구 서두 배레 고프느꺼니 그 음식을 다 먹었다. 다음날 새해 개지구 와 보느꺼니 또 맛있는 음식상이 채레 있었다. 그 뒤보탐 이 사람이 새해 개지구 오면 맛있는 밥상이 채레데 있어서 이거 조화다 하구서리 머이 그러누 하구 한 번은 숨어서 겡우를 살페봤다. 이즉막해서 연덕에서 고흔 색시레 나오더니 벽에 들어가서 싹뚝싹뚝 하더니 순식간에 돟은 밥상을 채레 놓구서 방에 들어가서 연덕으루 들어갈라구 했다. 이 사람은 그걸 보구 문을 열구 방에 들어가서 색시를 부짭구 같이 살자구 했다. 색시는 할 수 없어 그카갔다 하구서 항꺼 사넌데 이 사람은 새하레 나가디 않구 맨날 집에만 부테 있었다. 색시는 안타가와서 자기와 똑같은 상을 한 그림을 그레서 주멘 이걸 개지구 나가서 새를 해오라구 했다.

　이 사람은 그 그림을 개지구 새하레 나가서 그 그림을 나무가지에 걸어놓구 한 번 새를 뺙 글구 그림 한 번 테다보구 두 번 새를 뺙 글구 그림 한 번 테다보구 하멘서 새를 하구 있넌데 갑자기 돌개바람이 니러나더니 그 그림을 날레서 공둥 높이 날라가게 됐다. 이 사람은 고만 맥이 없어데 개주구 집에 왔드랬넌데 그 그림은 그 나라 王에 집 뜰악에 가 떨어뎄다. 왕에 하인들이 뜰악을 쓸다가 이 그림을 줏어 개지구 王에게 보였다. 왕은 그 색시그림을 보구서 그런 색시를 자기 색시로 삼구파서 하인들과 이 그림에 있는 색시와 같은 색시를 찾아오라구 했다. 하인들은 나라 안을 여기더기 돌아다니멘 찾구 있드랬넌데 하루는 이 사람에 집에 와서 색시가 베를 짜구 있넌 걸 보구서 왕한테 가서 아무 곳에 그림과 꼭 같은 색시가 있더라구 말했다. 왕은 이 사람한테다가 아무 날 말을 타구 강을 건너뛰기 내기를 해서 이긴 사람이 그 색시를 차지하자구 펜지를 써 보냈다.

이 사람은 그 펜지를 받아 보구 말두 없구 강을 뛔 넘을 재간두 없구 해서 근심이 돼서 왕왕 테울었다. 색시레 와 우능가 물어서 王이 큰 강을 넘어뛰는 사람이 색시를 차지하자구 이렇게 펜지를 써 보냈넌데 나는 말두 없구 강을 건너뛰는 재간두 없으느꺼니 님제를 뺴틀리우게 돼서 슬퍼서 운다구 말했다. 색시는 그 말을 듣구 일없으느꺼니 울디 말라 하멘 전날 붕어를 놔준 강에 가서 울구 있으멘 되는 수가 있다구 말했다. 그래서 이 사람은 붕어를 놔 준 강엮에 가서 울구 있었다. 그랬더니 붕어가 나와서 와 우능가 하구 물었다. 이 사람은 왕이 강 건너뛰기 내기를 해서 이기는 사람이 색시를 차지하자구 펜지를 보내서 말을 얻갔다구 여기 왔다구 했다. 붕어는 그렁가 하구 자기레 타고온 말을 주었다. 이 사람은 그 말을 타구 강을 건너뛨넌데 아무 일 없이 잘 건너뛰었다. 그런데 왕은 강을 건너뛰다가 둥간에서 강에 빠져서 죽었다. 이렇게 해서 이 사람은 색시와 아무 일없이 잘 살았다구 한다.

＊1936年 12月 朔州郡 朔州邑 東部洞 田種哲

1) 연적

# 우렁이에서 나온 색시 | 넷날에 어주와리[1] 가 하나 있드랬넌

데 이 어주와리는 아르간에서 밥 먹구 웃간에 가서 띠 싸구 하멘 아무 일두 않구 살구 있었다. 그러느꺼니 오마니레 너무너무두 안타가와서 농세나 지어 보라구 했다. 그러느꺼니 이 어주와리레 농세 지을 땅이 있이야 농세를 짓디 하구 말했다. 오마니는 일가집이 가서 논을 서너 마지기 얻어다 주구 농세를 지라구 했다. 그러느꺼니 이 어주와리는 몰 안을 돌아다니멘 가이 띠란 띠를 모주리 다 주어다가 논에다 뿌리구 베를 심었더니 베레 잘됐다. 그래서 또 놀구만 있넌데 김이 많이 자라서 베가 망가지게 됐다. 오마니레 안타가와서 김을 매 주라구 성화[2]를 멕였다.

어주와리는 호미를 들구 논에 가서 김을 매는데 힘이 드느꺼니 "이 김을 매서 누구하구 먹구 살갔노" 하구 투덜거렸다. 그랬더니 "나하구 먹디" 하는 소리가 났다. 어주와리는 머이 그러나 하구 돌아다보느꺼니 아무 거이두 보이디 안했다. 어주와리는 다시 김을 매멘서 "이 김을 매서 누구랑 먹구 살갔노" 하구 소리했다. 그랬더니 또 "나하구 먹디" 하는 소리가 났다. 소리나는 데루 가보느꺼니 거기에 우렝이가 하나 있었다. 어주와리는 그 우렝이를 줏어서 집이다 개저다 두었다.

그 후 어주와리가 들에서 일을 하구서 집에 돌아와 보느꺼니 니팝과 맛있는 반찬이 잘 차려데 있는 상이 노여 있었다. 다음날두 일하구 와서 보문 또 니팝과 맛있는 반찬이 있는 상이 차례데 있었다. 어주와리는 이상하게 생각하구 누구레 이렇게 맛있는 밥상을 차레다 논는가 알구파서 하루는 일하레 나가넌토롱[3] 나갔다가 다시 살재기 둘와서 벡구색이에 숨어서 보구 있었다. 그랬더니 우렝이 안에서 곻은 색시레 나와서 밥을 짓구 있었다. 어주와리는 나가서 색시를 부짭구 같이 살자구 했다. 그랬더니 색시는 아직으느 날이 되지 안해서 살 수 없으꺼니 메칠만 참으라구 했다. 그래서 메칠 참아 개지구 잔채를 하구 부부가 돼서 살게 됐다.

색시레 너무너무 고와서 어주와리는 일하레 나가디두 않구 또 새하레 가지두 않구 늘 집에만 있었다. 색시레 이거이 안타가와서 하루는 자기에 상을 그린 그림을 주멘서 이걸 보멘서 새 좀 해오라구 했다. 어주와리는 색시 그림을 개지구 산에 올라가서 나무가지에 그 그림을 걸어놓구 새를 하넌데 새를 한닢 하구선 테다보구 두닢 하구선 테다보구 하넌데 갑재기 돌개바람이 불어서 그 색시 그림이 공둥으루 솟아올라 개지구 떠서 날라갔다. 어주와리는 그 그림을 잡갔다구 쫓아갔넌데 그 그림은 어드런 부재집 뜨락에 가 떨어뎄다. 어주와리는 그 집에 들어가 느꺼니 부잿집 넝감이 그 그림을 줏어서 보구 있었다. 그러더니 어주와리를 보구서 어드래서 왔능가 물었다. 그 그림은 나에 색시 그림이 돼서 개저갈라구 왔다구 했다. 부재집 넝감은 그 그림에 색시가 너머너머 고와서 빼틀구푼 생각이 나서 "야아 우리 내기 한번 해보디 않간? 우리 둘이서 장그⁴⁾를 뒈서 님제레 이기문 내레 베 千石을 님제에게 주구 내레 이기문 님제 색시를 나를 주기루 하자" 했다.

어주와리는 장그를 뒬 줄 몰라서 색시를 빼틀리우게 되는 것이 근심이 됐다. 집에 돌아가서 밥두 먹지 않구 걱정만 하구 있으느꺼니 색시레 와 그러능가 하구 물었다. 어주와리는 이러이러해서 부재집 넝감하구 장그두기 내기를 했넌데 나는 장그를 뒬 줄 몰라서 색시를 빼틀리우게 돼서 걱정이 돼서 그른다구 말했다. 색시는 일없으느꺼니 안심하구 밥이나 먹으라구 하구 장그 뒬 적에 내레 파리가 돼서 장그판에 앉을 터이느꺼니 님제는 파리 앉은 데루만 두라구 말했다.

장그 뒤는 날 장그를 뒤넌데 파리가 날라와서 장그판에 앉아서 어주와리는 파리 앉은 데루만 둬서 이겨서 베 千石을 받아 개지구 왔다. 다음에 부재넝감은 어주와리과 말을 타구 큰 강을 건너갔다 오기 내기를 하자구 하멘 자기가 지문 베 千石을 주구 이기문 님제 색시를 나를 주어야 한다구 했다. 어주와리는 집에 돌아와서 색시과 그런 말을 하느꺼니 아모데 우리 친정집이 있넌데 거기 가서 죽어 가는 말 하구 뒹치⁵⁾하구 개져오라구 했다. 어주와리레 색시 친정에 가서 죽어 가는 말과 뒹치를 가져오느꺼니 내기하는 날 말을 타구 뒹치는 목에 걸구 가서 강을 건너뛸 적에 뒹치 마개를 뽑구서 건너뛰라구 말했다. 강 건너뛰기 내기하는 날 어주와리는 뒹치를 목에 걸구 죽어 가는 말을 타구 갔넌데 부재집 넝감은 생기가 팔팔한 말을 타구 와서 아무래두 이길 것 같디 안했다. 그런데 강을 건너뛸 적에 뒹치 마개를 뽑으꺼니 말은 생기가 팔팔해 개지구 강을 건너뛰넌데 부재넝감보다두 맨제 건네뛰었다가 다시 건네서 맨제 돌아왔다. 그래서 부재넝감은 제서 베 千石을 어주와리에게 주었다. 그 후에 부재넝감은 색시를 빼틀나문 어주와리를 쥑일 수밖에 없다 하구서리 쌈싸우는 내기를 하자구 했다.

어주와리는 부재넝감이 쌈싸우는 내기를 하자는데 어카문 똥갔넝가구 물었다. 색시는 친정집에 가서 빨간 소용[6]을 하나 얻어 개지구 와서 쌈싸울 적에 소용 마개를 뽑으라구 했다. 어주와리는 색시 친정집이 가서 빨간 소용을 얻어개지구 와서 부재넝감과 쌈싸울 적에 소용마개를 뽑았다. 그랬더니 소용 속에서 군사가 많이 나와서 부재넝감두 쥑이구 부재넝감집 사람두 모주리 쥑이구 망하게 됐다. 어주와리는 부재넝감에 재산을 다 차지하구 잘살았다구 한다.

*1937年 7月 宣川郡 郡山面 長公洞 金龜煥

1) 못난이    2) 야단    3) 나가는 것처럼    4) 장기    5) 둥지    6) 병


# 신기한 꿈 |

넷날에 한 사람이 어느 부재집에서 칠 넌이나 절게살이[1]를 하다가 하루는 쥔넝감과 나는 칠 넌이나 절게살이를 했으꺼니 이자는 먼 곳으로 가야 하갔시요. 그르느꺼 돼지를 잡구 음식을 차레서 동리 사람들과 이벨잔채를 해주시구레 하구 말했다. 쥔넝감은 그카라 하구 돼지를 잡구 맛있는 음식을 해서 잔채를 베풀어 동리 사람을 많이 불러다 멕엤다. 절게살이는 모인 사람덜 앞에 나와서 인사하구 "내레 메칠 전에 꿈을 꾸었넌데 그 해몽이나 해주시구레" 하구 말했다. 사람덜은 해몽해 주갔으꺼니 말해 보라구 했다. 절개살이는 말할라다가 벌떡 니러나멘 "사뚜나 하디 당신들 그 꿈 해몽 못해요" 하멘 다라뭬서 나갔다. 그리구서리 사뚜한테 가서

내레 메칠 전에 꿈을 꾸었넌데 사뚜 내 꿈 해몽 좀 해주시구레 했다. 사뚜가 말해 보라 해서 말할라 하다가 벌떡 니러나서 "이 꿈 해몽은 피양 감사나 하디 사뚜는 못해요" 하멘 다라 뒀다. 절게살이는 피양감사한데 가서 내레 메칠 전에 꿈을 꾸었넌데 그 꿈 해몽 좀 해주시구레 했다. 피양감사레 말해 보라구 하느꺼니 말을 할라다가 벌떡 니러서서 님금님이나 하디 감사는 못해요 하구 다라뒀다. 절게살이는 王에 궁걸에 와서 궁걸 앞에서 왔다갔다 했다. 궁걸 지키는 파수벵이 보구서 어드런 사람이가 물었다. 나는 님금님한데 꿈 해몽하레 온 사람이우다 하느꺼니 파수벵은 님금님한데 가서 말했다. 님금님은 오라구 하라구 했다. 이래서 절개살이는 님금님 앞에 가서 내레 메칠 전에 꿈을 꾸었넌데 그 꿈 해몽 좀 해주시구레 했다. 님금님이 어서 말해 보라 했다. 절개살이는 말을 할라구 하다가 "님금님은 내 꿈 해몽을 못해요. 大國天子나 해요" 하멘 벌덕 니러나서 나갈라구 했다. 님금님은 고만 증이 나서 고놈 죽이갔다구 옥에다 가두어라 호령했다.

절게살이는 옥에 가테서 죽을 날만 기두루구 있넌데 그때 마침 公主레 벵이 나서 죽어서 그대루 놔두었다. 님금님은 공주가 죽은 지 한 달 만에 장세를 지낼라구 했다.

절게살이는 옥 안에 가테서 죽을 날만 기두루구 있넌데 하루는 옥으턴상[2]을 보느꺼니 턴상에 쥐새끼 한 마리가 죽어서 옥에 마루바닥으루 떨어뎄다. 엉지쥐[3]레 내리오더니 무슨 조그만한 잣대루 죽은 쥐를 한 자 두 자 하구 쟀다. 그러느꺼니 죽은 쥐새끼레 빨닥 니러나서 달라갔다. 절게살이는 이걸 보구 야 조화다 하구 그 막대기를 쥐한데서 뺏어서 개졌다. 그리구 옥사당과 죽은 가이[4] 한 마리 개오라구 했다. 옥사덩과 죽은 가이를 살네놓갔다구 했다. 옥사덩이 이제 죽을 놈이 죽은 가이를 살리갔다구? 너나 살아 보라우 하멘 말을 들디 안했다. 그래두 절게살이는 자꾸 말해서 죽은 가이를 개오라구 했다. 옥사덩은 할 수 없이 죽은 가이를 갯다 줬다. 절게살이는 죽은 가이에 몸에 대구 쥐한데서 빼틀인 자막대기루 한 자 두 자 하구 쟀다. 그랬더니 죽은 가이레 살 아났다. 옥사뎡이 이걸 보구 님금님과 옥에 가틴 놈이 죽은 가이를 살 레 났다구 말했다. 그러느꺼니 님금님은 그 놈을 꺼내오라구 했다.

절게살이레 님금님 앞에 가느꺼니 님금님은 죽은 공주를 살레 보라 구 했다. 절게살이는 그카갔다구 하구서리 외딴 방 하나를 치우구 향불 을 피우구 살리는 동안에는 아무두 그 방 넢에 오디두 말구 방안에 들 어오디두 말라구 했다. 님금님은 절개살이가 말한 대루 외딴 방을 치우 구 향불을 폐놨다. 그 방에 죽은 공주에 시테를 개저놔 놓구 절개살이 혼자서 그 방에 들어가 시테에다 대구 그 자막대기루 한 자 두 자 쟀다. 그랬더니 죽은 공주는 잠자다 깬 사람겉이 니러났다. 님금님은 죽은 공 주레 살아났으꺼니 혹게 기뻐서 절게살이에 곻은 닙성을 주어 입헸 다. 그랬더니 절개살이는 아주 훌릉한 남자레 됐다. 님금님은 절게살이 를 사우를 삼아서 함께 살았다.

절게살이는 님금님에 사우레 돼서 잘 지내넌데 大國에서 大國天子 에 딸이 죽었으꺼니 죽는 사람 살리는 재간 있는 사람 보내라구 펜 지가 왔다. 그래서 절게살이가 大國으루 가게 됐넌데 싱게[5] 두 안 타 구 보따리 하나만 메구 갔다. 그런데 大國에 가서 大國天子에 죽은 딸 을 살릴디 못 살릴디 자신이 없어서 깊은 산둥에 들어가 죽갔다구 산둥 으루만 들어갔다. 하하 가누라느꺼니 큰 팡구가 있어서 그 우에 둔눠서 쉬구 있는데 원 큰 범 한 마리가 큉하구 뛰어둘오더니 팡구에 맞아서 죽어떨어뎄다. 조금 있다가 다른 범이 오더니 죽은 범을 큰 자맥대기루 한 자 두 자 하구 쟀다. 그러느꺼니 죽은 범이 살아났다. 절게살이레 이 걸 보구 범한데 너덜 그 자막대기를 나한데 주디 않으문 너덜 자손을 모주리 다 죽이갔다구 큰소리루 과뎄다. 범덜은 그 자막대기를 주구 달 아났다.

절게사리는 그 자막대기를 보따리에 싸서 닇구 大國에 들어가서 大 國天子를 만났다. 大國天子는 죽은 공주를 살리라 해서 그 자막대기루 재서 공주를 살레 놨다. 그랬더니 大國天子는 절게살이를 사우로 삼았다. 되셴<sup>6)</sup> 王에 공주는 이 절개살이에 한 발을 銀대야다 시게 주구 大國天子에 공주는 金대야에다 또 한 발을 시꺼 주구 해서 진호강으루 지내게 됐넌데 그때에서야 절게살이는 야아 내가 전에 꾼 꿈에 한켄에 는 해가 돋구 또 한켄에는 달이 돋구 하드랬넌데 이거이 참 그 꿈에 맞 는 거라구 하멘 둥와라구 하하 하구 크게 크게 웃었다구 한다.

*1936年 7月 鐵山郡 鐵山邑 東部洞 鄭元河

*1936年 7月 宣川郡 台山面 圓峯洞 朴根葉

*1936年 7月 宣川郡 水淸面 古邑洞 李基植

1) 머슴살이    2) 천정    3) 어미쥐    4) 개    5) 가마    6) 조선


# 범이 된 사람 │ 넷날에 安州 어느 몰에 김선달이라 는 사람이 있었드랬넌데 이 사람은 송

을 왜서 밤이면 범이 돼서 산둥으루 들어가기두 하구 몰 아근에 가이두 혼내 주기두 했다. 金先達에 댕내는 이거이 너무너무 미서워서 하루는 김선달이 송을 외워서 범이 돼서 나간 짬에 송을 써놓은 冊을 모주리 불태웠다. 범이 된 김선달은 사람으루 다시 될라문 冊 보구 송을 외와 야 하넌데 그 책이 없어데서 고만에 김선달은 사람으루 되지 못했다.

　범이 된 김선달은 할 수 없이 몰로 돌아다니멘 동네 사람으 돼지두 잡아먹구 가이두 잡아먹구 달두 잡아먹구 살았넌데 그것만으루는 실 차디<sup>1)</sup> 않아서 마감에는<sup>2)</sup> 친구를 문밖에 불러내 개지구 잡아먹군 했 다. 그래서 동네 사람덜은 이 범을 잡아쥑일라구 벨애벨 게구를 다 했 넌데두 도무지 잡아쥑이디 못했다. 이 범은 근낭 해만 티구 다니었넌 데 그 후에 제절루 죽었넌지 나타나디 안했다.

*1935年 7月 龜城郡 舘西面 造岳洞 金致載

1) 양이 차지    2) 나중에는

# 變身경쟁 | 넷날에 한 노친네레 아덜을 길르는데 하루는
중이 와서 이 아를 보구서리 이 아는 잘생겼다
마는 죽을 날이 메칠 남지 안했다구 했다. 오마니는 이 말을 듣구 깜작
놀라 어카문 오래 살게 할 수 없능가 하구 물었다. 중은 나를 주면 오래
살 수 있다고 했다. 어머니는 아덜을 주는 거이 슬펐지마는 오래 살 수
있다면야 할 수 없다 하구 아들을 중에게 주었다. 중은 산둥 절루 데불
구 가서 거기서 여러 가지 재주를 가르켰다.

이 아레 하루 나즈는 자다가 잠이 깨서 보느꺼니 자던 중이 밖으루
나갔다. 그래서 이 아는 그 뒤를 모르게 가만가만 따라가느꺼니 중은
큰 팡구 우에 가더니 옷을 벗구 그 밑에 있는 강으루 들어가서 용이 돼
서 꼬리를 치며 놀다가 나와서 옷을 입구 팡구 밑에 있는 물을 마시구
새가 돼서 날아갔다. 이 아이도 팡구 밑이 있는 물을 마셨더니 새가 됐
다. 얼른 날라서 와서 자리에 누어서 자는 테하구 있었다. 조금 있더니
중이 돌아왔다.

다음날 밤에 중은 또 밖으루 나갔다. 이 아는 또 뒤따라갔다. 중은 팡
구 우에서 옷을 벗구 강에 들어가 용이 돼서 놀다가 나와서 옷을 입구
팡구 밑에 가서 물을 마셨다. 물을 마시면서 "아 요놈이 언제 와서 물을
마셨구나. 요놈을 죽여야디 큰일 나갔다" 하구 혼자 말했다. 그리구 새
가 돼서 날아갔다. 이 아이는 팡구 밑에 물을 마시구 새가 돼서 오마니
있는 데루 가서 중이 와서 내가 왔능가 물으면 모른다구 하라구 말하구
서 송아지가 돼서 마구간에 가 있었다.

다음날 중이 와서 오마니과 아덜이 왔능가 물었다. 오디 안했다구 하
느꺼니 중은 칼을 내들구 바른대루 말하야디 그라느문 쥑인다구 했다.

오마니는 겁이 나서 더기 송아지가 돼 있다구 했다. 중은 송아지를 끌
구 산으루 올라갔다. 이 아이는 가다가 꿩이 돼서 날아갔다. 그러느꺼니
중은 마이레 돼서 뒤쫓아왔다. 이 아는 메캐[1]가 돼서 체네가 메캐를 따
는 데 가 있었다. 그랬더니 체네는 이 메캐를 품속에다 닣구 있었다. 중

이 와서 여기 색다른 메캐가 있으문 달라구 했다. 체네는 메캐를 다 내보이멘 색다른 메캐는 없다구 했다. 중은 없을 리가 없다, 어서 내놓으라구 성화멕였다. 체네는 할 수 없이 품안에서 木花를 꺼내 주었다. 중이 이 메캐를 받으레 하느꺼니 메캐는 깨가 돼서 따에 떨어뎄다. 중은 달이 돼서 그 깨를 쫄라구 했다. 이때 깨는 광이레 돼서 달을 잡아먹었다.

＊1936年 7月 龍川郡 外上面 停車洞 李菖奎

＊1936年 7月 宣川郡 南面 三省洞 桂徹源

1) 목화솜


## 變身경쟁 | 넷날에 한 아레 있넌데 놈에 집 절게살이 하갔다구 집을 떠나서 가넌데 하하 가다가 어떤 부재집에 가서 절게살이 하갔다구 했다. 그 집 쥔녕감이 너 글 아능가 물어서 좀 안다구 했다. 그러느꺼니 넝감은 틀렜다 안 두갔다구 했다. 이 아는 다른 곳에 가서 절게사리 할 집을 찾아다니는데 마땅한 집이 없어서 다시 그 부재넝감한테 가서 절게살이 두디 않갔넝가 하구 물었다. 넝감은 너 글 아능가 물어서 모른다구 했더니 고롬 두갔다 하구서 두구 책을 많이 주멘 이 책들을 잘 건새하라구 했다. 그 책들은 요술하는 책인데 이 아는 그 책들을 다 봤다. 그리구 요술하는 法을 알았다.

하루는 이 아레 넝감과, 내레 말이 될 꺼이느꺼 넝감은 나를 갯다 팔라구 했다. 그래서 넝감은 아레 말이 된 거를 돈을 많이 받구 팔았다. 이 아는 사람이 돼서 넝감에 집이루 돌아왔다. 그리구 또 말이 돼서 부재넝감은 이 말을 팔아서 또 돈을 많이 받았다. 그 후 이 절게살이는 또 말이 됐다. 부재넝감이 이 말을 팔았넌데 이번에 산 사람은 말을 죽일라구 했다.

말이 된 절게살이 아는 이거 야단났다 하구 독수리가 돼서 날라갔다. 말을 산 사람은 총배치레 돼서 독수리를 쏠라구 했다. 독수리는 얼른 사람이 됐다. 총배치는 범이 돼서 잡아먹을라 했다. 이 아는 가락지가 돼서 한 체네 손가락에 가 끼어 있었다. 범은 사람이 돼개지구 체네한 테 가서 그 가락지를 사갔다구 했다. 체네는 하늘서 준 거이느꺼니 팔 디 않갔다구 했다. 그런데 체네 부모는 팔라구 하느꺼니 증이 나서 가 락지를 따에다 탁 팽개텠다. 그러느꺼니 가락지는 조알[1]이 돼서 있었 다. 말은 산 사람은 달[2]이 돼서 이 조알을 쪼아먹을라구 했다. 조알은 얼릉 독수리가 돼서 달을 잡아먹었다.

＊1937年 7月 定州郡 玉泉面 文仁洞 金義泰

1) 좁쌀   2) 닭

# 短命兒 | 넷날에 한 사람이 있드랬넌데 늙두룩 아래 하나투 없어서 근심으로 지내드랬넌데 天幸으로 아들을

하나 낳게 돼서 이 아를 금이야 옥이야 하구 잘 기루고 있었다. 그런데 하루는 老僧이 와서 이 아이으 四柱를 보구서 이 아이는 열 네 살이 듸 넌 아무 날에는 죽갔다구 했다. 부모는 그 말을 듣구 깜작 놀래서 죽디 않게 하는 수레 없갔능가 하구 물어두 노승은 벨수레 없다 하구 고만 가 삐렛다. 부모는 할 수 없어서 아덜한테 돈을 많이 주구 어데던지 맘 대루 돌아다니멘 세상구경이나 하구 죽으라구 했다. 이 아는 돈을 받아 개지구 집을 나와서 발 가는 대루 아무 데라두 돌아다니다가 서울에 올 라왔다. 한 곳에 가너꺼니 큰 늪이 있구 그 늪 가운데에 草堂이 있었다. 데거이 멀 하는 집인가 하구 물어 보느꺼니 그 집은 三政丞에 딸덜이 공부하는 집이라구 했다. 이 아는 自己는 죽을 사람이느꺼니 죽을 바에 는 三政丞에 딸덜이 공부하는 거나 보구 죽갔다구 그 草堂으루 들어갔 다. 三政丞에 딸덜은 공부하다가 왼 모르는 男子가 들어오느꺼니 깜작 놀래서 왼 남자레 이런 데를 들어오능가 하구 물었다. 이 아이는 자기 는 아무 데 사는 사람인데 四柱八字가 기박해서 이달 열 나흔 날이문 죽는 사람이 돼서 세상구경 나와서 여기더기 돌아다니다가 여기서 三政丞에 딸덜이 공부한다구 해서 죽을 바에는 三政丞 딸에 공부하년 거나 보구 죽갔다구 들어왔다구 말했다. 그리구 당신들이 죽을 사람 살리는 재간이 있으문 좀 살레 달라구 했다. 三政丞에 딸덜은 그 말을 듣구 불상하게 여겨서 하여간 둘오라 하구 그 아를 초당 안으루 들어오게 했다. 이렇게 해서 이 아는 三政丞에 딸덜과 항게 지내게 됐넌데 이 아가 죽넌다는 날이 되느꺼니 政丞에 딸덜은 이 아를 가운데 누피구 낭켄에 하나식 눕구 하나는 아으 우에 누어서 이 아레 보이디 않게 하구 있었다. 죽넌다는 시간이 되느꺼니 하늘서 天火가 내리와서 이 아를 테서 쥑일라구 하넌데 三政丞에 딸덜이 둘러싸구 있어서 天火는 이 아를 틸 수가 없어서 뱅뱅 돌다가 시간이 넘으느꺼니 天火는 고만 하늘루 올라가구 말았다. 이렇게 해서 이 아는 죽디 않구 죽을 목숨을 살리웠다. 이 아는 三政丞에 딸 서이와 결혼해서 잘살았다구 한다.

*1927年 1月 楚山郡 板面 板坪洞 金老人

# 短命兒

넷날에 한 아레 있넌데 이 아는 8대 독자 외아덜루 여간만 父母에 귀염을 받디 안했다. 하루는 글방에 가다가 중 하나이 오종을 누넌 걸 보구서 욕을 했더니 그 중이 섣달 그뭄날이문 죽을 놈이 벨놈으 소리 다 한다구 욕해서 그 말을 듣구 글방에두 가디 않구 집으루 돌아와서 밥두 안 먹구 둔눠 있었다. 부모가 이걸 보구 와 그러능가 물어두 대답두 않구 근낭 누어 있기만 했다. "야 말 좀 해보라우 말 좀 해봐 와 그렁가" 하구 자꾸 물어느꺼니 글방에 가다가 중이 오종을 누넌 걸 보구 욕했더니 그 중이 섣달 그뭄날 죽을 놈이 욕한다구 해서 난 곧 죽게 돼서 그런다구 말했다. 부모는 이 말을 듣구 깜짝 놀라서 그 중한데 쫓아가서 우리 아레 어카문 안 죽갔능가 오래 사는 방법이 없갔능가 하구 물었다. 중은 그거는 八字래서 어칼 수 없다구 했다. 부모는 그래두 무슨 방법은 있갔디 그렁 方法이 있다문 대주문 하갔다구 말했다. 그러느꺼니 중은 그 아레 서울에 가서 정승에 딸 서이과 結婚할 수 있다문 살 수 있디마는 그리 못하문 벨 도리레 없 다구 했다.

부모는 집에 돌아와서 이 아덜에게 돈을 많이 줘서 서울루 가게 했 다. 그래서 이 아이는 집을 떠나서 서울루 가넌데 가다가 점배치¹⁾레 있 어서 점을 테 보느꺼니 서울에 들어가문 바루 오이당시²⁾한테서 달라는 대루 오이값을 주구 그 오이를 다 사서 한 노친네레 오이 사자 하문 값 두 받디 말구 그 오이를 거저 다 주문 돟은 수가 있갔다구 했다.

이 아는 서울에 들어가서 인차 오이를 많이 사서 한 노친네레 사자구 해서 팔 거 없이 다 거저 개저가라구 하멘 오이를 다 줬다. 그러느꺼니 노친네는 돟아라구 하멘 저 집으루 가자구 했다. 이 아는 노친네를 따 라가서 그 집에서 지내게 됐다.

이 노친네한테는 딸이 하나 있넌데 집이 가난하느꺼니 어떤 정승에 집에루 시금불이 살루 가 있었다. 이 딸은 놈에 집에 가 있지마는 짬만 있으문 저 오마니 보레 오군 했다.

섣달 그뭄날에 이 딸이 와 보느꺼니 오마니와 항게 있는 아레 무슨 근심이 있넌지 말두 않구 기분두 돟지 않게 하구 있었다. 딸은 이 아 보 구 와 그러구 있능가 하구 물었다. 이 아는 이렇게 물어두 아무 말두 않 구 한숨만 쉬구 있다가 자기는 섣달 그문날 밤에 죽게 된다구 중이 말 했넌데 서울 가서 정승에 딸과 結婚하면 살 수 있다구 해서 서울에 왔 디만 여직껏 정승에 딸을 만나디두 못했으느꺼니 이자는 죽는 몸이 돼 서 그런다구 말했다. 노친네 딸은 그 말을 듣구 보느꺼니 불상한 생각 이 들어 살레 주구푼 생각이 났다. 그래서 고롬 내레 정승에 딸과 만나 게 해볼 꺼이느꺼 나하구 항께 가봅수다레 하구서는 이 아를 체네토롱 꾸메 개지구 정성에 집에 데불구 갔다.

이 정승에 집에는 다른 정승에 딸이 둘이 와서 이 집에 체네와 함께 공부를 하구 있었다. 노친네 딸은 그 세 정승에 딸덜이 공부하는 방으루 들어가서 내레 오마니 집에 갔더니 곤 체네 하나가 와 있어서 내레 데불구 왔넌데 그 체네를 여기루 둘오라구 할까요 하구 물었다. 그러느꺼니 세 정승에 딸덜은 곤 체네라구 하느꺼니 보구파서 둘오라구 하라구 했다. 그래서 이 아는 세 정승에 딸에 방으루 들어갔다. 정승에 딸들은 이 아를 보구 기뻐하멘 글두 같이 일구[3] 글두 같이 짓구 하넌데 이 아레 잘하느꺼니 정승에 딸덜은 더욱 기뻐서 우리 항께 공부하자구 했다. 그런데 다른 두 정성에 딸덜은 저에 집에 차레가 있으느꺼니 잠깐 갔다 오갔다구 하구 나갔다.

이 집 정성에 딸이 이 아를 보느꺼니 아무리 뵈두 체네 같디 안했다. 그래서 여러 가지루 물어 보느꺼니 이 아는 자기 사정을 다 말했다. 아무데 사넌 아무가이에 8대독자 외아들루 곱게 자라구 글공부두 잘했넌데 중이 나를 보구서 열 네 살 먹는 해에 섣달 그뭄날 밤에는 죽게 되넌데 삼정승에 딸과 결혼할 수 있으문 오래 산다구 해서 그래서 서울꺼정 왔다구 말했다. 정성에 딸은 이 아에 말을 다 듣구서는 아무말두 않구 있다가 학갑을 열구 여기 들어가 있으라구 했다.

이즉만해서 두 정승에 딸덜이 오느꺼니 이 집 정승에 딸은 이 아한테서 들은 말을 넷말토롱 꾸메서 말하구 네덜 같으면 그 아를 어카갔네 하구 물었다. 두 정성에 딸덜은 그런 아라문 아무 짓을 해서라두 살레 주어야 한다구 했다. 이 집 정성에 딸은 "너덜 정 그런 아를 아무짓 해서라두 살레 주어야 한다는 거디?" 하멘 방문을 다 칵칵 닫어 걸구 합각문을 열었다. 그리구 이 아보구 나오라 하구 두 체네보구 이 사람이 아까 넷말토롱 말한 아라구 말했다. 두 체네는 깜작 놀라서 어칼 줄 모루구 방에서 뛰처나갈라구 하넌데 문이 칵칵 닫혜 있어서 나가디 못했다. 그날 밤 세 체네는 이 아와 항께 자게 됐넌데 꿈에 사자가 나와서 이 아레 네자 둘만 데불구 자드래두 잡아가두 셋을 데불구 자구 있어서 못 잡아가갔다 하구서 근낭 가넌 꿈을 꾸었다. 8대 독자 외아덜은 이렇게 해서 살구 세 정승으 딸과 결혼해서 잘살았다구 한다.

＊1936年 7月 宣川郡 台山面 圓峰洞 朴根葉

1) 점장이　　2) 오이장수　　3) 읽고


# 지네미인 |

넷날에 피양[1] 넌광덩[2] 밑게[3] 한 홀애비가 살
구 있었드랬넌데 집이 가난해서 신을 삼아서
팔아서 갸우갸우 먹구 살았다. 어늬 날 밤 신을 삼다가 넌광덩을 내다
보느꺼니 원 곤 색시 하나이 와서 넌광덩을 딜다보구 갔다. 담날[4] 밤
이 사람이 신을 삼다가 넌광덩을 내다보느꺼니 또 그 색시가 와서 넌
광덩을 딜다보구 갔다. 조화다[5] 하구 그 다음날 밤 넌광덩을 내다보
느꺼니 또 그 색시가 와서 넌광덩을 딜다보구 갔다. 이거 무슨 조화가
있갔구나 하구 담날에는 그 색시 뒤를 아무두 모르게 딸아가 봤다. 색
시는 하하 가다가 어드런 외딴 골재기에 조그마한 집으루 들어갔다.
홀애비는 그 집이 가서 줸을 찾아서 하루 나즈 자리 좀 붓자구 했다.
색시는 자기 집에는 남덩구 없구 인간[6]두 없구 해서 외딴 남덩을 자
리부틸 수레 없다구 했다. 호래비는 "날은 저물구 갈 곳두 없구 하느
꺼니 어카갔소 좀 자리 좀 부테 주구레" 하구 자꾸 말했다. 그러느꺼
니 색시는 고롬 두로구레 하구 자리부트라구 했다.

　그래서 이 호래비는 그 집에서 자리붙게 됐넌데 자기 신세말을 색시
한테 말했다. 색시두 자기두 아무 가이두 없는 과부라구 말했다. 호래비
와 과부가 서루 만났으느꺼니 둘이는 내우가 돼서 살게 됐다.

　어늬 날 이 호래비가 사랑방에 있누라느꺼니 한 넝감이 찾아왔다. 통
성하구 보느꺼니 그 넝감은 이 사람에 아바지가 되넌 넝감이었다. 그래
서 이 사람은 한 상 잘 채레서 먹이구 돝은 입성두 한 불 해 닙혔다. 그
러구 갔넌데 메칠 있다가 이 넝감이 또 찾아와서는 네레 데 색시과 살
문 한멩[7]에 죽딜 못한다. 그러니 그 색시를 죽이라구 말했다. 이 사람은

그 말을 듣구 데 넝감이 와 그런 말을 하능가 알 수가 없었다. 색시는 곱구 당[8] 일만 하구 자기는 색씨 까타나[9] 펜안히 놀구 둥은 집에 잘 지내넌데 와 색시를 죽이라구 하는지 알 수가 없었다.

그렁그렁 메칠을 지낸넌데 넝감이 또 왔다. 네레 한멩에 안 죽갔으문 색시를 쥑에야 한다. 쥑이기레 힘들 거 없다. 담배 먹은 츰을 질오강에 모다[10] 뒀다가 색시 상[11]에 탁 들부멘 된다구 말했다.

이 사람은 넝감 말을 듣구서리 담배 먹은 춤을 오강에 모다 뒀다가 색시 상에 들부려구 했넌데 차마 그럴 수가 없어서 담배춤을 다른 곳에 다 버렸다.

메칠 지나서 그 넝감이 또 찾아와서 "색시를 쥑이라구 하는데두 송구두[12] 안 쥑이구 있네? 너 내 말을 못 믿어서 그러넌 거 같은데 정 그렇다면 밤에 색시가 바느질하다 멀 하는가 보라"구 말하구 돌아갔다. 이런 말을 듣구 이 사람은 밤에 색시가 바느질하는 거를 지켜봤더니 색시는 바느질하다가 큰 버치에다 물을 하나 가득 물을 떠다놓구 옷을 벗구 큰 성덩 같은 왕지네가 돼서 버치에 들어가서 맥을 감았다. 맥을 다 가문 담에 옷을 입구서 다시 색시가 됐다. 이 사람은 그 후보탐 밤마다 지케보느꺼니 색시는 밤마다 바느질하다가 왕지네가 돼서 맥을 감구 다시 사람이 되군 되군 했다. 그래서 이거 야단났다 하구서 하루는 색시보구 "참 우리 아바지는 명인이다. 난 님제레 그런 건 줄 몰랐다"구 했다. 그러느꺼니 색시는 "내 말 좀 덜어 보구레" 하멘 자기 사정 니야기를 했다.

여기 오넌 넝감은 당신에 아바지가 아니구 넌광덩에 사는 구렝인데 이 구렝이는 나하구 사람이 누가 멘제 되는가 다툼질하구 있넌데 둘 둥에 하나가 죽어야 다른 하나가 사람이 되느꺼니 구렝이레 당신 아바지라구 쐬기구서 나를 쥑이게 할라구 하너 거예요, 하구 말했다. 이 사람은 그 말을 듣구 고롬 님제는 와 넝광덩에 매일 나즈 가서 들다보능가 하구 물었다. 그러느꺼니 색시는 그 구렝이레 넌광덩에 살구 있어서 그거이 죽었나 살아 있나 볼라구 가보는 거야요, 하구 말했다. 그리구 내레 당 바누질하구 맥을 감는 거는 그카야 구렝이레 죽게 되느꺼니 그칸다구 하멘서 아매도 이자는 그 구렝이는 죽었을 거라구 말했다.

다음날 이 사람은 넌광뎡에 가보느꺼니 큰 구렝이가 죽어 있었다. 이 사람은 인차 색시한테 달라와서 구렝이레 죽어 있더라구 말했다. 색시는 혹게 기뻐하멘 이젠 아무 일 없으느꺼니 날 으심 말구 잘살아 봅세다, 하구 말했다. 이 사람은 색시와 잘살다가 壬辰年 호통에 달구다리 뻿두툭 했다구 한다.

*1936年 12月 定州郡 觀舟面 舟鶴洞 元義範

1) 平壤    2) 練光亭    3) 밑에    4) 다음날    5) 이상하다    6) 식구    7) 제명    8) 늘    9) 때문에    10) 모두어    11) 얼굴    12) 아직도

# 지네미인과 만난 사람 | 넷날에 서울에 낭[1] 정승이 있드랬넌데

이 사람은 첨에는 재산두 많구 돈두 많았넌데 차차 살림이 구차해데서 살 수 없게 되느꺼니 마누라랑 아덜딸덜은 동냥을 하게 됐다. 낭정승은 고만 기가 맥혀서 이제는 죽어야갔다 하구 밤에 몰래 집을 나와서 가다가 깊은 山등으루 들어갔다. 山둥에서 몇 끼를 굶어가면서 산둥을 헤매넌데 한 곳에 가느꺼니 고래등 같은 큰 기와집이 있었다. 낭정승은 그 집이 가서 쥔을 찾으느꺼니 곧 색시가 나왔다. 낭정승은 자리 좀 붓자구 하느꺼니 첨에는 안 된다구 하더니 이 사람이 자꾸 사정허느꺼니 그카라 했다.

집 안에 들어가느꺼니 색시는 둏은 음식도 갯다 주구 둏은 입성도 개저다 주었다. 그렁그렁 지내는 동안에 낭정승은 그 색시와 부부가 돼서 살게 됐다.

얼마 동안 살고 있넌데 낭정승은 집생각이 나서 가고푼 생각이 났다.

그래서 낭정승은 색시과 자기가 여기꺼정 오게 된 말을 다 하구 내가 집을 나온 후 가족덜이 어찌 됐능가 알아 보게 한 번 가보구푸다구 말했다. 그러느꺼니 색시는 본집에 돈을 보내서 잘살게 해줄 터이니 가디 말구 안심하구 여기 있으라구 했다. 그래서 낭정승은 고롬 그카갔다 하구 그대루 있었넌데 얼마를 지낸 후에 아무래두 한번 가보구푼 생각이 왈칵 일어났다. 그래서 색시과 다시 한번 본집에 갔다오갔다구 했다. 색시는 고롬 다녀오라구 했다.

낭정승은 서울에 와서 전에 살던 집을 찾아가서 마누라보구 헹펜이 어떤가 하구 물었다. 마누라는 당날마다 원 사람이 돈을 많이 갯다 주구 주구 해서 이제는 논두 사구 밭두 사구 해서 아무 걱정 없이 잘살구 있다구 했다.

낭정승은 메칠 있다가 색시집으루 떠나갔다. 가다가 한 곳에 당도하느꺼니 갑재기 우레[2]소리가 나구 비가 오더니 하늘서 웬 사람이 내려와서 넘제는 아무 데 색시한테 가는 사람 아닝가 하구 물었다. 그렇다구 하느꺼니 그 색시는 사람이 아니구 왕지넨데 너 내가 하라는 대루 하야디 하디 않으문 너는 그 색시한테 죽는다구 말했다. 그리구 여기서 좀 가면 둏은 담배대가 있을 터이니 그걸 개지구 가구 좀더 가문 둏은 담배 세 니파리가 있을 터이니 그것두 개지구 가서 색시집에 가서는 방문을 다 닫구 담배대에 담배를 넣서 피워야디 그라느문 너는 죽는다구 말하구 하늘루 올라갔다. 낭정승은 그런 말을 듣구 가넌데 좀 가느꺼니 둏은 담배대가 있었다. 이 담배를 개지구 가느꺼니 담배 세 닢이 있었다. 이것두 개지구 색시집에 들어갔다. 색씨는 새파래 개지구 아레굿에 웅쿠리구 있었다. 낭정승이 와 그러구 있능가 물어두 색시는 아무 말두 안했다. 낭정승은 문을 다 닫아 걸구 담배를 한 닢 피웠다. 그랬더니 색시는 구들 우에 쓰러뎄다. 정승은 또 한 닢 피웠다. 방안은 담배연기가 자욱해지구 색시는 죽어 가구 있었다. 정승은 세채 담배닢을 피울라구 하다가 가만히 생각해 본즉 저에 본집이 살게 된 거이 이 색시 때문인데 이런 색시를 죽게 해서 쓰겠능가, 차라리 내가 죽구 이 색시를 살리야갔다 하구 담배닢을 내던지구 방문을 활작 열구 담배연기를 모주리 빠져나가게 했다. 그랬더니 색시는 살아났다.

낭정승은 여기 오는 도둥에서 웬 사람을 만나구 담배를 피우라는 말을 다 했다. 그르느꺼니 색시는 그 사람이란 게 원은 산무이[3]인데 그놈은 나와 서루 千年道를 닦기 내기해서 누구레 먼제 사람 百을 얻어서 사람이 되는가 하는 내기를 하구 있넌데 그놈두 사람 아흔 아홉 나두 사람 아흔 아홉 얻어 놓구 있넌데 나에게는 당신이 와서 百이 와서 百이 돼서 그놈이 지게 되느꺼니 나를 쥑일려구 담배연기를 피워서 나를 쥑일 수단을 쓰구 있어요, 하구 말했다. 그리구 낼 그 산무니와 쌈을 할 꺼이느꺼니 쌈할 때 당신은 방안에 가만히 앉아 있기만 하구 하늘이 무너지는 큰소리가 나더래두 절대루 밖에 나오디두 말구 또 내다보디두 말라구 했다.

다음날 색시가 나가서 산무니와 싸우넌데 하늘이 따와 부디티는 것같은 요란한 소리가 났다. 조금 있으느꺼니 색시가 들어왔다. 산무니과 싸와서 이겨서 이젠 완전한 사람이 됐다구 말했다. 그리구 산무니가 있던 곳에 가보느꺼니 큰 굴이 있구 그 옆에는 큰 구렁이가 죽은 시테가 있었다.

색시는 색시 살던 집에서 많은 금은보화를 싸개지구 정승에 본집으루 가드랬넌데 가멘서 정승이 돌아다보느꺼니 그 큰 기와집은 간데 없구 큰 팡구만이 보였다.

＊1937年 7月 昌城郡 昌城面 坪路洞 康顯樾

＊1937年 7月 義州郡 長松面 小水洞 金三恩

※但 낭정승 대신 어떤 부자가 빚을 많이 져서 죽으려고 술을 많이 먹고 산중에 들어가서 큰 기와집에 사는 고운 색시네 집에 하룻밤 묵게 됐다고 하는 거로 시작되고 그 다음의 이야기의 敍述內容은 같다.

1) 양. 性氏    2) 우뢰    3) 意味不明. 구렁이의 別稱?

# 特才 있는 의형제 | 옛날에 장수 하나이 세상 구경 나가갔다구 집을 나서

서 길을 가누라느꺼니 어드런 키가 눅[1] 척이나 되는 큰 사람이 다리 하나를 노이[2]루 잘라매 개지구 어깨에다 메구 다리 하나루만 깨꾸막 질하멘 가는 사람이 있었다. 장수는 그 사람과 당신은 어드래서 두 발루 걷디 않구 왼발루 깨꾸막질하멘 걷는가 하구 물었다. 그러느꺼니 그 사람은 나는 두 다리루 걸으문 고꺼지 가갔다 해두 너무 걸음이 잘 걸레서 더어기꺼정 가군 해서 한 발루만 걷넌다구 말했다. 야아 이거 별난 재주 있는 사람 다 보갔다 하구 그 사람과 이동상[3] 무면 어떻가 하구 말했다. 그 사람두 동다구 했다. 그래서 두 사람은 이동상을 무어 개지구 함께 가넌데 하하 가누라느꺼니 어드런 산골재기에 오게 됐다. 보느꺼니 어드른 사람 하나이 큰 파우[4]에다 귀를 대구 머인가 듣구 있었다. 장수는 당신 멀 하구 있소, 하구 물으꺼니 세상 사람 말하넌 거 듣구 있다구 했다. 고럼 무슨 말을 들었능가 하구 물으꺼니 아무데 왕이 한 시간 안에 바다물을 길러다가 밥을 짓는 사람에게 자기 딸 三兄弟[5]를 시집보내갔다구 하는 말이 들린다구 했다. 이거 또 벨난 재주 있는 사람 다 있다 하구 우리 이동상 뭇자구 말했다. 그 사람두 동다구 해서 그래서 세 사람은 이동상을 무어 개지구 그 왕 있는 나라루 갔다. 그 나라에 가서 왕과 우리가 바다물을 길어다 한 시간 안에 밥을 지어 놀 꺼니 딸을 주갔능가 하구 물었다. 王은 그렇게 하기만 하문 딸을 준다구 했다. 그래서 이 세 사람은 바다물을 길어다가 밥을 짓기루 하넌데 장수는 새하러 산으루 가구 걸음 잘 걷는 사람은 바다물을 기르루 가구 듣기 잘하는 사람은 가매를 걸구 해서 멫 분 안 돼서 밥을 다 지었다. 왕이 보구서 참 재간 용쉐, 하구 칭찬하구 딸 서이를 이 세 사람한테 주었다.

*1935年 7月 龍川郡 外上面 做義洞 張錫寅

1) 육    2) 노끈    3) 義兄弟    4) 바위    5) '3형데'로 발음함

# 特才 있는 8형제 | 넷날에 어떤 곳에 만리보기 천리보기 진둥만둥 자른둥만

둥 여니딸깍 줄었다늘었다 기프니야트니 더우니차니 올리티기내리티기라구 하넌 八兄弟가 있었다. 이 八兄弟는 이름은 달라두 그 상은 다 똑같았다.

하루는 만리보기철리보기가 앞날을 내다보느꺼니 자기레 곳 당개 갈 것 같아서 그날만 기두루구 있넌데 어늬 날 신행바리가 오구 있었다. 옳다 이거는 우리 집으루 오는 거라구 하구 그 신행바리를 저에 집으루 몰아들이구 따라온 사람은 다 보내구 색시를 지 색시로 삼았다. 그런데 이 색시는 결혼하구 신랑과 항게 시집으루 신행길루 오드랬넌데 오다가 신랑이 오종이 매리워서 오종을 누구 뒤따라오드랬넌데 오는 길이 까불까불[1]해서 색시가 가는 거이 안 보여두 아마 앞서서 잘 가겠디 하구 와서 저에 집에꺼지 와서 보느꺼니 색시는 와 있디 안해서 이거 벤났다[2] 하구 있었다.

八兄弟네 집에서는 먹을 거이 없게 돼서 금은보화가 많이 있는 집에 진둥만둥이를 보내서 글넉것 저서 오게 했다. 이 진둥만둥이는 지면 지두룩새 아무것두 지디 않은 거겉이 짐이 가벼워지는 사람이 돼서 금은보화를 혹게 많이 지구 왔다. 그래서 이 집은 부재가 돼서 잘 살게 됐다.

이 집이 갑재기 부재가 돼서 관텅에서 이상히 알구 진둥만둥이를 잡아다가 어드렇게 해서 갑재기 부재가 됐능가 하구 물었다. 진둥만둥이는 우물쭈물하멘 잘 대답을 하디 않았다. 이거 아무래두 나뿐 방법으루 부재가 된 거라 하구 옥에다 가두었다. 만리보기천리보기가 내다보느꺼니 진둥만둥이가 옥에 갇헤 있어서 여니딸각허구 자른둥만둥하구를 옥에 보내서 진둥만둥이를 빼내 오구 자른둥만둥을 옥에 넣어놓구 오라구 했다. 여니딸깍이 옥에 가서 쇄를 손툽으루 따각하구 여느꺼니 옥문이 열려서 자른둥만둥을 너놓구 진둥만둥이를 빼개지구 돌아왔다. 관텅에서는 다음날 사람이 많이 모인 데서 진둥만둥이를 죽이갔다구 칼루 목을 텄다. 그런데 목이 떨어뎄년데두 또 목이 새루 돋아났다. 또 목을 베두 새 목이 돋아났다. 아무리 목을 베두 새 목이 또 돋아나구 해서 관텅에서는 이거 안 되갔다, 넌지[3]에다 넣어 갈아 없애야갔다 하구 다시 옥에다 넣서 가두었다. 만리보기천리보기는 여니딸각과 줄었다늘었다를 보내서 여니딸각이 옥문을 열구 자른둥만둥을 꺼내오구 줄었다늘었다를 대신 옥에 넣어 두구 오게 했다. 다음날 관텅에서는 자른둥만둥을 넌지에다 넣구 갈아죽이갔다구 넌지에 닣구 가넌데 암만 넌지를 갈아두 죽디 안했다. 이거 안 되갔다, 낼 큰 베랑에 가서 굴레서 죽이갔다 하구서 다시 옥에다 가두었다.

만리보기천리보기는 여니따깍과 올니티기내리티기를 보내서 여니따깍이 옥문을 열구 줄었다늘었다를 빼내고 올니티기내리티기를 옥에다 넣어 두게 했다. 다음날 관텅에서는 올리티기내리티기를 큰 베랑에 끌구 가서 베랑에서 내리굴넀다. 그런데 암만 내리굴레두 죽디 안해서 이거 안 되갔다 낼은 콩기름을 끓에서 그 아낙에 넣서 죽이갔다구 이넘을 다시 옥에다 가두었다. 만리보기철리보기는 여니따깍과 더우니차니를 보내서 여니따깍과 옥문을 열어 올리티기내리티기를 내오구 더우니차니를 옥에다 넣어 두게 했다. 다음날 관텅에서는 콩기름을 왁작 끓에서 더우니차니를 접어넜다. 그런데 더우니차니는 "에에 차과 에 차과" 하멘 조금두 덥다는 기색을 보이디 않구 죽디 안했다. 곁에서 보구 있던 사람이 정 데 콩기름 끓는 거이 뜨겁디 않능가 하구 손을 네봤다가 고만 손을 디구 말았다. 관텅 사람은 이거 안 되갔다, 낼은 깊은 물에다 빠트레 죽이갔다 하구 다시 옥에다 가두었다. 만리보기천리보기는 여니딸각과 기푸니야트니를 보내서 여니딸깍이 옥문을 열어 더우니차니를 끌어내오구 기푸니야트니를 옥에다 넣어 두구 오라구 했다. 다음날 관텅 사람은 기푸니야트니를 깊은 바다루 끌구 가서 깊은 데다 집어넣었다. 기푸니야트니는 야 이거 머가, 이거 머이 깊능가 하멘 죽디 않구 물에서 나왔다. 사뚜가 이걸 보구 요기가 이렇게 얄은가 하구 물 속으루 뛔 들어갔

다. 그런데 고기가 혹게 깊은 데가 돼서 사뚜는 고만 빠져서 죽구 말았
다. 이래서 八兄弟는 한나투 죽디 않구 다 살아서 잘살았다구 한다.

＊1935年 1月 龍川郡 楊下面 伍岩洞 鄭濟世

＊1935年 7月 宣川郡 宣川邑 川南洞 李明常

＊1937年 7月 朔州郡 外南面 大舘洞 全義喆

1) 꼬불꼬불    2) 큰일났다    3) 연자

# 特才 있는 6형제 |

넷날에 먼말듸기 빼엄도리 무
거우니가부니 기푸니야트니
자부니열새 더우니차니라는 六兄弟가 있었다. 하루는 이 六兄弟가 王
에 골간<sup>1)</sup>에 들어가서 거기 있는 금은보배를 채서 개저오넌데 첨에 자
부니열새가 王에 골간에 자물쇠를 잡아서 힘없이 열어 놨다. 다음에 무
거우니가부니가 금은보배를 지면 지두룩새 더 가벼워서 왕에 골간에
보배를 거의 다 지구 나왔다.

　먼말듸기가 왕이 메라나<sup>2)</sup> 들어보느꺼니 데넘덜이 골간에 금은보배
를 다 채갔으꺼니 고놈을 물을 끓에서 죽이야갔다구 했다. 그래서
왕이 이넘들을 잡으레 왔을 적에 더우니차니를 보냈다. 왕은 더우니차
니를 가매솥에다 집어닣구 물을 두고 끓이넌데 불을 아무리 많이 때두
죽딜 안했다. 왕은 에이 고놈 작두루 모가지를 잘라 죽이야갔다구 했
다. 이 말을 먼말듸기레 듣구 얼런 더우니차니를 빼돌리구 빼엄도리를
보냈다. 왕이 빼엄도리를 죽이갔다구 작두에 닣구 잘르는데 아무리 잘
라두 죽딜 안했다. 그러느꺼니 王은 이놈을 바다에다 빠트레 죽이야갔
다구 했다. 먼말듸기레 이 말을 듣구 기푸니야트니를 보내구 빼엄도리
를 빼돌렸다. 王은 기푸니야트니를 배에 태워서 바다 저어 멀리 싣구
가서 깊은 데다 집어닣구 돌아왔다. 그런데 기푸니야트니는 죽디 않구
왕에 배보다 맨제 나와서 기다리구 있었다. 왕은 할 수 없이 놔줬다.

六兄弟이 이렇게 해서 하나투 죽디 않구 살아서 父兄와 항게 잘살았다구 한다.

*1938年 1月 鐵山郡 西林面 內山洞 金孝鎭

1) 곡간, 창고    2) 뭐라고 하나


# 特才 있는 3형제 |

넷날에 三兄弟가 있던데 하나는 먼말듣기라는 이름이 있구 또 하나는 야드기라는 이름이 있구 또 하나는 따깍열쇠라는 이름이 있었다. 먼말듣기는 아무리 먼 곳에서 하는 말이라두 다 잘 듣는 재간이 있구 야드기는 암만 깊은 강에다 집어넣어두 옅다구 빠지죽디 않구 나오는 재간이 있구 따깍열쇠는 아무리 잘 장가 논 자물쇠라두 딱각 하구 여는 재간이 있었다.

한번은 이 三兄弟가 옥에 갇치게 됐다. 하루는 먼말듣기가 가만히 들어보느꺼니 관속덜이 옥에 갇친 三兄弟는 내일 다 쥑이야 한다구 말하는 거이 들렸다. 그래서 이런 말을 하느꺼니 따깍열쇠레 고롬 우리 도망가자 하구 옥문에 장가 논 자물쇠를 따깍 따구 야드기만 기테놓고 둘이서 도망텠다.

다음날 관속들이 옥에 와서 옥문을 열어 보느꺼니 하나만 남아 있구 둘은 없어데서 할 수 없이 야드기만 大同江에다 집어넣서 죽일라구 했다. 그런데 야드기를 암만 깊은 데다 집어닣두 빠져죽디 않고 옅다 옅다 하멘 나와서, 사뚜는 할 수 없이 너덜 재간 용타 하구 놓아 주구 상을 주었다구 한다.

*1934年 7月 鐵山郡 站面 龍堂洞 白天福

# 3형제 |

넷날에 한 넝감이 있드랬던데 이 엉감이 하루는 아덜 三兄弟를 데불구 밖으루 나가서 소 발자죽 있는 데를 가르키메 나 죽거던 여기다 묻어 달라구 했다. 그 후 아바지가 죽으느꺼니 아덜 三兄弟는 아바지 유언대루 그 소 발자죽 있던 데다 머이[1]를 썼다.

아바지가 돌아가신 후에 이 三兄弟는 항게 살 헹펜이 되지 안했다. 그래서 三兄弟는 서루 황눈[2]하기를, 있던 세간을 팔아서 나누어 개지구 세상구경을 한 담에 성공하면 여기 돌아와서 모여서 살자구 했다. 그래서 있던 세간을 서 돈에 팔구 하나이 한 돈식 나누어 개지구 집자리에 빗자루를 세워 묻구서 집을 떠났다.

왼[3] 맞뇐은 돈 한 돈을 개지구 당에 가서 머 살 거 없나 하구 돌아다니다가 한번 툭 티기만 하문 구신이 혼난다는 디팽이가 있어서 이걸 한 돈에 사개지구 길을 떠났다. 하하 가누라느꺼니 어드런 山둥에 들어가게 됐다. 거기는 더 갈 길은 없구 다 쓰러데 가는 집이 있어서 거기서라두 자갔다구 그 집에 들어가 있었다. 밤이 돼서 캄캄해지느꺼니 도깨비들이 한물커리 모여와서 고기 나우나 떡 나우나 밥 나우나 하면 금망치 은망치루 왁짝 뚜두리며 고기랑 밥이랑 떡이랑 많이 내놓구 그걸 먹구 노래하며 춤추며 왁짝 과테메 놀았다. 이넘덜이 놀더이느마는 괴수독개비레 "야 거 사람덜이란 거 참 믹제기야. 요 건네펜 물에 정승이 살디 않네. 그 정승에 딸이 앓구 있던데 그 딸이 앓구 있던 거는 그 집 앞채에 사는 큰 왕지네 때문인데 그 왕지네를 잡아서 대려서 그 국물 석 잔만 멕이문 '엄매야 물 점 다우' 하멘 바루 니러날 텐데 그걸 모루구 엿태 못 고티구 있단 말이야" 하구 말했다.

맞형은 이 말을 다 듣구 나서 낼은 내레 그 집이 가서 체네 벵을 고테 주갔다 하구서리 디팽이를 내개지구서 집 기둥을 탁 텄다. 딱 소리가 나느꺼니 도깨비들은 야아 집이 무너진다 하멘 다 다라뺐다. 맞뇐은 도깨비레 다 도망친 담에 나와서 도깨비들이 노던 데에 가서 고기야 떡이야 밥이야 시컷 먹구 거기 놔둔 금판돌 은판돌 금망치 은망치를 한짐 해서 거랭이토롱[4] 지구 다음날 날이 새서 그 정승에 집이루 찾아갔다. 그 집 대문간에서 밥 좀 주시우 하느꺼니 뜰악을 쓸던 하인이 나와서 "이거 큰애기레 앓아서 경황이 없넌데 머이 다 와서 기래. 날래 썩 나가라!" 하면 과뎄다. 맞뉘이 그 집으 토당을 보느꺼니 초신[5] 꼬무신 구주[6] 머머 벨거 다 있구 뜰악에는 자전거 자동차 가마 말 머머 다 있었다. 하인과 데거이 다 먼가 하구 물었다. 하인은 이 집 큰애기레 벵을 앓구 있어서 벵 보레 온 이사덜이 많이 타구 온 거라구 말했다. 맞뉘은 "나두 벵 볼 줄 아넌 사람인데 내데 나두 한번 봅쑤다레" 하구 말했다. 그러느꺼니 하인은 "네따우 누걸내치[7]레 멀 보갔능가. 안 된다. 날래 가라" 하멘 내몰았다. 그래두 맞뉘은 한 번만 보게 해달라구 졸랐다. 그랬더니 하인은 할 수 없이 쥔과 그 말을 했다. 쥔은 두루 와서 보게 하라구 했다. 맞뉘이 안으루 들어가느꺼니 거기 모여 있던 이렇다 한 이사덜이 보구서 "데따우 거랭이레 멀 보갔다구 하누" 하멘 코웃음만 치구 있었다. 맞뉘은 체네 방에 들어가서 체네 맥이나 새나 봤넌디 마넌디 하구서 나와서 큰 놋가매다가 들기름을 끓이라 하구 이 몰에서 아주 날랜 사람 열 사람을 뽑아오라구 했다. 날랜 사람 열 사람을 뽑아오느꺼니 앞채에 올라가서 기와장을 듣치우구 거기 있는 왕지네를 잡아다가 기름이 끓구 있는 놋가매에다 집어넣어라구 했다.

사람덜이 왕지네를 잡아서 가매솥에 여서 끓인 왕지네를 짜서 그 국물을 석 잔 멕였더니 체네는 엄매야 물 점 다우 하멘 니러나서 아무 일 없이 됐다. 거랭이레 멀 하갔다구 벵 보갔다누 하멘 코웃음하던 이렇다 한 이사덜은 이걸 보구 고만에 찍소리두 못하구 말타구 온 건 자정거 타구 가구 자전거 타구 온 건 자동차 타구 가구 자동차 타구 온 건 말 타구 가구 다라빼구 꼬무신 신구 온 넘은 놈 신 신구 달아나구 머머 다 다라뺐다.

정승에 딸은 자기 벵을 고테 준 이 사람이 은인이라구 이 사람과 살갔다구 했다. 정성두 할 수 없이 딸을 맞뇌과 結婚시켰다. 그런데 몰 사람들은 정승에 딸이 거랭이와 結婚했다구 흉을 봐서 정승은 돈과 재산을 많이 줘서 먼 데 가서 살라구 했다. 맞뇌은 색시를 데불구 전에 살던 데루 찾아갔다. 거기에는 세워서 묻어 두었던 빗자루가 있어서 아직으는 저근니덜이 오디 않았구나 하구 빗자루가 세워 있는 자리에 큰 집을 짓구 살멘서 저근니덜이 돌아오기를 기둘렀다.

둘째아덜은 한 돈을 개지구 당에 가서 살 거 없나 하구 돌아다니넌 데 북을 파는 집이 있었다. 요거 얼마요, 하구 물으느꺼니 팔 푼이요, 했다. 둘째는 한 돈에 삽수다, 하구 북을 사개지구 덩체없이 여기더기 두루 돌아다니드랬넌데 하루는 날이 저물어서 쉴 곳을 얻어 보구 있넌데 길가에 묘하게 생긴 나무가 있어서 고기 올라가서 자갔다 하구 그 낭구 우루 올라갔다. 밤이 돼서 사방이 어두어지느꺼니 아 사자며 범이며 코키리 여우 토까이 살기 노루 시심이 머머 베라벨 짐승덜이 한물커리 모여오더니 낭구 우에 있넌 두째를 잡아먹갔다구 앙앙 소리치구 있었다. 깜직한 토까이란 놈이 우리 앙앙 소리치기만 하디 말구 힘센 코키리레 왼 밑에 서구 그 우에 사자가 올라타구 그 우에 노루가 올라타구 그 우에 사심이가 그 우에는 살기가 이렇게 차차 올라타구 왼 우에 범이 올라타서 데놈을 잡으멘 돼갔다구 말했다. 그러느꺼니 모두 다 거 참 둏은 수다, 그카자 하구 토까이가 말한 대루 왼 밑에 코끼리가 서구 그 우에 사자 노루 시심이 머머 하구 올라타구 왼 우에 범이 올라타서 거진 둘째를 잡게 됐다. 둘째는 다 죽게 되느꺼니 에이 죽는 바에야 북이나 테보구 죽갔다 하구 북을 쾅쾅 텄다. 그랬더니 짐승덜은 고만 혼이 나서 나가자빠뎄넌데 범은 낭구 가지에 미구넝이 걸레서 산 채루 음즉 못 하구 있었다.

그런데 그 밑게 있넌 몰에서는 산에서 북소리가 나문 몰 사람덜이 산으루 올라오넌 풍속이 있었다. 그래서 북소리가 나서 사람들이 한 물커리 북을 티멘 올라왔다. 나가자빠뎄던 짐승들은 북을 치구 사람덜이 많이 올라오느꺼니 모두 다 뿔뿔리 달아났다. 둘째는 낭구서 내리와서 동네 사람덜 앞으루 달라가서 "이놈덜 안 된 놈덜 같으니라구! 나라님이 산 범 두 마리 잡아오라구 해서 수탄 짐승을 물어다놓구 범을 잡년데 이차 한 마리를 잡아놓구 두 마리채 잡을라구 하구 있넌데 너덜까타나 모다논 짐승이 다 달아났으꺼니 어카란 말이가" 하멘 구슬러 댔다. 동리 사람덜은 이 말을 듣구 야단나서 잘못했으꺼니 돈을 수타 많이 줄 꺼이니 용사하라구 자꾸 빌었다. 둘째는 안 된다, 범을 잡아 내라구 하멘 더욱더 구슬러 댔다. 동리 사람덜은 이거 야단났다 하구 아무가이 정승에 딸을 색시루 주구 돈두 수타 많이 주구 하갔으꺼니 용사하라구 자꾸 빌었다. 둘째는 고롬 할 수 없디 그카갔다 하구 정승에 딸을 색시루 삼구 돈을 수타 받아개지구 이만 하문 성공했다 하구 전에 살던 곳으루 갔다. 와보느꺼니 맏뇌이 볼세 돌아와서 살구 있어서 둘째아덜은 맏뇌에 집 옆에다 큰집을 짓구 살았다.

　막내아덜은 돈 한 돈을 개지구 나가 돌아다니다가 새당구[8]레 눈에 들어서 이거 얼매요 하느꺼니 팔 푼이요 해서 한 돈을 줄 꺼이니 팔구레 해개지구 새당구를 사서 메구 가넌데 가다가 산중으루 들어갔다. 밤이 돼서 쉴 자리를 얻어 보넌데 집은 없구 굴 겉은 거이 있어서 그 굴에 들어갔다. 조금 있으꺼니 범이 한 마리 둘오구 있었다. 야아 이거 야단났다. 이전 죽었구나 하구 있넌데 여라 죽을 바엔 새당구나 한번 테보구 죽갔다 하구 새당구를 둥당둥당하구 텄다. 그랬더니 범은 새당구 소리를 듣구 춤을 추기 시작했다. 막내아덜은 이걸 보구 "야 이것 봐라, 별난 범두 다 있다. 어디 어카나 보자" 하구 새당구를 넝상[9] 둥당둥당 티멘서 앞으루 나갔다 뒤루 물러났다 했다. 그랬더니 범두 앞으루 나왔다 뒤루 물러갔다 했다. 막내동생이 앞으루 나가멘 범은 물레걸음을 하구 맥내가 물레걸음하문 범은 앞으루 걸어나우구 했다. 이 범은 무당득신이 들어서 춤을 여간만 잘 추디 안했다. 막내동생은 이렇게 새당구를 티멘 굴 밖으루 나왔넌데 범두 따라나와서 춤을 추었다.

새당구를 티구 범이 춤주구 하는데 날이 환하게 샜다. 그곳은 山中인데두 사람이 다니는 大路가 있어서 날이 새느꺼니 사람이 오구 있었다. 보느꺼니 웬 사람들이 멩디[10]며 비단이며를 당나구에다 싣구 한 수무 마리쯤 왔다. 멩디를 실은 당나구에 목에는 방울이 달레 있어서 방울소리가 왈랑잘랑하구 났다. 춤추던 범은 방울소리에 놀래서 고만 다라뺐다. 막내동생은 비단바리 싣구 오넌 사람과 "이넘딜! 님금님이 춤추넌 범을 잡아오라구 해서 범을 춤추게 하구 있넌데 너덜 까타나 범이 다라났다. 이거 어카갔네 너덜 맛 좀 보간!" 하구 큰소리루 구슬러 댔다. 그러느꺼니 그 사람덜은 "아이구 잘못했입니다. 이 멩디랑 비단이랑 다 줄 거이니 용사해 주시요" 하고 빌었다. 막내아우는 안된다구 울러메다가 망판에는 못 이기는 테하구서리 그 바단바리를 받아 놓구 가라구 했다.

막내아우는 멩디바리를 당나구에 싣구 전에 살던 데루 왔다. 와 보느꺼니 두 뇌덜이 볼세 돌아와서 살구 있어서 이 막내아우두 그 옆에 큰 집을 짓구 잘살았다.

＊1937年 1月 鐵山郡 西林面 化炭洞 金正恪

1) 묘    2) 의논    3) 제일    4) 거지처럼    5) 짚신    6) 구두    7) 거지
8) 장구    9) 늘, 노상    10) 명주

# 3형제 |
넷날에 風水 하나이 있드랬넌데 이 風水는 놈[1]에 모이[2]자리는 많이 잡아 주었지마는 자기 무덤자리는 하나투[3] 잡아 놓지 안했다. 이 풍수한테는 아들이 三兄弟가 있었넌데 하루는 이 아덜 三兄弟를 모아 놓구서, 나는 남에 모이자리는 수타[4] 많이 잡아 주었지마는 내 머이자리는 하나투 잡아 놓지 못하구 있다. 내 머이자리는 내가 잡을 수 없구 중이 와서 잡아 줄 꺼이느꺼니 그리 알라구 했다. 이러한 말을 한 후 이 풍수는 죽었다. 풍수가 죽은 다음

날 중 하나이 왔드랬넌데 이 중은 풍수가 죽었다는 말을 듣구 그만 다라뺐다. 풍수 아덜 三兄弟는 아바지 머이자리는 중이 잡아 준다는 말이 생각나서 인차 뒤쫓아가서 그 중을 부잡구 아바지 머이자리를 잡아 주시요, 하구 말했다. 중은 한 곳에 가더니 기진맥진해서 너머데서 따에 누었다. 三兄弟는 중을 끌어 일으키구 와 이러십니까 하구 물었다. 중은 갸우갸우 말을 하멘 이 자리가 너에 아바지 모이자리다 하구 말했다. 그래서 三兄弟는 그 자리에다 아바지 머이를 썼다.

아바지가 돌아가신 후 이 三兄弟는 살아나갈 길이 막연하여서 항게 같이 살 수가 없게 됐다. 그래서 세 兄弟는 아바지가 개젔던 자분거[5] 하나식 나눠 개지구 각기 세상구경하레 나가기루 했다.

큰아덜은 활을 개지구 나갔다. 한 곳에 당도하느꺼니 사람들이 많이 모여 있었다. 그 사람덜은 큰아덜이 오넌 거를 보더니 얼뜽 이리 오라구 했다. 큰아들은 거기 가서 와 그릉가구 물었다. 그 사람들은 요 앞에 있는 고개는 백너머고개라구 하는 고갠데 이 고개를 넘을라문 사람 百名이 항께 넘어야디 아흔 아홉만 넘어두 그 고개에 있는 白虎한테 다 잡히워 먹힌다구 말했다. 큰아덜은 그 말을 듣구 그까짓거 멀 미서워하네? 나는 나 함자[6]라두 일없이 넘어갈 수 있다구 하멘 혼자서 그 고개를 넘갔다구 갔다. 다른 사람들은 큰일 난다 하멘 말리는데두 큰아덜은 듣디 않구 활을 메구 그 고개루 갔다. 가느꺼니 아닌세라[7] 白虎레 처억 나오더니 큰아덜을 잡아먹갔다구 달라들었다. 큰아덜은 요놈 죽어 봐라 하구서리 활을 한 대 쏴부텠다. 그랬더니 白虎는 고만 뒤더니[8] 다시 일어나서 "아이구 잘못했입니다. 이저는 이 고개에 있디 않갔십니다 목숨만 기테 주시요" 하멘 싹싹 빌었다. 큰아덜은 고롬 날래 다른 데루 가라구 하멘 살레 줬다. 고 담보타는 그 고개는 아무 일 없이 한 사람이 넘어두 백호에게 잡아멕히는 일이 없게 됐다.

둘째아덜은 구신 辟邪하는 쇠망치를 하나 메구 나갔드랬넌데 하하 가다가 날이 저물어서 어데 자리부틸 곳 없간나 하구 찾아보멘 가넌데 한 큰 기와집이 나섰다. 그 집으 대문간에 들어가서 쥔 게시우 하구 쥔을 찾는데두 아무 대답이 없었다. 두째 대문에 들어가서 쥔을 찾는 데두 아무런 대답이 없었다. 세째 대문에 들어가서 쥔을 찾아두 아무 런 대답이 없었다. 넷째 대문 다숫째 대문 이렇게 들어가서 열두째 대 문에 들어가서 쥔을 찾으꺼니 체네 하나이 나왔다. 지나가는 나그넨 데 하루밤 자리 좀 붓자구 하꺼니 이 집에는 자기 함자만 있어서 외 딴 사람은 부틸 수 없다구 했다. 둘째아덜은 이렇게 큰 집에 어드래서 함자 있능가 하구 물었다. 그러느꺼니 체네는 우리 집에는 원래는 인 간이 많았넌데 도깨비레 많이 둘와서 밤마다 부모랑 형제랑 下人이랑 하나식 잡아가서 이제는 나 함자 남았넌데 오늘 나즈는 내가 잡헤가 죽을 차레라구 말했다. 그리구 도깨비들이 와서 당신을 볼 것 같으문 당신을 맨제 잡아죽일 거라구 말했다. 둘째는 그 말을 듣구 "그렁가. 그런데 그까짓거 난 일없다. 나는 도깨비 쥑이는 쇠망치를 개지구 있 으꺼니 일없다. 하여간 어찌 됐건 자리 좀 붓자"구 했다. 체네는 고 롬 부트라구 해서 자리를 붓게 됐넌데 한밤둥찜 되느꺼니 도깨비들이 모여들었다. 괴수도깨비는 대문간에 터억 버테앉아서 원 작은 도깨비 과 안에 들어가서 체네를 잡아오라구 했다. 작은 도깨비레 체네를 잡 으레 안으루 둘오는 거를 둘째는 쇠망치루 그놈을 내리바쥑엤다.[9]

　괴수도깨비는 체네 잡으레 간 놈이 오디 안해서 고담 작은 도깨비를 보냈다. 이놈이 둘오넌 거를 둘째는 또 쇠망치루 바쥑엤다. 괴수도깨비 는 체네 잡으레 간 놈이 안 돌아오느꺼니 또 다음 놈을 보냈다. 둘째는 이놈도 봐쥑엤다.

　괴수도깨비는 체네 잡으레 간 놈이 안 돌아오문 또 다음 놈 또 다음 놈을 보냈넌데 둘째는 들어오는 놈 쪽쪽 다 바쥑엤다. 그러느꺼니 도깨 비들은 미서워서 체네 잡으레 가디 않을라구 했다. 그러느꺼니 괴수도 깨비는 할 수 없이 제가 잡으레 나갔다. 둘째는 괴수도깨비가 두로는 거 를 쇠망치루 드립다 내리티느꺼니 괴수도깨비는 잘못했읍니다, 살레 주시요 하구 빌었다. 둘째아들은 너는 어드래서 이 집 인간을 다 잡아가는가" 하구 물었다. 괴수도깨비는 달래[10] 잡아가는 거이 아니구 이 집 사람이 누등[11]에 있던 도깨비당에 나무를 다 베다가 이 집 널레[12]를 했기 때문에 우리가 살 곳이 없어데서 그 웬수 갚느라구 잡아간 거라구 말했다. 둘째는 이 말을 듣구 고롬 널레를 주문 잡아간 사람을 다 돌레보내겠는가 하구 물었다. 괴수 도깨비는 널레를 주문 다 돌레보낸다구 했다. 그래서 둘째는 도깨비에게 널레를 주구 그 집에 잡헤간 인간이 다 돌아오게 했다. 둘째는 이 집에 체네하구 결혼해서 항게 살기루 했다.

셋째아들은 새당구를 메구 나갔다. 하하 가다가 해가 데서 국수당[13]에서 하루밤을 쉬넌데 뒷동산 범덜이 와서 셋째를 잡아먹갔다구 모여왔다. 세째는 이거 야단났다 하구서리 국수당 넢에 있는 살구낭구 우루 올라가 있었다. 범덜이 한몰커리 모여와서는 윈 큰 범이 델 아래에 업데 있구 그 우에 좀 적은 범이 올라타구 그 우에 또 좀 적은 범이 올레타구 또 좀 적은 범이 그 우에 올라타구 이렇게 해서 범덜이 올라타서 마감에는 윈 적은 범이 올라탔넌데 이 범은 셋째한테 거진 다 다서 잡아먹게 됐다. 셋째는 이렇게 되느꺼니 에라 범한테 잡아멕히게 될 바에는 죽기 전에 새당구나 한 본 테보구 죽갔다 하구서리 살구낭구 가지를 불거테서[14] 그걸루 티느꺼 둥당둥당하구 소리가 났다. 그러느꺼니 윈 아래에 업드레 있던 범이 무당범이 돼서 새당구 소리를 듣구서는 들석들석 춤을 추기 시작했다. 그랬더니 그 우에 올라탔던 범덜이 와르르 떨어데서 다 죽었다.

세째는 죽게 됐던 거이 살게 되구 범이 수타 죽어서 그 범에 가죽을 베께서 팔아서 부재가 됐다구 한다.

*1936年 12月 定州郡 觀舟面 草庄洞 鄭聲源
*1936年 12月 宣川郡 郡山面 長公洞 安龍織
1) 남, 타인    2) 묘, 무덤    3) 하나도    4)퍽    5) 遺品    6) 혼자    7) 아니나 다를까    8) 뒤집어 넘어지더니    9) 내리쳐서 박살냈다    10) 이유없이

# 두꺼비와 토끼와 호랑이 | 넷 날에 범 허구 토까이허구

두터비허구 있었드랬는데 이 서이는 의형데를 무었었다. 하루는 서이서 산에 올라가드랬는데 가다가 차랍뎅이[11] 한 뎅이가 있어서 그걸 얻어 개지구 갔는데 서이서 이거을 먹으려구 하는데 범이 저 혼차 다 먹구파서 내기를 해개지구 내기에 이긴 사람이 다 먹기루 하자구 했다. 두터비허구 토까이는 그카자 하구서리 내기를 허기루 했는데 그 내기는 이 세상에 델루[2] 멘제 난 거이 이기는 걸루 했다. 범이 멘제 말하기를 "나는 이 세상이 되기 전에 나왔다"구 말했다. 토까이는 "난 이 세상이 된 담에 곧 나왔다"구 했다. 두꺼비는 "난 이 세상이 되기 전에 아들딸을 보았다"구 말했다. 그러구 보느꺼니 두터비레 델루 나이가 많은 거이 됐거든. 그래서 그 차랍을 두터비레 먹게 됐다. 범은 이걸 보구서 맘이 상했단 말이야. 그래서 다시 한번 내기를 하자구 했다. 둘이는 할 수 없이 그러카자구 하구 다시 내기를 하는데 이번에 하는 내기는 압록강을 멘제 건너갔다 다시 건너오기루 했다. 서이는 강가에 세서 "요이, 하지멧!"[3]" 하구슬라믄 건네뛰어갔다. 두터비는 얼릉 범에 꼬랭이를 물구 늘어뜰레 개지구 범 뛰는데 따라서 건네뛌다. 범과 토까이는 잘 뛰니꺼니 얼른 뛔개지구 데켄에 갔다가 또 이켄에 왔다. 그리구서리 "어드레 두터비레 안 오누?" 하멘 데켄을 보구 있었다. 두터비는 썩어진 헌 신짝을 줄줄 끌멘 "야, 너들 뭐 이자야 오네? 난 볼쎄 와 개지구서 신을 삼았는데 이게이 벌써 썩어뎄다" 허구 말했다. 범과 토까이는 이걸 보구 내기에 또 지게 돼서 그 차랍을 두꺼비한테 뺏틀리우게 됐다. 범은 또다시 한 번 내기를 하자구 했다. 이번 내기는 차랍을 베랑턱에 굴리어 개지구서 그 아래루 떨어진 걸 멘제 가서 붙잡은 사람이 다 먹기루 했다. 그래서 베랑에서 그 차랍뎅이를 툭 차서 내래굴리었는데 범허구 토까이는 발이 빨르느꺼니 멘제 뭬개지구 아래 내래가서 차랍뎅이가 내려오는 걸 기다리구 있었다. 그런데 이 차랍뎅이는 굴러내래가는데 도중에서 나뭇가지에 걸레서 내려가디를 안했다. 두터비레 발이 느르니꺼니 천천히 내리가다가 나뭇가지에 걸린 차랍뎅이를 보구서 그것을 개지구서 거기서 먹었다. 그런데 차랍뎅이를 먹다 먹다 다 못먹어서 남은 걸 뒷잔등에다가 지질지질 발라 개지구 그리구 서리 아래루 내래갔다. 그리구서 범과 토까이보구서 "야, 너들 뭘 하구 있네? 난 차랍뎅이를 저 우에서 줏어 개지구 먹다먹다 못 다 먹어서 이렇게 뒷잔등에다가 발랐다. 너들 정 배레 고퍼서 차랍뎅이를 먹구프면 이거나 뜯어먹어라" 하멘 잔등을 내밀었다. 범과 토까이는 이걸 보구서 "야 티껍다[4] 티껍다 안 먹갔다" 하멘서 먹딜 안했다. 두터비 잔등이 찬합겉이 껍질껍질한 건 그때 차랍을 뒷잔등에다가 발라 놨기 땜이라구 한다.

＊1936年 12月 宣川郡 水淸面 古邑洞 李鐵

＊1936年 12月 宣川郡 宣川邑 張鳳煥

※但 張鳳煥은 범·토끼·두꺼비가 원숭이·여우·두꺼비로 되어 있다.

＊1936年 12月 昌城郡 昌城面 坪路洞 康顯檥

※康顯檥은 범·토끼·두꺼비가 원숭이·토끼로 되어 있다.

＊1937年 7月 新義州府 霞町 崔錫根

※崔錫根은 범·토끼·두꺼비가 토끼·여우·두꺼비로 되어 있다.

＊1937年 7月 鐵山郡 餘閑面 朝陽洞 朴炳哲

※崔錫根의 것과 같음.

1) 찰밥덩이　　2) 제일　　3) 일제 때 선생이 학교에서 달리기나 내기를 시킬 적에 시작하라는 호령 소리다　　4) 더럽다

# 두꺼비의 꾀 | 넷날에 즘승들이 할무커리[1] 와서 계를 묻는데 두터비레 데일 나이 많으느꺼니

모두 다 두터비를 계당[2]으루 삼았다.

그런데 범이 이걸 보구서 조그만한 거이 계당이 된다는 거이 결이 나서 "데따우레 무신 놈의 계당이야? 내 네놈 잡아먹갔다"구 했다. 그 러느꺼니 두터비레 "날 잡아먹어야 닛금[3]에나 못 붙갔다. 야 동은 수 가 있다. 데 산 건네 신퉁이[4]가 있는데 그 신퉁이는 크구 맛이 참 호게 둏다. 그러니꺼니 그 신퉁이나 잡아먹어라" 그러니꺼니 범은 그 말을 듣구 "고롬 네레 앞당세서[5] 신퉁이한테 가자" 그래서 두꺼비는 앞당세 서 가는데 범이 딸라갔디. 그 산에 가서 큰 낭구 아래 구넝이 있으니꺼 니 "야, 신퉁이레 요게[6] 있다" "고롬 너 들어가서 신퉁이 잡아오라" 그 러니꺼니 두터비는 낭구 구넝으루 쑥 들어가면서 "야, 이거이 신퉁이 다"구 말했대.

＊1933年 定州郡 郭山面 鹽潮洞 桂昌沃

1) 한떼    2) 契長    3) 이빨 사이에 끼는 찌꺼기    4) 가상의 동물    5) 앞장 서서    6) 여기


# 두꺼비와 여우 | 넷날에 어떤 곳에 두터비와 여우레 있었넌데 하루는 누구레 맨제 강을

건너가능가 내기새[1]하자구 했다.

두터비는 "여우님이 맨제 건너가시라우" 하구 말했다. 여우가 강에 들어서느꺼니 두터비는 얼른 여우에 꼬리에 올라앉았다. 그리구 여우 가 강 데켄[2]에 가서 돌아설려구 할 적에 두터비는 날래 눅지에 뛰어내 려서 썩어딘 베딖신짝에 올라앉아 개지구서리 "여보, 여우님. 이제야 건 네옵니까? 나는 벌쎄 건너와서 이렇게 삼은 베딖신이 다 썩어뎄수다 래" 하구 말했다.

여우는 그 말을 듣구서 자기레 진 거루 알구서 그냥 멍했다구 한다.

＊1927年 1月 楚山郡 豊面 龍堂洞 朴鳳姐

1) 내기    2) 저쪽


# 토끼와 호랑이와 할머니 | 넷날에 범 한 마리가 보리

개떡을 수물 한 뎅이 해개지구 새당구를 사레 나갔다. 한 고개를 넘어 가느라느꺼니 토까이 한나가 나와서 범 아주버니 어드메 가시우? 하 구 물었다. 보리개떡 스물 한 뎅이 해개지구 새당구 사레 간다 하느꺼 니 그 보리개떡 하나 주구레 했다. 하나 주구 가는데 또 고개를 넘넌데 토까이 하나가 나와서 범아주버니 어느매 가시우? 했다. 보리개떡 수물 한 뎅이 해개지구 새당구 사레 간다 하느꺼니 그 보리개떡 한 뎅이 달 라구 했다. 범은 보리개떡을 주구 가는데 가다가 또 고개를 넘으레 하 느꺼니 토까이 한 마리가 나와서 어드메 가느냐구 묻구 보리개떡 한 뎅 이 달라구 했다. 범이 고개를 넘을 때마다 토까이레 나와서 어드메 가 느냐 묻구 보리개떡을 달라구 했다.

이렇게 해서 보리개떡을 토까이한테 주구 몇 개 남은 거 개지구 가 서 새당구를 사서 집으루 돌아왔다. 돌아오는데 토까이레 나와서 새당 구 좀 구경하자구 했다. 구경하라 하멘 내보이느꺼니 토까이레 새당구 를 뚜드리메 장난하다가 새당구를 깨트렜다. 범이 증이 나서 잡아 먹 갔다구 했다. 토까이는 "여보시 범아주버니, 아주버니레 도와하는 물 고기를 많이 먹게 해올리우꺼니 날 잡아먹디 말구레" 하구 말하느꺼니 범은 그카라 하구 토까이를 놔 주었다. 토까이는 범을 데불구 큰 늪 있 는 데루 갔다.

"아주버니, 이 늪에다 꼬랭이를 넣구 하루밤만 있으문 물고기레 많 이 와서 꼬랭이에 지적지적[1] 붙을 게웨다" 토까이가 이렇게 말하느꺼니 미욱헌[2] 범은 늪에 물에다 꼬랭이를 닣구 앉아 있었다. 그때는 동지섣달 추운 날이여서 밤새에 얼음이 꽝꽝 얼었다. 아침이 돼서 범이 꼬랭이를 들라 하는데 깍 얼어붙에서 꼬랭이를 들 수가 없었다. 범은 몸을 일루루 비틀 델루루 비틀비틀거레서 갸우 꼬리를 얼음에서 빼냈는데 물고기는 한나투 잽히지 않구 꼬랭이에 가죽만 베께데서 아파 죽을 것 같았다.

범은 증이 나서 고놈에 토까이 잡아먹갔다구 토까이 있는 데루 갔다. 토까이는 마주나와서 "범아주버니 이자야 오십니까? 물고기 많이많이 잡아자시였심메?" 하구 말했다. 범은 "이놈에 토까이 너 까타나 물고기는 한나투 먹딜 못하구 꼬랭이를 빼랄다가 깍대기만 베께뎄다. 너 죽어 봐라" 하멘 잡아먹으레 했다. 토까이레 "범아주바니, 꼬랭이를 가만히 뽑디 않구 급하게시리 뽑으꺼니 그렇게 됐수다레. 고롬 이제 사이고기를 많이 먹게시리 하우리다" 하느꺼니 범은 고롬 날래 사이 고기를 많이 먹게 해달라구 했다.

토까이는 범을 샛갈[3]으루 데불구 가서 "범아주버니 좃짚주저리[4]를 쓰구 눈 딱 감구 입을 짝 벌리구 음쯕[5] 말구 앉아 있구레. 내레 데컨에서 사이를 몰구 오멘 그 사이덜은 아주버니 벌린 입 아낙으루 다 들어감메다. 그때 자시라구요" 하구 말했다. 범은 토까이레 시키는 대루 좃짚주저리를 쓰구 눈 감구 입을 벌리구 앉아 있었다. 토까이는 사멘[6]에다 불을 질렀다. 불이 타느라구 후루루 후루루 소리가 나느꺼니 범은 사이가 많이 날라오는 소리인 줄 알구 입을 더 크게 벌리구 있었다. 그런데 불이 타들어와서 범을 태워 죽였다. 범이 타죽으느꺼니 토까이는 범에 고기를 먹갔다구 하넌데 칼과 토매기[7]가 없어서 건넌집 노친네 집이 가서 범고기 줄 꺼이느꺼니 칼과 토매기 좀 빌레 주구레 하구 빌레서 개지구 와서 범에 고기를 비여 먹구 탕테[8] 먹구 다 먹었다. 노친네 줄 거이 없어서 니끔[9]을 쑤새 모아 개지구 가서 노친네 먹기 동게 탕테 왔수다 하멘 주었다. 노친네는 그걸 맛있다 하멘 다 먹었다.

토까이는 이걸 보구 "노친네레 내 니끔을 맛있다구 다 먹네?" 하구 놀렜다. 노친네는 이 말을 듣구 결이 나서 데놈으 토까이 잡아죽이갔다구 쫓아갔더니 토까이는 잽새게[10) 다라뛰었다.

노친네는 토까이 다니는 길목에디 창애를 놨다. 토까이는 가다가 창애에 걸렜다. 야 이자 죽갔다 하구 있는데 쉬파리가 지나가서 쉬파리과 쉬 좀 쏠어 달라구 했다. 쉬파리는 그카라 하구 쉬를 많이 쏠어 주었다. 노친네레 와서 토까이를 창애서 꺼내레 할 때 토까이는 방구를 포시시 꾸었다. 토까이에서 냄새가 나구 또 쉬가 쏠어 있으꺼니 노친네는 이거 걸린 디가 오래 됐다 하멘 토까이를 팽개텠다. 토까이는 다라뛰멘 죽은 토까이 간다 산 토까이 간다 하멘 뛰어갔다. 노친네레 이걸 보구 증이 나서 요담에 걸리문 삶아먹어야갔다구 과텠다. 고담에 토까이레 걸려서 노친네는 토까이를 잡아서 가매에다 넣구 삶으레 했다. 토까이는 날 잘 삶으레멘 나무떡개[11)루 덮구 장재기[12)루 삶아야 한다구 했다. 노친네는 이 말을 듣구 가매에 나무떡개를 덮구 뒷집으루 장재기를 얻으레 갔다.

고쨤에 토까이는 가매서 나와서 구들 아래굿에 재와 논 얼나를 갯다 가매에 넣구 자기레 아래굿에 둔눠 있었다. 노친네는 장재기를 얻어 개지구 돌아와서 불을 땠다. 그러느꺼니 가매 안에서 앙앙 하멘 언나 우는 소리가 났다. 노친네는 우는 소리를 듣구 "요놈에 토까이 멀 언나 우는 지양[13)을 다 하누" 하멘 근냥 불을 땠다. 구들에서 토까이레 언나 우는 소리를 지양하느꺼니 노친네는 "아가보가[14) 우디 마라 토까이 고기 삶아 줄껀 우지 마라" 하멘 근냥 불을 땠다. 다 삶아 개주구 구들루 들어와서 토끼 고기를 먹으멘 "요건 우리 손주 손목 같다. 요건 우리 손주 발 같다. 요건 우리 손주 부랄 같다" 했다. 토까이레 푸대기[15) 밑어서 튀테나와서 노친네레 제 손주 잡아먹구 하멘 농우루 튀어올라갔다. 노친네레 결이 나서 몽둥이루 토까이를 텄다. 토까이는 맞디 않구 농만 오구라뎄다. 토까이는 벡으루 튀테나가 물동에 우에 올라가 앉았다. 노친

네레 방치루[16) 토까이를 텟넌데 토까이는 맞디 않구 물돌애만 마사뎄
다.[17] 토까이는 장독대루 올라가서 독 우에 올라앉았다. 노친네레 큰 돌
을 던졌는데 토까이는 맞디 않구 독만 깨졌다. 토까이는 지붕 우루 올
라갔다. 노친네는 불붙은 장작개비를 던졌다. 토까이는 맞디 않구 집에
불이 붙어서 집이 다 타지구 말았다.

*1935年 1月 定州郡 郭山面 石洞下端 金相允

*1935年 7月 定州郡 玉泉面 文仁洞 金珽鴻

*1935年 7月 宣川郡 山面 保岩洞 李熙洙

*1935年 7月 宣川郡 南面 建山洞 金利璜

*1937年 1月 鐵山郡 西林面 化炭洞 金正恪

※但 전반부는 없고 토끼가 치에 걸렸는데 쉬파리에게 알을 쏠아 달라는 부분에
  서 시작하여 그 후는 末部까지만 같다.

1) 다닥다닥   2) 미련한   3) 억새밭   4) 조단을 모아서 쌓아 놓은 더미
5) 꼼짝   6) 사방   7) 도마   8) 잘게 다져서   9) 이빨 사이에 낀 찌꺼기
10) 민첩하게   11) 나무뚜껑   12) 장작   13) 흉내   14) 아가아가   15)
요   16) 방망이   17) 부서졌다


# 까마귀와 범과 토끼 | 넷날에 가마구레 새끼를 여슷 마리를 쳤드

랫넌데 범이 와서 새끼 한 마리 내리보내라구 했다. 가마구는 안 된다
구 하느꺼니 범은 고롬 내레 올라가서 너꺼정 잡아먹갔다구 했다. 그래
서 가마구는 할 수 없이 새끼 한 마리를 떠러테 주었다. 범은 그 새끼를
먹구 갔넌데 좀 있다가 또 와서 새끼 한 마리 내리보내라 했다. 가마구
레 못 주갔다 하느꺼니 범은 올라가서 너꺼정 잡아먹갔다구 했다. 가마
구는 또 할 수 없이 새끼 한 마리를 내리보냈다. 그러구 좀 있다가 범이
와서 새끼를 달라구 했다.

이렇게 범이 자꾸 와서 새끼를 달라구 했는데 가마구는 새끼를 다 주구 한 마리만 기터 있게 됐다. 가마구는 이거마자 빼틀리우게 되는 거이 슬퍼서 울구 있었다. 그때 토까이레 와서 와 우능가 하구 물었다. 가마구는 범이 와서 새끼를 달라구 해서 안 주갔다 하느꺼니 올라와서 나 꺼정 잡아먹는다구 해서 할 수 없이 주었넌데 범이 자꾸 와서 달라 해서 다 주구 한 마리만 기터 있넌데 그거마자 빼틀리우게 돼서 슬퍼서 운다구 말했다. 토까이는 그 말을 듣구 "요담에 범이 오거덩 눈 낭구두 오르디 못하는 거이 센 낭구를 어드레 올라오간. 올라올테멘 올라와 봐라구 하멘 주디 말라"구 말했다.

그러한 후에 범이 와서 새끼를 내리보내라구 하느꺼니 가마구는 안 주갔다 하멘 "눈 낭구도 못 오르는 거이 센 낭구를 어떻게 오르간네" 하구 말했다. 범은 이 말을 듣구 누구레 그런 말을 대주던? 하구 물었다. 건너집 토까이레 대주더라구 했다.

범은 그 말을 듣구 중이 나서 토까이한테 가서 잡아먹갔다구 했다. 토까이는 날 잡아먹디 않구 살레 주문 내레 배부르게 사이를 많이 잡아먹게 해주갔다구 말했다. 범은 그렇가라 하구 토까이를 살레 줬다.

토까이는 날 따라오라 하구 범을 데불구 새갈으루 갔다. 그리구 범을 새갈 가운데 앉혜 놓구서리 "여기서 눈을 딱 감구 입을 쩍 벌리구 앉아 있구레. 그러문 내레 사이를 많이 몰아서 입 아낙으루 다 들어가게 할 꺼이느꺼니" 하구 말했다. 범은 토까이레 하라는 대루 눈을 감구 입을 벌리구 있었다. 토까이는 새갈에다 불을 질렀다. 새가 타누라구 왈왈 하느꺼니 범은 사이레 많이 날라오는 줄 알구 입을 더욱 크게 벌리구 있었다. 그런데 불은 자꾸 타서 망판에는 범을 타죽게 했다.

토까이는 타죽은 범에 고기를 먹을라구 하는데 칼과 토매기레 없어서 아근에 있는 노친네 집이 가서 범 고기를 갯다 줄 꺼이니 칼과 토매기 좀 빌레 주시구레 하느꺼니 노친네레 그카라 하구 칼과 토매기를 빌레 주었다.

토까이는 범에 고기를 베구 잘라서 가마구하구 먹었다. 그런데 그만에 고기를 다 먹어서 노친네한테 개저다 줄 거이 없었다. 할 수 없으꺼니 니깜을 쑤세 내서 모두어서 노친네에게 갯다 주멘 "노친네레 니빠리레 튼튼티 못해서 먹딜 못할가 봐서 탕테 개주 왔수다" 하구 말했다.

노친네는 고맙다 하구 그거를 먹었다. 토까이는 이걸 보구 웃이멘 노친네레 내 니깜을 먹었구레 했다. 노친네는 그 말을 듣구 증이 나서 칼을 토까이한테 탁 던졌다. 그러느꺼니 토까이 꼬랭이에 맞아서 꼬랭이가 끈어뎄다. 그래서 그때보탕 토까이 꼬랭이가 없게 됐다구 한다.

＊1934年 7月 義州郡 光城面 豊下洞 張炳煥

＊1936年 7月 龍川郡 東下面 台山洞 李菖奎

＊1936年 7月 龜城郡 天摩面 塔洞 朴承郁

＊1936年 7月 新義州府 霞町 崔錫根

＊1936年 7月 宣川郡 宣川邑 川北洞 李在琩

＊1936年 7月 宣川郡 水清面 古邑洞 李鐵

＊1936年 12月 宣川郡 新府面 大睦洞 金信永

※但 初頭의 "가마구레 새끼를 여슷 마리 첬는데"가 "까치가 알 너이 알을 안고 있는데"로 되어 있고 따라서 가마구 새끼가 까치알로 서술된다. 그리고 末部에 다음과 같은 서술이 계속된다. 토까이레 달아나느꺼니 노친네레 뒤쫓아가는데 토까이는 노친네 집 장독에 올라가서 큰 돌을 팽개티문 나는 맞아죽디 하구 과뎄다. 노친네는 큰 돌루 토까이한테 팽개뎄다. 그런데 돌은 토까이한테 맞디 않구 장독에 맞아 독만 깨졌다. 노친네는 더 증이 나서 토까이를 쫓아가느꺼니 토까이는 지붕에 올라가서 집에 불지르문 난 타죽디 했다. 노친네레 집에 불을 지르느꺼니 토까이는 뛰내리구 집만 탔다.

토까이는 다라뛰다가 치코에 티었다. 토까이레 생각해 보느꺼니 잡히우면 죽갓기 마침 쉬파리가 날라가는 걸 보구 쉬파리과 제 몸에다 쉬 좀 많이 쓸어 달라구 말했다. 쉬파리레 그카라 하구 토까이에게 쉬를 많이 쓸어 주었다.

노친네레 토까이가 치코에 걸레 있는 걸 보구 이걸 빼내서 보느꺼니 쉬레 많이 쓸어 있어서 요놈에 토까이 걸린 지 오래 돼서 쉬가 많이 쓸었다. 하멘 팽가됐다. 그르느꺼니 토까이는 뛰어가멘 죽은 토까이 간다 산 토까이 간다 하멘 뛰어갔다. 뛰어가다가 또 치코에 걸렸다. 노친네는 요놈에 토까이 이자야 잡았다 하구서리 삶아먹갔다구 가매에다 쓸어옇구 건너집으루 성나[1]를 꾸레갔다. 그 짬에 토까이 는 가매뚱을 열구 튀어나와서 구둘에 들어가서 자는 얼아를 가매 안에 옇구 자기는 아루굴에 든눠서 포대기를 쓰구 있었다. 노친네는 돌아와서 벽 아궁이에 불을 옇구 토까이를 삶았다. 가매 안에 있는 얼아는 따가우느꺼니 울었다. 노친네는 "아가아가 우디 마라 토까이고기 삶아 줄 건 울디 마라" 하멘 제창 불을 땠다. 토까이를 다 삶아서 이걸 개지구 나와서 먹으멘 "요거는 내 손주 머리 같다. 요거는 내 손주 발 같다. 요거는 내 손주 팔 같다" 하멘 먹는데 토까이는 포대기를 들티우구 뛰테나가멘 "야야 데 노친네 제 손주 잡아먹는다" 하구 과됐다.

＊1935年 1月 定州郡 觀舟面 近潭洞 金英甲

＊1935年 1月 鐵山郡 站面 柳亭洞 金成弼

＊1937年 1月 龍川郡 楊光面 龍德洞 金明甲

＊1937年 1月 龍川郡 府羅面 松峴洞 金昌根

＊1937年 1月 宣川郡 郡山面 長公洞 金龜煥

＊1937年 1月 宣川郡 水清面 古邑洞 李庸逸

＊1937年 1月 宣川郡 宣川邑 川南洞 李明常

＊1937年 1月 宣川郡 義州郡 光城面 豊下洞 張炳煥

※이상의 제보자의 제보 내용은 金信永의 것과 같다.

1) 성냥


# 토끼 |

넷날에 토까이 한 마리가 있드랬는데 범이 와서 잡아먹으레 하느꺼니 나같이 저근 거 잡아먹어두 배부르디 않을 거이니 내래 사이를 잡아먹게시리 할 거이느꺼니 날 살레 달라구 했다. 범은 그카라 하구 토까이를 살레 주었다.

토까이는 범과 데켄 새낫가리 안에 들어가서 눈 감구 입을 짝 벌리구 있으문 내레 사이를 글루루 몰아 넣겠다구 말했다. 범은 또까이 말을 듣구 새나까리 안에 들어가 눈을 감구 입을 짝 벌리구 있었다. 그런데 토까이는 그 새낫가리에다 불을 질렀다. 범은 새낫가리가 타는데 나오지두 못하구 그만에 타죽구 말았다. 토까이는 이렇게 해서 범을 잡아죽였는데 이자[1]는 그 범에 고기를 먹을라구 했다. 그런데 칼이 없어서 아근에 있는 집에 가서 "내레 범을 잡아서 그 고기를 먹갔는데 칼이 없어 그러니 칼 좀 빌레 주구레 칼을 도루 돌레 줄 때 범에 고기두 갯다 주갔소" 하구 말했다. 그 집이서는 그카라 하멘 칼을 빌레 주었다.

토까이는 그 칼루 범에 고기를 잘라서 먹었는데 고만 고기를 하나투 기뜨디 않구 다 먹어버렸다. 칼 빌레 온 집에 줄 고기가 없어데서 어카노 하구 있다가 니깜을 쉬세 모다 개지구 갯다 주멘 먹기 둏게 범에 고기를 탕테 왔수다구 했다. 그 집 사람들은 맛있다 하멘 다 먹었다. 토까이는 이걸 보구 "내 니깜을 맛있다구 하멘 먹네" 하구 말하멘 웃었다. 그러느꺼니 그 집 사람들은 증이 나서 이놈에 토까이 잡아쥑이갔다 하멘 쫓아나왔다. 토까이는 잽싸게 도망텼넌데 도망치다가 고만 그 집에 홀모[2]에 걸리구 말았다. 고때 마츰 쉬파리레 날라가구 있었다. 토까이는 쉬파리과 내 잔등에다 쉬 좀 혹게 많이 쓸어 달라구 했다. 쉬파리레 그카라 하구 쉬를 많이 쓸어 주었다. 그 집 사람이 쫓아나오다가 홀모에 토까이레 걸레 있으꺼니 꺼내서 들구 봤다. 보느꺼니 쉬레 많이 쓸어 있어서 걸린 지 오래 돼서 썩어 가구 있다 하멘 팽개텄다. 토까이는 죽은 토까이 간다 산 토까이 간다 하멘 뛰어갔다.

＊1927年 1月 楚山郡 板面 板坪洞 崔熙善

＊1935年 1月 鐵山郡 鐵山邑 東部洞 李壽榮

＊1935年 1月 宣川郡 郡山面 蓬山洞 金應龍

＊1936年 12月 宣川郡 台山面 圓峯洞 朴枝華

1) 이제    2) 홀치, 올가미

# 愚虎 |
네날에 녕감 하나이 파이[1]앝[2]을 매구 있넌데 범이 내리와서 잡아먹갔다구 했다. 녕감은 이 파이앝을 다 맨 담에 잡아먹으레 하느꺼니 범은 그카갔다구 하구 갔다.

파이앝을 다 매구 나느꺼니 범이 다시 내리와서 잡아먹갔다구 했다. 녕감은 개구를 피워 개지구[3] "데켄 속새앝[4]에는 사이레 많이 있는데 그 사이를 다 잡아먹능 거이 날 잡아먹는 것보단 더 배부르디 않간? 어드래, 사이 잡아먹으레 가자"하구 말했다. 범은 그 말을 듣구 그카자 하구 녕감을 따라서 속새앝꺼정 왔다.

"내레 사이를 많이 몰아서 님제네 입으루 들어가두룩 할 거이니 님제는 고기 앉아서 눈을 꽉 감구 입을 될 수 있는 대루 크게 벌리구 있어라." 녕감이 이렇게 말하느꺼니 범은 녕감 말대루 눈을 감구 입을 벌리구 앉아 있었다. 녕감은 속새앝에 불을 났다. 속새레 타누라구 홀홀 소리가 나느꺼니 범은 사이레 많이 날라오는 줄 알구 동와라구 근냥 앉아 있었는데 고만 불에 타서 죽구 말았다.

*1937年 7月 義州郡 枇峴面 替馬洞 金洸릉

1) 파, 葱    2) 밭    3) 智略을 꾸며서    4) 억새밭

# 호랑이와 토끼 |
넷날에 토까이레 범한데 가서 "범아주바니 내레 범아주바니한테 사이를 많이 잡아먹게시리 할 터이느꺼니 나와 항께 더기 데 몰루 갑시다레"하구 말했다. 범은 동와라구 토까이 뒤를 따라갔다. 몰역게꺼정[1] 와서 토까이는 범과 "범아주바니 여기 앉아서 눈을 감구 입을 짜악 벌리구 있이요 내레 더기서보탐[2] 사이를 몰구 올 꺼이꺼니"하구 말했다.

범은 토까이가 말핸 대루 입을 짜악 벌리구 눈을 감구 가만히 앉아 있었다. 토까이는 횃불에 불을 부테 개지구 이거를 휘휘 내두루멘 휘이 휘이 소리를 질렀다. 횃불이 타는 소리레 홀홀 하느꺼니 범은 동와라구

눈을 감구 입을 더욱 크게 벌리구 있다. 토까이는 범에 가까이 와서는 횃불을 범에 아가리에 타라박아서 범을 죽이구 말았다.

＊1935年 7月 鐵山郡 西林面 化炭洞 金正恪

＊1936年 12月 鐵山郡 鐵山邑 東部洞 李壽榮

＊1936年 12月 宣川郡 水淸面 古邑洞 李熙銓

1) 가까이까지    2) 저기서부터

# 거짓 활 잘 쏘는 사람 | 넷날에 힘이 혹게 센 사람이 있드랬넌데 이

사람이 집을 떠나서 가다가 어떤 큰 고개 믹게<sup>1)</sup> 오느꺼니 광고가 있넌데 그 광고엔 이 고개에는 백호레 있어서 사람을 잡아먹으느꺼니 사람 백 명 이상 모여서 가야 한다구 써 있었다.

이 사람은 그걸 보구 내래 혼차 가서 그 백호를 잡갔다 하구서리 길역게 있는 술집에 들어가서 술을 달라구 했다. 술집 줜은 우리 집 술은 독주레 돼서 많이 안 판다구 했다. 이 사람은 나는 이 고개를 넘어가는 사람이느꺼니 많이 먹구 가야 한다멘 술을 많이 달라구 했다. 그리구 술을 많이 마시구 고개를 넘어가넌데 고개 절반쯤 올라가느꺼니 범 우는 소리가 나멘 범이 이 사람 앞에 나타났다. 이 사람은 몸을 도사리구 있다가 범이 잡아먹갔다구 달라들 적에 한 손으루 범에 모가지를 웅케쥐구 한 손으루 범에 대굴통을 테서 쥑였다. 고 담보타는 이 고개에는 백호레 나타나디 안해서 사람 함자만이라두 넘어가게 됐다.

이 사람은 고기서 또 길을 가넌데 가느라느꺼니 길역게 방울새 한 마리가 소에 코김에 쐬여서 날디 못하구 있넌 거를 보구 이거를 잡아서 바른눈에 활촉을 박아 개지구 갔다.

하하 가누러느꺼니 어느 부재집 하나가 있었다. 이 사람은 바른눈에 활촉을 박은 방울새를 그 집 담장 안으루 집어던지구서 그 집 대문에 가서 쥔을 찾았다. 下人이 나와서 "와 찾능가" 해서 "내레 이자 담장 밖이서 방울새 바른눈을 쏘았넌데 그 사이가 이 집 담장 안으루 떨어데서 그걸 얻어 보려구²⁾ 찾는다"구 했다. 下人이 안에 들어가 보느꺼니 과연 바른눈에 활촉이 박힌 방울새가 있어서 쥔과 말하느꺼니 쥔은 그런 활 잘 쏘는 사람이문 데불구 오라 했다. 下人은 나와서 그 사람과 "우리 집 쥔이 데불구 오라 하느꺼니 들어가자" 했다. 쥔은 이 사람을 보구 넴제레 활 잘 쏘는 사람이느꺼니 우리 집에 있어 달라구 했다.

이 사람은 이리해서 그 부재집에 있게 됐넌데 얼마 후에 그 집 딸이 벵이 나서 앓구 있었다. 무당한데 물어 보느꺼니 이 집 운두란에 있는 조단 낫가리에 밤이면 부엉이가 와서 울어서 벵이 났으느꺼니 그 부엉이를 잡아쥑이문 벵이 낫는다구 했다. 그래서 쥔은 이 사람과 그 부엉이를 쏘아 잡아 달라구 했다. 이 사람은 그카라구 대답을 했넌데 실상은 활을 쏠 줄 몰라서 어드르카야 그 부엉이를 잡갔노 하구 여러 가지루 궁리한 끝에 한 게구를 생각해냈다. 그리구 쥔과 조낫가리과 똑같은 자루를 만들어 달라구 했다. 쥔이 자루를 만들어 주느꺼니 이 사람은 밤에 운두란³⁾에 있넌 조단낫가리 우에 올라가서 자루를 뒤집어 쓰구 손 하나를 쭈욱 뻐티구 있었다. 자밤⁴⁾이 되느꺼니 부엉이가 와서 이 사람이 뻐틴 손에 가 앉아서 울었다. 이 사람은 얼릉 그 부엉이를 잡아서 쥑이구 그 왼눈에다 활촉을 박구서 내리와서 저에 방에 들어가서 잤다.

다음날 아침에 쥔이 와서 부엉이를 쏘아 잡았능가 물었다. 이 사람은 왼눈을 맞헤서 잡았다구 했다. 쥔이 낫가리에 가 보느꺼니 과연 부엉이가 왼눈을 맞구서 죽어 있었다. 쥔은 기뻐하구 칭찬했다. 그리구 그 집에 딸에 벵두 나아서 기뻐했다.

그 후 어느 날 쥔은 나들이 나갔다가 돌아와서 아무데 고개에 범이 나오넌데 그 범을 잡은 사람한데 많은 상금을 준다구 하느꺼니 가서 잡아 보라구 했다. 이 사람은 잡아 보갔다 하구 쥔과 굵은 낭구루 울을 만들구 그 주위를 쇠루 둘루구 그 우에는 구넝을 낸 구루마를 하나 맨들어 달라구 했다. 쥔은 이 사람이 말한 대루 구루마를 만들어 주느꺼니 이 사람은 그 구루마를 범이 나오는 고개에꺼지 끌구 가서 구루마 우에 우리 안에 들어가 있었다.

밤이 되느꺼니 범이 내리와서 사람내를 맡구서 이 구루마 있넌 데에 왔다. 구루마으 우리 안에 사람이 있으꺼니 우리를 부시갔다구 머리루 탁 텄다. 그러느꺼니 우리는 부서지디 않구 일루루 갔다 델루루 갔다 하기만 했다. 범은 성이 나서 우리 우에 올라와서 거기 있는 구넝에 꼬리를 넣서 이 사람을 꺼내려구 했다.

이 사람은 범에 꼬리를 잡아서 발에다 감구 깍 딛구서 활촉으루 범에 미구넝을 칵 박았다. 그러느꺼니 범은 죽었다. 이렇게 해서 범을 잡아서 쥔한데 개지구 갔다. 쥔은 이걸 보구 참 님제레 활 잘 쏘는 사람이라구 크게 칭찬했다.

＊1932年 7月 定州郡 大田面 雲田洞 安光翼

＊1932年 7月 義州郡 義州邑 金泳海

※但 '방울새'는 '메추리'로 '바른눈'은 '왼눈'으로 되어 있음.

1) 가까이　2) 찾아보려고　3) 뒤뜰　4) 한밤중


# 거짓 활 잘 쏘는 사람 | 넷날에 시굴 부재레 서울구경하레 올라

갔다가 일 넌두 못 돼서 다 부레먹구서¹⁾ 음쪽²⁾ 못하구 있넌네 시골집이서는 날래 돌아오라는 펜지가 왔다. 그래서 이 사람은 동무덜을 청해서 니벨술을 마셨다. 모인 동무 둥에는 돈을 개저다 준 사람두 있구 술을 사온 사람두 있었다.

이 사람은 동무가 준 돈을 개지구 대장간에 가서 활촉을 여러 개 맨들구 그 활촉에다 제 이름을 새겼다. 그리구 이걸 개지구 가먼서 꿩을 사서 그 꿩에다 활촉을 박았다. 하하 가넌데 정승³⁾들이 장이야 멩궁이야 하멘 장기를 두구 있어서 그 옆에다 꿩을 살작히 던저 놓구 멀지감 치 가서 경우를 살피구 있었다.

정승들이 장구를 다 뒤구 나서 보느꺼니 원 꿩이 있으꺼니 이걸 집 어 보구 꿩에 백힌 활촉에 이름이 색인 거이 있어서 하인과 이런 이름 개진 사람을 찾어서 데불구 오라 했다. 하인이 나가서 찾넌데 데켄에 원 사람이 있으꺼니 그 사람과 "당신 성명이 머요" 하구 물었다. 아무 가이요 하느꺼니 "고롬 갑시다. 정승들이 당신 데불구 오라구 했소." 그 러느꺼니 이 사람은 "나는 아무런 죄 지은 거 없는데 와 오라구 하는가" 하구 말했다. 하인은 어찌 됐던 가자구 했다.

이 사람은 따라갔더니 정승들이 이 사람한데 꿩을 내보이멘 "이 꿩 님제레 잡은 건가" 하구 물었다. "네. 제가 잡은 거우다. 내레 앞 남산서 꿩을 쐈넌데 그놈이 맞어서 날라가더니 여기 와서 떨에뎄구만요" 하구 말했다. 정승들은 그 말을 듣구 "님제 활 쏘는 재간이 용쉐" 하멘 니팝 에 고기를 주멘 먹으라구 했다. 그래서 이 사람은 배불리 잘 먹었넌데 이 사람이 활 잘 쏜다는 소문이 널리 퍼졌다.

어느 정승네 집에서 밤마다 부엉이 지붕에 날라와서 울문 그 집에 사람이 하나식 죽군 죽군 해서 이 부엉이를 잡아죽일라구 하구 있드랬 넌데 이 사람이 활 잘 쏜다는 소문을 듣구 이 사람을 불러다가 그 부엉 이를 쏘아잡으라 했다. 이 사람은 활 쏘는 재간두 아무것두 없는 사람 인데 못하갔단 말두 못하구 그카갔다 하구서리 한 게구를 꾸메 개지구 밤에 까만 보재기를 뒤집어쓰구 지붕에 올라가서 둔눠서 팔을 쭉 뻐티 구 있었다. 자밤이 되느꺼니 부엉이가 와서 이 사람에 내뻗은 팔에 와 서 앉았다. 이 사람은 날쌔게 잡어서 부엉이에 활촉을 박구서 내리와서 저에 방에 들어와서 낮이 되드룩 자구 있었다.

다음날 정승은 이 사람을 불러서 어제 나즈 부엉이를 쏘아 잡았능가 하구 물었다. 이 사람은 쏘기는 쐈넌데 아매두 맞아 죽었갔디요 하구 말했다. 정승은 하인을 불러서 지붕에 올라가 보라구 했다. 하인이 지붕에 올라가더니 활촉이 박힌 부엉이를 개주구 내리와서 정승에게 주었다. 정승은 부엉이를 보구 기뻐하구 님제 활 쏘는 재간 참 용쒜 하구 칭찬했다.

서울에 있넌 산에는 범이 많아서 이거이 내리와서 사람을 많이 잡아먹었다. 그래서 나라에서 이 사람을 불러서 범을 잡으라구 했다. 이 사람은 사람을 3백 명을 몰이군으로 달라구 해서 그 사람들을 데리구 산에 올라가서 악악 소리를 하멘 돌아다녔다. 범은 쪼게서 이리 가구 데리 가구 해서 잡을 수가 없었다. 여러 날을 이렇게 범을 몰았넌데 어쩐 일인지 그림자도 보이디 안했다. 그래서 이 사람은 혼자서 범을 찾갔다구 산 속으루 들어갔다. 갔더니 범은 여러 날 쫓게다네서 곤해서 큰 팡구 우에서 쿨쿨 자구 있었다. 이 사람은 가까이 가서 악 소리를 치멘 화살을 미꾸녕에 칵 박았다. 그랬더니 범은 놀내서 뛰어내리다가 구세먹은 낭구 구넝에 머리를 칵 박구 고만 기절했다. 이 사람은 화살을 여기 더기 꽂아서 쥑에 놓구 범 잡았다 하구 큰소리루 과텠다. 모리군이 와서 보구 이 범을 메구서 나라님한데 개저다 바텠다. 나라님이 보구서 칭찬하구 郡守자리 하나 주었다.

이 사람은 군수가 돼서 잘 지내넌데 가만히 생각해 보느꺼니 무슨 일이 있으문 활을 쏘아서 잡으라 할 거 같아서 눈 하나를 활촉으루 찔러서 외퉁이레 돼개지구 나라님한데 가서 나는 이렇게 눈이 하나 보이디 않게 돼서 무슨 일이 있어두 활을 쏘딜 못하게 됐으느꺼니 나겉이 활 잘 쏘는 사람을 얻어 두라구 말했다. 나라님은 그 말을 듣구 그리 하갔다 하멘 이제는 무슨 일이 있어두 님재는 부르디 않갔으느꺼니 안심하구 가서 정치나 잘하라구 했다. 그래서 이 사람은 저에 골에 돌아와서 잘 정치하구 잘 살았다구 한다.

＊1937年 7月 義州郡 古津面 樂元洞 張俊根

1) 탕진하고     2) 꼼짝     3) 여기에 나오는 정승은 시골의 부자나 학식 있는 사람을 말한다.

# 거짓 활 잘 쏘는 사람 | 넷날에 한 아레 있넌데 활을 쏠 줄두 모르

넌데 활을 보에다 싸개지구 서울루 올라가 보갔다구 집을 떠났다. 가다가 한 곳에 이르느꺼니 아덜이 참새를 잡아개지구 놀구 있어서 그걸 팔라구 하느꺼니 "멀 팔갔능가. 거저 개지라" 하문 거저 주었다. 이 아는 그 참새를 개지구 어느 정승에 집 담장 밑게 와서는 참새 왼눈깔에다 활촉을 께서 담장 넘에루 던져넣었다. 그리구 그 집 대문 앞에 가서 기울기울 기울거리멘 집안을 들다보구 있었다. 그 집 하인이 나와보구 멀 하능가 물었다. 내레 이자 참새에 왼눈깔을 쏘아맞힌 거이 이 집안으루 떨에데서 그러무다구 말했다. 그러느꺼니 하인은 들어가서 뜰악에서 왼눈을 맞인 참새가 떨에데 있는 거를 봤다. 야아 고놈 활을 잘 쏘는 놈이구나 하구 이 말을 정승한데 말했다. 정승은 그 아를 이리 불러오라 했다.

하인은 나가서 그 아를 데불구 정승한데 갔다. 정승은 그 아에게 배불리 멕이구서 "우리 집 버드나무에 밤마다 황금새레 와서 우넌데 그거까타나 우리 집은 패하게 됐다. 여직껏 여러 사람보구 그 사이를 쏴 잡으라 해두 한나투 쏴 잡디 못했넌데 네가 쏘아 잡아 달라. 네가 그 사이를 쏘아 잡아 죽이문 내 딸두 주구 베실두 주갔다" 하구 말했다. 이 아는 "그케 봅시다. 일헤 안에 쏴 잡갔수다" 하구 말했다. 그런데 이 넘은 활을 쏠 줄 모르느꺼니 어카야 데놈으 사이를 잡갔노 하구 있는데 볼세 날이 가서 낼이문 기한날이 됐다.

이 아이는 한 게구를 꿈에 개지구 밤에 닙성을 다 벗구 버드나무에 올라가서 왼팔을 저억 내밀구 버드나무 가지토롱 하구 있었다. 자밤에 황금새가 날라와서 이 아이레 뻗인 왼팔 우에 앉아서 울었다. 이 아는 얼릉 그 사이를 잡아서 죅이구 왼눈에다 화살을 박구서 따에 떨어트레 놓구서 방에 들어와서 잤다.

다음날 아침에 정승은 니러나서 이 아레 자는 방 앞에 와서 그 사이를 잡았능가 하구 물었다. 이 아는 어저낙에 쏘느라구 쐈넌데 아매두 거 어데멘가 뜰에데 죽었을 거우다 하구 말했다. 정승이 버드나무 밑게 가보느꺼니 과연 사이가 왼눈을 맞구 뜰어데 있었다. 정승은 이 아를 활 쏜다구 칭찬하구 딸을 주구 베실두 줬다.

　이런 말을 들은 사람들은 정승에 집에 모여와서 크게 축하하구 큰 잔체를 베풀었다. 그때 건넌 산에 비둘기덜이 많이많이 모여 있었다. 이걸 본 여러 사람덜은 이 아보구 우리들이 보는 앞에서 데 비둘기를 한번 쏘아 잡아 보라구 했다. 그래서 이 아는 그 비둘기를 쏘아 잡갔다구 활에다 화살을 대구 아침부터 게누구 있넌데 낮이 다 되두룩 쏘디 않구 있었다. 색시인 정승에 딸이 이걸 보구 하두 답답해서 멀 그렇게 오래 게누구만 있능가 하멘 팔을 탁 텄다. 그르느꺼니 화살이 날라가서 비둘기 다섯 마리를 맘헤서 떨어트렜다. 이 아는 "망할 년 같으니 조금만 더 있으문 다 쏴잡을 건데 갸우 다섯 마리밖게 못 잡았다"구 투덜댔다. 거기 모인 사람덜은 야 참으루 활 쏘는 재간이 용타하구 칭찬이 대단했다.

*1934年 8月 龜城郡 館西面 造岳洞 元禧斗
*1936年 12月 宣川郡 郡山面 蓬山洞 金應龍
*1936年 12月 龍川郡 楊光面 龍溪洞 韓德成
※但 '비둘기'가 '가무구'로 되어 있다. 어떤 집에서 까마귀를 쏘아 잡아 달라고 해
　서 그 집에 가서 쏘려고 겨누고 있는데 너무 오래 겨누기 때문에 주인이 무얼 그
　리 오래 겨누냐 하면서 팔을 툭 쳐서 까마귀 한 마리만 떨어졌다고 되어 있다.
*1937年 7月 新義州府 霞町 崔錫根
*1937年 7月 鐵山郡 餘閑面 朝陽洞 朴炳哲
*1937年 12月 龍川郡 東下面 法興洞 金洪寬


# 거짓 활 잘 쏘는 사람 ┃ 넷날에 첨디[1] 하나 이 있드랬는데 이

첨디는 일을 하디 않구 맨날 빈둥빈둥 하기만 하드랬넌데 하루는 나무 꼭다리[2]루 활을 매개지구 길을 가다가 큰 고래 같은 집이 있어서 그 집 믹게 가서 참새 한 마리를 잡아서 활촉으루 왼눈을 꾹 떨러서 그 집 운두란에다 팽개티구 퀀을 찾았다.

퀀녕감이 나와서 와 찾능가 물었다. 내레 이자 참새 왼눈을 쏘아 잡았넌데 이 집 운두란에 떨어데서 그런다구 했다. 퀀녕감이 운두란에 가 보느꺼니 왼눈에 활촉이 박힌 참새레 있어서 개지구 와서 이 첨디부구 "당신 참 활 잘 쏘메다" 하구 칭찬했다. 그리구 "우리 집에는 매일 나주마다 범이 와서 돼지를 잡아가느꺼니 온 나주 그놈에 범을 쏘아 주구레" 했다. 이 첨디는 그카라 하구 범을 쏘아 잡기루 했다. 그런데 이 첨디는 범을 쏘아 잡을 재간이 없어서 어카노 하다가 홀티를 든든히 해개 지구 대문간에다 놓아 두었다. 재밤에 범이 두로다가 홀티에 걸레서 옴쩍 못하넌 거를 첨디레 몽둥이루 넝게테서 죽이구 활촉을 범에 왼켄 눈에다 박아 놨다. 그리구 퀀을 불러서 범 잡았다구 했다. 퀀녕감이 나와 보구 "당신 참 활솜씨 용수다레" 하멘 칭찬했다구 한다.

＊1934年 7月 宣川郡 深川面 古軍營洞 金鼎用

1) 나이 든 남자를 卑下하는 말　　2) 쓸모없는 나뭇가지

# 힘이 센 사람 │ 넷날에 崔桓鳳이라는 사람이 있었드랬는데 이 사람은 힘이 천하장사드랬다.

하루는 겨울날인데 눈이 많이 왔드랬는데 이 사람이 재통에 갈라구 밖에 나오느꺼니 범 한 마리가 말[1]에 내리와서 이 사람 앞을 지나가구 있어서 桓鳳은 한 팔루 범에 꼬리를 잡아 개지구 나꿰챘다. 범은 도망가갔다구 뛰는데 가딜 못하구 있었다. 범에 꼬리를 잡은 桓鳳은 그때 꺽두기[2]를 신었드랬는데 거저 꺽두기 뒤축만 들석들석 하구만 있었다.

그 후 桓鳳은 딮수둥[3]을 디리 개지구 범에 힘이 얼마나 되능가 알구

파서 하인들 보구 잡아당게 보라 하느꺼니 한 열 서나이 합력해서 잡아
다니느꺼니 그저사야 꺽두기 뒷축이 달싹달싹 했다. 그래서 범 한 마리
힘은 사람 열 세나이 힘만한 걸 알게 됐다.

　桓鳳에 대해서는 이런 이야기도 있다. 桓鳳이 어렸을 때 밤둥에 서
당에서 집루 돌아오드랬는데 큰 범을 만났다. 돌을 집어서 범을 칠라
구 하넌데 땅에 있는 돌을 집으면 흘[4]이구 돌을 집으문 흘이구 해서 돌
을 얻어 보디 못했다. 날이 밝아서 보느꺼니 前에 돌뿐인 데가 돌은 하
나투 없구 흘만 있었다. 桓鳳이가 힘이 쎄느꺼니 범을 치갔다구 돌을
집었넌데두 桓鳳이가 여간만 힘이 쎄딜 안아서 손에 쥔 돌은 다 깨데
서 흘이 된 거이다. 桓鳳은 그마만큼 힘이 씊다는 사람이라는 거야.

＊1936年 12月 龜城郡 沙器面 造岳洞 金致載

＊1936年 12月 宣川郡 南面 汶泗洞 高日祿

※但 崔恒鳳 대신에 義州郡 古寧朔面에 사는 金同知라는 사람의 것으로 되어
　　있다.

1) 마을, 동네　　2) 나막신　　3) 동아줄　　4) 흙

# 내 복에 산다 |
넷날에 어늬 넝감이 딸 三兄弟를 두
었넌데 어늬 날 이 딸 三兄弟를 불러

놓구 맏딸과 넌 누구 德에 먹구 사네 하구 물었다. 맏딸은 "아바지 德에
먹구 살아요" 했다. 아바지는 이 말을 듣구 기뻐하멘 "넌 참 곱다" 하구
서는 둘째 딸보구 "너 둘째야 넌 누구 德에 먹구 사네?" 하구 물었다. 두
째딸두 "저두 兄님 말과 같이 아바지 德에 먹구 살디요" 했다. 아바지는
또 기뻐서 "어 너두 참 곱다" 하구서 망내딸과 "내 고온 망낭딸아 너는
누구 德에 먹구 사네?" 하구 물었다. 망낭딸은 "나는 내 덕에 먹구 살아
요" 했다. 넝감은 이 말을 듣구 결이 발각 나서 "머이 어드래? 요놈에 간
나 무어이 어드래? 네 덕에 먹구 살아? 요놈에 이미나 썩 나가라!" 그라

구서 그 딸을 내쫓았다.

망낭딸은 집을 내쪼겨서 할 수 없이 가는데 산을 넘구 물을 건너서 덩채없이 가는데 山 둥투막에 집이 있었다. 글루루 찾아가서 "쥔 계십니까" 하구 쥔을 찾으느꺼니 구들 안에서 "금방망이 어드메 있네. 은방망이 어드메 있네. 요놈으 금여우 또 왔다. 때리잡아야디" 하멘 벅작고는[1] 소리가 났다. 체네는 "난 금여우가 아니우다. 사람이우다" 하느꺼니 그제야 문을 열구 사람이 나오는데 보느꺼니 總角이었다. 이 總角은 山골서 쑥구 구어서 먹구 사는 總角인데 체네는 그 總角과 夫婦가 돼서 살게 됐다.

이 집에는 金돌이 많이 있었다. 체네는 금돌 하나를 總角한테 주멘 이걸 富者집에 개지구 가서 우리가 쓸 거하구 바꽈 오라구 했다. 總角은 그 금돌을 개지구 부재집이 가서 이거하구 우리가 쓸 거과 바꾸자구 했다. 富者가 보느꺼니 그거이 金덩이이느꺼니 이거 어드메서 얻은 거가 물었다. 총각은 이런 거 우리 집에 많이 있다구 했다. 富者는 그 말을 듣구 고롬 우리 집과 님제네 집과 바꾸자구 했다. 總角은 그렇가자 하구 서루가락[2] 집을 박과서 쑥구쟁이는 큰 부재가 돼서 잘살았다구 한다.

＊1937年 7月 宣川郡 郡山面 長公洞 桂昌沃

1) 시끄러운　　2) 서로

# 내 복에 산다 | 넷날에 어떤 곳에 한 녕감이 있넌데 이 영감은 딸을 三兄弟 두었다.

하루는 이 영감이 큰딸을 불러서 너는 누구 德에 잘 먹구 잘사느냐 하구 물었다. 큰딸은 "그야 아바지 德에 잘 먹구 잘살디요" 했다. 아바지는 큰딸에 말을 듣구 "고롬 고롬 그렇디" 하구 기뻐했다. 담에 두채딸을 불러서 "너는 누구 德에 잘먹구 잘사능가" 하구 물었다. 두채딸두 "아바지 덕에 잘 먹구 잘살아요" 했다. 아바지는 "고롬고롬 그렇디" 하멘 또 기뻐했다.

셋째딸을 불러서 "너는 누구 德에 잘먹구 잘사능가" 하구 물었다. 이 딸두 "아바지 德에 잘먹구 잘살아요" 하구 대답할 줄 알았넌데 누구 德 누구 德 해두 내 德에 먹구 잘살아요 했다. 아바지는 이 말을 듣구 고만 화가 나서 "머이 어드래? 네 德에 잘 먹구 잘살아, 고롬 넌 나가서 네 德에 잘살아라!" 하멘 집 뒤에 있는 큰 나무를 베서 큰 櫃을 짜서 그 아낙에 네서 강에다 띄웠다.

셋째딸이 들은 櫃은 강물에 떠내려가는데 가다가 가다가 어떤 다리에 걸렸다. 그때 어떤 쑥구쟁이가 쑥구를 구을 낭구를 추다가[1] 이 櫃을 보구 건져서 쑥구를 구려구 櫃을 짜갰다. 그랬더니 그 櫃 아낙에서 고은 색시가 나와서 집으루 데불구 와서 저에 색시를 삼았다. 그랬더니 그 뒤부터는 이 쑥구쟁이는 세간이 늘어나구 얼마 안 가서 큰 부재가 됐다. 그래서 큰 집을 짓구 큰 대문두 세우기루 했다. 색시는 쑥구쟁이과 나에 이름은 니나니느꺼니 대문을 열구 닫구 할 적마다 니나니 니나니 하는 소리가 나두룩 짜서 달라구 했다.

니나니네 집은 니나니가 쫓겨난 후루 가난해데서 니나니 아바지는 얻어먹으멘 돌아다니다가 니나니네 집이꺼지 왔다. 대문을 열라구 허느꺼니 대문이 니나니 하구 소리가 났다. 니나니 아바지는 그 소리를 듣구 내쫓은 딸 이름과 같아서 딸 생각이 나서 대문간에서 울구 있었다. 니나니가 울음소리를 듣구 나와서 보구 저 아바지가 울구 있어서 "아바지 아바지 니나니외다" 하구 인사하구 집으루 데불구 들어와서 목강[2]을 시킬라구 물을 끓였다. 이 넝감은 물 끓이는 걸 보구 "내레 너를 내쫓았어 넌 날 죽이갔다구 물을 끓이네?" 하멘 또 울었다. "아니야요 아바지 목간시키갔다구 물을 끓에요." 니나니가 이렇게 말하느꺼니 넝감은 맘을 놓구 목강을 하구 새 입성을 입구 거기서 잘살았다구 한다.

＊1927年 1月 楚山郡 豊面 龍谷洞 金炳俊

1) 건지다가　　2) 목욕

# 외쪽이 │

넷날에 어드런 낸이 아를 낳디 못해서 아 낳게 해 달라구 부테[1]한테 늘 빌었다. 그랬더니 어느 날 쌔한 넝감이 와서 고기 세 마리를 주면서 이걸 먹으문 아덜 셋을 낳는다구 했다. 낸은 너머너머 기뻐서 그 고기를 받아서 학갑에 닣두구 먹을라구 했다. 그랬더니 광이레 와서 그 고기 세 마리 둥 한 마리를 절반채 먹었다. 낸은 그 고기 온근[2] 거 두 마리와 반 마리를 먹었더니 아를 개저서 三兄弟를 났넌데 아덜 둘은 온근 아인데 하나는 半便을 났다.

아들 三兄弟는 잘 자라고 공부두 잘해서 과개보레 가게 됐다. 두 兄은 半便을 데리구 가기가 싫어서 따라오디 못하게 하는데두 半便은 따라가갔다구 뒤를 쫓아갔다. 兄들은 半便을 큰 파우에다 꽁제[3] 놓구 갔다. 半便은 힘이 여간만 세딜 안아서 낑 하구 힘을 줴서 뽑아서 짊어지구 집이루 와서 뜰악에다 네레놨다. 오마니가 보구 "그건 무엇 할라구 개오네?" 하느꺼니 "내 잔체할 때 떡 받을 떡돌 할라구 개왔다"구 했다. 그리구 또 뛔서 兄들을 딸라잡았다. 兄들은 저근이를 큰 나무에다 꽁제 매놓구 갔다. 半便은 또 끼잉 하구 그 나무를 뽑아서 짊어지구 집으루 와서 뜰악에 내리놨다. 오마니가 그건 뭐하레 갯다 논능가 하느꺼니 내 잔체할 때 떡매 만들 거라구 했다. 그러구 또 뛔가서 兄들을 딸아잡았다. 兄들은 저근이를 칡이루 꽁꽁 꽁제서 범 앞에 던져 주구 다라났다. 半便은 힘을 내서 꽁젰던 칡이를 끊구 일어서니까 범들은 이 사람은 산신넝인가 하구 잡아먹디 않구 내기 하자구 했다. 半便은 범들보구 우리 다같이 칡이루 몸을 꽁제 개지구 칡이를 끊구 니러나서면 날 잡아먹구 그렇디 않으문 나는 너덜 각대기를 모주리 베끼갔다구 했다. 범들은 그렇가자 하구 칡이루 몸을 꽁제놓구 범덜은 끊을러구 하는데 끊디 못했다. 그래서 半便은 범에 가죽을 다 베께서 그걸 짊어지구 갔다.

가다가 날이 저물어서 어떤 집에 들게 됐다. 쿽은 半便이 범에 가죽을 많이 가진 걸 보구 口味가 나서 장기 두기 내기 해서 내레 지문 내 딸을 주구 님제레 지문 그 가죽을 다 달라구 했다. 半便은 인차 그카자 하구 장기를 두었다. 그런데 쿈은 세 번 두었넌데 세 번 다 졌다. 그래서 아무 날 딸을 데레가라구 날자를 덩해 주었다.

그런데 쿈은 딸을 주기가 싫어서 딸을 데레가디 못하게 하누라구 지붕에두 사람을 두구 넌지간⁴⁾에두 사람을 두구 딸이 있는 방 앞에두 사람을 두구 해서 지키구 있었다. 半便은 이걸 알구 그날은 우덩 가디 않구 다음날 농이⁵⁾와 북과 베루디⁶⁾와 빈대를 개지구 갔다. 그 집에서는 어즈 나즈 밤새두룩 한잠두 자디 못하구 지키구 있어서 이날에는 사람덜이 모두 다 자구 있었다. 半便은 지붕에 있는 사람에 상투를 서루 매놓구 넌지간에 있는 사람들은 넌지돌에다 상투를 매놓구 집안에 있는 사람한테는 북을 달아 매놓구 체네 있는 방에다 베루디와 빈대를 뿌레놨다. 그랬더니 체네는 머이 문다 머이 문다 하멘 방에서 나왔다. 半便은 이 체네를 얼릉 업구서 處女 잡아간다구 과티면서 다라뒀다. 그러느꺼니 지붕에 있던 사람은 내 상투 놔라 내 상투 놔라 하멘 고기만 하구 쫓아오디 못하구 넌자간에 있는 사람은 내 상투 놔라 내 상투 놔라 하구만 있구, 집안에서는 북을 치면서 고구만 있었다.

이렇게 해서 半便은 그 체네를 채다가 잘살았다구 한다.

*1932年 7月 龍川郡 楊下面 伍松洞 崔英欽

*1936年 12月 碧潼郡 碧潼邑 二洞 金雲彬

*1936年 12月 宣川郡 水淸面 古邑洞 李庸逸

※但 初頭에 "어떤 낸이 아레 없어서 근심하넌데 중이 와서 권선을 많이 했더니 참외 세 개를 주어서 두 개는 다 먹었넌데 세 개째 먹을 때 남덩이 먹구파해서 반을 주었다. 고담에 아딜 三兄弟를 났는데 둘은 온근 아구 하나는 半便을 났다"고 되어 있고 그 다음은 같다.

1) 부처   2) 완전한   3) 묶어   4) 연자방아간   5) 노끈   6) 벼룩

# 외쪽이 |

넷날넷적에 한 냇이 아를 낳디 못해서 서낭님한데 아 낳게 해달라구 빌었더니 하루는 중이 와서 무우 세 개를 주면서 이 무우를 아무두 주디 말구 혼자서 다 먹으문 아를 낳 는다구 했다. 그래서 이 냇은 기뻐서 그 무우를 받아 개지구 갈가서 먹 드랬는데 두 개는 다 먹구 서이 개째 먹을라 하넌데 근체 냇이 와서 너 머너머 먹구파 해서 절반을 베서 주구 절반을 먹었다.

그 후 이 냇이 아를 났넌데 아덜 둘은 온근 아를 났넌데 세 번째 아는 半便을 났다.

이 아덜 三兄弟는 잘 자라구 글방에 다니는데 공부도 잘해서 과개 보러 가게 됐다. 과개보러 가넌데 半便두 兄들과 같이 가갔다구 했다. 두 兄들은 반편과 같이 가기가 싫어서 몰래 떠났다. 그런데 반편은 뒤 를 따라갔다. 두 兄들은 반편을 따라오디 못하게 하느라구 큰 나무에 다 자매구 갔다. 반편은 이잉 하구 힘을 주느꺼니 나무는 뽑혀서 이 나 무를 짊어지구 집이루 와서 뜰악에다 꽝 하구 내레났다. 오마니가 보구 이거 머하게 갖다 놋느냐구 물었다. 兄들이 과개하구 온 담에 떡칠 적 에 떡매 하려구 개왔다구 했다. 그리구 밥 좀 달라구 하구서 밥을 먹구 달라 뛔서 兄들한테 가서 같이 갔다. 兄들은 이번에는 반편을 큰 팡구 에다 재매 놓구 갔다. 반편은 또 이잉 하구 힘줘서 팡구를 뽑아서 지구 집이루 가서 뜰악에다 났다. 오마니레 보구 멀 할라구 팡구를 갖다 논 능가 물었다. 兄덜이 과개해서 오문 떡을 치는 떡돌 할라구 개저왔다구 했다. 그리구 또 달라뛔서 兄들과 같이 가게 됐다.

하하 가느라느꺼니 어떤 고개 밑에 사람덜이 쌔하게 많이 모여 있 었다. 와 이렇게 사람이 많이 모여 있능가 하구 물으꺼니 이 고개에 는 범이 많아서 사람 백 사람이 함께 넘어야디 그라느문 범한데 잽히 워 먹히느꺼니 사람 백 사람이 모이기를 기두루느라구 이러구 있다구 했다. 반편은 고롬 나꺼지 百 사람이느꺼니 넘어가자구 했다. 그러느 꺼니 거기 모여 있는 사람들은 너넌 반편이느꺼니 사람축에두 들디 않는다 하구 넘어가려 하디 안했다. 半便은 넘제딜 안 넘갔으문 나 혼자 서라두 넘갔다 하구 고개루 올라갔다. 그르느꺼니 다른 사람두 뒤따라 올라왔다.

고개를 하하 올라가느꺼니 범이 나왔다. 半便은 범에 귀떼기를 잡구 발루 툭 차느꺼니 범은 죽어넘어뎄다. 고 담에 범이 또 나오는데 이것두 귀떼기를 잡고서 발루 차서 쥑엤다. 범이 또 나오구 또 나오구 하는 거를 모주리 귀떼기를 잡구 발루 차서 죽였다. 숫타 많은 범을 잡아죽이느꺼니 뒤따라오는 사람덜은 범에 가죽을 베끼기에 아이먹었다.[1]

고개를 다 넘구선 반편은 범에 고기는 너네 사람들 개지라 하구 범에 가죽을 짊어지구 집에 왔다. 그리구 오마니과 난 범에 가죽을 숫타 많이 개지구 왔으느꺼니 옆에 부재집에 가서 그 집 체네한테 당개가구 푸다구 말하라구 했다. 오마니는 이 말을 듣구 "너레 너네 사람이라두 그 집이서는 우리와 같은 집과 혼세 안할 터인데 너같이 반편한테 딸을 주간? 안 된다" 하구 그따우 소리 말라구 했다. 그런데두 半便은 가서 말해 보라구 자꾸 졸랐다.

오마니는 할 수 없이 부재집에 가서 할 말이 있어 왔다구 하구선 차마 말을 할 수가 없어서 삿귀만 뜯구 있었다. 부재집 낸이 이걸 보구 "아 할말이 있으문 하구레 죽을 말이든지 살 말이든지 하구 봐야 하디 안능가?"구 했다. 半便 오마니는 "우리 집 半便 아덜이 범에 가죽을 많이 개지구 이 집 체네한테 당개 오갔다구 해서 왔수다" 하구 말했다. 그러느꺼니 부재집 낸은 "半便이 당개 들라문 우리 집 딸을 빼틀려다 당개 들구 그리디 못하문 범에 깍대기를 다 바치라구 하라우" 하구 말했다. 半便에 오마니는 집이 돌아와서 半便과 그렇게 말하느꺼니 半便은 그렇게 하갔다 하구, 아무 날 밤에 체네를 채러 가갔다구 말했다.

半便이 체네네 집에 간다구 하는 날 밤에 富者집에서는 체네를 채가디 못하게 하느라구 대문간에 사람을 많이 두구 몽둥이를 들레서 半便을 때려서 쫓아 버리게 하구 處네는 건넌방 안에 두구 그 방 문 앞에는 부재집 넝감 노친네가 지키구 있었다.

半便이 체네 채러 가갔다구 약속한 날 나주에 半便은 우덩2) 가디 안 했다. 다음날 부재 집이선 半便과 와 어제 나주 오디 안했능가 물으느꺼니 半便은 오마니레 갑자기 배가 아파서 藥 지러 가느라구 못 갔다구 거짓뿌리 했다. 고롬 "온 나주는 꼭 오라 하느꺼니 꼭 가디요" 했다.

부재집이서는 그날 나주도 대문간에 사람을 많이 두구 半便이 둘오디 못하게 지키구 체네가 있는 방 앞에는 넝감 노친네가 앉아서 지키구 있었다. 그런데 그날 나주두 半便은 가디 안했다.

다음날 부자집이서는 와 어제 나주 오디 안했능가 물었다. 半便은 큰아바지 제사날이 돼서 못 갔다구 했다. 고롬 온 나주 와야디 그라느문 당개 오디 못하구 범에 가죽을 모주리 다 바테야 한다구 했다. 半便은 오늘 나주는 꼭 가갔다구 말했다.

체네네 집이서는 또 대문간에 사람을 많이 두어 지키게 하구 체네방 앞에는 부재 넝감 노친네가 앉아서 지키구 있었다. 그런데 이틀날 밤이나 자디 않구 지키구 있어서 그날 밤에는 이 집 사람덜은 모두 잠이 들어서 쿨쿨 자구 있었다.

半便은 밤이 깊어서 빈대 한 둥지와 베루디 한 둥지를 잡아 개지구 가구 피리와 자개돌과 누황을 개지구 갔다.

대문간에 들어서서 거기서 지키구 있는 사람에 상투를 서루 자매 놓구 안에 들어가서 處女 오마니 밑구녕에 피리를 타라닝구3) 소매에는 자개돌을 쓰레닝구 處女 아바지 쉬메에는 누황을 발라 놨다. 그리구 체네 자는 방에다 빈대와 베루디를 뿌레늬었다. 그랬더니 處女는 에 문다 에 문다 하멘 문을 열구 마루창으루 나왔다. 이때 半便은 잽싸게 處女를 업구 나갔다. 處女는 "오마니 아바지 半便이 날 업어 가요!" 하멘 벅작 鑑다. 處女 아바지는 불을 키겠다구 성나 불을 키는데 그 불이 쉬미에 붙어서 활활 탔다. 處女 오마니는 넝감에 쉬미에 붙은 불을 끄갔다구 손으루 홀홀 치느꺼니 소매에 자개돌이 넝감에 상대기를 테서 상체기가 났다. 대문간에 지키구 있든 사람들은 잠을 깨서 半便을 잡으레 나갈라구 하넌데 상투가 맛자매데서 가지 못하구 내 상투 놔라 내 상투 놔라 하멘 쌈질만 하구 있었다. 체네 오마니는 쌈질을 말리갔다구 글루루 걸어가느꺼니 밑구넝에서 삘리리 삘리 하구 소리가 났다.

부재집에서는 이러구 있넌데 半便은 無事히 處女를 업어다가 데리구 살다가 달구다리 바뚜룩 했다구 한다.

*1934年 7月 宣川郡 山面 香山洞 劉準龍
*1937年 7月 宣川郡 新府面 安上洞 金基鴻
1) 애먹었다    2) 일부러    3) 틀어박아 넣고


# 외쪽이 |

넷날에 어드런 넝감 노친네가 있었넌데 이 넝감 노친네는 아들이 없어서 당창 아들 낳기를 원하구 있었다. 그러는데 어니날 밤에 꿈을 꾸넌데 쌔한 넝감이 나와서 앞에 있는 우물에 가면 고기 세 마리가 있으꺼니 그 고기를 잡아다가 먹으문 아들 三兄弟를 난다구 하구 없어뎄다.

넝감 노친네는 다음날 앞에 있는 우물에 가서 보느꺼니 고기가 세 마리 있어서 이거를 잡아다가 먹었넌데 노친네가 두 마리 다 먹는데 넝감두 고기를 먹구파서 세 마리째는 넝감 노친네가 반반식 나누어 먹었다.

그 후에 노친네는 아들 서이를 났넌데 우루 둘은 온근 아를 났넌데 끝에 아는 반편을 났다. 귀두 하나 눈두 하나 팔두 하나 다리두 하나 몸은 半 이렇게 모두 半만 있는 아를 났다.

아들 서이는 이 半便두 잘 자라서 공부두 잘해서 과개보레 가게 됐다. 묏들이 과개보레 서울루 올라가갔다구 허느꺼니 半便두 자기두 과개보레 가갔다구 했다. 묏들은 半便을 데리구 가기가 싫어서 안 된다구 못 간다 하넌데두 반편은 자꾸 가갔다구 해서 할 수 없이 데리구 가드렸넌데 가다가 묏들은 이 半便을 큰 돌팡구에다 꽁꽁 동제매 놓구

갔다. 半便은 힘이 여간만 세딜 안해서 끼잉 허구 그 돌팡구를 뽑아서 지구 집에 갓다 놨다. 오마니레 "멀하레 돌팡구를 가저다 논네?" 하구 물으쓰꺼니 "묏들이 과개해 개지구 오문 잔채할 때 떡 티는 떡돌 할라구 개저왔어요" 하구 말했다.

半便은 돌팡구를 집에 갯다 놓구 또 묏들의 뒤를 딸라갔다.

묏들은 하하 가다가 半便을 큰 낭구에다 꽁제매¹⁾ 놓구 갔다. 반편은 또 끼잉 하구 힘줘서 그 큰 낭구를 뽑아서 지구 집에 갓다 놨다. 오마니레 멀 하레 낭구를 개저왔능가 하구 물으쓰꺼니 묏들이 과개하구 오문 집을 고테 질라구 개져왔다구 했다.

그리구서 半便은 또 묏들의 뒤를 딸라갔다. 묏들은 半便을 딸라오디 못하게 하느라구 큰 돌팡구에다 꽁제놔두 큰 낭구에다 동제매두 근냥 따라오쓰꺼니 할 수 없이 데리구 갔다. 가다가 날이 저물어서 자리붙갔다구 한 집에 들어갔다. 그 집에는 노친네가 혼자 있넌데 저녁밥이라구 갯다 주는 거를 보느꺼니 사람에 팔 다리 같은 거이 돼서 먹디 못하구 내놨다. 그런데 암만 봐두 이 집은 범에 집 같아서 무서워서 떨구 있으 느꺼니 半便은 멀 무서워 그러능가 하멘 자자 하구선 색색하구 잤다.

이즉만 하더니 쿵쿵 소리가 났다. 이거 먼 소리가? 하느꺼니 노친네 는 웃으면서 우리 아덜덜이 새낭갔다 돌아오는 소리라구 했다. 묏들은 이 말을 듣구 더 무서워서 반편을 깨우멘 날래 는나라구²⁾ 했다.

이러구 있넌데 범 다섯 마리가 들어왔다. 노친네는 "새낭 얼마나 해 오네?" 하구 물었다. 아들들은 "새낭이 다 머이가. 오늘은 한나투 못 잡 았다"구 했다. 노친네는 나는 집에 가만 있어두 서이나 잡아 놨다구 했 다. 아덜덜은 배레 고프느꺼니 오마니가 새낭해 논 거 먹갔다 하멘 어 드메 있능가 했다. 웃간에 있다구 하느꺼니 한 놈이 웃간 문을 벌컥 열 었다. 이때 半便은 들어오는 놈을 손으루 탁 퉁겠다. 그러느꺼니 그놈 은 나가잡바데서 죽었다. 그러느꺼니 딴 놈이 문을 열구 들어올라구 했 다. 半便은 이놈두 손으루 탁 퉁게서 죽였다. 고 담에 또 한 놈이 둘을라구 하는 거를 또 퉁게서 죽였다. 이렇게 해서 半便은 범 다섯 마리를 다 죽였다. 그러느꺼니 노친은 큰 넝동 같은[3] 범으루 變해 개지구 앙앙 소리 하멘 달라들었다. 半便은 이것두 탁 퉁게서 죽였다.

범덜을 다 잡아죽이구 나서 半便은 兄들과 말했다. "내레 와 따라온 디 알간? 兄덜이 가다가 이런 어려운 일이 있으문 도와 줄라구 딸라 온 거야. 자아 이자부터는 아무 일 없갔으니 안심하구 과개나 잘 보구 오구레. 난 범에 가죽이나 베께서 집으루 가갔소" 하구 거기서 兄들과 작별하구 집으로 돌아왔다. 半便은 범에 가죽을 베께서 짊어지구 가다가 날이 저물어서 어떤 집에 자리를 붙게 됐다.

그 집 쥔이 반편이 범에 가죽을 많이 개지구 있넌 거이 욕심이 나서 그거를 빼틀라구 내기 하자구 했다. 무슨 내기를 하자구 하능가 하느꺼니 쥔은 저에 집에 고온 딸이 있넌데 밤에 와서 딸을 아무도 몰으게 채 가문 채다가 색시를 삼구 못 채가문 그 범에 가죽을 다 주어야 한다구 했다. 반편은 그렇자 하구 내기 하기루 했다.

쥔네 집에서는 대문과 토당[4]과 지벙말[5]에 하인들을 두구 벡에는 메누리들을 두구 사랑에는 아덜덜을 두구 넝감 노친네는 체네가 있는 房문 앞에 앉아서 자디 않구 지키구 있었다. 첫날 나쥐는 반펜이 가디 안했다. 다음날 쥔은 반편과 어드래서 어제 나즈 안 왔능가 물었다. 반편은 "오마니레 배를 앓아서 약 지레 가누라 못 왔다. 온 나주는 가갔다"구 했다. 쥔네 집에서는 또 자디 않구 지키구 있었다. 그런데 반편은 오디 안했다. 다음날 쥔넝감과 와 안 왔능가 하느꺼니 祖父母에 제사날이 돼서 못 왔다구 했다. 고롬 온 나쥐는 꼭 와서 채가라 했다. 그라가갔다 하구서리 그날 나쥐두 가디 안했다. 다음날 쥔넝감은 半便과 와 어제 나쥐 안 왔능가 물었다. 어제는 우리 오마니 생일이라서 못 왔다구 했다. 쥔은 온 나쥐 오디 안으문 늼제레 내기에 지는 줄 알구 범에 가죽을 다 줘야 한다구 했다. 半便은 온 나쥐는 무슨 일이 있던지 꼭 와서 체네를 채가갔다구 했다. 쥔네 집에서는 半便이 체네 채레 온다구 해서 하인들과 아들 메누리들과 온 나쥐는 半便이 체네 채레 꼭 온다구 했으느꺼니 자디 말구 단단히 지케야 한다구 말했다. 그래서 쥔네 집 사람들은 자디 않구 정신차려서 지키구 있었다.

半便은 아전[6]에는 가디 않구 한밤쯤 가까이 돼서 갔다. 갈 적에 半便은 새당구하구 빈대하구 베루디하구 누황 자개돌 농이 시루를 개지구 갔다. 쥔네 사람들은 사흘이나 지키누라구 잠을 자디 않해서 이날 밤에는 자구 있었다. 半便은 대문과 토당에 있는 하인들에 상투를 서루 맛잡아 매놓구 지벙말레이에 있는 하인에게는 시루를 씨워 놓구 벡에 있는 메누리들 밑구녕에는 새당구를 달아 놓구 사랑에 있는 아덜에 상투는 자매 놓구 체네가 있는 방 앞에 있는 넝감에 쉬미[7]에는 누황을 발라 놓구 노친네 초매에는 자개돌을 네놓구 체네가 있는 방에는 빈대와 베루리를 처넜다. 그랬더니 處네는 아 문다 아 문다 하멘 방에서 나왔다. 반펜은 이 체네를 업구서 半便이 체네 채가무다 하구 큰소리로 과티면서 달아났다.

半便이 과테는 소리에 모두 잠을 깼다. 토당과 대문에서 지키구 있던 하인들은 잠을 깨가주구 쫓아갈라 하넌데 상투가 맛자매데서 서루 잡아댕기느꺼니 야 내 상투 놔라 내 상투 놔라 하멘 쌈질을 하구, 지벙 말에 있는 하인들은 하늘이 네레앉았다 하멘 고구 있구, 사랑에 있는 兄弟들은 상투 놔라 상투 놔라 하구만 있구, 넝감은 성나에 불부틸라구 화루에 불다가 쉬미가 화루불에 다아서 누황에 불이 부터서 쉬미가 탔다. 노친네는 넝감에 쉬미가 타는 걸 보구 불을 끄갔다구 초매로 탁탁 티는데 자개돌이 넝감에 니빠디[8]를 모주리 테서 빠지게 했다. 벡에 있든 메누리들은 쫓아나오넌데 밑구녕에 달아논 새당구가 둥당댕댕 하구 소리가 났다.

쥔네 집이서 이러구 벅작 고구 야단나구 있는데 半便은 체네를 아무 일 없이 저으 집이루 업구 와서 색시 삼아서 살았다.

＊1936年 12月 龍川郡 外上面 停車洞 李元春

＊1937年 7月 定州郡 玉泉面 文仁洞 金珽鴻

※但 多少의 차이가 있다. 女子가 아이 낳기 전에 꿈꾸는 부분에 고기 대신 "허이 한 넝감이 오이 세 개를 주어서 그 오이 두 개를 다 먹구 또 한 개를 먹을라 하넌데 넝감이 와서 같이 먹자 해서 서이 개째는 折半밖이 먹딜 못했다. 그러구 아이를 났던데 둘은 온근 아이구 하나는 半便이다"라고 되어 있고 그 다음은 같은 내용이다.

＊1937年 7月 定州郡 古德面 德元洞 韓昌奎

※但 반편과 그 兄들의 出生의 부분은 없다. "어떤 곳에 三兄弟가 있넌데 둘은 온근 사람이구 하나는 반편이다"라고 되어 있고 그 다음은 같은 내용이다.

＊1938年 1月 龍川郡 楊西面 北坪洞 金昌根

1) 묶어    2) 일어나라고    3) 집채만한    4) 댓돌    5) 지붕    6) 초저녁
7) 수염    8) 이빨


# 외쪽이

넷날에 어드런 夫妻가 있었던데 이 부체는 아들을 낳디 못해서 아를 낳갔다구 약방으루 약을 지레 갔다. 醫員이 아 낳는 약이라구 알약 서이 알을 주었다. 이 집 낸은 그 알약을 먼제 두 알을 왼통으루 먹구 한 알은 반쪽만 먹었다. 그랬더니 그 후 아들을 났던데 아들 둘은 온근 사람인데 마감에 한 아는 半便이드랬다.

三兄弟는 잘 자라서 글방에 가서 공부하넌데 공부도 잘했다.

글공부가 잘돼서 三兄弟는 과개보레 서울루 가게 됐다. 그런데 兄 둘은 저근이 半便을 데불구 가기가 싫어서 못 가게 했다. 그런데두 半便은 자꾸 간다구 따라나서서 할 수 없이 데리구 가기는 했는데 두 兄들은 가다가 半便을 큰 나무에다 꽁꽁 꽁제 놓구 저덜만 갔다.

半便은 힘이 如干만 세딜 않아서 이잉 허구 힘줘서 그 큰 나무를 뽑아서 지구 헤기동헤기동[1] 하멘 兄들 뒤를 딸아갔다. 兄들이 보구 "너와 그 나무를 지구 오네?" 하구 물었다. 半便은 "우리가 과개하고 온 담

에 잔채 때 떡 바을 떡매 할라구 지구 온다"구 했다.

兄들은 가다가 半便을 큰 꽝구다가 꽁꽁 터매 놓구 갔다. 半便은 그 꽝구를 뽑어서 지구 兄들 뒤를 쫓아갔다. 兄들은 "머하레 꽝구를 지구 오네?" 하느꺼니 科擧한 담에 떡을 치는 떡판할 돌루 쓸라구 지구 온다구 했다. 그리구 兄들의 뒤를 따라서 갔다. 가다가 날이 저물어서 山中에서 범에 굴에서 자게 됐다. 兄들은 굴 안에서 자구 半便은 門역에서 문을 지키면서 잤다. 새박역에 되느꺼니 범덜이 많이 돌아왔넌데 半便은 범에 입에다 손을 디리밀어 범에 밸을 꺼내서 죽이구 죽이구 해서 숫한 범을 잡았다.

날이 밝아데서 半便은 兄들과 과개급데하구 오라 하구 범에 깍대기를 다 베께서 짊어지구 집으루 갔다. 가다가 어떤 마을에 왔넌데 그 마을 우물가에 서 있으꺼니 한 곤 체네가 물 길러 나오다가 半便을 보구서 뒈가서 저에 아바지과 半便 말을 했다. 체네 아바지가 나와 보구 半便과 여러 가지 말을 하다가 밤에 와서 내 딸을 채가문 채가서 妻君²⁾을 삼구 만일에 못하문 그 범에 깍대기를 나를 다 주구 나에 下人이 되라 했다. 半便은 그렇가갔다 하구 낼 체네를 채러 가갔다구 했다. 체네네 집이서는 半便이 체네를 채러온다는 날에 집안 식구가 모두 나서서 지키구 있었다. 지붕에 하인을 두구 兄弟들은 사랑에서 지키구 벡에는 냄들이 지키구 있구 넝감 노친네는 방에서 체네와 함께 있었다.

그런데 반편은 그날 나주 오디 안했다. 반편은 사흘 만에 삘리리댕이 삘리리댕이 무쇠둥굴³⁾ 누황 잔돌노이를 개지구 갔다. 체네네 집 사람들은 이틀 밤이나 자디 못하구 밝혀서 사흘재는 모두 졸구 있었다. 반편은 넝감 노친네 있는 데 가서 넝감에 쉬미다가 누황을 발라 놓구 지붕에 올라가서 거기서 지키구 있는 사람에게는 무쇠둥굴을 씨워놓구 사랑에 있는 兄弟에 상투를 노이루 서루 깡깡 자매 놓구 저구리 소매다가는 잔돌을 네놓구 벡에 가서 고기에 있는 냄들에 하나에는 보지에다 삘리리댕이를 꽂아 놓구 또 한 냄에 보지에다가는 삘리리댕이를 꽂아 놓구 체네 방에 들어가서 處女를 업구서 가멘서 "處女 채간다" 하구 큰소리루 과텟다.

그르느꺼니 넝감은 잠을 깨개주구 불을 케겠다구 성나 어드메 있나 성나 어드메 있나 하멘 쉬미를 쓰다듬으느꺼니 누황에 불이 니러나서 쉬미가 탔다. 아이구 뜨가[4] 아이구 뜨가 과텟다. 지붕에서 지키든 하인이 과티는 소리를 듣구 잠을 깨서 내리갈라 하넌데 무쇠둥굴을 썼기 때문에 앞뒤가 캉캄해서 하늘이 내리앉았다구 과티멘 내리가디 못하구 있었다. 넝감은 이 소리를 듣구 "데놈 봐라 하늘이 네리앉았다니 거 무신 말이가" 하멘 욕하구 사랑에 아들을 불러 너에 뉘를 채갔으니 날래 나오라구 과텟다. 사랑에 아덜덜은 깜작 놀래서 니러날라구 하넌데 상투레 맛자매[5] 놔서 니러나디 못하구 서루 내 상투 놔라 내 상투 놔라 하멘 쌈질하구 있었다. 그르느꺼니 소매에 들어 있는 작은 돌에 맞아서 아이구 아이구 하구 나가딜 못했다. 넝감은 또 증이 나서 뉘가 채갔넌데 데놈으 새끼들은 쌈질만 하구 있다구 욕질했다. 넝감은 "벡에 있는 메눌아야 너에 시뉘레 채간다 날래 나와서 봐라" 하구 과텟다. 메누리들은 뛔나오넌데 보지에서 삘리리댕이 삘리리댕이 하멘 소리내구 나왔다. 넝감은 또 증이 나서 "아 데놈으 에미나들[6] 시뉘가 채간다 넌데 머이 기뻐서 삘리리땡이 삘리리땡이 하멘 소리하구 나오노" 하멘 또 욕질을 했다. 半便은 이렇게 해서 체네를 채다가 잘 살았다구 한다.

＊1932年 2月 宣川郡 郡山面 蓬山洞 金淑鉉

1) 영치기영차    2) 마누라    3) 무쇠로 만든 투구    4) 뜨거워    5) 마주 붙잡아 매어    6) 계집아이들

# 계모와 9형제와 누이 | 넷날에 어떤 사람이 있는데 아들 아홉에

딸 둘을 두구 댕내레 죽어서 後댕내를 얻었다. 이 後댕내는 前댕내가

난 아들 딸을 미워해서 당창 쥑여 없애려구 했다.

어느날 아홉 오래비는 누이를 살리는[1]데 쓸 네장감을 사레 먼 곳에 가서 집에 없었넌데 홋오마니는 이 사이에 쥐를 잡아서 깍데기를 베게서 큰딸이 자는 데 가서 큰딸 속곳아낙에 몰레 네두구 "날레 닌나라구. 놈은 볼세 니러나서 일하구 있넌데 넌 와 잠만 자구 있네?" 했다. 큰딸은 놀래서 닌났넌데 머이 속곳가랭이서 툭 떠러뎄다. 홋오마니는 이걸 줏어보더니 "아 이 간나 죽일 간나 걸으니라구니. 화낭질해서 아들 났구만. 속곳가랭이 피 좀 봐!" 하멘 욕질하멘 과뎄다. 그리구 저에 서나[2] 한데 가서 "이런 흉축한 일이 어데 있간나. 어트갔으문 둏갔소" 했다.

이 체네는 꿈에두 생각디두 못한 일이 일어나구 홋오마니 辱이 甚하구 하느꺼니 이 세상에 살 수레 없어서 왕왕 테울다가 쑥새를 베잡구 뒷동산 넘어 큰늪에 가서 초매를 뒤처쓰구 물에 빠져 죽었다.

이 체네에 저그나가 外家집에 갔다 와서 보느꺼니 뉘이 없어서 홋오마니과 형은 어드메 갔능가 물었다. 外家집에 갔갔디 해서 내레 이자 外家집에서 오는 길인데 外家집에 안 왔다구 했다. 고롬 친구집에 갔갔디 해서 저그나는 친구집을 두루 가봤다. 그런데 뉘은 아무 데두 없었다.

저그니는 아무래두 홋오마니가 뉘을 죽인 거라구 생각하구 왕왕 테울었다. 그리구 쑥새를 베잡구 뒷동산 넘어 큰늪에 가서 초매를 뒤처쓰구 물에 빠져 죽었다.

아홉 오래비는 누이으 네장 당을 봐개지구 각기 한 바리식 싫구 집에 돌아와서 마당에다 짐을 부레 놓구 누이가 나오기를 기다렜다. 그런데 누이는 오딜 안했다. 그런데 어드메서 파랑새 두 마리가 날라와서 맏오래비 짐에 가 앉았다가 둘째오래비 짐바리에 앉았다가 또 세째오래비 짐에도 앉군 하다가 세째 네째 이렇게 해서 아홉 오래비 짐바리에 차례차례 앉이면서 아홉 오래비 접동 아홉 오래비 접동 하구 슬피 울었다. 오래비들은 이거 이상한 노릇이다 하구서리 홋오마니과 누이레 어드메 있능가 하구 물었다.

훗오마니는 나두 모르갔다 하는데 아홉 오래비들은 아매두 훗오마니가 죽인 거라 하구서 뒷동산 넘어 큰눞에 가봤다. 그 눞에는 조그만 한 마가리[3]가 있는데 그 마가리 안에 뉘에 屍體가 가즈런히 있었다.

그런데 늬으 屍體는 하늘서 仙女가 내리와서 개지구 올라가구 훗오마니는 벼락을 맞구 죽었다.

이 두 체네는 죽어서 접동새가 되구 훗오마니는 가마구가 됐다. 가마구는 접동새를 미워하구 보기만 하면 어디까지나 쫓아가서 물어뜯구 죽이구야 말았다. 그래서 접동새는 낮에는 나오디 못하구 가마구가 안 나오는 밤에만 나와서 운다구 한다.

*1936年 12月 定州郡 郭山面 石洞下端 金相允

1) 시집보내는     2) 서방     3) 오두막집


# 계모와 9형제와 누이 |

넷날에 어떤 집에 아들 아홉 兄弟와 외딸 하나 있었넌데 그 집 오마니가 世上을 떠나서 後오마니를 얻어왔드랬넌데 이 後오마니는 맘이 곱딜 못한 낸이 돼놔서 前오마니으 아들 딸을 페렙게[1] 굴었다. 한번은 딸을 살리갔다구 아홉 오래비들이 말 아홉 바리 개지구 서울루 비단 예단 사레 간 사이에 이 외딸을 때레쥑였다.

아홉 오래비들이 둏은 비단천을 사서 말에 싫구 집이루 돌아오넌데 사이 하나가 날라와서 아홉 오래비 접동 아홉 오래비 접동 하멘 비단 바리에 앉았다 오라비 갓 우에 앉았다 델루루[2] 갔다 일루루 갔다 하멘 슬피 울었다.

아홉 오래비들은 이거 이상하다 아무래두 집에 무슨 일이 나갔다 하구 말을 빨리 몰아서 집이 와보느꺼니 누이레 없어뎄다. 아홉 오래비들은 이따위 비단 무슨 소용 있갔네 하멘 서울서 싫구 온 비단 아홉 바리를 전부 다 불을 질러 태왔다. 그러느꺼니 後오마니는 이걸 보구 안타

가와서 비단 불덤이를 뺑뺑 싸고 돌멘 나 초매 한 감 주갔디 나 댕기 한 감 주갔디 하구 있었다. 오래비들은 이걸 보구 後오마니를 차서 불데미에다 넣었다. 그랬더니 後오마니는 가막까치가 돼서 날아갔다.

　누이는 죽어서 접동새가 됐다구 하넌네 생전에 後오마니과 사이가 둏지 안아서 죽어서두 後오마니가 보기 싫다구 나제는 가막까치를 피하느라구 날디 못하구 어두운 밤에야 나서 슬피 운다구 한다.

＊1936年 12月 宣川郡 台山面 仁岩洞 金興善

＊1936年 12月 宣川郡 山面 保岩洞 金聖濬

＊1936年 12月 宣川郡 水清面 古邑洞 李庸逸

1) 못살게　　2) 저쪽으로

# 계모와 7형제와 누이 | 넷날에 금태녀王이라는 王이 있었넌데

이 王은 아들을 닐굽 두었다. 상체를 해서 後妻를 얻었넌데 이 後妻는 맘이 나뿐 낸이 돼서 前댕내가 나은 아들을 죽일라구 하구시리 하루는 권병[1]을 하는데 너 틀레구나 너 틀레구나 하멘 몸을 떠는 즛을 하구 금태녀王임을 불러디리라 해서 금태녀왕은 인치 들어왔다.

　王에 後댕내는 금태녀王을 보자 네 발을 허우멘[2] 죽는 지낭을 하구 "王님 王님 나 한 人生 죽으문 王님은 어트카갔읍니까. 앞에 무당네 집이 가서 물으느껀 아들 닐굽 애를 내 먹어야 살갔다는데 어드르갔소. 나 한 人生 살았으문 아들 닐굽 얼른 생기는데…" 하멘 울었다. 王은 훗댕내가 이러구 하느꺼니 닐굽 아들에 아이[3]를 내서 멕에서 살구야갔다 하구서리 아들 닐굽을 몰구 뒷동산에 가서 총으루 쏘아 죽일라구 했다. 그런데 쏠 수가 없어서 그대루 있었다. 그러다가 두루두루 보느꺼니 꿀돼지 잔등에 소나무가 흔들흔들 하구 있는 거이 보여서 그걸 탕 하구 쐈더니 꿀돼지가 죽었다. 王은 그 꿀돼지 아이를 내서 닐굽 끼아리[4]루 만들어서 말께 싣구 왈랑절랑 집이루 왔다.

홋댕내 몸에서 연주애기라는 딸과 분수애기라는 딸과 두 딸을 났넌데 홋댕내는 말이 오는 소리를 듣구 연주애기과 머이 오능가 나가 보라구 했다. 연주애기는 나갔다 보구 와서 아바지레 와요 했다. 홋댕내는 또 분주애기과 아버지가 어데만큼 왔능가 나가 보라구 했다. 분주애기가 나갔다가 보구 와서 五里 다 왔수다 했다. 그런데 王은 볼세 다 와서 닐굽 끼아리루 된 애를 홋댕내한테 주었다.

홋댕내는 애 닐굽 끼아리를 받아 개지구 한 끼아리를 먹는 듯 만 듯하구서 삿자리⁵⁾ 아래에다 너두었다. 이 애는 게자리⁶⁾ 다가이⁷⁾가 됐다. 또 한 끼아리를 먹는 듯 만 듯하구 삿자리 밑에 네두었다. 이거는 빈대가 됐다. 또 한 끼아리를 먹는 듯 만 듯하구 삿자리 아닉에 넜넌데 이거는 바퀴가 됐다. 또 한 끼아리는 쥐메누리가 되구 또 한 끼아리는 가마구가 되구 또 한 끼아리는 솔개미가 됐다.

홋댕내는 닐굽 아들 아이를 먹어서 병이 다 났다구 하면 자리서 니러나서 연주애기과 아바지 둘오라구 하라구 했다. 연주애기는 王한데 가서 "오마니 병 다 났었이니 둘오람무라" 하구 말했다.

금태너王은 홋댕내한데 가니까 홋댕내는 王에 센⁸⁾ 쉐미⁹⁾를 내리쓸구 위루 쓸멘 나 한 인생 장간인데… 하멘 기뻐했다. 그때 백켄에서 쿵쿵 하멘 무슨 소리가 났다. 홋댕내는 연주애기과 "데거이 무슨 소리가 나가 보라"구 했다. 연주애기가 나가 보느꺼니 닐굽 오래비가 문습기때¹⁰⁾를 해들구 들어오구 있었다. 연주애기는 오마니한데 가서 닐굽 오래비가 문습기때를 해개지구 들어온다구 말했다. 오마니는 깜작 놀라 죽은 닐곱 兄弟가 어찌 온단 말가? 나는 낯을 어따 두갔네 하멘 이제는 분수애기과 나가 보구 오라 했다. 분수애기가 나가서 보구 와서 오래비들이 오구 있다구 했다. 오마니는 에구에구 데 낯을 어따 두갔네 하멘 王에 센 쉐미를 폭 다 뜯어 주구 딸들은 들어왔다 나갔다 했다. 그러다가 오마니는 삿자리 아래루 들어가서 숨을라 하넌데 빈대 바쿠레 뜯어먹을라구 달라들었다. 그래서 삿자리 아래에 못 숨구 벡에 나가서 숨을라 했다. 그런데 여기서는 쥐메누리가 나와서 뜯어먹을라구 했다. 그래서 후룽[11] 뒤에 가서 고게 있는 동시루를 쓰고 숨었다.

닐굽 오래비들은 집에 둘와서 홋오마니를 찾았다구 여기더기 돌아다니면 찾았넌데 후룽 뒤에 동시루를 쓰구 돼지레 돼서 꿀꿀 하구 있는 거를 찾아냈다. 닐굽 兄弟는 이 꿀돼지를 쐈잡을라구 하는데 맏兄은 "우리가 어드르케 아바지 벗을 쏘갔네. 놔두자"구 말했다. 그러느꺼니 둘째두 세째두 네째두 아바지 벗을 쏘디 말자구 했다. 그런데 마즈막 동생이 "오동지달에 삼베 둥에[12] 입혜 내쫓는 罪요, 오누월에 합비디 입혜서 내보낸 罪요, 우리 원수 와 못 쏘간네" 하멘서 탁 쐈서 홋오마니를 죽였다구 한다.

＊1938年 1月 義州郡 古津面 樂淸洞 鄭利澤
＊1938年 1月 宣川郡 水淸面 古邑洞 李庸逸

※但 '금태너王'은 '금턴하王'으로 됨.

1) 꾀병   2) 허우적거리며   3) 애, 창자   4) 꾸러미   5) 갈대로 엮은 자리   6) 벌레이름   7) 벌레이름   8) 하얀   9) 수염   10) 旗   11) 후원   12) 중의


# 계모와 7형제와 누이 | 넷날에 어니 골에 사뚜가 있었넌데 아들

닐굽과 딸 하나 두었드랬넌데 그에 댕내가 죽어서 홋댕내를 얻었다. 이 홋댕내는 이 사뚜한데 와서 딸을 닐굽이나 났다.

이 홋댕내는 맘이 안돼 먹어서 아들 닐굽 兄弟를 쥑일라구 당창[1] 경우만 보구 있드랬넌데 하루는 무당과 짜구서 사뚜 앞에서 속골치가 아프다구 아픈 지낭을 했다. 사뚜는 홋댕내가 아픈 거를 보구 "와 아픈가. 어드러카야 낫갔능가" 하구 물었다. 홋댕내는 "나두 모르갔수다. 아모데 있는 巫堂과 알아보우다" 했다. 사뚜는 그 무당한데 가서 들어 보느

꺼니 아들 닐굽에 애를 먹어야 낫갔다구 했다.

사뚜는 이 말을 듣구 집이 돌아와서 後댕내과 그런 말을 하느꺼니 後댕내는 고롬 날래 그 애를 먹게 해달라구 했다.

망내 아덜이 자다가 이 말을 듣구 兄들과 말하구 逃亡가자 했다. 兄들은 우리는 도망가디 말구 아바지 하자는 대루 할 수밖에 없다 하구 그대루 있었다.

홋댕내는 사뚜보구 날래 아들 애를 먹게 해달라구 자꾸 조르느꺼니 사뚜는 할 수 없이 아들 닐굽 兄弟를 대불구 山에 가서 쥑이구 애를 낼라구 했다. 그런데 사뚜의 下人 하나가 이 닐굽 兄弟를 멀리 보내구 곰에 애를 내다가 주는 거이 어드런가 말하느꺼니 사뚜두 그 말을 듣구 기뻐서 아들을 모두 서울루 보내구 곰에 새끼 애를 내서 後댕내에 주었다. 後댕내는 그 곰에 애를 먹은 듯 만 듯하구 다 낫다구 자리서 니러났다. 그리구 後댕내는 前댕내으 딸꺼정 죽이구 말았다.

닐굽 兄弟는 서울에 가서 科擧에 及第해 개지구 북을 티멘 집으루 왔다. 後오마니는 제가 난 딸을 내보내서 누구레 오는가 보라구 했다. 딸이 나가서 보구 와서 오래비가 베실해 개지구 온다구 했다.

後오마니는 "죽은 오래비가 와 오갔네?" 하멘 둘째딸을 내보냈다. 둘찌딸두 보구 와서 오래비가 온다구 했다. "죽은 오래비가 어드래 오간?" 하멘 세째딸을 내보냈다. 세째딸두 보구 와서 오래비가 온다구 했다. 後오마니는 딸을 내보내구 보라 하느꺼니 딸마다 모두 오래비가 온다구 했다. 後댕내는 사뚜 물꽉에 올라앉아서 쉐미를 잡아뜯으멘 와 날 속였소 와 날 속였소 하멘 볼 낯이 없이니 숭게 달라구 졸며 돌아가다가 운두란에 있는 시루 아낙에 들어가 업데 있었다.

닐굽 兄弟는 누이 네장을 싣구 오드랬는데 누이는 죽어서 접동사이가 돼서 이 네장 바리 우에 앉아서 있었다. 닐굽 兄弟는 집에 와서 後오마니가 난 누이들과 오마니 어드메 갔능가 하구 물었다. 누이들은 오래비들이 베실해 개지구 오는 걸 보구 이웃집이루 쌀 꾸레 갔다구 겁소리[2]했다. 닐굽 兄弟는 이자 오갔디 하구 기다리구 있는데 아무리 기다레두 오딜 안해서 또 어드메 갔능가 하구 물었다. 떡 꾸레 갔다구 했다. 또 기다레 보는데 또 안 와서 어드메 갔능가 또 물었다. 반찬 꾸레 갔다구 해서 이번에는 믿디 않구 집안을 뒤져 봤다. 그랬더니 운두란 시루 밑에 숨어 있어서 시루를 들티느꺼니 홋오마니는 곰이 돼개지구 있었다. 닐굽 兄弟는 이걸 보구 총으로 쏴서 죽였는데 홋오마니는 죽어서 가마구가 됐다.

이 가마구는 접동사이만 보문 죽이갔다구 쫓아다녔다. 접동사이는 가마구가 무서워서 낮에는 숨어 있다가 가마구가 날디 않는 밤에만 나와서 돌아다니멘 운다구 한다.

＊1935年 1月 鐵山郡 鐵山面 嶺洞 崔元丙

＊1935年 1月 龍山郡 內中面 香峰洞 李光鉉

＊1935年 1月 昌城郡 昌城面 甲岩洞 姜學道

＊1935年 1月 定州郡 觀舟面 舟鶴洞 元義範

※但 上記의 '곰'은 '멧돼지'로 되어 있음.

＊1937年 1月 宣川郡 深川面 古軍營洞 張翼昊

※但 上記의 '곰'은 '멧돼지'로 되어 있음.

＊1938年 1月 龍川郡 內中面 堂嶺洞 李汝楷

※但 上記의 '곰'은 '멧돼지'로 되어 있음.

1) 늘    2) 거짓말


# 장화와 홍련의 원혼 | 네날에 鐵山 골에 裵佐首라는 사람이 있었드

랬는데 본댕내가 죽어서 홋댕내를 얻었다. 裵佐首한데는 장화와 홍년이란 딸이 둘이 있었는데 홋댕내는 이 딸한데 폐랍게 굴구 당창 욕질하구 밥 한 끼두 잘 주딜 않구 일만 힘들게 시키군 했다.

홋댕내는 큰 쥐를 잡아서 깍데기를 베께서 피를 무테서 장화가 자구 있는 니불 안에 살제기 네두구 "야! 날레 니러나람. 놈덜은 볼세 니러나서 일하구 있넌데 이 화낭년은 송구두 자구 있네? 날래 니러나라!"구 과티멘 니불을 홱 걷어올렜다. 장화는 놀래서 니러나느꺼니 깍데기 버낀 쥐 알몸이 탁 떠러뎄다. 홋오마니는 이걸 보구 "이거 머가? 아 아니가? 체네가 아를 났구나 이거 야단났다. 데따위 화낭년 덩배¹⁾ 보내야디 가만 둘 수 없다!"구 또 과뎄다.

襄佐首는 딸에 이 따위루 체네가 알²⁾ 났다구 해서 장화를 덩배 보내기루 했다. 장화는 아무 말두 못하구 집을 나와서 鐵山에 있는 어떤 늪에 빠져 죽었다. 장화으 동생 홍련이는 兄이 누명을 쓰구 죽은 거이 너무너무 분해서 맨날 울구만 지나다가 마감에는 兄이 빠져 죽은 늪에 가서 빠져 죽었다.

물에 빠져 죽은 두 체네의 魂은 怨鬼가 돼서 그 골 사뚜한데 가서 누명쓰구 죽은 원한을 풀어 달라구 했다. 사뚜는 襄佐首와 홋댕내를 잡아다가 도사하구 홋댕내에 나뿐 죄상이 나타나서 襄佐首 夫妻를 쥑이구 두 체네의 원한을 풀어 줬다구 한다.

＊1934年 7月 宣川郡 山面 下端洞 金國柄
＊1936年 12月 龍川郡 外上面 停車洞 李元春
＊1937年 7月 定州郡 觀舟面 觀揷洞 桂昌沃
＊1937年 7月 鐵山郡 西林面 化炭洞 金正恪

1) 귀양    2) 아이를


# 계모와 아들 | 넷날에 어떤 사람이 저근댕내를 얻었는데 이 저근댕내는 맘이 나뿐 사람이 돼서 큰댕내가 아를 낭 걸 몰래 게수다 개저다 네서 죽이구, 서나과는 큰댕내가 아를 낳기는 난 모양인데 어드렇게 난넌디 그 낳은 아를 게수다

빠테 죽였다구 말했다. 이 사람은 작은댕내으 이러한 말을 듣구 그년 못쓰갔다 하구 큰댕내를 내쫓았다.

이 사람은 어늬 날 게수에 멕감으레 가서 멕감구 있누라느꺼니 잉어 한 마리가 옆에 와서 꼬리를 솔솔 티멘 아바지 아바지 했다. 이 사람은 이상한 일두 다 있다 하구선 집이 돌아와서 저근댕내과 그런 말을 했다. 그러느꺼니 저근댕내는 심댕이 나서[1] 인차 게수루 쫓아가서 그 잉어를 잡아서 먹었다. 근데 저근댕내는 잉어를 먹구선 안차 도꽜다.[2] 텅 깐에 있던 송아지레 이걸 보구 꼬삐를 끊구 와서 그 도꾼 고기를 핥아 먹었다.

그 後보타는 이 송아지는 이 집 서나를 보문 아바지 아바지 하구 불렀다. 송아지가 이렇게 아바지라구 말을 하느꺼니 이 사람은 그거이 재미가 나서 송아지를 당창 타구 돌아다녔다. 저근댕내는 또 이거이 심당이 나서 데 송아지 잡아먹자구 했다.

이 송아지는 큰 담에 서울루 올라갔다. 그때 어떤 大監이 집 운두란에 북을 높이 달아매 놓고 누구던지 그 북을 한 번에 뛰어서 틸 수 있는 사람이면 그 사람을 사우 삼갔다구 광고를 써부텠다. 그래서 사람들은 대감집에 와서 그 북을 테보넌데 숫탄 사람이 테보갔다구 했지만 너머너머 높이 북이 매달레 있어서 아무두 티디 못했다. 이럴 때 이 송아지가 가서 그 북을 쉽사리 텄다. 대감은 그 북을 틴 거이 사람이 아니구 송아지이느꺼니 이거 안 되갔다 했지만 한 번 약속한 거이 돼서 할 수 없이 이 송아지를 사우 삼았다. 이 송아지는 대감에 사우가 된 담에 송아지 허울을 벗구 사람이 됐는데 저에 아버지 오마니와 함께 잘살았다구 한다.

＊1935年 1月 宣川郡 台山面 圓峰洞 朴根葉

1) 심술이 나서    2) 토했다

# 계모가 팔을 자르고 내쫓은 처녀 |

옛날에 한 체네가 있는데 이 체네는 오마니가 죽어서 훗오마니를 성기게 됐

드랬는데 이 훗오마니는 아들 여럿을 대불구 둘와서 이 체네를 미워하구 폐랍게 굴구 내쫓을라 했다. 훗오마니 아덜은 데 에미나 내쫓을 바에는 낭손을 잘라서 내쫓으라 하느꺼니 훗오마니는 그거 그카는 게 둏갔다 하구 이 체네 손을 문턱에 올레 놓구 도꾸[1]로 탁 테서 잘라서 내쫓았다. 그런데 이 체네에 잘닌 손은 바른 손은 독수리가 물어 가구 왼손은 새매가 물어 갔다.

체네는 내쫓기운 담에 갈 데가 없어서 여기더기 돌아다니는데 하루는 어드런 집 담장 밖에 와서 담 우를 테다보느꺼니 감나무에 감이 많이 열레 있어서 데 감이나 따먹갔다구 담장으루 올라갈라 하는데 손이 없으느꺼니 떠러데서 올라가딜 못하고 있었다.

이 감나무 아래에는 이 집에 외아들이 공부하는 방이 있드랬는데 이 아들이 공부하다가 보느꺼니 웬 체네가 있어서 이 체네를 저으 방으루 데부러다 놓구 병풍으루 가리워 숨겨 두구 아침 저낙으로 자기 밥을 논아 먹구 자기 쉐수물루 쉐수시키구 이라멘 지냈다. 그러느꺼니 집안 사람들은 아들의 쉐수물이 전보단 흐리구 밥두 기트디 않구 한나투 낭구디 않구 다 먹구 해서 이거 이상한 노릇이다 하구서리 하루는 몰래 아들으 방을 지케봤다. 손 없은 체네를 병풍 뒤에 숨겨 두구 있는 것을 보구 귀여운 아들에 팔자가 그렇가갔다구 이 체네와 結婚을 시켰다.

그 후 이 아들은 과개하레 서울루 가게 됐넌데 갈 적에 색시과 아를 날 것 같으문 便紙하라구 하구서 갔다.

새실랑이 떠난 후 얼마 안 돼서 이 색시는 아를 났다. 이 아는 여간만 곱구 잘생기딜 않아서 부모는 잘난 아를 났다구 서울에 있는 아들한테 便紙를 써보냈다. 便紙 개구[2] 가는 사람은 가다가 이 체네 훗오마니네 집이서 자게 됐다. 이 사람이 자구 있는데 훗오마니는 무슨 便紙를 개

지구 가나 보구 싶어서 그 便紙를 몰래 꺼내서 보구선, 아를 났넌데 흉측하구 보기싫은 괴상한 아를 났으니 이런 색시는 내쫓자 하는 便紙를 써서 네두었다.

새시방은 서울서 이런 便紙를 받구서 색시를 내쫓으래두 내가 내리간 담에 내쫓으라는 말을 쎄서 答狀해 보냈다.

便紙 시금부리[3] 하는 사람은 돌아올 적에 또 그 홋오마니네 집이서 자게 됐다. 홋오마니는 便紙 시금부리 하는 사람이 잠든 쨤에 便紙를 꺼내보구 색시레 병신새끼를 난 거이니 아들을 났더래두 내쫓으라구 고테[4] 써서 네주었다.

집에서는 부모가 이러한 便紙를 받아 보구 할 수 없이 색시를 고온 넙성을 입히구 떡을 많이 해서 주구 아를 업혜서 울멘 내보냈다. 색시두 울멘 아를 업구 집을 나왔는데 갈데레 없어서 발가는 대루 갔다. 하하 가다가 목이 너무너무 말라서 샘에 가서 물을 먹으레 했다. 꺽급 세서[5] 물을 먹는데 잔등에 업힌 아레 고만 뚝 뗘러데서 샘 아낙에 빠졌다. 색시는 깜작 놀라서 손을 내밀어 아를 붙잡을라구 하는데 물 속에서 두 손이 올라와서 부텄다. 그래서 아를 잘 받아서 업구서 갔다.

색시는 가다가 어떤 酒幕에서 일해 주구 밥을 얻어 먹으멘 살구 있었다.

새시방은 서울서 돌아와서 보느꺼니 색시가 없어데서 어칸[6] 노릇인가 하구 물었다. 네레 편지에 쫓아내라 해서 쫓아냈다구 했다. 새시방은 색시를 찾으레 나가갔다 하구서 엿당시가 돼각구 여기더기 돌아다니멘 색시를 찾았다. 그러다가 이 酒幕에꺼정 왔다.

이 酒幕에 물 긷는 낸을 보느꺼니 암만 봐두 저 색시 같아서 자세히 알구파서 그 酒幕에 자리를 붙었다.

색시는 새로 둘온 나그네가 저의 새시방 같은 남덩이여서 아들을 그 사람의 방에다 디리보냈다. 아는 그 방에 들어가서 반가하멘 따르구 아버지 하구 불렀다. 이 사람은 어드런 아래 이러능가 하구 아에 오마니를 불러서 말해 봤다. 그랬더니 자기가 찾으레 나온 색시라는 거를 알게 됐다. "이거 어드릏게 된 노릇이가?" 하멘 말을 해보느꺼니 便紙가 서루가락 中間에서 바꽈딘 거를 알게 됐다.

이 사람은 색시를 찾아서 집에 돌아와서는 색시의 홋오마니를 찾아내구 못된 짓을 많이 한 홋오마니를 죽이구 돌아와서 색시하구 아들하구 잘 살았다구 한다.

\*1937年 1月 宣川郡 新府面 大睦洞 金信永

\*1937年 7月 鐵山郡 扶西面 石山洞 鄭聖則

\*1938年 1月 龍川郡 東下面 三仁洞 文信珏

1) 도끼   2) 가지고   3) 심부름   4) 고쳐   5) 거꾸로 서서   6) 어찌된


# 콩쥐 팥쥐 | 넨날에 콩중이와 팍중이라는 두 체네가 있었다. 콩중이는 전댕내 딸이구 팍중이는 후댕내가 데리구 온 웨넹기[1] 드랬소.

어늬 날 후댕내는 콩중이한데는 나무 호무와 三年 묵은 게밥[2]에 三年 묵은 콩 썩은 거를 주멘 자개돌 달밭[3]에 가서 김을 매라 하구 팍중이한테는 쇠 호무와 팍밥을 주멘 사라구[4] 밭을 매라구 했다.

콩중이는 게밥을 나무 우에 올레놓구 김을 매는데 암만 매두 나무 호무루 매느꺼니 매지딜 안아서 고생하넌데 가마구들이 와서 그 게밥을 다 먹구 또 해테서 팽개테 놓구 해서 콩중이는 더 증이 나서 "요놈에 가마구야 너덜이 나 먹을 밥을 다 먹구 팽개텠으니 난 멀 먹으란 말이가?" 하멘 苦生스럽구 슬픈 자기 신세를 한탄하구 죽은 오마니 생각을 하면서 왕왕 테울구 있었다.

그러느꺼니 하늘서 암소 두 마리가 내리오더니 와 울구만 있능가 하구 물었다. 콩중이는 자기에 신세가 苦生스럽구 슬퍼서 운다구 하멘 게모 밑에서 지내는 고생을 다 말했다. 그러느꺼니 소는 아룻탕에 가서

발 싯구 둥탕에 가서 맥감구 웃탕에 가서 머리 감구 멩디 수건으루 손에다 감구 내 밑구녕에 디리밀어 보라구 했다. 콩중이는 암소가 말한 대루 아룻탕에 가서 발 싯구 둥탕에 가서 맥감구 웃탕에 가서 머리 감구 멩디 수건으루 손에다 감구 소 밑구녕에 디리밀어 보느꺼니 과자며 떡이며 한머사니[5] 나왔다. 콩중이느 그거를 싯컨 먹구 남아지는 싸개지구 집으로 왔다.

그런데 팍중이는 문을 닫구 열어 주딜 안했다. 그래 사탕줄 건 문 좀 열라 하느꺼니 그제야 팍중이레 사탕 보자 했다. 콩중이는 문구녕을 뜰구서 사탕을 하나 네주었다. 팍중이는 콩중이가 개지구 있는 사탕을 함자 다 빼틀러 먹구파서 "너 이자 준 거 화리에 내리텠다. 또 하나 네주렴" 했다. 또 하나 네주느꺼니 "오종자리에 떠러데서 티꺼워 못 먹갔다. 또 하나 네 주람" 했다. 또 네주느꺼니 머 어드랬다 머 어드랬다 하멘 핑게하구 자꾸 네주라 하멘 다 빼틀었다. 그리구 나서 갸우 문을 열어 주었다.

콩중이레 방에 들어가서 사탕을 노나 먹자 하느꺼니 팍중이는 네레 배고프갔으니 밥보탄 먹구 먹으라 했다. 콩중이레 밥을 얻어 보는데 밥이 없어서 밥 어드메 있능가 하느꺼니 가매 안에 있다구 했다. 가매 안을 들테보느꺼니 없어서 없다구 하느꺼니 살궁에 있다구 했다. 살궁을 보느꺼니 살궁에두 없었다. 없다구 하느꺼니 장간에 있다구 했다. 장간에 가보느꺼니 고기에두 없었다. 없다구 하느꺼니 아무 데 있다 아무 데 있다 하멘 겁소리만 하구 사탕은 저 오마니와 다 먹어 비렸다. 그래서 콩중이는 사탕두 먹딜 못하구 저녁밥두 먹딜 못하구 굶었다.

홋오마니는 콩중이과 어드메서 사탕과 떡을 얻어왔능가 물었다. 콩중이는 김 매레 가서 하늘서 암소 두 마리가 내리와서 쳤다구 했다.

다음날 홋오마니는 팍중이한데 게밥에 나무 호무를 줘서 자개돌 달밭을 매레 보내구 콩중이한데는 니팝에 쇠 호무를 주어서 사라구 밭을 매레 보냈다. 팍중이는 밭 매레 가서 울구 있었다. 하늘서 암소 두 마리가 내리와서 와 우능가 물었다. 일이 힘들구 살기가 苦生스러워서 운다구 했다. 그르느꺼니 암소는 아렛탕에 가서 발 싯구 둥탕에 가서 멕감구 웃탕에 가서 머리 감구 내 밑구녕에 손을 디리밀어라 했다. 꽉중이는 기뻐서 멕감고 손 싯구 발 싯구 소 밑구녕에 두 손을 디리밀었다. 과자와 떡이 많이 있으느꺼니 많이 꺼내 먹갔다구 두 손에 많이 쥐구서 손을 뻘라구 했다. 그런데 손에 줜 거이 너머너머 많아서 손이 나오딜 안했다. 소는 다라 뛰었다. 꽉중이는 손을 빼디 못해서 소에 매달레 개지구 끌리워 갔다. 소는 들루 가시밭으루 뛔다냈다. 그래서 꽉중이는 온몸이 다티구 글키구 째지구 해서 피투성이가 됐다. 이 암소는 콩중이 오마니 넝혼이라구 한다.

꽉중이는 온몸이서 피가 나서 입성은 피투성이가 됐다. 피투성이가 된 몸으루 집에 오느꺼니 오마니는 먼 데서 보구 우리 꽉중이는 고온 입성꺼정 얻어 입구 온다구 기뻐했다. 그런데 가까이 온 거를 보느꺼니 온몸이 피투성이레 돼 있어서 이거는 콩중이가 겁소리해서 이렇게 됐다 하구 증이 나서 콩중이를 때리구 티구 하멘 과때뎄다.

그 후 어느 날 홋오마니는 콩중이한데는 낡은 북과 닦은[6] 콩을 주구 꽉중이한데는 새 북과 니찰밥[7]을 주구 누구레 베를 더 많이 짜나 내기해 보라구 했다. 콩중이는 낡은 북 개지구두 쉬디 않구 베를 짰다. 머이 먹구프문 닦은 콩을 한 줌 입에 넣고 먹으멘 쉬디 않구 짰다. 그런데 꽉중이는 니찰밥을 먹으며 짤라기에 밥이 손에 부터서 이거 까타나 베짜기가 느리구 또 짠 베가 더러워뎄다.

홋오마니는 꽉중이가 더 많이 짜고 콩중이는 적게 짤 줄 알았는데 꽉중이가 적게 짠 거는 니찰밥 먹누라 손이 찔걱찔걱 부테서 그런 거이라구 해서 담에는 콩중이한데 니찰밥을 해주구 꽉중이한데는 콩을 닦아주었다.

콩중이는 물을 떠다 놓구 물에 손을 당거내서 찰밥을 떼어먹으멘 베를 짜느꺼니 손이 찔걱찔걱 하디 않구 잘 짜구 많이 짰다. 꽉중이는 콩

알을 한알 한알 집어먹으메 짜 나갈라기에 많이 짜딜 못했다. 홋오마니는 이캐두 팍중이가 콩중이한데 지구 데캐두 콩중이한데 지구 하느꺼니 증이 나서 콩중이를 더 미워했다. 이러구 있으라는데 하루는 외 큰만네[8] 집이서 잔채가 있다구 해서 홋오마니와 팍중이는 구경가갔다구 했다. 콩중이두 가갔다 하느꺼니 홋오마니는 네레 올라문 집 아홉 間 설거지를 다 하구 아홉 방 벽에 재를 다 담아 내구 밑없는 독에 물을 가뜩이 길러 놓구 강피[9] 아홉 섬을 다 찌어 놓구 그런 담에 오라구 했다.

콩중이는 아홉 間 설거지를 다 하구 아홉 방 벽에서 재를 다 담아내느꺼니 고 담에는 일을 할 힘두 없구 또 할 쫨두 없어서 울구 있었다. 울구 있느라느꺼니 참새들이 수백 마리 날라와서 강피를 까먹구 있었다. 콩중이는 이걸 보구 깜작 놀래여 훼에 하구 쫓았다. 참새들은 휄휄 날라갔는데 날라간 담에 보느꺼니 강피에 깍대기는 날라가구 알맹이만 깃터 있어서 강피 아홉 섬이 다 찌어 논 거와 같이 됐다. 고 담에 두터비가 와서 독 안에 들어가서 업디더니 물을 길러 부라구 했다. 콩중이레 물을 한 동이 길러다 부느꺼니 물은 한 독 가득했다.

홋오마니가 시킨 일을 다 마처서 잔채집이를 갈라 하넌데 입구 갈 입성이 없었다. 그래서 콩중이는 울구 있었다. 하늘서 암소가 두 마리 내리와서 골은 비단 입성과 갓신 한 커레를 내줬다. 콩중이는 그 입성을 입구 갓신을 신구 잔채집에 가서 구경하구 있었다. 그런데 구경하다가 홋오마니를 만나서 야단마질가봐 콩중이는 집으로 다라뒀다. 그런데 뛰다가 신 한 짝을 힐었다.

그 뒤에 피양監司가 지나가다가 이 신 한 짝을 얻어서 이 신 님재를 찾아서 처권[10]을 삼갔다구 사람 많이 모인 잔채집에 와서 신 님재를 얻어 봤다. 팍중이가 나와서 그 신은 내 신이우다 했다. 감사는 그 신을 팍중이에게 신게 보느꺼니 맞디 안아서 監司는 안된 년이라구 귓쌈을 때렸다. 고 담에 팍중이 오마니레 그 신은 내 신이우다 하멘 신었다. 그런데 이것두 맞디 안해서 감사는 너두 못된 년이라 하구 귓쌈을 텄다. 고

담에 콩중이가 신어 봤다. 그랬더니 그 신은 콩중이 발에 딱 맞아서 감사는 이 체네레 정말 신 님재라 하구서리 콩중이를 데리구 가서 처권을 삼았다.

그 후 어늬 날 監司는 어데메 가면서 콩중이과 팍중이나 홋오마니가 와서 문 열어 달라구 해두 絶對로 문 열어 주디 말라구 백 본이나 당부하구 갔다. 그런데 監司가 나간 지 얼마 안 돼서 팍중이가 와서 콩중아 콩중아 문 좀 열어 주람 하멘 문을 두드렸다. 콩중이는 감사가 당부한 거이 있어서 문을 열어 줄 염두 안하구 있었다. 그런데 팍중이는 "팍죽 쑤어 왔다. 날래 문 열구 받으람 야" 하멘 "손이 뜨겁다. 아이 뜨거 아이 뜨거" 하멘 급하게 굴었다. 콩중이는 팍중이으 급한 소리를 듣구 문을 열어 주었다. 문이 열리느꺼니 팍중이는 번개같이 뛔둘왔다. 팍죽은 무신 팍죽, 겁소리한 거이느꺼니 팍죽이 무슨 놈에 팍죽.

팍죽이는 집에 두루와서 콩중이를 보더이마는 "야 너 목에 와 때가 많네? 감사가 보멘 티껍다구 내쫓을라. 날두 덥구 하느꺼니 나랑 나가서 맥이나 가무멘 목에 때를 싯자. 어야 가자 어야 가자" 하멘 콩중이를 잡아끌었다. 콩중이는 속아서 문 열어 준 거만 해두 분한데 자꾸 나가자 해서 미워 죽갔는데 모가지에 때가 있다구 하느꺼니 감사가 돌아오기 前에 깨끗이 싯어 놔야갔다 하구 팍중이와 함께 게수로 나갔다.

게수에 다 와서 팍중이는 콩중이과 우리 입성 다 벗구 들어가자 하구서 입성을 벗구 물에 들어갔다. 팍중이는 네레 앞서 가라 하구 콩중이를 앞세워서 들어갔다. 팍중이는 더 깊은 데루 들어가자 하멘 깊은 데루 더 들어갔다. 들어가다가 물이 목에꺼지 차는데 와서는 팍중이는 콩중이를 발루 탁 차서 물에 죽게 됐다. 그리구 팍중이는 나와서 콩중이 입성을 입구 監司에 집에 돌아와서 監司가 돌아오기를 기두루구 있었다.

팍중이 상은 검구 얽구 목이 기다만 했다. 監司가 돌아와서 보구서 어드래서 님제 상이 검구 얽었능가 하구 물었다. 팍중이는 "監司님 없는데 세수를 안해서 상이 검었이요. 그리구 監司님 오나 하구 마중 나가다가 콩마당에 너머데서 얽었이요" 하구 말했다. 목은 와 길어뎄네? 하느꺼니 監司님 오시는 걸 보느라구 멘날 담장 우루 넘게다 봐서 그래요 했다.

監司는 그렁가 하구 있드랬는데 하루는 監司가 하인을 대불구 게수 있는 데 놀레 갔다. 게수 가운데 함박꽃이 보기 둏게 피어 있어서 하인과 더기 있는 함박꽃을 꺾어 오라구 했다. 下人이 물에 들어가서 꽃을 꺾으레 하는데 암막 꺾으레 해두 꺾어지디 안했다. 監司가 물에 들어가서 꺾으느꺼니 꽃은 쉽사리 꺾어뎄다.

監司는 그 꽃을 개지구 집에 돌아와서 집 넝납새[11]다 끼워 뒀다. 그리구 맨날 보구 있는데, 이 함박꽃은 콩중이 넝혼이 된 꽃이 돼놔서 監司가 나가구 들구 할 적에는 활작 피구 웃구 머리를 쓸어 주구 했다. 그런데 팍중이가 토당을 올르구 내리구 할 적에는 꽃이 시들구 팍중이 머리털을 줴뜯구 했다.

팍중이는 결이 나서 벨놈에 꽃 다 꺾어다가 끼워 놔서 벨놈으 성화 멕인다 하며 그 꽃을 뽑아서 벽 아구리에 쓸어네쿠 불을 때 버렸다.

그 후 어늬 날 넢집에 사는 老親네가 監司네 집이 와서 벽악제기에 불을 다 담아가갔다구 불을 담는데 원 구슬이 재 속에 있었다. 老親네는 원 구슬이가 하멘 주워 개지구 저에 집에 개저다가 농 아낙에 네 두었다.

그 후보타는 노친네레 어드메 나갔다 돌아와 보문 니팝매자시[12]가 한 床 고여 있군 있군 했다. 이거 조화다 하구 하루는 숨어서 가만히 엿보구 있누라느꺼니 농 아낙에 두어 둔 구슬이 고온 색씨레 돼서 나와서 밥을 한상 지어 놓구 들어가구 있었다. 노친네는 얼른 가서 색씨를 부테잡구 원 색씨가 물었다.

색시는 저는 콩중인데 일이 이러이러이 돼서 그런다구 하구 監司를 한분 청해다가 밥 한끼 대접하고푸다구 말했다. 노친네는 그카라구 하구서리 하루는 監司를 청했다.

監司가 밥상을 받구 보느꺼니 제까치가 짝짝이구 까구리 놓여 있어서 와 제까치를 짝짝이구 까구리 놨능가 물었다. 그때 농 안에 있든 콩중이는 뛔나오멘 "여보 監司님 제까치가 짝짝이구 까꾸리 논 건 알멘서 제 처권 바뀐 건 모릅니까?"했다.

監司는 이 말을 듣구 그제야 깨닫구 팍중이와 팍중이 오마니를 죽이구 콩중이와 잘살았다구 한다.

＊1935年 1月 定州郡 觀舟面 舟鶴洞 元義範

＊1935年 1月 定州郡 玉泉面 文仁洞 金珽鴻

＊1935年 1月 宣川郡 東面 路下洞 朱廷範

＊1935年 1月 宣川郡 台山面 圓峯洞 朴根葉

＊1936年 12月 宣川郡 台山面 仁岩洞 金興善

＊1936年 12月 宣川郡 山面 保岩洞 金聖濬

＊1936年 12月 宣川郡 深川面 古軍營洞 張翼昊

＊1938年 1月 宣川郡 南面 三峰洞 朴璿圭

＊1938年 1月 義州郡 威遠面 西洞 白南斗

＊1938年 1月 碧潼郡 加別面 加下洞 士智里 李秉煥

＊1938年 1月 鐵山郡 西林面 內山洞 金孝鎭

＊1938年 1月 鐵山郡 西林面 化炭洞 金正恪

＊1938年 1月 龍川郡 內中面 香峰洞 李光鉉

＊1938年 1月 龍川郡 外上面 停車洞 李元春

＊1938年 1月 昌城郡 昌城面 坪路洞 姜英老

1) 繼子    2) 겨로 지은 밥    3) 억새풀이 난 밭    4) 풀 이름, 매기 쉬운 밭

5) 많이    6) 볶은    7) 찹쌀밥    8) 외가 할머니 댁    9) 껍질 벗기지 않은 피    10) 아내    11) 처마 끝    12) 백미로 지은 밥

# 계모와 아들 | 넨날에 한 아레 있는데 오마니가 죽어서 아바지는 훗오마니를 얻어왔다.

이 훗오마니는 이 아를 미워하구 패랍게 굴어서 고기를 사다가 먹을 때는 대구리만 주구 살 있는 데는 주딜 않했다. 이 아는 이거이 섭섭해서 니웃집 넝감과 우리 훗오마니는 고기를 줄 때는 살은 주디 않구 대구리만 준다구 불평을 말했다.

넝감은 "야야 훗오마니가 대구리만 주는 거는 너레 世上에 높은 사람 되라구 하라는 거야. 대구리만 먹는 사람은 엄지가[1] 되구 꼬렝이만 먹는 사람은 낮은 사람이 된다" 하구 말했다.

이 말을 훗오마니가 엿듣구 고 담부터는 이 아한테 대구리를 주디 않구 꼬렝이만 멕엤다구 한다.

*1934年 1月 宣川郡 宣川邑 川南洞 李贊基

1) 웃사람

# 婚前姦夫 | 넷날에 한 곳에 金政丞과 李政丞이 있었넌데 이 두 사람은 사이 돟은 親舊드랬넌데 이 두 사람은 아들을 하나식 두었넌데 이 아들들도 서루가락 親해서 義兄弟를 두었다.

차차 자라서 나이 당개 갈 나이가 돼서 당개 보낼라 하느꺼니 金政丞 아들은 李政丞 아들과 兄님이 몬제 가야 나는 간다구 했다. 李政丞 아들은 야 그럴 것 없이 우리 한날 한시에 난 체네를 얻어 봐서 한날 가자 했다. 그러느꺼니 金政丞 아들도 그거 돟다 하구 한날 한시에 난 체네한데 한날 가자 했다. 그러느꺼니 金政丞 아들도 그거 돟다 하구 한날 한시에 난 체네를 얻어 봐서 한날 당개들기루 했다. 그리서 한날 한시에 난 체네를 얻어 보느꺼니 마침 있어서 한날에 당개 가기루 했다.

당개 가는 날이 돼서 金政丞 아들과 李政丞 아들은 각기 색시 집으루 가넌데 가다가 길이 갈라진 곳에 왔다. 둘이는 고기서 헤지멘서 길 갈라진 곳에 돌 하나를 세워 두구 가싯집[1]이서 돌아올 때 돌을 너머트리구 가자 하구서리 헤뎄다.

살[2] 후 金政丞 아덜이 집이루 돌아오는데 길에 세워 둔 돌을 너머띠리구 오는 거를 닛제 삐리고 그냥 왔다. 李政丞 아들은 오다가 보느꺼니 길에 세워 둔 돌이 근낭 세 있어서 아매두 적으니는 아직두 떠나디 안했나부다 하구 같이 가갔다구 金政丞 아들으 가싯집으루 가봤다. 그 집이서는 볼세 갔다구 해서 그 집을 떠날가 했넌데 날이 저무러서 그 집이서 하룻밤 묵고 떠나기루 했다.

李政丞 아들은 밤에 잘라구 하넌데 잠이 오디 안해서 밖에 나와 왔다 갔다 했다. 모두 자는지 방마다 불이 꺼저 있넌데 데켄에 불이 케 있는 방이 있어서 글루루 가보느꺼니 방에서 말소리가 났다. 문구녕을 숭구 디레다보느꺼니 金政丞 아들 색씨과 어드런 중놈과 붙에 앉구서리 말을 주구받구 하구 있었다. 색시가 이젠 우리는 만나디 못하갔다 하느꺼니 고놈을 쥑이구 우리 같이 살자 하구 중놈이 말했다. 색시는 "그카문 동가구만. 살 있으문 오갔으느꺼니 그때 쥑에 없애자꾸나. 그때꺼정 님제레 이 가죽부대 아낙에 들어가 있이라우. 그리구 고놈이 오거덩 나와서 죽이라" 하구 말했다.

李政丞 아들은 이런 말을 다 듣구 야아 이거 야단났다, 빨리 알리야 갔다 하구서리 자든 房으루 와서 자구 다음날 새박에 일즉 니러나서 집에 와서 金政丞 아들과 어제 나주 보구 들은 말을 다 하구 살 後에 金政丞 아들과 항게 색시 집으루 갔다.

李政丞 아들은 金政丞 아들과 金政丞 아들 가시 아바지[3]와 항게 색시 방에 가서 색시 아바지보구 가죽부대를 내달라구 했다. 내주느꺼니 李政丞 아들은 색시과 "이 가죽부대 아낙에 있는 놈을 죽이람?" 하구 말했다. 그러느꺼니 색시는 상이 새빨가디멘 아뭇 쏘리 못하구 발발 떨기만 했다. 李政丞 아들은 칼루 그 가죽부대를 칵 떨르느꺼니 아낙에서

악 소리 하멘 사람 죽는 소리가 나구 피가 흘러나왔다. 색시 아바지는 이걸 보구 이럴 수가 이럴 수가 하구만 있었다. 그런데 金政丞 아들은 이러한 색시인데두 대불구 와서 잘살았다구 한다.

＊1936年 12月 定州郡 觀舟面 近潭洞 金英甲

＊1936年 12月 鐵山郡 西林面 化炭洞 金正恪

1) 처가집    2) 사흘 후    3) 장인

# 일본을 항복시킨 神僧 | 壬辰倭亂 때 泗溟堂이라는 사람

이 있었다. 이 사람은 妙香山서 난 사람인데 이 사람은 날 적에 같이 난 香나무로 방패를 만들어 개지구 日本軍과 쌈을 했넌데, 이 방패는 총 알두 화살두 뚫디 못하는 조화 붙은 방패레 돼서 日本군사도 옴찍 못했다. 그런데 어드렇게 하다가 실수를 해서 泗溟堂은 日本놈한테 잽히 워서 日本으루 끌리워갔다.

日本서는 이러한 사람을 나두었다가는 안 되갔다 하구서리 죽일라 구 쇠집을 짓구 그 아낙에다 닣구 불을 디렙다 땠다. 쇠집이 빨갛게 달 아서 이젠 죽았갔디 하구 문을 열어보느꺼니 새멘 벽과 泗溟堂에 몸에 얼음이 쌔하게 얼어부터 있었다.

泗溟堂은 "日本나라는 덥다넌데 이같이 추운 건 어드런 노릇인가? 불을 더 많이 때라!"구 호령했다.

日本王은 이거 조화다 하구서리 이번에는 얼음 속에다 묻구 한참 만에 들테 보느꺼니 泗溟堂은 맨제번에는 추워서 혼이 났넌데 이번에는 더워서 혼이 났다구 하멘 니마에 땀을 씻구 있었다.

日本王은 泗溟堂에 하는 노릇을 보구서리 이 사람은 사람이 아니구 神이라 죽일 수 없다 하구 놔주었다. 그래서 泗溟堂은 日本에 잽혜갔 어두 죽디 않구 무사히 되셴에 돌아왔는데 亂이 끝나느꺼니 도루 妙香

山에 들어가서 佛道를 닦았다. 그리구 딮구 다니든 디팡이를 땅에 꽂구 이 디팡이서 잎이 나문 내가 다시 돌아올 줄 알아라 하구서는 어데 메룬가 가 삐리구 말았다구 한다.

＊1934年 7月 義州郡 古館面 堂谷洞 劉昌惇

# 일본을 항복시킨 神僧 | 넷날에 우리 되션이 日本에 屬國

이 된 일이 있었다구 한다. 그때 日本서는 朝鮮에다 체네 총각에 가죽 三百당식 매해 갯다 바치라 했다. 그래서 朝鮮서는 할 수 없이 체네 총각 가죽 三百당식 바텄다.

그때 朝鮮에는 눅한大師 성딘이라는 여간만 재간 많은 중이 있었다. 日本서는 이런 재간 많은 중을 그대루 두었다가는 안 되갔다 해서 日本에 잡아다 죽이갔다구 잡아갔다.

눅한大師를 죽이갔다구 日本서는 맨제 쇠집을 짓구 그 집 아낙에 눅한大師를 체넿구 물을 가득 부어서 얼퀴 죽일라구 했다. 그런데 三日만에 房門을 열구 보느꺼니 물은 불이 되구 성딘이는 죽디 않구 살아서 팔팔했다. 日本王은 이거 안 되갔다 하구서리 바늘 광석에 태와서 큰 江에 띠우구 東으루 가라 서루 가라 하멘 江물 우를 끌구 다녔넌데 구 성딘이는 바늘에 꿰 죽디두 않구 물에 빠자 죽디두 않했다. 이거 안 되갔다 하구 도루 쇠집에 넣구서 불을 자꾸 땠다. 밤새두룩 때구서 문을 열어보느꺼니 쇠집 벽에 북세리레 싸핳게 부테 있구 성딘이는 벌벌 떨멘 불을 더 때라 했다. 日本王은 怯이 나서 어떻갈디 모르구 있넌데 성딘이는 "나는 하늘이 낸 사람이느꺼니 너덜이 아무 짓 해두 죽디 않는다. 이젠 너덜은 나 하라는 대루 해야디 그라느문 너덜 다 죽는다 하간!" 하구서리 이 뜰악에 日本 사람을 많이 뫄 노라구 命令했다. 日本王은 예예 하구 사람을 많이 모아 놨다. 성딘이는 비를 탕수[1]같이 많이 오게 했다. 그래서 뜰악에 모인 사람들 모두 물에 빠저 모가지만 내놓구 있었다. 성딘이가 北風 불어라 하느꺼니 北風이 씽씽 불어서 물이 꽁꽁 얼었다. 모가지만 내놓구 얼어붙은 사람에 목을 발루 턱턱 차느꺼니 모가지는 뚝뚝 떠러데서 얼음판 우루 굴러갔다. 日本王은 이걸 보구 잘못했수다 용서해 주시요 하구 옆데서 빌었다.

성딘이는 "고롬 이자보탄 너덜 나 하라는 대루 하간?" 하구 물었다. "예예 하갔읍니다" 해서 "너덜 체네 총각 가죽을 三百 당식 매해 朝鮮에다 바치라" 했다. 日本王은 그카갔다구 해서 그렇게 하기루 하구 日本을 朝鮮에 屬國으로 만들구 朝鮮에 돌아와서 잘살았다구 한다.

＊1936年 12月 宣川郡 深川面 古軍營洞 張翼昊

1) 홍수

# 군수 부인 잡아가는 괴물 | 지금 털산골[1]은 넷적에는

털주[2]라구 했다구 한다.

그때 東顧岩山이라는 山에는 金돼지레 살았넌데 이거이 군수가 새로이 오기만 하문 그 댕내를 잡아가구 잡아가구 했다. 그래서 마감에는 그 골 군수로 오갔단 사람이 없게 됐다. 그른데 어떤 누걸래치가 군수나 한 본 해보구 죽갔다 하구서리 自願해서 털주 군수레 돼 개지구서 왔다.

이 군수는 머이 색시를 잡아가나 알구파서 밤에 四方에다 불을 혜놓구[3] 색시 초매다가 멩디실꾸리를 자매 두구 지케보구 있었다. 재밤이 되느꺼니 찬바람이 쉬 불더니 머이 와서 색시를 채갔넌디 색시레 없어뎄다.

다음날 郡守는 멩디실꾸리가 풀레나간 데루 따라서 가보느꺼니 실은 東顧岩山으루 가서 어떤 窟 안으루 들어가 있었다. 그 窟 아낙에 들어가 보느꺼니 自己 색시가 있구 또 다른 색시두 많이 있었다. 와 여기

와 있능가 물으느꺼니 자기덜두 어드렇게 왔넌지 모르갔다 하멘 여기
와서 金돼지에 妾노릇을 하구 있다구 했다. 그러구 있누라느꺼니 머이
쿵! 하는 소리가 나더니 머이 둘오넌데 낸들은 "金돼지가 둘온다!" 하멘
郡守를 한켄 구세기루 갯다 감췄다.

金돼지는 착 들어오더니 머 別일 없능가 하구 물었다. 한 색씨레 "別
일이 무슨 別일이 있갔소. 그런데 넘제레 나갔다 둘오문 당창 別일 없
을가 別일 없을가 하넌데 와 그런가? 머이 미서워서 미서운 거이 둘올
가바 그렁가. 미서운 거 있거던 말해 보구레. 그런 거 있으문 못 둘오게
할 거이니" 하느꺼니 金돼지는 "난 미서운 거 없다! 그런데 사심이 가죽
만은 미섭다" 하구 말했다. 군수는 이 말을 듣구 사심이 가죽을 얻어 보
느꺼니 도장 넷넌 주머니 끈이 사슴 가죽이 돼놔서 그걸 개지구 金돼지
한테 가서 코에다 댔다. 그러느꺼니 금돼지는 고마나[4] 죽구 말았다.

군수는 저 색시와 다른 낸들을 모주리 구해 개지구 나왔넌데 郡守에
색시는 금돼지 아를 개저서 났넌데 이 아레 崔致遠이라구 한다.

＊1932年 7月 鐵山郡 鐵山邑 李東烈

＊1938年 1月 新義州府 霞町 崔錫根

※但 사슴 가죽은 香으로 되어 있고 崔致遠을 낳았다는 대목은 빠져 있다.

1) 鐵山郡　　2) 鐵州　　3) 켜놓고　　4) 그만

# 군수 부인 잡아가는 괴물 | 지금 텰山골 은 넷날에는

털주라구 했다. 그때 털주골에는 사뚜가 내리오문 사뚜 댕내레 그날 나
쥐로 뭐한태 잽히워가구 잽히워가구 해서 그 골엔 사뚜 되갔다는 사람
이 없게 됐다. 나라서는 이거 안 되갔다 하구서 아무가이구 털주골 원
노릇 하갔단 사람 있이문 털주 원 시키갔다 하구 호통[1]을 냈다. 그러느
꺼니 한 거래치[2]레 아모래두 잘못 살다 죽을 八字이느꺼니 원 노릇이

나 한 본 해보구 죽갔다 하구서리 털주골 원 노릇 하레 갔다.

첫날 나쥐 郡守는 댕내 초매꼬리다가 멩두실을 자매구 꾸리는 自己레 쥐구 잤다. 그랬더니 재밤[3]에 뭐이 와서 이 색시를 뚝 집어서 달아났다.

이놈은 색시를 채개지구 와서 색시 무릎을 비구 머리 니를 잡아 달라구 했다. 색시는 이놈에 머리 니를 잡아 주멘 님제도 무서운 거 있능가 하구 물어 봤다. 난 아모것도 무서운 거 없다. 그런데 딱 한 가지 있다. 그게 뭐가 하느꺼니 살광이 가죽이라구 했다. 그거이 와 무서운가 하느꺼니 그 가죽으로 귀를 쉬시면 나는 죽는다구 말했다. 머리 니를 잡구 있넌데 이놈은 잠이 들었다. 색시는 살쾡이 가죽이 없갔나 하구 얻어 보느꺼니 허리춤에 차구 있는 열쇠낀이 살쾡이 가죽이 돼서 이걸 풀어서 그놈에 귀를 쉬셌다. 그랬더니 이놈은 고만에 죽구 말았다.

사뚜는 새박에 니러나 보느꺼니 색씨레 없어데서 멩디실 간 데루 따라가 봤다. 실은 산 밑에 어떤 굴루 들어가 있었다. 굴 안에 들어가 보느꺼니 저 색시두 있구 다른 낸들두 많이 있었다. 郡守는 女子를 모주리 다 대불구 나와서 갈 데루 가라 하구 다 내보냈다.

이 괴상한 놈은 검덕두라는 것인데 이거이 이제꺼지 사뚜 색시를 잡아갔다구 한다. 검덕두가 살던 굴이 있는 데를 검덕두 골자기라구 부른다.

＊1933年 7月 宣川郡 深川面 古軍營洞 桂基德
＊1936年 7月 宣川郡 台山面 圓峰洞 朴根葉

1) 榜, 廣告   2) 거지   3) 한밤중


# 惡兄 | 넷날에 어떤 兄弟가 있었넌데 이 兄弟에 父母는 일직 世上을 떠나서 兄弟는 할 수 없이 서루가락 헤데서 살게 됐다.

兄은 어떤 집이서 절개살이를 하드랬넌데 저그니는 무던한 사람을 만나서 그 집이서 공부두 시게 주구 돈두 많이 주어서 돈을 많이 벌었다. 저그나는 오랫동안 헤어딘 兄을 만나보구 싶어서 돈을 많이 개지구 兄을 찾아가서 나는 아무 데서 헤어딘 아무가인데 그동안 돈두 많이 벌구 해서 兄님 보레 왔입니다. 하멘 돈뭉치를 내주었다. 그런데 兄은 돈에 욕심이 나서 저그니의 돈을 더 뺴틀갔다구 그 집에 함께 일하는 절개살이와 숭숭해 개지구[1] 저그니가 자는 방에 들어가서 죽일라루 칼루 목을 벨라 했다.

　같이 들어간 다른 절개살이는 차마 사람을 죽일 수가 없어서 난 못 죽이갔다 하구 밖으루 나와 버렸는데 兄은 저그니를 죽이구 돈을 뺴틀었다구 한다.

＊1936年 12月 定州郡 古德面 德元洞 韓昌奎

1) 소근소근 의논해 가지고


# 횡재한 사람 │ 넷날에 兄弟레 있넌데 兄은 미욱쟁이구 저그나는 순직했다.

　하루는 兄은 저그나 눈에다 재를 뿌레서 쇠경이 되게 해놓구 밥도 주디 않구 내쫓았다. 저그나는 할 수 없이 돌아다니멘 이 집 데 집서 밥을 얻어먹으멘 갸우갸우 살아 나갔다.

　하루는 밤이 돼서 자갔다구 어드런 집에 들어갔넌데 그 집은 도깨비집이 돼서 도깨비들이 많이 모여왔다. 도깨비들이 모여와 개지구 저덜끼리 서루가락 넷말을 하구 있었다.

　도깨비 한 놈이 나는 어떤 미욱한 兄이 순직한 저그나 눈에다 재를 뿌리구 쇠경을 만들구 밥도 안 주구 내쫓은 걸 봤다구 말하느꺼니 다른 도깨비레 쇠경된 눈에는 여기서 東킨루 가문 버드나무가 있는데 그 가지 닢파리를 따서 눈을 문지르면 도루 밝아진다구 했다. 다른 도깨비는 아무데 洞里서는 물이 발라서[1] 사람들이 달련[2]을 받구 있는데 거기 있는 큰 파우를 들티면 물이 많이 나오는데 그걸 모르구 있다구 말했다.

저그나는 도깨비들이 말하는 것을 다 듣구 날이 밝아지자 東켄으루 가서 버드나무 닢파리를 뜯어서 눈을 문댔더니 눈이 밝아뎄다. 저그나는 물이 발르다는 洞里에 가서 큰 파우를 들테서 물을 나오게 했다. 동네 사람들은 기뻐서 저그나한데 돈을 많이 줬다. 그래서 저그나는 잘살게 됐다.

＊1927年 1月 楚山郡 江面 石上洞 金泰鳳
＊1935年 7月 定州郡 觀舟面 舟鶴洞 元義範

※但 다음과 같이 若干 差異가 있고 다른 事緣이 添加되어 있다. 卽 도깨비가 하는 말 가운데에는 "어떤 곳에 가문 턴상에 왕지네가 있어서 이 집에 사람이 하나식 죽는데 이거를 기름을 끓여서 턴상에 끼테서 왕지네를 잡아 죽이문 되는 거인데 그 집 사람은 그걸 모르구 굿만 하는 거이 웃읍다"라고 되어 있고 "저그나는 그 집에 찾아가서 청장에 기름을 끓여서 퍼부어서 왕지네를 죽이고 그 집 사람을 구해 주었다"고 되어 있다.

1) 부족해서  2) 고생

# 횡재한 사람 |
넷날에 兄弟레 있드랬넌데 이 兄은 저그나를 미워해서 하루는 가락곡치루 저그나에 눈깔을 찔렀다. 저그나는 憤이 나서 兄네 집을 띠테나와서 남에 집에 가서 절개살이를 했다.

하루는 山에 새하레 가느꺼니 개미알 다스 알이 소둑이 뭉케 있어서 그걸 지갑에 네놓구 새를 했다. 새를 다 하구 집에 갈라구 하넌데 갑재기 하늘이 울구 번개가 번적번적 하멘 소낙비레 와서 서낭당에 들어가서 비를 멋구 있었다.

그러구 있누라느꺼니 밤이 됐는데 밤이 되느꺼니 도깨비 열 둘이 모여와서 중얼중얼 하넌데 그둥에 한 도깨비가 눈깔 먼 데는 요기서 東켄으루 가문 복사낭구가 있는데 그 복사낭구에 東켄으루 뻗은 가지루 눈에다 대구 비비문 낫는다구 했다. 다른 도깨비는 여기서 北켄으루 가문 큰 고래 같은 게와집이 있넌데 그 집 가매 아래에 큰 금덩이가 있어서 그 집이서는 불을 암만 때두 구둘이 덥디두 않구 밥이 익디두 않아서 당출1) 덥게 자디두 못하구 닉은 밥두 먹디 못하구 살구 있다구 말했다. 그러느꺼니 또 한 독깨비가 "난 사람이 됐드라면 한 번 거드러거리구 살 건데 도깨비레 돼서 돌아다니기만 한다" 하멘서 말하넌데 "여기서 南으루 바루 가문 고래 같은 큰 게와집이 있넌데 그 집이서는 아이 하나 없다가 딸 하나 두게 됐넌데 이 딸이 病이 나서 그 딸 아버지는 딸에 病을 고테 주는 사람이 있으문 그 사람한테 많은 賞을 주구 사우 삼갔다구 하넌데, 그 딸이 病이 난 거는 그 집 샛더머리 아낙에 사는 큰 왕지네 까타나 난 병이므로 그 왕지네만 잡아죽이문 담박에 낫는다. 그런데 사람은 그걸 몰으구 있단 말이야. 근데 난 사람이 못 돼서 그걸 못하구 있어" 하구 말했다.

저그나는 이덜 말을 다 듣구 개미 한 알을 빠작하구 깨미렀다. 그러느꺼니 도깨비들은 혼이 나서 집이 허물어딘다 하구 다 달아났다.

날이 밝아서 저그나는 東켄으루 가서 東켄으루 뻗은 복사낭구 가지를 꺾어서 눈에다 대구 비볐다. 그러느꺼니 눈이 보이게 됐다.

고 담에 北켄으루 가느꺼니 큰 기와집이 있어서 그 집에 가매 아래 있는 큰 금덩이를 치워서 구들도 덥게 하구 밥두 잘 익게 해주었다. 그 집이서는 고맙다구 금덩이를 주었다.

고 담에 南쪽으루 가서 고래 같은 기와집에 가서 샛더머리 아낙에 사는 왕지네를 잡아죽였다. 딸으 病이 나으느꺼니 딸에 아바지는 고맙다구 賞을 많이 주구 사우 삼갔다구 해서 그 집 사우가 돼서 잘살았다구 한다.

＊1935年 7月 宣川郡 山面 保岩洞 李熙洙

1) 늘, 항상

# 횡재한 사람 |
넷날에 어떤 兄弟가 있넌데 이 두 兄弟가 함께 무넝[1] 당시루 나갔다. 가다가 어늬 고개를 넘어갈 적에 兄은 저그나에 무넝을 다 뻬틀구서 낭게다 꽁제매 놓구서 달아났다.

저그나는 낭구에 매달레 개지구 큰소리루 왕왕 테울구 있었다. 어떤 넝감이 지나다 보구 풀어 줬다. 저근나는 그 고개를 내리와서 해가 저서 자리붙을 집을 얻어 보넌데 데켄에 집이 있어서 글루루 찾아갔다. 그 집은 덜깐인데 중은 하나두 없구 부테만 있었다. 저그나는 고기서 자갔다 하구 부테를 뒤집어쓰구 있느라느꺼니 이즉만 하더니 범들이 모여왔다. "오늘 나쥐는 먹을 거이 없으꺼니 우리 넷말이나 하구 지나자" 하멘 한 놈이 말했다. "아무 데 洞里서는 생탕[2] 물이 발라서 야단인데 사람이란 참 믹제기야. 거기 있는 버드나무 뿌레기를 뽑아 내문 물이 콸콸 나올 텐데 그걸 몰으구 물 달런만 받구 있어" 하니까니 또 한 범이 "그레메 말이다. 아무가이 동리에서는 돈이 발라서 고생하구 있넌데 그 洞里에 있는 큰 파우를 쪼와 내문 金이 숫태 나오는데 그걸 모르구 있단 말이야" 하면 있었다.

저그나는 그런 말을 다 듣구 있다가 날이 밝은 담에 물이 바르다는 동리에 가서 돈을 많이 받구 버드나무 뿌레기를 뽑아서 물을 많이 나오게 해줬다. 고 담에 돈이 바른 말에 가서 파우를 쪼아서 金을 많이 나오게 해주었다.

＊1927年 1月 楚山郡 板面 三巨洞 金宗赫

1) 무명, 綿布    2) 아주 甚하게


# 횡재한 사람 |
넷날에 한 총각이 있는데 하루는 山으루 새하레 갔다가 날이 저물어서 고기 있는 빈 집에 들어가서 자게 됐드랬넌데 밤이 되느꺼니 도개비들이 그 집으루 모여왔어. 이 총각은 미서우느꺼니 턴반에 올라가서 숨어 있드랬어.

도깨비들이 모여와서는 저덜끼리 메라메라 말하면 떠든단 말이야. 가만히 들어보느꺼니 귀가 솔깃한 말이야. 한 놈이 메라는가 하믄 "아 사람들은 참 믹재기야. 요 건너 몰에는 물이 없어서 困難을 받구 있는데 큰 나무 하나만 찍어 내문 그 아래서 물이 많이 나오는 거를 모르구 困難만 받구 있단 말이야" 하느꺼니, 또 한 놈이 "사람이란 참 믹재기야. 요 건네 몰에 돌파우 큰 거 있넌데 그걸 들테보문 無限定하구 金이 나오는데 그걸 모르구 있어" 하니까니, 또 다른 도깨비레 "지금 王에 딸이 病을 앓구 있는데 그 병을 낫게 할라문 宮闕 벤소에 큰 뱀이 있넌데 그 뱀을 잡아죽이기만 하면 병이 낫는데 그걸 모르구 있단 말이야."

총각은 이런 말을 다 듣구서리 날이 밝아서 독개비들이 다 간 담에 이 총각은 턴반에서 내리와서 물 困難 받는다는 동리에 가서 물 나오게 해주갔다구 하구서 큰 나무를 찍어 내구 물이 많이 나오게 하구 돈을 많이 받았지. 고담에 金이 많다는 데루 가서 큰 파우를 들티구 보느꺼니 金이 많이 나와서 그걸을 팔아서 돈을 많이 벌었거덩. 고담에는 宮闕루 갔어. 가서 王을 만나보구 王에 딸에 病을 낫게 해주갔다 하느꺼니 王이 그카라 해서 벤소깐게 있는 뱀을 잡아죽였더니 王에 딸에 病은 다 나섰단 말이야. 王에 딸에 病이 다 나스느꺼니 王은 기뻐서 이 총각을 사우 삼았다능 거야.

*1936年 12月 龍川郡 楊下面 東洞 崔德用

# 횡재한 사람 | 넷날에 한 사람이 山에 새하레 갔넌데 갑째기 소낙비레 와서 山중에 있는 빈 덜간에 들어가서 있느라느꺼니 밤이 돼서 도깨비들이 모여와서 저덜끼리 말하구 있었다.

이 사람은 가만히 숨어서 듣구 있누라느꺼니 한 놈이 "아모 데 아모 가이 집 벽 아구리 이마돌은 연예[1] 돌이 아니구 金돌인데 그 집 사람은 그걸 모르구 팔디두 않구 있어" 하느꺼니 다른 놈이 "아모 데 동리 부재 집에는 맏딸이 벵이 나서 죽게 됐넌데 턴반에 있는 큰 왕지네허구 구둘 땅 아래 있는 큰 두터비하구를 잡아서 가마에 네서 기름을 한 동애 두 구 삶아 죽이문 인차 낫는 걸 그걸 모르구 있어" 하거덩. 그러느꺼니 또 다른 한 놈이 "아모 데 큰 즌퍼리[2]가 있는데 그 즌퍼리에 있는 큰 파우 에 구넝을 뚤르면 그 즌퍼리는 돟은 논이 돼서 큰 부재가 될 거인데 그 걸 모르구 그냥 버려두구 있어" 하면서 도깨비들이 서루가락 말하구 있 었다. 이 사람은 이런 말을 다 듣구 난넌데 날이 밝으느꺼니 도깨비들 은 다 달아났다.

이 사람은 맨제 벽 아구리 이마돌이 金돌이라는 집에 찾아가서 그 이 마돌을 사구 고 담에는 부재집에 가서 딸에 병을 고테 주갔다구 했다. 날래 고테 주구레 해서 이 사람은 턴반에 있는 큰 왕지네와 구둘땅 아 레 있는 두터비를 잡아서 가마에 기름을 두구 삶아 죽였다. 그러느꺼니 체네 병이 다 나서서 부재넝감은 기뻐서 이 사람을 사우 삼았다.

고 담에는 즌퍼리 있는 데 가서 파우에 구넝을 뚤렀다. 그러느꺼니 물이 콸콸 많이 나와서 즌퍼리는 돟은 논이 됐다. 이 사람은 그 즌퍼리 를 찾이해 개지구 금덩이 얻구 색시 얻구 논 얻구 잘살았다구 한다.

＊1937年 7月 定州郡 觀舟面 草庄洞 鄭聲源
＊1937年 7月 安興面 岩竹洞 朴啓信
1) 보통    2) 濕地

# 벼낟가리와 돌낟가리를 바꾼 사람 |

넷날에 한 사람이 있드랬넌데 집이 가난해서 살기가

여간만 곤란하딜 안했다. 그런데 그 옆에는 큰 부재가 살구 있넌데 그 집에는 큰 베나까리가 많이 있어서 이 가난한 사람은 그거를 볼 적마다 우리두 더 같은 나까리레 있으문 동갔다구 말했다. 이러한 말을 들은 망내 아덜이 하루는 "아바지 우리는 쌓아 둘 베가리레 없으꺼니 돌이 래두 높이 쌓아 논는 거이 어떻갔소" 하구 말했다. 야 거 좋은 생각이다, 그카자 하구서리 그날보타는 집안 인간들이 밖에 나갔다가 둘올 적에는 돌 하나씩 갯다 쌓기루 했다. 그래서 집안 인간이 박에 나갔다가 돌아올 적에는 돌을 하나식 개지구 와서 쌓넌데 연마 지난 후에는 아주 크구 높은 돌나가리가 됐다.

옆에 집 부재집 넝감이 하루는 가난한 집에 돌낫가리를 보느꺼니 윈 우에는 금덩이레 노여 있었다. 이 넝감은 그 금덩이레 욕심이 나서 옆에 집 사람과 자기 집에 벼나가리와 넘제네 돌나가리와 온통 바꾸자구 했다. 가난한 사람은 부재넝감에 말을 듣구 두말 않구 그카갔다구 했다.

그래서 만제 가난한 집사람은 부재집에 베나가리를 옴게 가넌데 부재넝감은 윈 우에 베섬을 하나 내리놓구 개저가라 했다. 고담에 부재넝감이 가난한 사람에 돌나가리를 옴게 갈라구 하는데 가난한 집에 어린 아레 돌나가리에 윈 우에 있는 돌을 내리놓구 개저가라구 했다. 부재넝감은 그거이 욕심이 나서 바꾸자구 한 거인데 그거를 개저가디 못하문 안 되느꺼니 그것까지 다 개저가야 한다구 했다. 그러느꺼니 가난한 집에 어린 아레 우리가 부재넝감에 벼나가리를 옴겨올 적에 부재넝감이 윈 우에 벳섬을 하나 내리놓았으꺼니 우리두 윈 우에 돌을 하나 내리놔야 한다구 말했다. 부재넝감은 그 말에 더 할 말이 없어서 할 수 없이 아무것두 아닌 돌만 옴게가게 됐다.

가난한 사람은 뜯밖에 베나가리을 얻어서 잘살게 됐다구 한다.

＊1935年 1月 宣川郡 深川面 付皇洞 桂勳梯

＊1935年 1月 宣川郡 宣川邑 川南洞 金鳳沄

# 대대로 내려온 불 | 넷날에 어떤 곳에 한 집이 있는데 이 집에는 代代로 화

루불을 죽이디 않구 내레왔넌데 메누리가 새로 들어오문 시아바지레 새 메누리보구 여러 代를 죽이디 않구 내레온 불이느꺼니 절대루 불을 죽이디 말라구 말해 주군 했다. 그런데 한번은 새로 메누리가 둘와서 이 불을 죽이구 말았다. 시아바지는 증이 나서 메누리과 우리 집 사람 못 되갔다 하멘 나가라구 했다. 메누리는 잘못했다구 빌면서 하루만 참 아 달라구 했다. 시아바지는 갸우 화를 풀구 다시 불은 일궈 줬다. 그런 데 다음날 아침에 니러나 보느꺼니 불이 또 꺼져 있었다.

시아바지는 또 증이 나서 메누리과 나가라구 했다. 메누리는 한 번 만 더 참아 달라구 하구서 그날밤에는 불을 일궈 놓구 자디 않구 지케 보구 있었다. 그랬더니 새벽에쯤 해서 한 대여슷 난 아레 나오서 화로 불을 헤티구 있었다. 메누리는 그 아를 잡아서 때릴라구 하느꺼니 고 만 뛰서 달아났다. 메누리는 뒤쫓아갔더니 그 아는 데석[1] 아낙으루 들 어갔다. 메누리는 데석을 치우구 호무로 그 자리를 파 보았더니 큰 金 화루가 나왔다. 메누리는 시아버지 앞에 가서 본 대루 말하구 그 金화 루를 바텄다.

이 집은 그 金화루루 잘살게 됐다구 한다.

*1935年 1月 朔州郡 朔州邑 東部洞 田種哲

1) 제석단지


# 무엇이든지 나오는 화로 | 넷날에 소곰 당시 한 사람

이 소곰 팔레 나갔다가 날이 저물어서 어떤 집에 췐들었다. 그 집 구둘 안에 조고만한 화루가 있었넌데 소곰당시는 담배를 피우갔다구 그 화 로에 불을 부치구 담배재를 털었더니 담배재가 그 화루에 하나 가득 됐다. 소곰당시는 이거 이상한 화루다 하구서 재를 다 퍼내구 조알을 한 알 너 봤다. 그랬더니 화루 안에는 조알이 하나 가득 찼다. 소곰당시는 이거 보배 화루다 하구서 돈을 좀 주구서 사개지구 집이루 와서 돈을 한 푼 너봤다. 그랬더니 돈이 숫태 많이 나와서 부재가 됐다.

하루는 이 소곰당시가 어드메 나드리 나갔넌데 근체집 과부레 이 집에 찾아와서 소곰당시 색시과 돈 많이 나오는 화루를 보여 달라구 했다. 그래서 뵈여주었더니 과부는 이거를 잠간 빌레 달라구 하구서 그 화루를 저 집이루 개저왔다. 그리구 닙쌀 한 알을 너봤다.

이 화루는 그 아낙에 넣는 것만 나오는 거이 아니구 늘 원하넌 것두 나오는 화루레 돼서 이 과부가 늘 남덩을 원하구 있었기 때문에 닙쌀은 안 나오구 좆이 나왔다. 과부는 부끄러워서 좆이 못 나오게 하는데 두 좆이 드렙다 나와서 온 집안은 좆으루 빼꼭해서 고만에 좆에 파무치게 됐다. 소곰당시가 돌아와서 과부네 집 문을 열었더니 좆이 마구 쓰레나와서 뜰악꺼지 하나 됐다. 이거 야단났다 하구 뜰악에 움을 파구 그 좆을 모두 다 쓸어 넣구 묻었다. 그랬더니 거기서 큰 나무가 나오더니 좆이 많이 열렸다. 소곰당시는 그 좆을 따서 과부덜한데 팔아서 돈을 많이 벌었다.

*1934年 7月 宣川郡 宣川邑 川南洞 李贊基

# 무엇이든지 나오는 화로 | 네날에 어드런 부재가 돈을 마

구 써서 고만에 敗家하게 됐다. 이 사람에 오마니는 속이 상해서 돈 벌어오라구 하멘 이 사람을 내쫓았다.

이 사람은 집을 내쫓게 돼 갈 데가 없어서 덩체없이 발 가는 데루 갔넌데 가다가 한 산골에 조고마한 집이 있어서 그 집이루 찾아들어갔다. 그 집에는 노친네 둘이 살구 있었다. 이 사람은 이 노친한데 개지구 갔던 니불을 줬다. 그랬더니 노친네는 기뻐하멘 우리는 줄 거이 없으느꺼니 이거나 개지라 하멘 화루 하나를 줬다.

이 사람은 그 화루를 받아 개지구 불을 담았다. 그랬더니 화루에는 불이 하나 가득 했다. 이상해서 쌀을 너봤더니 쌀이 또 하나 가득 됐다. 집에 돌아와서 돈이멘 쌀이멘 강낭이 수수 또 머머 머이던지 여러 가지를 화루에다 네봤다. 그랬더니 넌 것은 머이던지 하나 가득 됐다.

이 사람은 老親네한데서 얻은 화루를 개지구 다시 부재가 돼서 잘 살았다구 한다.

＊1936年 7月 鐵山郡 餘暇面 蓮花洞 鄭龍澤

# 무엇이든지 나오는 절구 | 네날에 한 부재 사람이 大

國[1]에 가서 大國 料理집이서 돈을 다 써버리구 가디두 오디두 못하게 돼서 그 집이서 얻어먹구 있었다.

하루는 그 집 뜰악을 왔다갔다 하다가 뜰악 모캉이[2]에 묘하게 생긴 덜구[3]가 있는 걸 보구 가까히 가서 덜구 아낙을 딜다봤다. 이때 이 사람에 時計줄이 덜구 아낙으루 들어갔넌데 그 덜구 아낙에는 그와 같은 時計줄이 가득히 들어 있었다. 이 사람은 이거 조화다 하구선 돈 一錢 한 푼을 덜구 아낙에 넣어 봤다. 그랬더니 덜구 아낙에는 돈이 가득 찼다. 이 사람은 돈을 꺼내구 다른 거를 너봤다. 그랬더니 그것두 덜구 아낙에 가득 찼다. 이런 일이 있은 담에 이 사람은 쥔과 나는 이저는 本國으루 돌아가야갔다구 말했다. 그러느꺼니 쥔은 서루 니별하기가 섭섭하다 하면서 우리 집에 있는 것 둥에 원하는 거이 있으문 紀念으루 주갔으니 개지구푼 거이 있으문 말하라구 했다. 이 사람은 고맙다구 하멘 다른 거는 다 우리 나라에두 있구 하느꺼니 우리 나라에 없는 데 덜구나 달라구 했다.

줸은 그 말을 듣구 "그건 좀 안 돼갔는데" 하멘 한참 짭짭하더니 何如
間 원하는 거는 머이던지 준다구 했으느꺼니 주갔다구 하멘 그 딜구를
주었다. 이 사람은 그 딜구를 개지구 本國에 돌아와서 원하는 거를 딜
구에 너면 얼마던지 나오군 해서 敗했던 재산을 도루 다 개지게 돼서
잘살았다구 한다.

＊1935年 1月 朔州郡 朔州邑 東部洞 田種哲

1) 중국    2) 모퉁이    3) 절구


# 거지의 횡재 │ 네날에 누걸내치 夫妻가 있더랜넌데
이 누걸래치에 서나는 쇠경이구 에미나

는 구먹뎅이드랬넌데 한번은 어떤 곳에 가느꺼니 원 당나구가 있어서
서나는 당나구를 타구 냰은 경매가 돼서 갔다. 가다가 날이 저물어서
어떤 빈 집에 들어가서 잘라구 하넌데 밤이 깊어 가니까 도깨비들이
모여와서 이 누걸래치 夫妻보구 원 사람이 놈에 집에 둘와 있능가 하
구 과텠다.

누걸래치는 "나는 너딜 큰아바지다" 하느꺼니 도깨비들은 어디 고롬
손 좀 보자 했다. 누걸래치는 당나구 발을 내밀어 줬다. 도깨비들은 그
걸 맨저 보구 아아 참 똑같다 하멘 상대기[1] 좀 보자구 했다. 당나구 상
대기를 내미느꺼니 도깨비들은 이걸 맨저 보구 거 참 똑같다 하구 이번
에는 소리 좀 들어 보자구 했다. 누걸래치는 당나구 미꾸넝을 쿡쿡 줴
밖으느꺼니 당나구는 찌깽찌깽 하구 큰소리루 울었다. 도깨비들은 이
소리를 듣구 놀래서 다 달아났다. 누걸래치는 불을 혜구[2] 보느꺼니 바
람뚝에[3] 금이랑 은이랑 오만 보화가 많이 있었다. 누걸래치는 이 보화
를 당나구에 다 싣구서 가서 잘 살다가 달구다리 뺏두룩 했다.

＊1936年 12月 宣川郡 水淸面 古邑洞 李基植

1) 얼굴    2) 켜고    3) 바람벽에

# 이상한 거울 | 네날에 어드런 사람 하나이 바다 속에 있는 농궁을 구경하갔다구 배를 타구

갔다. 하하 가누라느꺼니 고래등 같은 큰 기애집이 있어서 글루루 들어 갔더니 龍王이 이 사람을 보구서 人間사람이 어드렇게 여기 왔능가 물었다. 이 사람은 龍宮이 돟다는 말을 듣구 龍宮求景하레 왔수다구 말했다. 龍王은 下人을 불러서 이 사람한데 龍宮求景을 시키라 했다. 하인은 이 사람을 등에 업구서 휙 하더니 어드메다 갯다 낳다. 이 사람은 거기를 보느꺼니 人間世上에서는 보디 못한 거이 많이 있어서 돌아가멘 求景하구 있었넌데 어드런 파랑 두루마기를 입은 사람 하나이 오더니 人間사람이 仙間에 멀 하레 왔능가 하멘 죽이갔다구 했다. 이 사람은 잘못했으느꺼니 용사해 달라구 빌었다. 그랬더니 그 사람은 업히라구 하더니 업히느꺼니 휙 하더니 龍宮에다 갯다 낳다.

龍王은 쇠경[1] 하나를 이 사람에 주멘 이걸 人間世上에 개지구 가서 烈女한데 주라구 했다. 이 사람은 그 쇠경을 받아 개지구 下人한데 업혜서 人間世上에 나와서 지나가는 낸을 비춰보느꺼니 그 낸에게는 좇이 주룽주룽 서너 개가 부터 있었다.

이 에미나는 서방질을 서너 번이나 한 거구나 하구 이 쇠경은 데 낸에게는 줄 수 없다 하구 가드랬는데 낸 하나이 지나가서 또 쇠경을 대구 비춰보느꺼니 그 낸두 좇이 여러 개 부터 있었다.

집으루 와서 저 색시 뒷잔등에다 대구 비춰보느꺼니 저 색시에두 좇이 두 개나 부테 있구 저 오마니가 물레질하구 있는 거를 비춰보니까 오마니두 좇이 서너 개 부터 있었다. 저 색시두 오마니두 烈女가 못된다 하구 밖에 나와서 어드메 烈女가 없갔나 하구 찾아봤다. 어떤 우물가에 가느꺼니 밉게 생긴 색시 하나가 빨레질하구 있어서 쇠경을 대구 비춰보느꺼니 그 색시는 좇이 하나두 부터 있디 안했다. 이 낸이야 烈女 같다 하구서리 그 색시한데 가서 쇠경을 주었다. 그 색시는 쇠경을 받아보구 "이거 龍宮에 있는 우리 아바지가 보낸 거 아니가?" 하멘 반가워하구 "내레 이 쇠경이 없어서 人間에 나왔다가 다시 龍宮에 가딜 못하구 人間世上에 있다. 이젠 龍宮에 갈 수 있다"구 하더니 어드메로 가 삐렀다.

*1936年 12月 定州郡 古德面 德元洞 韓昌奎

1) 거울

# 범의 눈썹 │ 白虎라는 거는 사람을 百名이나 잡아먹어야 되는 범이라구 한다. 이 白虎라는 거는 사람으로두 變할 수 있구 사람에 말두 할 줄 안다구 한다.

어떤 사람이 山에 들어가서 중이 돼서 道를 닥구서 네레오넌데 어니 높은 山 밑에 오느꺼니 거기 사람이 많이 모여 있었다. 이 중은 그 사람들과 와 여기 사람이 많이 모여 있능가 하구 물으꺼니 이 고개에는 白虎가 있어서 사람을 잡아먹으꺼니 혼자서는 고개를 넘을 수가 없구 百名이 모여서 같이 넘어가야 안 잽히워 먹히느꺼니 사람 百名 모일 때까지 기다리누라구 모여 있다 하멘 이 중보구두 百名이 모일 때꺼지 기다렸다가 같이 넘자구 했다. 중은 일없다, 혼자라두 무사히 넘을 수 있다 하구서 山으루 올라갔다.

하하 올라가서 山 고개에 이르느꺼니 고기에 老親네가 앉아 있었다. 중은 이 老親네레 아매두 白虎 같다 하구서 老親네한데루 가까이 가서 老親네레 사람이가 白虎가 하구 물었다. 그러느꺼니 老親네는 난 白虎 다구 대답했다. 중은 老親은 와 사람을 잡아먹능가 하구 물었다. 그러느꺼니 老親은 나는 사람은 안 잡아먹는다. 나는 짐승만 잡아먹넌다 해멘서 눈썹을 하나 뽑아 주멘 이것을 눈에다 대구 데 아레 사람들을 보라구 했다.

중은 범에 눈섭을 눈에다 대구 山 밑에 모여 있는 사람을 보느꺼니 이저껏 사람이든 거이 소 말 돼지 가이 달루 보였다. 범에 눈섭을 떼구 보면 짐승으루 보이든 것이 도루 사람으루 보였다.

老親네는 당신은 사람으루 보이느꺼니 안 잡아먹는다구 했다.

중은 白虎 눈섭을 개지구 집에 와서 저에 색시를 보느거니 색시는 달루 보였다. 그래서 중은 색시를 달루 보이는 남덩을 얼어 주구 自己는 사람으루 보이는 색시를 얻어서 잘살았다구 한다.

＊1934年 7月 義州郡 古館面 堂谷洞 劉昌惇

# 호랑이와 의형제 맺은 사람 | 넷 날 에 한 사람

이 있드랬는데 하루는 어드메 나드리 가느라구 길을 가드랬는데 길에서 어드런 중을 만났다. 그래서 이 중과 함께 길을 가면서 어드메 가능가 물어 봤다. 중은 암말 않구 그냥 가기만 했다. 이 사람은 자꾸 어드메 가능가 물으느꺼니 아무 데 아무가이네 집에 간다구 했다. 그런데 그 집은 自己네 집이 돼서 이 사람은 그건 우리 집이라 하구 그 중과 義兄弟를 뭇구 와 그 집에 가능가 물었다.

중은 自己는 金剛山에 사는 白虎인데 金剛山 山神이 그 집 노친네를 잡아오라구 해서 잡으레 간다구 했다. 이 사람은 그 말을 듣구 깜짝 놀래서 "兄님 우리 오마니를 안 잡아가게 해주구레" 하구 말했다. 그런데 중은 그건 안 될 말이다 하멘 듣디 안했다. 이 사람은 그래두 어트카던지 잡아가디 말라구 자꾸 빌었다. 그러느꺼니 중은 고롬 님제레 얼릉 맨제 집으루 가서 오마니를 슬겅에다 꽁제매 놓구 오마니 우테[1]를 베께서 밖에 있는 소한데 입헤 놓구 놔두멘 내레 그 소를 잡아가갔다구 하멘서 그때 오마니가 밖에 나오멘 할 수 없이 오마니를 잡아갈 수밖에 없다구 말했다.

이 사람은 그 말을 듣구 날래 집이루 와서 중이 말해 준 대루 오마니를 슬겅에 꽁제 놓구 소에다 오마니 닙성을 입헤서 놔두었다.

이즉만 하더니[2] 白虎가 큰소리를 티멘서 달라들어서 소를 잡아갔다. 그런데 白虎가 소리틸 때 오마니는 밖에 나갈라구 하넌데 꽁제놔서 나가딜 못하구 고만 기절했다.

이즉만 하더니 白虎는 중으루 변해 개주구 와서 송[3]을 하느꺼니 오마니는 깨났다. 이 사람은 오마니과 와 까무레텟능가 물으느꺼니 白虎가 와서 잡아다가 山神한데 바치느꺼니 山神은 白虎보구 죽이라 하는데두 白虎는 죽이디 안해서 까무러텟다가 깨났다구 했다. 중은 이 집이서 나가멘서 이 사람과 나는 山神에 말을 안 듣구 님제 오마니를 잡아가디 안해서 金剛山에 가서 살 수 없게 됐다 하구서는 어드메론가 가버렸다. 이 사람은 白虎하구 義兄弟를 무어서 오마니가 죽을 것을 살렜다구 한다.

＊1927年 1月 楚山郡 板面 板下洞 金成奎

1) 옷    2) 조금 있더니    3) 주문


# 여우의 靈珠 |
넷날에 한 아레 있었드랬는데 글방을 다니드랬는데 집이서 글방에 가는 길에는 쑥대밭이 있었다. 어느 날 글방에를 가느라느꺼니 쑥대밭에서 한 색시가 나와서 이 아를 끌구 어떤 게와집으루 가서 놀았다. 그런 일이 있은 후보타는 이 아레 점점 몸이 상해뎄다.

같은 글방에 다니는 아레 이걸 보구 어드래서 몸이 그렇게 상해가네 하구 물었다. 이 아는 글방에 오는 길에 쑥대밭이 있넌데 고기서 어드런 색시가 나와서 게와집으루 끌구 가서 논 담보탄 이렇게 상해뎄다구 말했다. 이 말을 듣구 동무아이는 머이 그러나 한 번 보갔다구 그 쑥대밭에 갔다. 그랬더니 쑥대밭에서 색시가 나오더니 오래비 온다 하멘 이 아를 끌구 게와집으루 가서 그리구 이 아를 누페 놓구 지갑에서 웬 구슬을 꺼내더니 이 아에 탁수가리서보탄[1] 발끝꺼지 굴렜다가 다시 발끝에서 탁수가리꺼지 굴레올리구 또 탁수가리서보탄 발끝까지 굴레네리군 했다. 이렇가기를 여러 번 했다. 이 아는 그 구슬이 탁수가리꺼지 왔을 때 고만에 그 구슬을 입에 네서 먹어 버렜다. 그랬더니 색시는 아흔아홉 잡아먹은 넝을 고만에 멕히웠다 하멘 너머뎄다. 그러느꺼니 게와집두 없구 색시두 없구 다만 九尾狐하구 이 아만 쑥대밭에 있었다. 이 아는 그 九尾狐를 때레 잡아 죽이구 보느꺼니 꼬리가 아홉 개 달린 九尾狐가 죽어 있었다.

　이 아는 아흔아홉 사람에 넝을 먹어서 힘이 혹게 센 사람이 돼서 都元帥가 됏넌데 맨재 아는 큰 文章이 됏다구 한다.

＊1934年 7月 宣川郡 深川面 古軍營洞 桂基德

1) 턱부터

# 神妙한 硯滴 │

넷날에 한 사람이 당개를 가는데 가는 길에서 구렝이가 나와서 너는 내에 오마니를 잡아먹었으느꺼니 나는 너를 잡아먹갔다 하구 달라들었다. 이 사람은 야 구렁아 나는 지금 당개 가는 길이느꺼니 당개 갔다 돌아올 적으 잡아먹어라구 했다. 그러느꺼니 구렝이는 그카라 하구 갔다.

　이 사람은 색시 집에 갔는데 돌아갈 적에 구렝이한데 잡헤먹힐 것이 걱정이 돼서 큰상을 받구두 먹디 못하구 울구만 있었다. 가시 아바지레 이걸 보구 와 우능가 물었다. 이 사람은 당개올 적에 구렝이가 나와서 잡아먹갔는 거를 당개갔다 돌아올 적에 잡아먹으라 했더니 그카라 하구서 놔줘서 당개왔넌데 이자 돌아갈 적에 구렝이한데 잡혀먹힐 것을 생각하니 슬퍼서 운다구 했다. 가시 아바지는 넘네 말구 가바라 하멘 한 번 때리면 數千里 가는 말을 주었다. 이 사람은 그 말을 타구 갔더니 구렝이는 나와서 기다리구 있었다. 구렝이는 연덕 하나를 내놓구, 이 연덕에는 짚으면 놈을 죽이는 모가 있구 딮으면 놈을 살리는 모가 있다.

네레 한 본 딖어 봐라 했다.

새시방은 한 모를 딖구 너 죽어라 했다. 그랬더니 구렝이는 죽었다.

이 사람은 그 연덕을 개지구 집에 돌아와서 잘살았다구 한다.

＊1927年 1月 楚山郡 板面 李錫奎

# 神妙한 보배 | 넷날에 한 낸이 오종을 누레 재통에 갔더니 구렝이한데 쪼기운 꿩이 와서 앞

에 배케서 이 꿩을 잡아다가 지저먹었다. 그랬더니 그 후에 아들을 났다. 이 아들이 커서 당개를 가게 돼서 당개를 가드랬는데 한 산모캉이를 가느라느꺼니 구렝이가 나와서 "너 오마니가 나에 미끼를 빼틀어 먹구 너를 났으꺼니 나는 너를 잡아먹을 수밖에 없다" 하멘 잡아먹으레 달라들었다. 이 사람은 구렝이과 나는 지금 당개 가는 길이느꺼니 당개 갔다 돌아올 적에 잡아먹어라 하느꺼니 구렝이는 그카라 하구서 뇌줘서 당개를 갔다.

당개를 가서 큰상을 받았는데두 이 신랑은 아무것도 먹디두 않구 울구만 있었다. 색시레 새신랑이 울구 있는 거를 보구 와 우능가 물었다. 새실랑은 당개 오다가 구렝이레 잡아먹갔다구 하는 걸 당개 갔다 올 적에 잡아먹으라 했넌데 이자 갈 적에는 구렝이한데 잽히워 먹히게 돼서 그거이 걱정이 돼서 운다구 말했다. 색시는 그 말을 다 듣구 나서 넘네 말구 밥이나 먹구 있이라구 했다.

다음날 색시와 실랑은 초행길을 떠났는데 구렝이 있는 데 오느꺼니 구렝이레 볼세 나와서 기다리구 있다가 새시방보구 이자는 잡아먹갔다구 앞으루 나왔다.

색시는 구렝이과 네레 내 새시방을 잡아먹을라문 내가 늙어죽을 때꺼정 먹구 입구 쓸 것을 내주구 잡아먹어라 했다. 그러느꺼니 구렝이는 캑캑 하더니 네모난 걸 하나 토해서 줬다. 색시레 이거를 받아들구 이

거 머이가? 하구 물으느꺼니 구렝이는 네모난 거를 가르키멘 이 모는 먹을 거 나오라멘 먹을 거이 나오는 모구 이 모는 입을 거 나오라 하면 입을 거 나오는 모구 이 모는 돈 나오라문 돈 나오는 모다라구 대쳤다. 그리구 또 한 모를 대주디 안해서 색시는 이거마자 대주어야디 그라느 문 못 잡아먹는다구 했다. 구렝이는 할 수 없이 대주는데 그 모는 미운 놈에게 게누서 너 죽어라 하면 죽는 모다구 말했다. 색시는 그 말을 듣구 "너겉이 미운 넘 어데 있갔네" 하멘 구렁이한데 게누구 너 죽어라 했다. 그랬더니 구렝이는 직사하구 말았다.

　新婦는 그 네모난 거를 개지구 新郞과 함께 집으루 와서 잔채를 잘 하구 잘살다가 戌辰年 호통에 날송침 열 닷 단 때구 땀내다가 달구다리 뺏두룩 했다.

＊1935年 7月 宣川群 新府面 院洞 桂學模
＊1938年 8月 定州郡 觀舟面 草庄洞 鄭聲源

# 神妙한 보배 | (가) 네날에 한 넝감 노친네가 있넌데 아들이 없어서 근심으루 지내드

랬는데 어늬 날 넝감이 山에 새하레 갔다가 집으루 돌아오는 길에 꿩이 꺽꺽 하구 있어서 이 꿩을 잡아다가 먹었다. 그랬더니 그 후 一年 만에 노친네레 아들을 났다.

　넝감 노친네는 늦게서야 아들을 났으느꺼니 이 아들을 잘 길러서 당개 보낼 나이가 됐다. 그래서 당개를 보내는데 이 새실랑이 당개가는 길목에서 큰 구렝이가 나와서 길을 막구서 잡아먹갔다구 했다.

　새시방은 깜짝 놀래멘 와 날 잡아먹갔다구 하능가 하구 물었다. 그러느꺼니 구렝이는 너는 전에 내가 잡아먹을라구 하던 꿩이다. 그 꿩을 너에 오마니가 먹구서 너를 났으느꺼니 나는 너를 잡아먹어야 한다구 말했다. 새시방은 그렁가, 그런데 나는 지금 당개 가는 길이느꺼니 당개

갔다 올 적에 잡아먹으라구 했다. 그러느꺼니 구렝이는 그카라 하구 길을 비케 줬다.

　새시방은 색시집에 가서 禮를 지내구 색시하구 항께 오넌데 구렝이레 볼세 나와서 길을 막구서 잡아먹갔다구 했다. 그러느꺼니 색시는 구렝이 앞에 가서 "네가 이 새시방을 잡아먹으문 나는 어드렇게 살라는 말인가? 네가 이 새시방을 잡아먹갔으문 나를 평생 살두룩 해주구서 잡아먹어라"구 했다. 그러느꺼니 구렝이는 야광지를 내주멘 이거는 돈 나오나 하멘 돈 나오구 옷 나오나 하면 옷 나오구 미운 놈 죽어라 하문 죽는 보배다. 이걸 개지면 평생 살 수 있다구 했다. 색시는 그 야광지를 받아 개지구 구렝이보구 너보탄 죽어라 하느꺼니 구렝이는 그 자리서 죽구 말았다. 그래서 새시방은 무사히 돼서 색시와 항게 집이 와서 그 야광지 개지구 잘살았다.

　(나) 이 새시방에 집 근처에 사는 사람 하나가 이 새시방 집에 있는 야광지를 몰래 채개지구서 먼 데루 이사가서 살았다. 이 새시방 집은 야광지를 잃은 담보타는 집이 가난해데서 살기가 어렵게 됐다.

　하루는 색시가 새시방과 쌀을 사오라구 당에 보냈다. 새시방은 당에 가서 쌀을 사개지구 돌아오다가 어드런 사람이 병들어서 다 죽어가는 가이와 광이를 버리는 것을 보구 이 가이와 광이를 불상하다구 주워서 집이루 개저다가 병을 고테서 키웠다.

　가이와 광이는 이 집에서 잘 크넌데 어느 날 가이와 광이는 "야 우리가 죽어가는 걸 이 집 쥔이 우리를 주워다 살과 놔서 우리가 이렇게 잘 살구 있는데 우리는 쥔네 신세를 갚아야 하디 않갔네. 우리 신세 갚을 일을 하자구나" 하구 서루가락 신세 갚을 황눈을 했다.

　가이는 여기더기 돌아니다가 쥔네 집에는 야광지가 있었드랬넌데 그때에는 잘살았드랬는데 이 집 근체 살든 사람이 야광지를 채개지구 먼 데루 이사간 담보타는 가난하게 산다는 말을 듣구 광이과 이런 말을 하구 그 야광지를 찾아오자구 했다. 광이두 그카자구 찬성했다.

　하루는 가이와 광이는 야광지를 채간 사람에 집에 갔다. 가이는 大門 밖에 있구 광이는 집안으루 들어가서 벽으루 들어갔다. 그때 벽에는 쥐들이 굿을 하느라구 많이 모여 있었다. 광이는 엄지쥐를 덮어눌루구 너덜 집안에 들어가서 쿼네 벼개 안에 넣둔 야광지를 개와야디 그라느문 다 잡아먹갔다구 했다. 그러느꺼니 쥐들은 네 네 하멘 나가더니 인차 야광지를 개저왔다.

　광이는 이렇게 해서 야광지를 찾아 개지구 가이와 함께 집으루 돌아왔다. 오넌데 큰 江이 있었다. 江을 건늘 적에 광이는 헤엄을 칠 줄 모르느꺼니 가이 잔등에 업혀서 건너야 했다. 가이는 야광지를 自己가 개지구 가고파서 광이과 야광지를 주어야 업어서 건너 주갔다구 했다. 광이는 할 수 없이 야광지를 가이한데 주었다.

　가이는 야광지를 입에 물구 광이를 잔등에 업구서 江을 건너넌데 광이는 가이레 야광지를 잘 개지구 가는지 알구파서 물었네 하구 물어봤다. 가이는 대답하디 않구 헤엄만 쳤다. 광이는 또 물었네 하구 물었다. 가이는 대답하디 안했다. 광이는 또 물었네 하구 물었다. 가이는 또 대답하디 않구 헤엄만 쳤다. 광이는 또 물었네 물었네 하멘 자꾸 물으느꺼니 가이는 물었다 하구 대답했다. 그런데 대답하느라구 입을 벌레레서 야광지는 고만 입에서 빠져서 江물 속으루 떨어지구 말았다.

　광이와 가이는 야광지를 잃구서 여간만 낙심하딜 안했다. 집에 갈 생각두 못하구 강가에 앉아서 어카노 어카노 하구만 있었다. 그러다가 데켄을 보느꺼니 낚시질하는 사람이 있었다. 광이는 고기나 하나 쿼네 집에 개저다 주갔다 하구 낚시질하는 사람 있는 데루 가서 고기 다랭이 안에 있는 고기 한 마리를 채개지구 다라뭬서 집이루 왔다.

　쿼은 광이가 개저온 고기를 먹갔다구 고기 배를 쨌다. 그랬더니 그 고기 배 안에서 야광지가 나왔다. 쿼네는 잃었던 야광지를 다시 얻게 돼서 이 사람은 다시 잘살게 됐다.

쥔은 광이가 야광지가 들은 고기를 개저다 줬다구 해서 광이를 집안에 두구 기르구 가이는 밖에 두구 길렀다. 그래서 오늘날두 광이는 집안에 두구 기르구 가이는 밖에 두구 기르게 됐다구 한다.

＊1935年 1月 鐵山郡 站面 龍堂洞 白天福

＊1936年 7月 宣川郡 郡山面 長公洞 安龍橷

＊1938年 1月 鐵山郡 站面 東川洞 安泰祿

＊1938年 7月 定州郡 觀舟面 草庄洞 鄭聲源

※但 가의 부분만 提供함.

＊1936年 12月 朔州郡 朔州面 東部洞 張錫元

※但 나의 부분만 提共함.

＊1936年 12月 龍川郡 外上面 停車洞 崔秉根

※同上

＊1936年 1月 龍川郡 楊光面 忠武洞 金允程

※同上


# 고양이와 개의 보은 | 넷날에 어떤 집이서 광이하구 가이를 길렀다.

하루는 광이와 가이는 쥔네 은혜를 갚아 주갔다구 江 건네 정승네 집에 있는 夜光珠를 채레 갔다.

광이는 정승네 집 벡에 들어가서 큰 쥐를 잡아다 놓구 집안에 있는 농 안에 둔 夜光珠를 개와야지 그라느문 잡아먹갔다구 했다. 쥐는 네네 하구서리 집안에 들어가더니 니어 夜光珠를 갯다 줬다.

괭이는 夜光珠를 입에 물구 가이 잔등에 어페서 江을 건넜다. 건너가다가 가이는 광이가 夜光珠를 잘 물구 있는가 알구파서 물었네? 하구 물었다. 광이는 물었다 하구 대답을 하다가 夜光珠을 江에 빠트렜다.

가이와 광이는 夜光珠를 잃어서 고기나 갖다가 쥔네 집이 주자 하구서리 낙시질하는 사람한데 가서 잡아 논 고기 하나 채개지구 집에 왔다. 고기를 먹갔다구 고기 배를 째느꺼니 고기 배에서 夜光珠가 나왔다. 夜光珠를 얻은 쥔네 집은 잘살게 됐다. 그 후보타는 광이는 집안에서 기르구 가이는 뜨락에서 기르게 됐다구 한다.

\*1936年 12月 宣川郡 台山面 仁岩洞 金興善

# 神妙한 보배 |

넷날에 어떤 아레 書堂엘 다니드렜는데 放學이 돼서 집이루 갈라구 했다. 이 때 先生님이 불러서 너 이자 집이루 가갔넌데 갈 적에 한 고개를 넘어 가문 고온 사이가 재재 하구 울구 있을 거이느꺼니 그걸 테다보디두 말구 가야 하구, 또 한 고개를 넘으문 중과 낸이 쌈하구 있을 터이니 그걸 말리디두 말구 그냥 가구, 또 한 고개를 넘으문 배두 여간만 고푸지 안 하갔디만 큰 게와집이서 곡소리가 난다구 그 집이 들어가서 밥을 얻어 먹디두 말구 가야 한다구 말했다. 이 아이는 그카가갔다구 하구서 가드랬넌데 하하 가다가 한 고개를 넘으느꺼니 고온 사이가 재재 하구 있었다. 이 아는 先生에 말두 있구 해서 테다보디 않구 근냥 갔다. 고담 고개를 넘으느꺼니 중하구 여자하구 쌈하멘 말레 달라구 하는 거를 말리디 않구 근냥 갔다. 세본째 고개를 넘으느꺼니 큰 게와집이 있구 그 집이서 곡소리가 나구 있었다. 배는 고푸구 길을 더 걸을 수가 없어서 죽으면 죽갔다 하구서리 그 집이 들어가서 밥 좀 얻어먹으레 했다. 쌔한 노데기[1]레 앉아서 울다가 이 아를 보더니마는 날래 둘오라구 했다.

들어가느꺼니 노데기는 밥을 한상 개저다 주구 날래 먹으라 했다. 이 아는 배레 고파서 그 밥을 다 먹었다. 먹구서 나올라구 하느꺼니 노대기는 너 잡아먹갔다 하멘 달라들었다. 이 아는 나를 잡아먹갔으문 내가 당개나 간 담에 잡아먹으라 했다. 노대기는 그카라 하구 놔 주었다. 이캐서 이 아는 저으 집이루 오기는 했넌데 그 뒤에 이 아가 당개가서 색시를 대불구 오년데 그 노대기가 와서 白虎가 돼 개지구 새실랑을 잡아먹갔다구 했다. 새시방에 父母는 놀래서 우리 아들은 놔두구 날 잡아먹으라 하는데두 白虎는 듣디 않구 새시방만 잡아먹갔다구 했다. 새시방에 父母는 우리 아덜을 잡아먹을라문 생전 먹구 살 거를 주구 잡아먹으라 했다. 그러느꺼니 白虎는 턴반 우에 올라가더니 뚝닥뚝닥 하더니 네모난 궁이[2] 하나를 내리 주멘 이 구세기는[3] 金 나오나 하문 金 나오구 이 구세기는 옷 나오나 하문 옷 나오구 이 구세기는 먹을 거 나오나 하문 먹을 거 나온다 하구 또 한 구세기는 대주디 안했다. 새시방 아바지는 "그 구세기는 멀 하는 구세기가, 그거 마자 대주어야지 그라느문 못 잡아먹는다"구 했다. 그러느꺼니 白虎는 그 구세기는 미움 놈한데 대구 너 죽어라 하먼 죽는 구세기라구 했다. 새시방 아바지는 그 구세기를 탁 티멘서 白虎 너 죽어라 했다. 그러느꺼니 白虎는 칵 죽었다.

  이 집이서는 그 궁이를 개지구 잘살았다구 한다.

＊1936年 12月 定州郡 玉泉面 文仁洞 金珽鴻

1) 노파    2) 공이, 공같이 생긴 나무토막    3) 구석, 모난 자리


# 神妙한 구슬 |

넷날에 어떤 사람이 당개 가느라구 가드랬는데 한 고개를 넘으느꺼니 쌔한 넝감 하나이 나와서 더기 있는 고개를 넘어갈 적에 고온 색시레 나와서 저에 집이루 오라구 해두 그 말 듣디 말구 근냥 가라구 말했다. 이 사람은 넝감과 고맙다구 하구 가느라느꺼니 그 고개에 왔을 적에 고온 색시레 나와서 저에 집에서 자구 가라구 했다. 이 사람은 난 당개 가는 길이느꺼니 그럴 짬이 없다구 그냥 갈라구 하는데 그 고온 색시는 자꾸 자구 가자구 성화멕여서 이 사람은 할 수 없이 그 색시 집으루 갔다.

  이켄 新婦 집에서는 새시방이 오디 않으느꺼니 여간만 걱정을 하구 있딜 안했는데 新婦는 새시방이 오는 길루 가봤다. 고개 있는 데 가느

꺼니 고온 색시 집에 새시방이 있어서 新婦는 그 고온 색시과 데 새시 방은 나에 새시방이느꺼니 날래 내달라구 했다. 그러느꺼니 고온 색시 는 못 내주갔다구 했다. 新婦는 "나는 이 사람과 結婚해서 平生 의지하 구 살아야 하는데 네가 이 사람을 빼틀어가문 나는 어떻게 살으란 말이 냐?" 하구 말했다. 그러느꺼니 고온 색시는 내가 平生 먹구 살 것을 줄 꺼이니 이 사람을 나 달라 했다. 新婦가 그거이 머가? 하느꺼니 고온 색시는 구슬 열 알을 내줬다. 이거이 멀 하는 건가? 하구 물으느꺼니 고 온 색시는 이거는 옷 나오는 구슬, 이거는 밥 나오는 구슬 하멘 아홉 개 꺼정은 한나한나 쓰는 方法을 대주구는 열 개째는 대주디 안했다. 新 婦는 이거는 멀 하는 거가? 얼릉 대달라 했다. 고온 색시는 한동안 멈칫 멈칫하다가 고건 미운 놈한테 대구 너 죽어라 하문 죽는 구슬이다구 했 다. 新婦는 그 구슬을 고온 색시에다 대구 너 죽어라 했더니 고온 색시 는 큰 구렝이가 돼서 죽었다. 新婦는 그 새실랑을 데불구 와서 잘살았 다구 한다.

＊1936年 7月 鐵山郡 鐵山邑 東部洞 鄭元河

# 여덟 모의 寶玉 │ 넷날에 新郎하구 新婦가 어늬 江세탈[1]을 돌아가구 있느라는데 메사구[2]가 나와서 새시방을 잡아먹갔다구 했다. 색시는 놀래서 새시방 을 잡아먹디 말구 나를 잡아먹어라 했다. 메사구는 안 된다, 새시방을 잡아먹어야 한다구 자꾸 새시방을 잡아먹갔다구 했다.

색시는 "네가 꼭 새시방을 잡아먹을래면 나한테 平生 먹구 살 것을 주어야 한다. 이 새시방은 나를 먹여 살리는 사람이느꺼니 이 새시방 을 잡아먹을래면 그래야 하디 않간!" 하구 말했다. 메사구는 그카라 하 멘 야듭 모가 난 구슬 하나를 주면서 이거 개지면 平生 먹구 산다구 했 다. 색시는 야듭 모 난 구슬을 받아 개지구 이거이 머이간데 平生 먹구 산다느냐구 물었다. 메사구는 이거는 밥 나오나 하멘 밥 나오구 이거는 옷 나오나 하멘 옷 나오구 이거는 멋 멋 하멘 닐굽 모에서 나오는 것을 말하구 한 모만은 말하디 안했다. 색시는 이 모는 머하는 모가? 하구 물었다. 메사구는 그 모는 말할 수 없다구 했다. 색시는 그걸 말하디 않으문 우리 새실랑을 잡아먹을 수 없다, 우리 새실랑을 잡아먹갔으문 이걸 대주구 잡아먹어라 했다. 그러느꺼니 메사구는 미운 놈에다 대구 너 죽어라 하문 죽는 모다구 말했다. 색시는 그 말을 듣구 메사구에다 대구 메사구 너 죽어라 했다. 그랬더니 메사구레 인차 죽구 말았다.

이 색시와 새실랑은 그 여듭 모 난 구슬을 개지구 잘살았다구 한다.

＊1927年 1月 楚山郡 豊面 龍岩洞 洪淳八

＊1938年 1月 宣川郡 新府面 淸江洞 洪永燦

※但 '메사구'는 '구렝이'로 되어 있음.

1) 강변 모서리    2) 메기


# 三胎子 | 넷날에 한 곳에 富者가 있었넌데 그때 나라에 큰 구경이 있다구 해서 이 집 사람은 모주리 다 구경 나가구 十八世 난 체네가 종 하나 데불구 있었다.

이때 중 하나가 이 집으루 동녕을 왔다. 체네는 종보구 쌀을 갯다 주라구 했다. 종이 쌀을 개지구 가서 중에게 주느꺼니 중은 쥔 체네가 주어야 받디 그라느문 안 받갔다구 했다. 그래서 체네는 할 수 없이 쌀을 내다 줬다. 그런데 중에 바랑에는 구녕이 있어서 쌀이 다 쏟아넸다. 處女는 그 쌀을 다 주어서 중한데 주었넌데 중은 해가 다 가고 했으꺼니 이 집이서 하루 밤만 자구 가갔다구 했다. 處女는 그카라 하구 사랑방에서 자게 했다. 중은 사랑방은 적적해서 잘 수레 없다구 했다. 고름 아바지 방에서 자라 했다. 아바지 방에선 담배내가 나서 못 자갔다 했다. 고럼 오마니 방에서 자라 하느꺼니 그 방에서는 가라춤내가 나서 못 자갔다구 했다. 오래비 방에서 자라 하느꺼니 오즘똥내가 나서 못 잔다구 했다. 그래서 체네는 할 수 없이 處女 방에서 자라구 했다. 그래서 중은 체네 방에서 자게 됐넌데 處네는 낭푼에 물을 떠다가 房 가운데다 놓구 한켄에 중이 자게 하구 다른 켄에서 체네가 자기루 했다.

이렇구 하루 밤을 자구 중은 갔넌데 處女는 그 후보탄 아를 개저서 시양목 열 다닙 초매[1]가 벙실벙실 하게 됐다. 父母가 돌아와서 보구 이거 원 일이가 물었다. 중이 동녕와서 자구 갔다구 말하느꺼니 父母는 이거 야단났다구 딸을 쥑이갔다구 작두루 목을 떡었다. 그런데 목은 떠러지디 않구 작두만 불거뎄다. 父母는 체네를 바다에다 베렜다. 그랬더니 鶴이 두 마리 날라와서 한 날개루 處女 밑을 까라 주구 한 날개루 덮어 줬다. 父母는 處女를 다시 집우루 대불어다 두었넌데 處女는 열 달 만에 三胎子를 났다. 이 三胎子는 잘 자라서 모두 王에 버금가는 벼슬을 해서 一家門中이 잘 살았다구 한다.

＊1938年 1月 宣川郡 宣川邑 金炳彬

1) 열두폭 치마


# 三胎子 | 넷날에 한 중이 어떤 집에 가서 동녕을 달라구 했다. 이 집에는 서나[1]들은 모두 난[2] 막으레 가구 체네 혼자 있었는데 중이 동녕 와서 체네가 나가서 서나가 없어서 동녕 못 주갔다구 했다. 중은 듣디 않구 동녕만 달라구 자꾸 했다. 체네는 그래두 주디 않구 있으꺼니 중은 동녕을 못 주갔으문 하루 밤만 재와달라구 했다. 체네는 그것두 못하갔다 하느꺼니 중은 갔다. 그런데 저녁때가 되느꺼니 중은 다시 와서 다른 곳은 암만해두 잘 데가 없으꺼니 이 집이서 꼭 좀 재와 달라구 했다. 체네는 할 수 없이 재우기루 하구 아버지 방으로 들어가라구 했다. 중은 그 방은 넝감내레 나서 못 잔다구 했다. 오래비 방에서 자라구 하느꺼니 젖비린내가 나서 못 자갔다구

했다. 체네는 할 수 없이 自己 房에서 재우기루 하구 방안에 병풍을 가리우구 한 켄에 중을 재우구 自己는 다른 켄에서 자기루 했다.

　다음날 중은 체네과 지난 나쥐 불구슬 서이 알하구 참빗 하나하구 얼개빗 하나하구 나타난 꿈을 꾸었다구 하멘 참빗은 중이구 얼개빗은 체네구 불구슬 서이 알은 아들 三兄弟를 낳는 꿈이느꺼니 같이 자자구 했다. 체네는 중에 말을 듣구 같이 잤넌데 중은 그리구서 가 뼈렀다.

　그 後 체네네 집 남덩들은 난을 막구 돌아왔다. 돌아와 보느꺼니 체네 배가 불러서 외짝 門으루 다니딜 못했다.

　이거 어드런 노릇이가 이거 야단났다 하구서리 체네가 애를 갯었다구 죽일라구 장재기를 높이 쌓구 그 위에 체네를 올레놓구 불을 노아서 죽일라구 했다. 그런데 갑제기 소낙비가 와서 불을 다 꺼 버렸다. 다시 이 체네를 죽일라구 여러 가지 手段을 썼넌데 도무지 죽일 수가 없어서 마감에는 그대루 눠두었다. 그 後 체네는 아들 3형제를 났다.

　이 아들 3형제는 잘 자라서 서당에 다니멘 글두 배우구 하드랬는데 하루는 3형제가 아바지 어드메 있능가 하구 오마니과 물었다. 오마니는 밤나무한데 가서 절하구서 물으면 나온다구 했다. 3형제는 밤나무한데 가서 절하구 물었는데 아바지는 나오디 안했다. 3형제는 다시 오마니과 우리 아바지 어드메 있능가 물었다. 복사낭구한데 가서 절하구 물으면 나온다구 했다. 3형제는 복사낭구한데 가서 절하구 물었넌데 아바지레 나오디 안했다. 그래서 3형제는 아바지 찾으레 가겄다구 집을 나왔다. 발 가는 데루 갔넌데 어데만큼 가다가 길에서 중 하나를 만났다. 3형제는 저에 신세를 말하구 우리 아바지 좀 찾아 달라구 했다. 중은 3형제를 일루루 보구 델루루 보구 하더이마는 아무래두 경우가 달라서[3] 중에 피와 3형제에 피를 한데 섞어 봤다. 피는 한데 엉케서 중하구 3형제는 아버지구 아들이라는 것을 알게 됐다. 중은 3형제한데 무얼 주었는데 3형제는 그걸 받아 개지구 집에 와서 오마니과 잘 살았다.

＊1938年 1月 龍川郡 東下面 三仁洞 文履珏
1) 사내, 남자    2) 난리, 전쟁    3) 여러 가지 형편이 달라서


# 처녀의 怨魂 | 녯날에 金剛山 덜중 하나이 쌀동낭하

레 어니 몰에 가서 한 집에 들어가느꺼니 인간들은 다 나드리가서 없구 체네 함자서 베를 짜구 있었다. 동낭 좀 달라 하느꺼니 체네레 힌 쌀을 한 말 퍼주구선 언제 또 오간네 하구 물었다. 중은 멀구 다래 닉은 九十月에 오갔다구 하구서 갔다.

체네는 냄1)을 하구 둘우와서 베를 재끈재끈 짜멘서,


"행경피나무 부바디집을
걸어만 놔두 소리만 난다.
金剛山 덜 상제야
날 데레가디 날 데레가디"


하멘 소리했다. 이때 이 집에 막세리 낸이 나들이나갔다 둘오문서 이 소리를 듣구 이자 한 소리레 무슨 소리가 하구 물었다. 체네는 "내레 소린 무슨 소리를 하갔읍메" 하멘 점적해 했다.2) 막세리 낸은 안 대주갔으문 인간덜3) 대주갔다구4) 해서 체네는 "고롬 한마디 할 건 대주디 말라우" 그러멘 아까 한 소리를 했다. 그런데 고 담보탐 이 체네는 그 중놈을 생각하구 九十月이 날래 오문 둏갔다구 날마당 날마당 기다리구 있는데 九月이 다 지나도 중놈은 오딜 안했다. 그래서 체네는 그만이야 병이 들어서 죽구 말었다.

이 집이선 동리 무당을 불러다가 굿을 했다. 큰 무당이 푸념을 하넌데 체네 넋이 와서 "모시 고깔 열 닷 둑을 누굴 줄라 기워 뒀소. 모시 당삼 열 닷 둑을 누굴 줄라 기워 뒀소" 하멘 한창 하넌데 이때 담장 뒷

백 켄에 중놈이 멀구 다래 따개지구 오다가 굿하는 소리를 듣구 너머 너머 서러워서 멀구 다래 누굴 줄라구 따왔능가 하멘 울듯울듯한 목소리루 푸념을 했다. 그러느꺼니 뜰 안에서 듣구 있던 체네 오래비레 당떼기⁵⁾를 들구 딸라나와서 그 중을 때릴라 했다. 중놈은 고만 다라뺐다. 그런데 뛔가다가 쉬쉬⁶⁾ 끌테이⁷⁾에 걸레서 밑구녕이 쿡 께워서 피를 쏟구 죽었다. 지금 쉬쉬 끌테기레 새발간 건 그 중에 피가 묻어서 그런다구 한다.

＊1936年 12月 宣川郡 水淸面 古邑洞 李基植

1) 작별인사　　2) 부끄러워했다　　3) 동네사람들　　4) 소문내겠다　　5) 작대기　　6) 수수　　7) 베어낸 끝

# 고양이와 개의 報恩 |

넷날에 한 아레 있넌데 이 아는 집이 가난해서 다니던 書堂에두 갈 수 없게 됐다. 그러느꺼니 書堂에 先生이 自己가 공부시케 줄 꺼이니 그냥 다니라구 해서 다시 書堂에를 다니게 됐다.

　이 아는 書堂에를 다닐라문 날개지¹⁾ 하나를 넘어야 했다.

　어늬 날 書堂에를 가누라느꺼니 그 날개지서 어떤 고온 색시가 나와서 이 아에 팔을 끌구 같이 가자 했다. 이 아는 서당에 가야 하느꺼니 싫다구 하구시리 근낭 서당으루 다라왔다. 서당에 오느꺼니 先生은 "너 이자 오다가 날개지서 어드런 일이 있었디?" 하구 물었다. 그래서 이 아는 이자 막 본 거를 말했다.

　先生은 그 색시란 거는 한 三千年 묵은 굼여우²⁾인데 來日 올 적에 그 색시가 나와서 오늘과 같이 같이 가자 하거던 같이 따라가구 同品하자 하거던 동품하구 헤를 빨자 하거던 헤를 빨구 하넌데 네가 맨제 빨리우면 죽으느꺼니 네레 맨제 색시 헤를 빨구서 잘라먹어라. 색시는 헤를 잘리우면 굼여우가 돼서 죽는다 이렇게 말했다.

다음날 이 아는 그 날개지를 넘느라느꺼니 그 색시가 나와서 함께 가자구 했다. 이 아는 색시를 따라갔더니 색시는 방으루 데불구 가서 동품두 하구 헤를 빨기두 했다. 헤를 빠를 적에 이 아는 女子으 헤를 잘라 먹었다. 그랬더니 색시는 굼여우가 돼서 죽었다.

이 아는 書堂에 와서 先生님보구 그 말을 했다. 先生은 굼여우 헤를 먹은 사람은 정신이 맑아데서 재주가 많게 된다구 했다.

이 아는 공부를 잘 하느꺼니 어떤 사람이 이 아를 사우 삼갔다구 했다. 그래서 날을 받아서 당개 가게 됐넌데 갈 적에 그 날개지를 넘게 됐다. 낼개지를 넘으라느꺼니 큰 뱀이 나와서 길을 막구 못 가게 했다. 이 아는 "사람이 世上에 났다가 당개 가는 거이 델루 기뿐 거인데 처권두 못 보구 죽는다는 거는 슬픈 일이다. 이제 둏은 날을 擇해서 당개 가는 둥이니 처권과 同品하구 돌아올 적에 잡아먹어라" 하구 말했다. 그러느꺼니 뱀은 길을 비끼구 어데론가 가 삐렀다.

이 新郞은 거기를 지나서 색시 집에 와서 禮를 지내구 三日을 지내서 돌아오게 되는데 뱀한데 잽히워먹히는 거이 걱정이 돼서 걱정하구 있었다. 색시가 이걸 보구 와 그러능가 물었다. 新郞은 당개 올 적에 큰 뱀이 잡아먹을라구 해서 당개 갔다 돌아올 적에 잡아먹으라구 했으느꺼니 이자 가면 뱀한데 잽히워 먹힐 것 같아서 그래서 걱정이 돼서 그런다구 말했다. 색시는 죽어두 같이 죽자 하멘 딸라나섰다.

그 날개지에 오느꺼니 뱀은 볼세 나와 있었다. 색시는 뱀 앞에 가서 넌와 우리 새시방을 害할라 하능가 물었다. 뱀은 그렁 거이 아니다, 이 산 둥에 三千年 修道하던 여우가 있었넌데 그 여우는 사람한데 作害를 많이 해서 이 山 山神靈이 잡갔다구 해두 잡을 글럭이 없어서 애먹드랬는데 그 여우를 너에 새실랑이 잡아죽에서 山神靈이 나를 보내서 그 공을 갚으라 해서 나와서 보배 하나를 줄라구 하는 거이디 害할라는 거이 아니다구 말하멘 고개를 주억주억 세 번 하더니 한 치 길이으 뻬 하나를 내주었다. 그 뻬에는 구넝이 너이 있는데 하나는 쌀 나오는 구넝이구 또 하나는 돈 나오는 구넝이구 또 하나는 옷 나오는 구넝이구 또 하나는 食饌 나오는 구넝이라구 대주었다. 그리구 뱀은 사라뎄다.

이 새시방과 색시는 그 삐를 개지구 와서 큰 부재가 돼서 잘살았다.

그런데 하루는 건년집 낸이 이 집에 놀레 와개지구 당신들은 어드르케 해서 이와 같이 잘사능가 물었다. 색시는 보배 하나를 얻어서 잘 산다구 했다. 그랬더니 이 낸은 그거이 욕심이 나서 어늬 날 이 집에 사람이 없는 짬에 와서 그 보배를 채갔다. 색시네 집은 보배를 잃은 담보타는 집이 가난해데서 살기가 어렵게 됐다.

색시네 집에는 괭이와 가이를 기르드랬는데 이 괭이와 가이는 쥔네 집이 가난해지는 거는 보배를 잃어서 그렇다구 하구서 괭이와 가이는 잃은 보배를 찾다 주자구 황눈해 개지구 보배를 채간 집이루 갔다. 가이는 백 켄에 있구 괭이는 집안에 들어가서 쥐를 모주리 모아놓구 너덜 죽디 안갔으문 쥔네 벼개 안에 네둔 보배를 개오너라구 말했다. 그러느꺼니 쥐들은 네네 하구 나가더니 인차 보배를 개지구 왔다.

괭이는 그 보배를 받아 개지구 가이와 함께 집우루 오는데 오는 길에는 江이 있었다. 江을 건늘 적에 괭이는 보배를 입에 물구 가이 잔등에 올라타구 건넜다. 이러구 江을 건느는데 江 가운데쯤 왔을 때 가이는 머이 웃으운지 웃었다. 괭이도 따라서 웃었다. 그런데 웃다가 입에 물었던 보배를 江물 속에 빠뜨리구 말았다. 괭이와 가이는 고만 분해서 집이 돌아와서두 밥두 안 먹구 걱정만 하구 있었다.

그 후 어늬 날 괭이는 江가에 나갔다. 어떤 漁父가 낚시질해서 큰 고기를 낚았넌데 괭이는 이 고기를 채서 집이루 돌아와서 고기를 쥔한데 주었다. 쥔은 그 고기를 먹갔다구 고기 배를 쨌더니 그 고기 뱃속에서 그 보배가 나왔다. 그래서 쥔은 다시 보배를 얻어서 前과 같이 잘살게 됐다구 한다.

＊1927年 1月 楚山郡 板面 金明坤

1) 고개    2) 九尾狐

# 三煞을 면한 사람 | 녯날에 어떤 富者집 농막 살이하는 사람이 산에 가서

새를 하구 있넌데 번개불이 번적거리구 우레[1]가 우루루 하구 검은 구름이 모여 오더니 비가 쏟아데서 이 사람은 나무 구세통에 들어가서 비를 멋구 있었다. 그런데 하늘서 원 사람들이 내리와서 "아모가이!" 하멘 이 사람이 농막살이하는 집으 이름을 부르멘, 그 집 아들을 죽이는 황눈을 하구 있었다. 이 사람은 그 황눈하는 말을 듣누라꺼니 한 사람이 그 아레 당개 가는 길체기[2]에 멍둥딸기를 해놓구 그걸 따먹게 해서 죽이자 했다. 그러느꺼니 다른 사람이 그놈이 딸기를 안 따먹구 가면은 고담에는 엄물[3]에 바가지를 둥둥 띠워 놔서 물을 떠먹게 해서 배레 쏘세서 죽게 하자 했다.

또 한 사람이 그 새시방이 물을 안 떠먹구 안 죽으면 색시 집이서 절할 적에 따에서 칼을 올레보내서 밑구녕을 찔러서 죽게 하자 했다. 그리구 그래두 안 죽으문 어떻가간? 하느꺼니 그래두 안 죽으문 별 수 없다 하구서는 구름을 타구 하늘루 올라갔다. 농막살이하는 사람은 이런 말을 다 듣구 비가 개인 담에 구세통에서 나와 개지구 새를 지구 집에 돌아와서 主人과 山에서 들은 말을 다했다. 쥔은 이 말을 듣구 농막살이하는 사람과 아덜이 당개 갈 적에 따라가서 잘 봐달라구 부탁했다.

쥐인 집 아덜이 당개가는 날 농막살이하는 사람은 새시방이 타구 가는 말에 말꾼이 돼서 말을 몰구 갔다. 가다가 길체기에 멍둥딸기가 쌔빨하게 닉어서 후둘후둘 맛있게 열레 있으느꺼니 새시방은 그걸 따먹갔다구 말께서 내릴라구 했다. 농막살이하는 사람은 당개 가는 새시방은 그따위 거 먹으멘 안 된다 하멘 말을 냅다 테몰아서 갔다. 하하 가느라느꺼니 이번에는 엄물에 바가지가 둥둥 떠 있었다. 새시방은 또 목이 말으느꺼니 데 물을 먹갔다구 말께서 네릴라구 했다. 농막살이하는 사람은 새시방은 그따위 물 먹으문 안 된다 하구 또 말을 냅다 테몰아서 갔다.

색시 집에 다 와서 婚姻禮式을 하누라 절을 하는데 그때 따에서 칼이 올라와서 새시방 밑구넝을 찌를라구 했다. 농막살이하는 사람은 이걸 보구 날래 달라들어 새시방을 안아다가 딴 데다 놨다. 그러느꺼니 칼은 이 새시방은 하늘서 내리보낸 사람이라놔서 죽일 수 없다구 하멘 따에 탁 떨어디구 말았다. 농막살이하는 사람은 이 칼을 주어서 돌루 찍어테서 옥자궁이[4]를 만들었다.

새시방은 그 후 아무 일 없이 색시과 잘살았다구 한다.

＊1935年 1月 宣川郡 山面 香山洞 劉準龍

1) 우뢰    2) 길목    3) 우물    4) 산산조각


# 三煞을 면한 사람

넷날에 어떤 곳에 富者집이 있구 가난한 집이 있었다. 富者집에는 외아들이 있구 가난한 집에는 三兄弟가 있었다. 가난한 집 三兄弟는 富者집 외아들을 죽이갔다구 늘 하드랬는데 죽일 언터귀가 없어서 못 쥑이구 있드랬는데 어늬 해 넨뼁[1]에 걸레서 이 三兄弟는 죽구 말았다. 이 三兄弟에 아바지는 집이 가난하느꺼니 富者집에 멈살이를 하구 있었다.

하루는 그 富者집 외아들이 당개를 가게 돼서 이 멈살이하는 사람이 말을 얻으레 가다가 自己 아들 三兄弟가 묻힌 머이 앞을 지내게 됐다. 그때 머이 안에서 저으 아들 三兄弟가 머라구 머라구 하는 소리가 들레왔다. 이 사람은 가만히 듣구 있누라니까 한 놈이 아무 가이는 — 하멘 富者집 외아덜 이름을 부르멘 — 낼 당개 간다는데 우리가 살아서두 죽이갔다구 늘 하다가 못 죽인 거이 恨인데 이제는 죽에 보자 하느꺼니 다른 놈이 그렇카자 했다. 그러더니 고놈이 가는 길에 나는 딸기가 돼서 있다가 따먹구 죽게 하갔다 하는 소리가 났다. 다른 놈은 만일에 고놈이 딸기를 따먹디 않구 그냥 가면 나는 샘이 돼서 바가지를 띄워서 물을 마

시게 하갔다 했다. 그리구 그놈이 물을 마시디 않구 죽디 않으문 던안 디릴 적에 맏뇌은 송굿이 되구, 작은 뇌은 술잔이 되구, 난 술이 됐다가 술 마시구 송곳에 찔려 죽게 하자고 윈 밑에 아들이 말했다.

"그러구두 그 새시방 놈을 죽이디 못하문 나는 구렝이가 되구 둘째는 독사가 되구 밑에 저그나 너는 늘메기가 돼서 물어 죽이기루 하자"구 윈 맏뇌이 말했다. 그러느꺼니 동생들도 그카자구 했다.

三兄弟에 아버지가 이런 말을 다 듣구 야 요놈덜 바라, 살아서두 富者집 외아들을 괴롭히더니 죽어서까지 욕먹이갔다구 하는구나, 이거 안 되갔다. 이러구 혼자 말을 하멘 어카던지 富者집 외아덜을 살레 놔야갔다구 맘먹었다.

이 사람은 말을 얻어 개지구 와서 富者집 외아들이 당개 가는 날 自己레 말 수중하갔다구 하구서리 말을 몰구 갔다. 당가 가는 길 도둥에 아닐세라 길 넢에 딸기가 있었다. 새시방이 이걸 보구 딸기 따오라구 했다. 이 사람은 색시 집에 가문 앞상 받을 텐데 멀 먹갔다구 그러능가 하멘 말을 디렙다 몰구 얼릉 고기를 지냈다. 또 가누라느꺼니 샘이 있구 맑은 물 우에 바가지가 떠 있었다. 새시방은 물 좀 떠오라구 했다. 이 사람은 그 말을 못 들은 테하구 말을 빨리 몰구 고기도 얼른 지났다.

색시 집에 가서 던안상을 들이려구 하는데 이 사람은 던안상을 차서 술잔을 깨치구 그 뒤에 있는 송굿을 찾아내서 없애 놨다. 그리구 그날 나쥐 윈 새끼를 꼬아 개지구 房에 들어가서 있다가 뱀이 들어오넌 거를 모주리 잡아서 죽였다.

다음날 새시방은 이 멈과 어드래서 딸기두 못 먹게 하구 물두 못 먹게 하구 던안상을 차서 술두 못 먹게 했는가 물었다. 멈은 뱀 세 마리를 갯다 보이멘서 이러이러해서 그랬다구 말했다. 그러느꺼니 새시방은 너머너머 고마워서 一生을 자기 집에서 잘 멕여 주었다구 한다.

＊1933年 7月 宣川郡 深川面 古軍營洞 桂基德

1) 열병

# 三煞을 면한 사람 | 넷날에 한 아레 있던데 니 웃집 동무와 항께 書堂을

다니드랬는데 이 동무가 죽어서 혹게 슬퍼하구 살드랬던데 그 후 이 아
레 당개 가게 됐다.

근데 이 아에 근체 집 사람 하나가 이 아에 죽은 동무에 머이 근체서
새를 하구 있드랬는데 머이 속에서 "야야 내 말 좀 들으라" 하는 소리가
났다. 이 사람은 "머 말이가, 내 말 좀 들으라는 거이?" 하구 말하느꺼니
"아무가이가 낼 당개 간다지?" 했다. 그렇다구 하느꺼니 머이 속에서 우
리 그 아를 죽이자구 했다. 이 사람은 어드르케 해서 죽이능가 하구 물
으느꺼니 새실랑이 말 타구 갈 적에 나는 길 옆에 주먹딸기가 돼개지구
있다가 놀[1]을 들게 해서 딸기를 따먹으면 곧 죽게 한다구 했다. 이 사람
은 다시 물었다. "만약에 그 새실랑이 딸기를 따먹디 않는다문 어드르
카갔네?" "그땐 나는 길가에 샘물이 돼개지구 바가지를 띄워서 놀을 들
게 해서 물을 떠먹으면 곧 죽게 한다" 이 사람은 또 "그래두 안 죽으멘
어드러카간?" 하구 물었다. "그땐 꽃전[2]에 놀을 들게 해서 꽃전을 먹으
면 곧 죽게 하갔다."

이 사람은 그러한 말을 듣구 집에 돌아와서 있던데 당개가는 집이서
이 사람과 새실랑 말 좀 몰아 달라구 했다. 이 사람은 그카갔다구 하구
서 새실랑이 당개 가는 날 새시방을 말에 태우구 말을 몰구 갔다. 가는
데 途中에 아닐세라 길 넢에 주먹 같은 딸기가 열려 있었다. 새시방은
그 딸기를 보구 딸기 좀 따달라구 했다. 이 사람은 그 말을 들은 듯 만
듯 말을 드렙다 몰구 갔다. 하하 가누라느꺼니 길가에 샘물이 있구 바
가지가 떠 있었다. 새시방은 그 물을 떠달라구 했다. 이 사람은 그 말두
들은 듯 만 듯 말을 디레 몰아서 색시 집으로 달레갔다.

색시 집이서 禮를 지내구 큰상을 받게 됐는데 이 사람은 큰상에 놓
인 꽃전을 밖으로 팽개테서 먹디 못하게 했다. 그 꽃전을 먹은 가이는
곧 죽었다. 이렇게 해서 이 사람은 새시방을 죽디 않게 했다구 한다.

＊1936年 12月 鐵山郡 西林面 化炭洞 金景龍
1) 邪 또는 煞    2) 잔치상에 올려는 전야

# 이상한 호랑이 눈썹 | 넷날에 한 사람이 있넌데 이 사람에 집에

는 人間은 많구 집은 가난해서 平安히 살 수가 없어서 世上求景이나 하갔다구 집을 떠나서 定處 없이 돌아다니다가 平安道 寧邊에 妙香山에 들어가서 어떤 덜에 갔다. 그 덜에 중 하나이 나와서 이 사람보구 어드메 사는 사람이가 어드래서 왔능가 하구 물었다. 이 사람은 집이 가난하구 人間은 많아서 살 수가 없어서 집을 나와서 돌아다닌다구 했다. 그러느꺼니 중은 고롬 나랑 함께 당신에 집에 가보자구 했다. 그래서 이 사람은 저으 집으루 돌아왔넌데 중은 저에 눈썹 하나를 뽑아서 주멘 이걸 눈에다 대구 집안 人間을 보라구 했다. 이 사람은 중에 눈썹을 눈에 대구 보느꺼니 집안 人間이 모두 다 달이 돼서 모이를 줴먹구 있었다. 중은 白虎가 돼서 그 집 人間들을 모주리 잡아죽이구 "당신네 집에는 달이 많이 생겨서 암만 벌어두 달이 다 먹어버레서 가난해데서 苦生하구 있다. 내가 그 달을 모주리 없앴으느꺼니 이제보탄은 苦生이 없게 되갔다. 내레 색시 하나 얻어다 주갔으니 그 색시하구 잘살으라" 하더니 인차 고온 색시 하나를 갯다 주고는 백호는 어드메로 가구 말았다. 이 색시는 大國天子에 딸인데 그 중이 白虎가 돼개지구 업어다 줬다.

이 사람은 그 색시와 夫妻가 돼서 잘살구 있드랬넌데, 大國天子는 自己 딸이 없어데서 딸을 찾갔다구 名人을 天下에 求하구 있었넌데 朝鮮에 名人도 求하갔다구 넝감이 달을 불러 모이 주는 그림을 내보내서 이 그림에 그려 있는 넝감에 나이 멫인가 알아 내는 사람을 求해서 大國에 보내면 賞金을 많이 주갔다구 했다. 朝鮮王은 그 그림을 여러 사람에게 보여주구 그림에 그린 넝감에 나이를 알아마춰 보라구 했넌데 아무가이두 알아마춘 사람이 없었다.

이 사람은 이런 소문을 듣구 서울루 올라가서 그림을 보구 인차 이 넝감에 나이는 八十一세라구 했다. 어드래서 이 넝감에 나이가 八十一세인가 물었다. 그 사람은 그 넝감이 모이 주갔다구 달을 부르구 있넌데 달을 부를 적에는 구구 하구 불으느꺼니 九九는 八十一이느꺼니 넝감에 나이는 八十一세라구 대답했다. 이 사람이 八十一세라 한 거는 맞아서 이 사람은 朝鮮에 名人이라구 해서 大國天子한데 가게 됐다.

大國天子는 이 사람을 만나보구 自己 딸이 몇 해 前에 白虎한테 잡혜갔넌데 그 딸이 죽었는지 살았넌지 죽었으문 어드메서 죽었넌지 알아보라구 했다. 이 사람은 自己가 지내온 말을 하구 그 딸은 自己하구 百年偕老하구 있다구 말했다. 그러느꺼니 大國天子는 고롬 님제레 내 사우가 하멘 반가워하구 곧 딸을 불러다가 함께 잘살았다구 한다.

＊1927年 1月 楚山郡 板面 金允燮


# 선생을 장가 보내다 | 넷날에 한 아레 글방을 다니는데 글방선생이

호래비루 지내는 거이 어린 마음에두 보기가 딱했던지 선생을 당개 보내주구푼 생각이 났다. 그래서 아침에 글방에 와서, "선상님 당개 안 가시갔소" 하구 말했다. 그리구 저녁때 갈 적에두 "선상님 당개 안 가시갔소" 하구 갔다. 선생은 이 어린아가 이런 말 하는 거를 첨에는 어린아에 철없은 말루만 듣구 웃구 넘기구 있었넌데 날마다 아침 저녁으루 그런 말을 하느꺼니 마감에는 매를 때면서 그따우 소리 다시 하디 말라구 혼내줬다. 그랬넌데두 그 후에두 맨날 "선상님 당개 안 가갔시요" 했다. 그래서 선생은 "가갔다. 어드래 그라네?" 했다. 그러느꺼니 이아레 "고롬 내레 하라는 대루만 하시라구요" 했다.

이 아는 집이서 글방에 갈라문 어드런 과부네 집 앞을 지나군 했다. 그래서 글방에 갈 때나 올 때나 그 과부에 집에 들어가서 "우리 선상님 여기 와 있디요" 하구 물었다. 과부는 어린아레 하넌 말이 돼서 첨에는 벨스럽게 생각디 않구 안 왔다구만 했다. 그런데 이 아레 아침 저녁으루 글방에 갈 적 올 적마닥 "우리 선상님 와 있디요" 하느꺼니 너 "네 선상이 어드래서 우리 집에 오간 요담보탄 그런 말 말라우. 그런 말 또 했다간 매맞을 줄 알아라" 하구 꾸짖기만 했다. 그랬넌데두 이 아는 아침 저녁으루 글방에 오멘 가멘 "우리 선상님 이 집에 와 있디요" 했다. 과부는 증이 나서 요놈 죽이갔다구 쫓아오군 했다. 이만큼 해놓구 하루는 선생님과 "오늘 나즈는 내레 과부를 밖으루 나오게 하갔으느꺼니 그 짬에 선상님은 과부집에 큰방에 들어가서 옷을 벗구 포대기를 깔구 니불을 쓰구 누어 있시라구요" 했다. 그리구 과부집에 대문간에서 "아즈마니 우리 선상님이 일루루 들어가는 거를 내레 봤넌데 선상님 어드메 게십니까" 하구 큰소리루 물었다. 과부는 이 소리를 듣구 증이 나서 "이놈에 간나새끼 메라네" 하면 부지깽이를 들구 쫓아나와 때릴라구 했다. 이 아는 안 맞갔다구 다라뛰멘 우리 선상님을 방에 두구두 팬시리 그런다 하멘 뛰느꺼니 과부는 더욱 징이 나서 요놈에 간나새끼 요놈에 간나새끼 하멘 쫓아왔다. 이 아는 얼매쯤 뛰다가 선생이 과부집 방안에 들어갔을 쯤 돼서 우덩 과부한테 잡혔다. 과부는 "요놈에 아새끼, 어드레 너에 선상이 우리 집에 와 있갔네. 가보자" 하멘 끌구 왔다. 그리구 방에 들어가서 "자아 똑똑히 보라. 어데메 선상이 있능가" 했다. 이때 선생은 니러나 앉으멘 "와들 고네" 했다. 이 아는 과부과 "내레 우리 선상이 이 집으루 둘온 거를 똑똑히 봤넌데 아즈마니는 안 왔다구 팬시리 안 왔다구 하누만" 했다. 과부는 고만 암쏘리두 못하구 있었다.

　일이 이렇게 돼놨으느꺼니 과부는 이 아보구 이런 말을 아무한데두 하디 말라구 했다. 이 아는 떡을 많이 해주문 말 않갔다구 했다. 과부는 큰 시루에다 떡을 많이 해서 줬다. 그랬더니 이 아는 그 떡을 개지구 나와서 집집에 돌아다니멘 돌리멘서 이 떡은 우리 선상님과 이웃집 과부 아즈마니와 혼세한 잔채 떡이우다구 했다. 일이 이같이 돼노느꺼니 과부는 할 수 없이 글방 선생님과 살게 됐다구 한다.

＊1936年 7月 宣川郡 宣川邑 越川洞 梁命相

＊1936年 12月 宣川郡 郡山面 長公洞 金燦建

＊1936年 12月 宣川郡 郡山面 蓬山洞 金應龍

# 코흘리개 눈병알이 머리헌뎅이 ㅣ

넷날에 한 골에 코 흘리기 잘하는 사람과 눈첩첩이와 머리 헌디쟁이과 이렇게 서이 있었드랬는데, 하루는 이 서이서 떡을 많이 해놓구 서루가락 제레 많이 먹갔다구 덤볐다. 그러다가 우리 이와 같이 덤빌 게 아니라 머리 헌데쟁이는 머리를 긁디 않기구 코흘리개는 코 싯디 않기구 눈첩첩이는 눈에 파리 앉은 걸 날리디 않기구 이와 같이 해서 오래 젠데 보기를 해서 델 오래 젠데내는 사람이 떡을 많이 먹기루 하자구 말이 나서 그렇가기루 했다.

그리구서 서이레 서루가락 참구 있었드랬넌데, 머리헌디쟁이레 더 참을 수레 없어서 한 게구를 피워 개지구 여보시 내레 건넌 山에서 노루를 봤넌데 고놈에 노루, 뿔이 여기 돋구 여기 돋구 또 여기두 돋구… 하멘 머리 가리운 데를 찾아서 주먹으루 탁탁 텄다. 코흘리개레 이걸 보구 그때 내레 총이 있었더문 이렇게 탕 쏘아 잡을 걸… 하멘 팔소매루 코 밑에 흘러나온 코를 슬적 시쳤다. 눈첩첩이레 두 놈에 하는 꼴을 보구 아아니 아아니 거 거 다 안대 안대… 하멘 손쎄를 써서 눈에 붙은 파리를 다 날래 보냈다.

＊1934年 7月 義州郡 加山面 玉江洞 金成淳

＊1935年 7月 宣川郡 宣川邑 越川洞 梁勝祐

*1935年 7月 定州郡 觀舟面 舟鶴洞 元義範

*1936年 7月 宣川郡 南面 三省洞 桂徹源

*1936年 12月 宣川郡 宣川邑 川南洞 金熙德

*1936年 12月 宣川郡 南面 三峯洞 朴炳灝

*1936年 12月 義州郡 義州邑 東外洞 金潤南

*1936年 12月 朔州郡 朔州面 東部洞 張錫元

※但 머리 헌 者, 코흘리기, 눈첩첩이는 三兄弟로 되어 있음.

*1934年 7月 龜城郡 館西面 造岳洞 金致載

※但 노루가 뛴다는 대목은 토끼가 뛴다고 했고, 뿔 代身에 토끼의 귀가 이렇게
빠두룩 하멘 개울거리구 갔다 하면서 가리운 데를 툭툭 뗐다로 되어 있음.

*1938年 1月 義州郡 古津面 樂淸洞 鄭利澤(張錫元과 같음)


# 얽은 사람과 외눈박이 | 한 네쩍에 얽으망이[1]레 샛 맑은

개굴에 나가서 쉬쉬[2]를 허구 있드랬넌데 그때 누깔오퉁이[3]레 글루루
지나가다가 얽으망이 보구 어쩌낙[4]에 떡 해먹구 시루 밑을 싯구 있구
만 하구 말을 붙엤다.

얽으망이레 이 말을 듣구 증이 나서 "어쩌낙에 금강산에서 덜 하나이
허물어뎄나" 하구 말했다. 오퉁이레 이게 무슨 말인지 몰라서 "건와?"
하구 물었다. 얽으망이는 "부테[5]레 한나 없게 말이다"구 말했다.

이 말을 듣구 오퉁이레 써이해서[6] 암쏘리 못하구 근냥 달아나 비리
구 말았다.

*1938年 1月 龍川郡 楊光面 龍溪洞 韓炳一

1) 곰보    2) 세수    3) 애꾸눈    4) 어제 저녁    5) 눈동자에 비친 그림자를
말함. 그래서 눈알 하나 없다는 뜻    6) 부끄러워서

# 작은 술잔 보고 운 사람 | 어떤 사람 하나이 술을 잘

먹넌데 한번은 正月 초하룻날 니웃집에 세배를 갔넌데 그 집이서 술
상을 채레다 주어서 술을 먹게 됐드랬넌데 가만 보너꺼네 부어 준 술
잔이 적어서 술 먹을 맘이 나딜 안했다. 그래서 이 사람은 술잔을 들구
서 입에 대딜 않구서 구슬 같은 눈물만 뚝뚝 떠리티리구 있었다. 그 집
사람이 이걸 보구 와 그러능가 하구 물어두 이 사람은 말두 않구 그대
루 눈물만 흘리구 있었다. 그러다가 이즉만해서 "다른 거이 아니라, 그
전에 우리 형님이 술을 먹다가 술잔이 적은 거이 돼서 고만에 술잔이
목구녕에 넘어가 그게 걸레서 죽었넌데 이제 적은 술잔을 보느꺼네 형
님 생각이 나구 끔즉해서 눈물이 났수다" 하구 말했다.

이 집 사람은 그 말에 눈치 채구 곧 큰 술잔을 개저다가 술을 갓득 부
어 주었다. 그때야 이 사람은 아뭇 소리 않구 술을 마섰다구 한다.

＊1935年 1月 宣川郡 深川面 古軍營洞 申潤德


# 하얀 머리 | 어떤 아레 저 아버지보구 "아버지 와 그렇게 머리칼이 쌔해뎄어요?" 하구 물었다. 아버지

는 네레 내 속을 쎅힐 때마다 쌔한 털이 하낫식 생겨서 이렇게 쌔해뎄
다구 대답했다. 이 말을 듣구 이 아레 한참 아무 말두 않구 있다가 "고
롬 아바지년 큰아바지 속을 얼매나 兒커서 더렇게 머리가 다 쌔하게
했소?" 하구 말했다. 이 말을 듣구 아바지는 "야아 어린아한테 말 한마
디 했다가 본전두 못 찾갔구나" 하드래.

＊1934年 7月 定州郡 郭山面 石洞下端 金相允

＊1934年 7月 龜城郡 館西面 造岳洞 金致載

# 뽕구새 │ 넷날에 사또에 하인 하나레 사또 밥상을 들구 가서 밥상을 사또 앞에 노면서 고만에 방구를 뽕 하구 꾸었다. 사또는 이 소리를 듣구 증이 나서 "이거 무슨 소릿메?" 하구 물었다.

下人이 급해서 "네, 뽕구새 소리예요" 하구 대답했다.

이 말을 듣구 사또는 더욱 증이 나서 "머이 어드래? 뽕구새 소리? 뽕구새 소리라면 뽕구새가 있겠구나. 고럼 뽕구새를 날래 잡아오너라. 못 잡아오면 네 목은 달아날 줄 알아라!" 하구 과텠다.

下人넘은 원님 앞에서 물러나와 개지구 저에 집에 한 사할 숨어 있다가 다시 사또 앞에 나가서 "황송합네다. 뽕구새 잡으레 사할이나 돌아다녔넌데 뽕구새레 없어서 그 엄지를 잡아 왔십니다" 하멘 뭘 내놨다. 사또레 보너꺼네 그건 띠드래.

＊1934年 2月 義州郡 古館面 堂谷洞 劉昌惇

＊1934年 2月 義州郡 加山面 玉江洞 金成淳

※但 '사또'는 '쿤'으로 되어 있음.


# 강감찬 여우잡기 │ 네날에 姜邯贊이라는 넝감이 있었드랬는데 이 넝감이 하루는 사랑방에서 든누어 얕은 잠을 자구 있넌데 웬 사람이 찾아와서 쿤 찾는 소리를 들었다. 이 넝감은 그 말소리를 듣구 이거는 사람이 아니구 뒷山에 사는 여우가 사람모양으로 變身해서 온 거루 알구 대답하딜 않구 가만히 있었다. 그런데두 이 사람은 둘와서 밖앝을 내다보멘 오늘은 비가 오간 바람이 불간 하구 혼자말을 하구 있었다. 넝감은 누은 채루 나는 者는 바람 불 줄 알구 기는 者는 비 올 줄 안다구 말했다.

이 동리 뒷山에는 멫 千年 묵은 여우하구 너구리가 살구 있는데 이 두 짐승은 동리 사람들을 구름便 바람便에 싸서 잡다가 잡아먹구 잡아먹구 했다.

이 넝감은 집에 온 사람이 몇 千年 묵은 여우라는 것을 알았다. 姜邯贊은 그 말만 하구 가만히 있으느꺼니 여우는 도루 山으로 가서 너구리과 姜邯贊에 말을 들레줬다. 그러느꺼니 너구리는 자기레 죽게 되갔다 하구 다라났다.

姜邯贊은 이 못된 짐승을 잡아죽이갔다구 동리 사람을 모아 개지구 나무하구 기름하구 새끼망하구 개지구 가서 여우굴에다 나무를 넣고 기름을 치구 그 옆에는 새끼망을 처놓고 불을 땠다. 그랬더니 여우는 아홉 개 달린 꼬리를 흔들구 나오다가 새끼망에 걸레서 죽었다. 그런데 너구리는 도망테서 잡디 못했다. 여우와 너구리가 없어데서 이 동리는 平安하게 됐다.

＊1927年 1月 楚山郡 板面 板坪洞 金日芳


**智兒** | 넷날에 터무니없는 거짓말을 잘하는 大臣이 있드랬넌 데 이 大臣이 大國으루 使臣으루 가서 大國에 大臣들과 이런 말 데런 말 하다가 우리 되션에는 궁궐 앞에 光化門이란 大門이 있넌데 그 光化門 우에 하늘에는 하늘논이 있어서 그 하늘논에서 나오는 쌀 개지구 온 백성이 一年 낭식을 충분히 먹구 산다구 했다. 그러느꺼니 大國에 大臣들은 대단히 부러워하멘 그런 신기한 하늘논을 한번 보고푸다구 했다.

이 대신이 되션에 돌아왔넌데 얼매 안가서 大國서 大臣덜이 되션에 하늘논을 보레 가갔으니 가거던 꼭 보여달라 하넌 펜지가 왔다. 이 대신은 그 펜지를 받어보구 깜작 놀래구 "이거 야단났다. 이거 어카문 동간" 하구 걱정이 됐넌데 너머너머 걱정이 돼서 고만 벵이 나서 둔눕게 됐다. 이 大臣한데는 열 두어 살 난 아덜이 있었다. 이 아덜이 아버지레 벵이 나 둔누어 있으느꺼니 "아바지 어드래서 벵이 났읍니까" 하구 물었다. 아바지는 너 알 거 없다 하멘 아무 말두 안했다. 그래두 아들은 말해 보시라구요 하멘 자꾸 물었다. 그래서 大臣은 大國에 使臣으로 가서 大國으 大臣한데 우리 나라에는 하늘논에서 나는 쌀루서 왼백성이 잘 먹구 산다구 자랑했더니 大國 大臣들이 그 하늘논을 구경하레 온다구 하는데 이런 거짓말이 탄로되면 큰일 나서 그런다구 말했다. 大臣에 아덜은 이 말을 다 듣구 나더니 "아바지 걱정할 거 머 있이요. 안심하시고 니러나서 진지두 잡수시구 하시요. 제가 잘 해보갔시요" 하구 말했다.

　大國에 大臣들이 서울에 온다는 날에 老人 三百名과 어린아덜 三百名을 光化門 앞에 모아다 놓구 老人들 있넌 데에는 많은 음식과 술을 차려서 큰 잔채를 베풀어 먹구 마시구 춤추구 노래 부루구 하도록 해놓고, 어린아덜이 있넌 데에는 어린아덜이 왕왕 큰소리루 울게 해놨다.

　大國에 大臣들은 우리 나라 님금님한데 인사하구서 大國으루 使臣으루 왔던 아무가이 大臣을 만나보구 싶다구 말했다. 님금님은 그 使臣은 뱅이 나서 둔눠 있어서 올 수레 없으느꺼니 그 使臣에 아들이라두 만나보갔능가 하구 물었다. 大國에 大臣들은 고롬 그 使臣에 아들이라두 만나보갔다구 했다. 그래서 그 大臣에 아덜이 불레왔넌데 大國에 大臣들은 하늘논을 구경시키라구 했다. 大臣에 아덜은 "예에 그라카갔읍니다" 하구 大國에 大臣들을 데불구 光化門 앞에루 갔다. 그리구 "하늘논을 구경하시기 전에 제 말 좀 들어보시기요. 더기 어린 아덜이 한물커 왕왕 울구 있는 거 있디 않습니까. 더거는 이자보탐 하늘논으루 농세하레 가넌 아덜인데 나리님 명령을 받구 가넌데 하늘논에 가서 농세하구 돌아올라문 四十年이 걸립니다. 그래서 부모님과 작별하느라구 서러워서 더렇게 울구 있습니다. 그리구 이쪽에 老人들이 많이 모여서 음식을 먹구 춤추구 노래하구 하던 거는 이 老人들이 어린 아덜로 하늘논에 농세하루 갔다가 四十年 만에 돌아왔으느꺼니 기뻐서 저와 같이 춤추구 노래하구 있는 거입니다" 하구 말했다.

大國에 大臣들은 이 말을 듣구 하늘논을 구경갔다가는 四十年 만에나 돌아오게 되거니 이거 가볼 곳이 아니갔다 하구 하늘논 구경하넌 거 그만두갔다 하구 그냥 저에 나라루 되돌아갔다구 한다.

＊1934年 7月 義州郡 古舘面 堂谷洞 劉昌惇

# 죽을 목숨을 살린 아이 | 넷날 소당시가 아덜과 함게 당

으루 소를 팔레 갔다. 소를 팔구서 돈을 아덜에게 주멘 자기는 볼일이 있어서 다네올 데가 있으꺼니 너 먼저 집으루 가라구 했다. 아들은 돈을 개지구 집으루 돌아가드랬넌데 날이 저물어서 어둑어둑해넜데 도 죽놈 하나이 나타나서 "야 너 당에 갔다 오네?" 하구 물었다. 그렇다구 하으꺼니 "네레 개진 거이 머이가" 하구 또 물었다. 아바지가 소를 판 돈이라구 했다. 그러으꺼니 도죽놈은 이 어두운 밤에 가다가는 큰일 날 것이니 우리 집에서 자구 내일 아침에 가라 하구 이 아를 끌구 저으 집으루 갔다. 이 아는 밤에 한숨 자구 잠을 깨서 보으꺼니 벽에서 칼을 가는 소리가 났다. 이 아는 '이 집 켠이 아매두 나를 쥑이구 돈을 뺄틀라구 칼을 가는 거이구나' 하는 생각이 들었다. 그런데 도망갈래두 도망 갈 수가 없었다. 가만히 보으꺼니 구둘 아랫간에 이 집에 아가 자구 있어서 이 아를 제가 자던 자리루 옮겨 눕히구 자기가 아랫간에 가서 자는 테하구 있었다. 조금 있으꺼니 도죽놈은 들어와서 웃간에 자는 자기 아덜을 목을 찔러 죽이구 "야야 니러나서 나가서 멍석 개오라 하구 소리텄다. 이 아는 니러나서 밖으루 나가 개지구 인차 다라텄다. 이렇게 해서 죽게 된 목숨을 살게 됐다.

＊1936年 12月 宣川郡 深川面 東林洞 金宗權

# 도둑 잡은 智兒 | 넷날에 어느 골에 도죽떼가 많
이 나타나서 골 사람들을 괴롭
히구 있었다. 그래서 그 골에 사뚜레 누구던지 이 도죽떼를 다 잡아오
는 사람에게는 많은 돈을 주갔다구 榜을 쎄서 내부텼다. 그랬더니 한
열 두어 살 되는 아레 사뚜 앞에 나타서 자기가 그 도죽떼를 다 잡아
오갔다구 말했다. 사뚜는 너 같은 어린아레 어드렇게 그 많은 도죽떼
를 잡아오간네? 안 된다구 했다. 그래두 이 아는 자기는 도죽떼를 잡아
올 자신이 있으느꺼니 허락만 해달라구 자꾸 말했다. 그러느꺼니 사뚜
는 고롬 잡아와 보라구 했다.

이 아는 둥은 옷을 입구 많은 돈을 개지구 도죽떼덜이 있는 데루 갔
다. 도죽놈 하나이 나타나서 이 아를 잡아서 도죽떼덜이 있는 데루 끌
구 갔다. 이 아는 도죽떼가 있는 데루 끌레갔어두 조금두 미서워하디두
안했다. 괴수도죽이 "너는 여기 잡헤왔넌데두 어드레서 조금두 미서워
하디 않능가" 하구 물으느꺼니 이 아는 나두 도죽이 되구파서 왔으느꺼
니 그른다구 말했다. 그래서 도둑덜은 기뻐서 "고롬 우리허구 일해 보
자" 하구 말했다. 이 아레 도죽덜과 항게 사방에 돌아다니멘서 도죽질
을 하넌데 이 아가 말한 대루만 하멘 언제던지 성공하군 했다. 그래서
도죽놈들은 이 아를 괴수루 삼았다. 이 아는 하루는 도죽덜보고 도죽질
하넌 데는 도죽질하넌 거만 잘하문 안 된다, 잡헤서 묵이게 되문 그걸
풀구 나오는 것두 알아야 한다, 그러느꺼니 오늘은 묵긴 거를 풀구 나
오는 법은 배와 주갔다구 말했다. 그러느꺼니 도죽덜은 아 그거 배와야
쓰겠다구 하멘 배와 달라구 했다.

이 아는 고롬 너덜 데 마당에 큰 장나무대를 묻구 단단히 세우라 했
다. 도죽덜이 모두 다 단단한 장나무대를 묻어 세워 놓느꺼니 거기다
가 한 사람 한 사람식 잡아매라 했다. 그러느꺼니 도죽덜은 모두다 장
나무대에다 서루가락 하나식 잡아맸다. 윈 마감에 한 사람은 이 아레
잡아맸다. 그리구서 이 아는 잡아매인 도죽덜보구 이넘덜 너덜은 오랫

동안 나쁜 짓만 하구 많은 사람을 못살게 굴었으느꺼니 죽어야 한다구 호령했다. 그리구 사뚜한데 가서 도죽떼를 모주리 잡아 묵어 놨으느꺼니 포졸을 보내서 끌구 오라구 하라구 했다. 포졸덜이 가서 도죽떼를 모주리 끌어온 것을 사뚜가 보구 기뻐하구 이 아를 크게 칭찬하구 많은 상금을 주었다.

＊1933年 7月 碧潼郡 松西面 六西洞 李枝洙

＊1936年 12月 宣川郡 水淸面 古邑洞 李鐵


# 수를 짝지워 세는 노인 | 넷날에 한 넝감이 있드랬넌데

이 넝감은 오리를 많이 키우구 있었다. 저낙이 되문 오리를 둘식둘식 짝마처 헤군 했다.

하루는 그 집 下人이 오리 한 마리를 잡아먹었다. 그날 저낙에 넝감이 오리를 짝지워서 헤어 보느꺼니 한 마리레 모자라서 넝감은 下人을 불러서 매를 때리멘 이놈 쥐 몰래 오리를 잡아먹었디 낼 당에 가서 사다놔야지 그라느문 내쫓을라 하구 야단됐다. 下人은 그날밤에 오리를 또 한 마리를 잡아먹었다. 다음날 저낙에 넝감이 오리를 헤보느꺼니 짝이 맞아서 "그럼 그렇지 매를 맞더니 즉시 사다 채와 놨군. 매는 때려야 해" 하더라구 한다.

＊1932年 7月 宣川郡 宣川邑 川北洞 蔡信用

＊1932年 7月 宣川郡 東面 路下洞 朱廷範

＊1932年 7月 義州郡 義州邑 崔在赫


# 새끼를 짝지워 세는 토끼 | 토깽이레 새끼를 수물 네

마리를 나서 키우는데 이 토까이레 새끼를 늘 헤보군 했다. 그런데 수를 헬 줄 모르느꺼니 둘식 패를 마추와서 헷다. 그 근체에 사는 사람이 토까이 새끼 한 마리를 채다가 먹었다. 토까이레 새끼를 헤보구서리 패레 맞디 않으꺼니 새끼 한 마리 잃었다구 울멘 과텟다. 근체 사람은 다음날 또 토까이 새끼를 잡아먹었다. 토까이는 새끼를 헤보구 패레 맞으느꺼니 토까이는 잃었던 새끼레 돌아왔다구 도와했다.

＊1936年 12月 宣川郡 水淸面 古邑洞 李庸逸
＊1936年 12月 宣川郡 水淸面 嘉物南洞 車道豊

# 소금장수의 한탄 │

넷날에 소곰당시 하나이 산골루 소곰을 팔루 나가서 소곰을 팔구 기튼 거를 어느 집에다 놔두구 다음날 그 집에 가 보느꺼니 사람들이 소곰을 다 채가구 빈 오쟁이[1]만 남어 있었다. 소곰당시는 이거 놈에게 마끼문 안 되갔다 허구 다음에 소곰을 팔구 기튼 소곰을 잘 두갔다구 계수물 속에다 당가 두었다. 다음날 가 보느꺼니 소곰은 하나투 없구 빈 오쟁이만 물 우에 둥둥 떠 있었다. 소곰당시는 이걸 보구야 산골 넘덜 참 무섭다. 물속에 감추어 둔 소곰을 어드렇게 알구 다 채가구 빈 오쟁이만 내티고 갔다구 하드래.

＊1937年 1月 宣川郡 東面 延峰洞 金致淳
＊1937年 7月 鐵山郡 西林面 化炭洞 金正恪
＊1938年 1月 龍川郡 東下面 三仁洞 文信珏

1) 섬

# 미련한 아이 │

넨날에 한 사람이 있는데 아들이 혹게 미련했다. 그래두 이 아들을 글을 배와 주갔다구 글방에 대불구 가서 글 좀 잘 갈처 주시요 하구 訓長과 말했다. 訓長은 그카라 하구서리 이 아에게 千字를 가르쳤다. 하늘 턴 따아 디 하구 배와 주넌데 三年을 배와 주어두 이 믹제기레 온 첫재인 하늘 턴 재두 배우디 못했다. 先生은 하늘 턴 재를 잘 배우게 하느라구 밖에루 대불구 나와서 하늘을 가르키멘 "데거이 머이가" 하구 물었다. 그러느꺼니 믹제기는 구름이라구 했다. 방안에 들어와서 삿자리를 들티우구 이거이 머이가 하구 물었다. 믹제기는 구들박이요 했다.

先生은 증이 나서 "야 이건 송아지를 가르켰으면 가르켰지 너는 글 못 배와 주갔다"구 했다. 믹제기는 이 말을 듣구 집이 와서 아바지과 그 말을 했다. 아바지는 증이 나서 송아지를 한 마리 사개지구 先生한테 끌구 가서 이 송아지에 글을 배와 주어 보라구 말했다. 先生은 그카갔다구 하구서 송아지레 똥와하는 콩단을 개지구 하늘 턴 하멘 콩단을 하늘루 올리구 따 디 하멘 콩단을 따루 내리웠다. 그러문 송아지는 콩단을 먹을라구 주둥이를 울루루 올렀다 내리웠다 했다.

이와 같이 한 달을 넌습시키느꺼니 콩단이 없어두 송아지는 하늘 턴 하문 주둥이를 하늘루 올리구 따 디 하면 주둥이를 따루 네리웠다. 믹제기으 아바지는 이걸 보구 저 아레 송아지만도 못한 믹제기라는 것을 알구 송아지를 선상에게 주구 믹제기를 글 못 배우갔다 하구 저 집으로 데불구 왔다구 한다.

＊1937年 7月 定州郡 玉泉面 文仁洞 金榮泰

# 글 많이 읽은 사람 |

넷날에 朴九라는 사람이 글을 많이 닐넜드랬넌데 글을 많이 닐넜다구 해서 교만해데서 어른이 와두 손님이 와두 누워서 닐나딜 안했다. 어떤 사람이 이걸 보구 사람이 와두 와 닐나디 않능가 하구 물었다. 그러느꺼니 朴九는 닐나문 뱃속에 있는 글이 다 쏟아지느꺼니 누어 있다구 했다.

어늬 날 중이 와서 "當身이 글을 많이 닐너서 모르는 거이 없다구 해서 내레 찾아왔수다. 그런데 내레 글 좀 닐넜는데 모르는 재레 둘이 있는데 좀 대주시요" 했다. 朴九는 그게 무슨 재요 하구 물었다. 중은 "才 傍邊에 적은 小 한 재가 무슨 재요" 했다. 朴九는 아무리 생각해봐두 알 수가 없어서 그런 재가 무슨 잰지 알 수가 없었다. 그래서 알 수가 없다구 하느꺼니 중이 그러문 "비케티구 새을 한 재는 무슨 재요" 하구 물었다. 朴九가 아무리 생각해두 이것두 알 수가 없었다. 모르갔다구 하느꺼니 중은 "이놈 너에 이름재두 모르몐서 무슨 글 많이 닐넜다구 누어만 있네?" 하구 나무랬다구 한다. 才방변에 적을 小재는 朴재가 되구 비케티(亅)구 乙 한 재는 九재가 되는데 이걸 몰랐다.

＊1934年 7月 義州郡 枇峴面 蘆北洞 金用謙

# 구렁이의 念心 │

넨날에 넝감 하나이 논두렁고루 가느꺼니 큰 구렝이가 조그마한 가물치허구 쌍게를 엮구[1] 있었다. 넝감은 이걸 보구 아무리 미물이라 해두 제 짝이 있는 법일 텐데 큰 놈이 작은 놈과 쌍게를 엮구 있는 거는 아무래도 옳디 않는 거이겠다 하구시리 그거이 치뚱무러워서[2] 긴 담뱃대루 구렝이 눈통을 내리티구 집이루 돌아왔다.

구렝이는 저 집에 가서 저에 서나과 어드런 넝감 담뱃대루 내 눈통을 이렇게 상채기를 내놨다구 했다. 이 말을 듣구 숫구렝이는 웬수 갚갔다구 그 넝감에 집으루 암구렝이와 항게 갔다. 그때 마침 넝감은 몰사람들과 모여 앉아서 넷말을 하구 있었다. 넝감은 나는 오늘 낮에 벨난 거를 다 봤다 하몐 큰 구렝이와 작은 가물치가 쌍게를 엮구 있어서 치통무러워서 담뱃대루 눈통을 텠다구 말했다. 그 말이 끝나자 밖에서 무엇이 떨어지는 것같이 큰소리가 났다. 나가보느꺼니 큰 구렝이가 열 두

토막이 돼서 떠러데 있었다. 열 두 토막 난 구렝이를 보느꺼니 낮에 담배대루 눈통을 얻어맞인 구렝이였다.

숫구렝이는 암구렝이 말만 듣구 웬수 갚으레 왔드랬넌데 넝감 말을 듣구 제 색씨레 화낭질하다가 얻어맞인 걸 알구 증이 나서 암구렝이를 토막 테서 죽였다구 한다.

＊1936年 12月 定州郡 郭山面 鹽湖洞 桂昌沃

1) 암놈 숫놈이 맞붙어 짝짓고    2) 괘씸해서

# 범 잡으려다 망한 사람 | 넷날에 산골자기에 사는 사람

하나이 범을 잡으문 부재가 된다는 말을 듣구 자기도 범을 잡아서 부재가 돼보갔다구 범 잡은 창애를 놔두었다. 그런데 이 사람에 아들이 나가다가 창애에 걸레서 죽었다. 범 잡갔다구 해논 창애에 범은 걸리디 않구 아들만 죽어서 이번에는 함정을 파놨다. 그런데 이 사람에 댁네레 나가다가 함정에 빠져죽었다. 이 사람은 범 잡갔다 하다가 범은 하나두 잡디 못하구 아들과 색시만 죽게 해서 슬퍼서 울구 있었다. 그때 토까이레 와서 아덜 잡아먹구 색시 잡아먹구 하멘 놀렸다. 이 사람은 증이 나서 잡아죽일라구 쫓아가느꺼니 토까이는 지붕우루 올라갔다. 이 사람은 불붙은 부지갱이를 토까이한테 던졌는데 토까이는 맞디 않구 지붕에 불이 붙어서 집을 태우구 말았다.

＊1935年 1月 鐵山郡 站面 龍堂洞 白天福

# 너도 아내에게 쫓겨났느냐 | 넷날에 한 곳에 한

부체가 사드랬는데 집이 가난해서 댕내레 고기당시를 해서 갸우갸우

살아가구 있었다.

하루는 댕네레 저에 서나과 "날마주[1] 놀구만 있디 말구 님제도 고기 당시 좀 해부구레" 하멘 농애를 닷돈어치를 주며 팔아오라구 했다. 그 러느꺼니 이 男子레 그 농애를 개지구 나가서 닷돈에 늬여팔구 집이루 돌아왔다. 댕내레 벽에서 밥을 하다가 서나가 돌아오느꺼니 "와 그리 날래 돌아오네?" 하구 물었다. 남덩은 그 농애를 다 팔아서 돌아온다구 했다. 얼마나 냉겼네 하느꺼니 닷돈 냉겼다구 했다. 댕내는 잘했다 하멘 돈을 내노라구 했다. 남덩은 닷돈을 내노멘 이거다구 했다. 댕내는 남은 돈을 내노라구 했다. 남덩은 그 농애를 닷돈에 팔았으느꺼니 손에 남은 거이 닷돈이다구 했다. 이 말을 들은 댕내는 증이 나서 "야이 요노무 믹 재기[2] 두상[3]같으니라구 썩 나가 죽으라" 하멘 부지깽이루 때리러 달라 들었다. 남덩은 다라뛰멘 숨이 차서 쉬쉬앝[4]에 숨어 있었다. 그때 멕자 구레 뱀한테 쫓겨서 헐떡헐떡 하멘 달라 뛰어왔다. 이 사람은 그 멕자 구보구 "야 너두 농애당시하다가 에미나한테 쫓게났네?" 했다구 한다.

＊1936年 12月 宣川郡 東面 路下洞 下多味里 金昌檥

＊1936年 12月 定州郡 觀舟面 觀揷洞 桂昌沃

＊1937年 7月 龍川郡 龍川面 德峰洞 李錫泰

1) 매일    2) 미련한    3) 남자를 욕하는 對人稱語    4) 수수밭

# 愚兒

넷날에 한 아레 글방에 다니멘 글을 배우더랬넌데 믹제 기레 돼놔서 공부를 하딜 못하느꺼니 선상님은 공부를 그만 두구 고기당시나 하라구 했다. 고롬 고기를 어드메 가서 팔아야 하능가 하구 물으느꺼니 사람이 많이 모인 곳에 가서 팔라구 했다.

이 아는 고기짐을 지구서 사람이 많히 모인 곳으루 팔레갔다. 한 곳 에 가느꺼니 사람이 많히 모여 있었다. 이 아는 고기 가서 고기 사시요 고기 사시요 하구 큰소리루 벅작 괏다.[1] 이곳은 사람이 죽어서 장세[2]

하누라구 사람이 많이 모인 곳인데 이같이 고기 사라구 벅작 고느꺼니 "놈은 슬퍼서 그러년데 고기 사라는 게 다 머이가!" 하멘 때리구 내쫓았다. 이 아는 매를 맞구 선상님한테 가서 장세하년데 사람이 많이 모여 있어서 거기 가서 고기 사라구 하느꺼니 고기는 팔디 못하구 매만 맞구 왔다구 했다. 선상님은 그런 곳에 가문 슬푸갔수다 슬푸갔수다 하는 거라구 대췄다.

고담에 이 아레 고기짐을 지구서 사람 많이 모인 곳에 가서 슬푸갔수다 슬푸갔수다 했다. 그곳은 잔채집이드래서 사람이 많이 모인 모여 있었년데 슬푸갔수다 슬푸갔수 하느꺼니 "이 어드런 미친놈이 와서 놈은 기뻐하구 있년데 슬푸갔다 슬푸갔수다가 머이가?" 하멘 매를 때레서 내쫓았다. 이 아는 선상님한테 가서 매맞인 말을 했다. 선상님은 그런 곳에서는 기뿌갔수다 기뿌갔수다 하는 거라구 대췄다.

고담에 고기짐을 지구 불이 나서 불을 끄느라고 사람이 많이 모인 곳에 가서 기뿌갔수다 기뿌갔수다 하멘 벅작 괐다. 그러느꺼니 고기 모인 사람들이 "이놈에 새끼, 놈은 불이 나서 속이 상해 죽갔년데 머이 기뻐서 기뿌갔수다 기뿌갔수다메 과티네?" 하멘 매를 때레서 내쫓았다. 이 아는 또 선상님한테 가서 그 말을 했다. 선상님은 그러한 곳에서는 물을 퍼다가 함께 불을 꺼주어야 한다구 대주었다.

믹제기는 고기를 지구 대장질하는 데를 갔다. 불이 훨훨 붙는 것을 보구 물을 퍼다가 그 불을 껐다. 그랬더니 대장질하는 사람이 "이놈으 새끼 미쳤네?" 하멘 매를 때렸다.

*1936年 12月 定州郡 玉泉面 文仁洞 金珽鴻

*1937年 7月 宣川郡 宣川邑 韓鮮國

*1938年 1月 義州郡 廣坪面 上廣洞 白賢瑞

1) 큰소리를 질렀다     2) 장사

# 愚人 │

넷날에 키 큰 사람과 키 작은 사람이 같이 어느 상가집에 吊喪하레 갔넌데 키 작은 사람은 吊喪法을 몰라서 키 큰 사람과 吊喪法을 어드렇게 하능가 하구 물었다. 키 큰 사람은 나 하는 대루만 하면 된다구 말했다.

喪家집에 가서 키 큰 사람이 大門간에 들어갈 적에 大門으 우엣 나무에 머리를 짓떴다. 키 작은 사람은 이것두 吊喪法인 줄 알구 올라뛔서 大門에 머리를 짓떴다. 안으루 들어가서 상제한테 절을 할 적에 키 큰 사람이 방구를 뀌었다. 키 작은 사람은 방구 뀌는 것두 吊喪法으루 알구 안 나오는 방구를 뀌려구 하다가 고만에 띠를 싸구 말았다.

＊1936年 7月 宣川郡 南面 三省洞 桂徹源

# 바보각시 │

넷날에 어떤 집이서 딸을 살리는데[1] 부모레 닐러 주는 말이 시집 가문 너에 맘대루 하디 말구 맏동세 하는 대루만 따라서 해야 한다구 했다.

이 색시레 시집 가서 앞상을 받구 맏동세 하는 대루만 하갔다구 맏동세 하는 양을 바라보구 있는데 맏동세레 대덥을 들구서 몸을 횡그릉 횡그릉 하멘 골간[2]에 들어가서 떡을 한 덥시 담아 개지구 횡그릉횡그릉 나오다가 고만에 떡을 따에 내리텄다. 맏동세는 떠러딘 떡을 줏어서 가이[3]에게 팡가테 주멘 낙식은 군식이느꺼니 가이 너나 먹어라구 했다. 색시는 이걸 보구 홍상한 채루[4] 벌떡 니러나서 대덥을 한나 들구 나와서 골간에 들어가서 떡을 담아 개지구 나와서는 맏동세 하던대루 우덩 떡을 하나 내리티구서 그걸 줏어서 가이한테 팡가티멘 내 ×은 군×이느꺼니 가이 너나 하라구 했다. 그리구 맏동세를 보느꺼니 맏동세는 물동이를 니구 물을 길어 오넌데 오다가 키가 크느꺼니 대문에 받어서 동이를 깨구 입성을 다 베렜다. 색시는 이걸 보구 물동이를 니구 물을 길러 오멘 대문께 와서는 키가 자그느꺼니 후두둑 뛔올라서 우덩 대문에 받아서 동이를 깨티구 입성을 베렜다. 시오마니레 이걸 보구 "야 이 민통 겉은 년아 네레 우리 집에 둘왔다가는 우리 집 망하갔다. 날레 나가라" 하멘 새 미누리를 내쫓았다구 한다.

＊1938年 1月 義州郡 枇峴面 替馬洞 崔尙振

1) 시집 보내는데    2) 곡간    3) 개    4) 紅裳, 新婦 盛粧한 채

# 며느리의 機智 ┃

넷날에 어떤 집이서 아덜과 모밀밭 매라구 하느꺼니 매디 않갔다구 했다. 와 매디 않갔다구 하능가 하구 물으느꺼니 모밀국수 먹기 싫어서 그런다구 했다.

그 후 모밀을 거두어서 모밀국수를 눌러먹게 됐다. 아덜은 모밀국수 먹기 싫어서 모밀밭을 매디 않아서 모밀국수를 못 먹게 했다. 그런데 이 아덜에 색시는 저에 서나가 모밀국수를 못 먹게 되는 거이 안타가와서 부모 몰래 먹이구파서 서나과 온 나즈[1] 소텅간[2]에 들어가 있으문 모밀국수 갯다 주갔다구 말했다.

밤이 돼서 모밀국수를 다 눌러서 색시는 시부모 몰래 국수를 텅간에 있는 신랑에게 개저다 주었다. 이 자는 돟다구 국수를 훌훌 소리 내멘 먹구 있었다. 고때 오마니레 소텅간을 지나다가 소텅간에서 국수 먹넌 소리가 나느꺼니 도죽놈이 국수를 채먹는 줄 알구 쫓아 들어와서 고놈에 상투를 잡구 "야 젊은아,[3] 국수도죽놈 잡았다. 성나 구막[4]에 있더라. 날레 개오너라"구 과텠다. 메느리는 구막에 성나 없수다구 말했다. 고롬 당반에 성나 있다, 날레 토시등[5]에 불 게서 오나구 말했다. 메누리는 "어데메 있는지 못 찾갔시요, 오마니레 와서 찾아보시구레 제가 붙잡구 있을 꺼니" 하구 말했다. 시오마니는 메누리에게 도죽에 상투를 잡구 있으라 하구 성나 얻어 보레 텅간을 나갔다. 색시는 새시방 상투를 놔주구 그 넢에 있는 소에 뿔을 잡구 있었다. 시오마니레 토시등에 불을

헤개지구 와서 보느꺼니 메누리는 소에 뿔을 잡구 있어서 "도죽놈에 상투를 붙잡은 줄 알았더니 소 뿔이였구나" 했다. 고 담에 또 있넌데 어떻게 된 거인지 잊어십니다.

*1932年 7月 宣川郡 東面 路下洞 朱延範

1) 오늘 밤에    2) 소외양간    3) 며느리를 부르는 말    4) 부뚜막    5) 토시 같이 길게 된 등

# 자랑동의 봉변 |
넷날에 자기 자랑을 하기를 도와하는 사람이 있었다. 하루는 도흔 입성을 입구 말을 타구 그 뒤에 소에 방울을 달구 곱지¹⁾를 말에다 매구 으시대구 갔다. 이러구 가넌데 어드런 사람 서이서 호기 있게 가넌 거이 미뚱스러서 "야 우리 데놈 골탕멕에 보자" 했다. 그카자 하구 한 사람은 으시대구 가넌 사람에 뒤에 가만가만 뒤따라가서 소 곱지에 방울이 달리디 않는 데를 딱 끊어서 소를 몰구 갔다. 말탄 사람은 방울소리가 딸랑딸랑 나느꺼니 소레 딸라오겠거니 하구서 가드랬넌데 가다가 뒤를 돌아다보느꺼니 소레 보이디 안했다.

이 사람은 깜작 놀래서 말에서 내레서 마침 한 사람이 오넌 거를 보구 이 뒤에 딸라오던 소 못 봤능가 하구 물었다. 그 사람은 봤다 하멘 "내레 이자 요 길루 오넌데 웬 사람이 소를 끌구 가넌데 아매두 한 三里는 갔을 거라"구 했다. 그리구 "내레 길이 바빠두 이 말을 봐줄 꺼니 말을 요 낭구에 매구 날래 쫓아가 보구레" 했다.

소 임제는 그 사람 말대루 말을 낭구에 매구서 소를 찾이레 갔다. 이 사람은 고 쨤에 말을 끌구 다라뺐다. 소 임재는 암만 가두 소레 없어서 도루 말을 맨 데루 왔다. 와 보느꺼니 말이 없어데서 고만 그 자리에 앉아서 웡웡 울었다. 너머너머 울다가 힘없이 어정어정 걸어갔다. 하하 가드랬넌데 길 넢에 큰 해지²⁾가 있넌데 그 해지에 뚝에 원 사람이 앉아서

왕왕 터울구 있었다. 소 임제는 그 사람한데 가서 와 우능가 물었다. 이 사람은 대답두 않구 그저 울기만 했다. 소 임제는 "여보시 난 오늘 소와 말을 잃어서 분해 죽갔넌데두 당신토롱 울디 않넌데 대관절 멋 까타나 그리 울구 있소" 하구 물었다. 그러느꺼니 울던 사람은 "당신한데는 아 무 관계 없는 일이느꺼니 묻디 말구 날래 가시요" 하구서 또 왕왕 울었 다. 소 임재는 그래두 말해 보라구 자꾸 말했다.

그러느꺼니 울던 사람은 보에다가 금덩이를 싸개지구 오다가 이 해지 에 빠테서 운다구 했다. 소 임재는 "그렇가갔수다 나보다 더 분하갔수다 그런데 얻어 봤소?" 하구 물었다. "아니요, 해지레 깊어서 들어가야 얻어 낼지 몰라서 안 얻어 봤다"구 했다. 소 임재는 "고롬 내가 들어가서 얻어 보갔넌데 얻으문 나한데 절반 주갔소?" "아 그야 그카야디요." 그러느꺼 니 소 임재는 그 둏은 입성을 해지 뚝에 벗어놓구 해지루 들어가서 숨맥 질했다.[3] 울던 사람은 이 짬에 입성을 싸개지구 뛰여 달아났다.

소 임재는 암만 얻어 봐두 금덩이레 얻을 수가 없어서 나와서 해지 뚝에 올라와 보느꺼니 입성두 없구 그 사람두 없었다. 이래서 그 자랑 하갔다구 으시대넌 사람은 소두 말두 입성두 모주리 다 잃구서 발가벗 은 몸으루 집으루 갔다.

*1933年 7月 龍川郡 東下面 三仁洞 文履甲
*1937年 7月 龍川郡 楊下面 東面 金義純

1) 고삐  2) 늪, 沼  3) 헤엄쳐서 물속에 들어갔다

# 찬밥을 오래 두면 | 넷날 한 사람이 가시 집에서 살드랬넌데 가스 아바지레

일만 힘들게 시키구 밥 먹을 때가 돼두 그만 하구 밥 먹자 하는 말이 아바지레 없었다. 그래서 이 사람은 어떻게 해야 이 가스 아바지를 골 탕을 멕여야 할까 하구 골탕멕일 생각만 하구 있었다.

하루는 가스 아바지과 함께 김 매레 나갔는데 참밥때[1]가 훨신 지났
넌데두 가스 아바지레 집에 가서 밥 먹자구 하딜 않구 근냥 김만 맸다.
사우는 배가 고파서 견딜 수레 없어서 한 게구를 페서 "아바지 참밥을
오래 두면 띠레 된대요. 그러느꺼니 걸시[2] 집에 가서 밤 먹읍시다레" 하
구 말했다. 그래두 가스 아바지레 벨 소리 다 한다 하멘 근냥 김만 매구
있었다. 그러다가 끼니 때가 훨신 지나서 "야 참밥 먹으레 가자구" 했다.
    사우는 함자서 날레 집으루 와서 자기 밥을 다 먹구 가스 아바지 밥
꺼지 다 먹구 그 밥 바리에다 띠를 싸서 넣 놔 두었다. 가스 아바지레
와서 밥 먹을라구 밥 바리를 열어 보느꺼니 밥은 없구 띠만 있어서 이
거 웬 노릇인가? 하구 물었다. 사우레 와요 하멘 밥 바리를 딜다 보구선
"참밥을 오래 두면 띠가 된다구 그렇게 말했넌데두 아바지레 말 안 듣
구 그러더니 이자야 띠 되는 것 알게 됐수다레" 하구 말했다. 가스 아바
지는 사우 말 듣구 참밥을 오래 두면 띠가 된다는 게 정말이구나 하구
서리 고 담부타는 참밥을 늦게 먹디 안했다구 한다.

＊1934年 7月 宣川郡 宣川邑 越川洞 梁命相
＊1934年 7月 宣川郡 山面 下端洞 金國柄
1) 점심 때    2) 빨리


# 소를 꽁무니에 달고 가다 | 넷날에 어떤 사람이

사우를 봤넌데 이 사우레 재간이 많아서 늘 재간 피우는 일이 많았다.
어늬 여름날 가시 아바지와 사우는 항께 밭에 나가서 김을 맸다. 하루
종일 일을 하구 저녁 때 집에 돌아갈 때는 사우는 꼴을 한짐 지구 가구
가시 아바지는 소를 몰구 가게 됐넌데, 사우레 하루 종일 힘든 일을 한
데다 꼴꺼정 지구 간다는 거이 역겨웠다. 그래 재간을 피워서 꼴짐을
가시 아바지레 지구 가게 했다.

"아바지 소를 하루 종일 일을 시케서 힘들어갔겠시니 갈 때 그냥 걸레 가디 말구 꽁문에 달구 가야 합니다. 아바지레 소를 꽁문에 달구 가기레 힘들갔으문 꼴짐을 지구 가시구레 그럼 내레 소를 꽁문이에 달구 가갔수다." 가시 아바지레 이 말을 듣구 가만히 생각해 보너꺼니 소를 꽁무니에 달구 가자면 힘이 혹게 들 것 갔거덩. 그래 꼴짐을 내레 지구 갈 거이니 너는 소를 꽁무니에 달구 가라구 말했다.

사우는 그라가갔수다 하구서리 소에 올라타구서 "자아 아바지 난 소를 꽁무니에 달구 가무다…" 하구 소를 타구 갔다.

가시 아바지레 이걸 보구 야아 이넘한테 속았구나 하멘 무거운 꼴짐을 낑낑 하며 지구 집이루 왔다.

*1934年 7月 宣川郡 宣川邑 越川洞 梁命相
*1934年 7月 昌城郡 昌城面 坪路洞 姜英老


# 미움받는 사위 │
넷날에 어느 집이서 사우를 맞이해서 같이 사는데 이 사우레 일두 않구 게우르느꺼니 미워해서 먹을 것두 잘 주디 않구 뭘 해먹어두 사우 모르게 해먹군 했다. 어늬 날 떡을 해서 먹을라구 사우를 새낭해 오라구 내보냈다. 이 사우레 새낭 나가는데 색시는 가만히 저에 신랑과 우리 부모레 떡해 먹갔다구 새낭 내보내는 거이느꺼니 몇 시간 있다가 돌오라구 말했다. 사우는 그카라구 하구 나가서 몇 시간쯤 지나서 집에 돌아와서 방문을 왈칵 열구 들어갔다. 그때는 떡을 해서 한참 잘 먹구 있었드랜넌데 갑자기 사우레 들어오느꺼니 가시 아바지는 떡을 당반에 올레서 감추구 가시 오마니는 떡함지를 초매 밑이다 감추었다. 가시 아바지레 "발세 갔다오네? 그런데 새낭은 어드렇게 됐네?" 하구 물었다. 사우는 "예에 다네왔입니다. 그런데 마이[1]레 꿩을 딸라가느꺼니 꿩이 숨기를 오마니 초매 밑이루 떡함지 들어가듯이 숨으느꺼니 마이는 아바지 당반에 떡 올리놋듯이 나무에 올라가서 앉습데다"구 말했다. 이 말을 듣구 가시 아바지 가시 오마니레 할 수 없이 떡을 내주어 먹게 했다.

또 하루는 국을 해먹갔다구 사우를 근체 집에 넝²⁾ 엮으레 내보냈다. 색시는 또 부모 몰래 신랑을 불러서 근체 집에 넝 엮으레 가라는 거는 국을 몰레 끓여먹을라구 그러느꺼니 이즉만해서 울 밖이 시궁창 옆에서 기두루구 있이면 내레 국을 내다 주갔시니 그때 받아먹구레 하구 말했다. 신랑은 그카갔다구 하구 나가 있다가 이즉만해서 시궁창 옆에 가 있었다. 색시는 국이 다 되어서 한 그릇 해서 울 밖에서 기두루는 신랑한테 내다 주었다. 신랑은 그 국을 먹구 있드랬는데 고때는 해레 져서 어둑어둑해 있었다.

가시 오마니레 오종이 매리워서 재통으로 가기가 미서워서 시궁창에 나와서 오종을 누었다. 오종을 싸는 소리레 쏼쏼 하느꺼니 시궁창 밖에 있던 사우레 국물을 더 주갔다는 소리루 알구 국 그릇을 대구 있었다. 오종이 넘으느꺼니 국 그만 하는 거를 너머 급해서 국작작 국작작 하구 과텟다. 가시 오마니레 이 소리를 듣구 너머나 갑자기 과테는 소리를 들어서 고만에 놀래서 뒈들어가멘 시궁창에 국짝작귀신이 났다구 과텟다. 가시 아바지레 무신 귀신이가 하멘 시궁창으루 뛰어나왔다. 사우레 국 그릇을 가시 아바지한데루 내던졌다. 그러느꺼니 가시 아바지두 혼이 나서 국짝작귀신이 없디 않아 정말 있다 하멘 뛰여갔다.

*1935年 1月 宣川郡 台山面 圓峰洞 朴奎昌
*1938年 1月 龍川面 外上面 停車洞 李菖奎

1) 매　　2) 이엉

# 愚人의 인사 |

넷날에 한 부체레 있드랬넌데 남덩이 믹제기레 돼서 사람을 대해두 인사할

줄을 전여 몰랐시요.

색시는 이거이 너무너무 안타가와서 하루는 남덩과 여보시 이제라두 인사하는 법을 배와 개지구 사람이 오문 인사를 해야 하디 않갔소. 내 인사하는 법을 배와 줄 거이느꺼니 따라서 해보구레 했이요. 남덩도 그 카갔다구 해서 인사법을 배와 주넌데 아무리 배와 주어두 제대루 하디 못했시요. 그래서 색시는 이카자 하구 남덩에 부랑에다 실을 자아매구 그 실을 샛문으루 해서 아르간에서 한 번 나까채면 "안녕이 오시요, 좀 둘오시요" 하구 두 번채 나꿔채면 "여보시, 나가서 밥이나 한상 채레오구레" 세 번채 나꿔채문 "어서 밥 드시요" 그리구 네 번 나꿔채면 "고롬 안녕히 가시요" 그카라구 대주구 그거를 여러 번 넌습시켰시요. 이렇게 넌습을 하느꺼니 이자는 제법 제대루 인사법을 알게 됐시요.

하루는 사둔 집 아바지레 왔이요. 색시는 인차 남덩에 부랑에 실을 자아매구 샛문으루 해서 아루간에루 끌어내구서 잡아당겼시요. 그러느꺼니 믹제기레 "아이구 안녕이 오시요. 좀 둘오시요" 했시요. 사둔아바지레 보느꺼니 前에는 인사두 하디 못하던 사람이 이제는 인사두 제법 잘한다구 생각했시요. 고 담에 색시레 실을 잡아채느꺼니 믹제기레 "아이구 여보시 나가 밥이나 한상 채레오구레" 했시요. 색시레 밥을 채려다 놓구 실을 잡아챘이요. 그러느꺼니 믹제기레 "아이구 어서 밥 드시요" 했시요.

색시레 다른 볼일이 있어서 실 끝에다 달구[1] 뼈다구를 자매두구 나갔시요. 그런데 광이레 이 뼈다구를 먹갔다구 나꾸쳤시요. 실이 잡아 땡기어디느꺼니 믹제기는 "아이구 벌서 가실레우. 고롬 안녕히 가시요" 했시요. 사둔 아바지레 이 말을 듣구 데 사람이 와 그러능가 하구 멍하니 바라보구 있었시요. 광이레 뼈다구를 물구 잡아채느꺼니 이 믹재기는 "아야 안녕히 오세요. 좀 둘오시요." 광이레 또 자꾸자꾸 나꾸채느꺼니 "아야 여보시 밥이나 한상 차레오구레, 아야 밥이나 드시요, 아야 발세 가시요, 안녕이 가십시요, 아야 안녕이 오십시요, 좀 둘오시요, 여보

시 밥이나 한상 차레와요, 밥 드시요, 볼세 가실나우 고롬 안녕히 가시
요, 안녕이 오시요, 좀 둘오시요" 하멘 같은 말을 되풀이 했시요.

사둔이 이걸 보구 "야 여보 사둔 와 그러우, 미치디 안했소?" 하느꺼
니 믹제기레 "여보 사둔은 부랄이 아푸디 안하느꺼니 그러디 난 부랄이
아파서 이러무다" 하드래요.

＊1936年 12月 定州郡 馬山面 納淸亭洞 鄭燦聖
＊1936年 3月 龍川郡 東下面 三仁洞 文奎三
＊1937年 7月 鐵山郡 西林面 化炭洞 金正恪
＊1937年 7月 義州郡 枇峴面 替馬洞 金泰鏞
＊1937年 7月 定州郡 郭山面 造山洞 金鍾亨
＊1937年 7月 定州郡 郭山面 鹽湖洞 卓炳珠

1) 닭의


# 바보신랑 |
넷날에 어떤 넝감 노친네레 사우를 얻어서 같
이 살구 있었다. 그 집에 풍속에 밤에 운두란
에 있는 오동낭구에서 부엉이가 울문 국수를 해먹군 했다.

하루는 새시방이 국수를 먹구푸다구 하느꺼니 색시레 밤에 운두란에
오동낭구에 올라가서 부엉이소리 하문 우리 집에서는 국수를 해먹으
느꺼니 가서 부엉이소리 하라구 말했다. 새시방은 색시 말을 듣구 밤에
오동낭구에 올라가서 부엉이소리 부엉이소리 하구 있었다. 가시 아바
지가 이 소리를 듣구 나와서 "너 거기서 머라구 하네? 날레 내리와서 가
서 자라" 했다.

새시방이 방에 들어가느꺼니 색시레 그따우 부엉이소리가 어드메 있
네 낼 나즈는 부헝부헝 하라구 하구 말했다.

다음날 나즈에 이 새실랑은 오동낭구에 올라가서 부헝부헝 허구 부
헝이 우는 소리를 했다. 그러느꺼니 가시 아바지는 "야 부헝이가 우느

끼니 국수 해먹자" 했다. 그래서 국수를 하는데 이놈에 새실랑은 너머 너머 국수를 먹구파서 국수를 한 사발 퍼개지구 가시 아바지 가시 오마니 모르게 먹갔다구 재통에 가서 먹구 있었다. 가시 오마니레 오종이 매리와서 오종을 누는데 이놈은 국수물을 주는 줄 알구 국수 그릇을 오종 누는 데에다 대구 있었다. 국수 그릇에 오종이 넘어서 흐르느꺼니 국물을 조금만 달라구 하는 거를 급해서 국물작작 국물작작 하구 과텠다. 그러느꺼니 가시 오마니는 이 말에 놀래서 뛰여나가멘 재통에 국물작작귀신이 나왔다고 과텠다.

＊1937年 7月 宣川郡 深川面 伍峯洞 金炳彬


# 바보신랑 |
넷날에 총각 하나이 당개를 가서 큰 상을 받았는데 떡이랑 고기랑 많이 있었넌데두 많이 먹으문 훙축할가[1] 해서 조곰 먹었다. 그런데 떡을 많히 먹디 못한 거이 안타가와서 저 색시과 떡 좀 많이 먹을 수가 없갔능가구 물었다. 색시는 우리 집은 언제든지 운두란에 있는 낭구 우에 광이레 올라가서 광이소리가 나야 떡을 해먹으꺼니 운두란 낭구에 올라가서 광이소리를 하라구 했다. 그러느꺼니 이 새시방이 운두란의 낭구에 올라가서 광이소리 광이소리 했다. 가시 아바지레 이 소리를 듣구 데거이 멀그라누 하기만 하구 떡을 하디 않았다.

다음날 새실랑은 색시과 운두란 낭구에 올라가서 광이소리 광이소리 했넌데두 와 떡을 안 해먹능가 하구 물었다. 색시는 정 광이소리를 해야지 광이소리 광이소리 하문 안 해먹는다구 했다.

새실랑은 다음날 운두란 낭구에 올라가서 정광이소리 정광이소리 하구 있었다. 가시 아바지레 이 소리를 듣구 와서 "이 믹제기레 고기서 멀 하구 있네? 날래 내레오라"구 과테며 작심이루[2] 때렸다.

＊1933年 7月 宣川郡 東面 路下洞 朱延範

＊1935年 1月 宣川郡 深川面 付皇洞 柱勳梯
1) 흉측할까     2) 작대기로

# 바보신랑 | 넷날에 한 신랑이 있드랬는데 이 신랑은 혹게 믹제기드랬시요.

하루는 가시 아바지레 온다구 해서 색시는 새시방이 믹재기가 아니란 걸 보이구파서 여러 가지를 배와 주었어요. 이 집을 언제 젰느냐구 가시 아바지레 물으문 게사년에 젰시요 하구 말하라구 색시레 배와줬는데 이 새시방은 암만 배워 줘두 잊제뿌리구 했시요. 그래서 색시는 가시 아바지레 "이 집은 언제 젰느냐구 물을 때 내레 웃간에서 기어다 널꺼이니 나를 보구 게사년에 젰수다"라구 하라구 했이요.[1] 가시 아바지레 와서 이 집 언제 젰능가 하구 무를 때 새시방은 웃간을 보느꺼니 색시레 기여다니구 있어서 "설설 기여다니는 해에 젰시요" 하드래요.

＊1935年 1月 宣川郡 新府面 院洞 金光俊
1) 게산이가 기어다니는 것을 연상시키기 위함. 게산이는 거위의 方言

# 바보신랑 | 믹제기레 장가를 가게 되느꺼니 아버지가 장가 가서는 우수[1]하는 대루만 하라구 일러줬다.

색시 집이 나자서 우수레 들어가다가 턴상[2]에다 머리를 부디뎄다. 믹제기는 이걸 보구 후둑뛔서 우덩[3] 턴상에 머리를 부디뎄다. 고 담에 우수레 방귀를 뀌느꺼니 믹제기두 방귀를 뀔라구 하는데 암만해두 방귀레 나오디 않으꺼니 손가락으루 밑구넝을 쑤세서 꽉깍떼기를 하나 끄내 개지구 우수 코에다 대구 "요곳두 방귀때에 갈가요" 했다구 한다.

＊1937年 12月 定州郡 郭山面 鹽湖洞 卓炳珠
1) 상객     2) 천정     3) 일부러

# 바보신랑 |
넷날에 믹제기 新郞이 있었넌데 가스 아바지
레 이 사우한테 글을 배와 주갔다구 하멘 너
는 나 하라는 대루만 하라구 말했다. 그리구서리 가스 아바지라는 말
보탄 배와 주갔다구 가스 아바지라구 해보라 하느꺼니 사우레 가스
아바지라구 해보라구 했다. "해보라구 하는 말은 안해두 일없다" 하느
꺼니 사우는 "해보라구 하는 말은 안해두 일없다"구 했다. 가스 아바
지레 증이 나서 "이놈에 새끼" 하느꺼니 사우두 "이놈에 새끼" 했다.
가스아바지는 더욱 증이 나서 사우를 때릴라구 하느꺼니 사우두 맞
들어서 가스 아바지를 때릴라구 했다. 그래서 둘이는 맞잡구 쌈을 했
넌데 다 싸우구 나서 사우레 "글을 배우는 데두 힘이 있어야 하무다
레" 했다구 한다.

＊1933年 7月 鐵山郡 鐵山面 東部洞 方一英


# 바보신랑 |
넷날에 한 미욱재기 새시방이 있드랬넌데 이
미욱제기레 가싯집에 가느꺼니 가싯집에서는
사우레 와서 반갑다구 밤을 여서 떡을 해주었다. 이 사위레 떡에 알맹
이 밤만 파먹구 깍대기는 모주리 떼서 내텄다. 가스 아바지레 이걸 보
구 믹제기짓한다구 매를 때렜다. 그러느꺼니 이놈은 울구서 저에 집으
루 달라왔다. 오마니레 와 울구 오느냐구 물으느꺼니 떡에 알맹이만
먹구 깍데기를 떼 냈텄더니 가스 아바지레 때려서 달라왔다구 했다.
오마니레 그거는 다 먹능 거라구 대줬다. 그 후 얼마 있다가 이 믹제기
가 가시집에 갔다. 그때는 七八月이 돼서 가시집에서는 사우가 왔다
구 콩때를 꺾어다가 삶아서 주었다. 그러느꺼니 이 믹제기 사우는 저
오마니레 깍데기두 다 먹으라구 대준 말이 생각나서 콩때를 깍데기채
먹었다. 그러느꺼니 가스 아바지레 이걸 보구 "이런 돼지 같은 놈" 하
구 또 때렜다. 사우는 또 울구 저에 집으루 달라갔다. 오마니레 와 울

구 오능가 하구 물으느꺼니 콩때 삶아 준 거 깍데기채 먹었더니 가스 아바지레 돼지 같은 놈이라 하멘 때려서 울구 온다구 했다. 오마니는 그거는 깍데기는 먹는 거 아니라구 대췄다.

그 후에 얼마 있다가 이 믹제기는 가시집에 갔다. 가시집에 갔더니 가시 오마니레 물동이를 사개지구 왔드랬는데 이 믹제기 사우과 이 물동이를 좀 보라구 하구선 물 길루 나갔다. 믹제기는 가시 오마니 초매를 개저다 동이를 싸구서리 덜구공이[1]루 쿵쿵 찌어서 보아났다. 그리구 가스 오마니레 돌오느꺼니 덜구공이레 나빠서 부드럽게 잘 보디 못했이요 하구 말했다. 가스 오마니는 고만 증이 나서 "동이를 보란 건 모래구넝 있나 없나 보랬디 그릏게 보랬네?"하멘 때렸다. 사우는 또 울구서 집이루 달라갔다. 오마니레 와 또 울구 오네 하느꺼니 동이를 보래서 덜구공이루 봤더니 가스 오마니레 때려서 울구 온다구 했다. 오마니는 동이를 보라문 벡에 가서 가싯물을 두고서 휘휘 즈멘서 모래 구넝이 없는 거이 아주 돗수다 하는 거라구 대췄다.

그 후 이 믹재기는 가싯집에 갔다. 가싯집에서는 그런 사우두 둥하든지 가스 아바지는 갓을 사왔드랬는데 이 갓 좀 보라구 했다. 미욱쟁이 사우는 제창[2] 갓을 들구 벡에 가서 물을 두구 휘휘 즈멘서 "모래구넝 없는 거이 돗수다"하넌데 갓 밑창이 뚝 떠러뎄다. 가스 아바지레 증이 나서 매를 때렸다. 믹제기는 또 울구 집이루 달라왔다. 오마니는 "또 와 울구 오네?"하구 물으느꺼니 갓에다 물을 두구 휘휘 젓더니 갓 밑창이 뚝 떨어데서 가스 아바지한테 매맞아서 운다구 했다. 오마니는 갓은 머리에다 쓰구 참 돗수다 하는 거라구 대췄다.

그 후에 믹제기가 가싯집에 갔다. 가시집에서는 송아지를 사왔드랬는데 이걸 좀 보라구 했다. 믹제기 사우는 제창 오양간에 들어가서 송아지를 끌구 나와서 머리에다 쓰구 참 돗수다레 하넌데 송아지는 놀라서 뛰여내리다가 고만에 허리 둥둥이 불거데서 죽구 말았다. 가시 아바지레 또 때리느꺼니 울구 집이루 달레갔다. 오마니레 와 울구 오능가 물으느꺼니 송아지를 보라구 해서 머리에 쓰구 보는데 송아지레 떨어데서 허리 중둥이 불거데서 죽어서 가시 아바지한테 매맞아서 울구 온다구 했다. 오마니는 "송아지를 보라문 올라타구 배우새 둥수다 궁둥새 둥수다 하멘 밑구녕을 툭 티디. 그러면 때리디 안하디" 하구 말했다.

그 후에 가싯집에 갔다. 처남에 색시레 새로 왔으느꺼니 보라구 했다. 믹제기는 처남에 색시가 있는 방으루 뛰어들어가서 처남에 색시에 올라타구 앞애서 "허리새 둥수다 배우새두 둥수다 궁둥새두 둥수다" 하멘 밑구녕을 탁 뗐다. 가스 오마니레 보구서 증이 나서 때리느꺼니 울구서 집이루 달레갔다.

믹제기는 그 후루는 가싯집에 영영 가딜 안했넌데 가시 오마니레 벵이 나서 죽게 됐다구 해서 부득이 가봐야 할 사정이 됐다. 오마니는 믹제기과 가싯집에 가멘 척 들어가서 처남에 색시과 밈 좀 쑤어달래 개지구 가시 오마니 입에 떠네 주라구 대줬다. 미욱쟁이는 가싯집에 들어가자마자 大門간서부터 "처남에 색시, 처남에 색시 밈 좀 쒀주구레. 밈좀 쒀주구레" 하멘 들어갔다. 처남에 색시가 밈을 쒀다 주느꺼니 믹제기는 방으루 개지구 들어가서 가시 오마니가 깍구루 둔눈 것을 모르구 가시 오마니에 밑구녕에다 대구 밈을 퍼넸다. 그러느꺼니 풀지락 풀지락 소리가 났다. 믹재기는 이 소리를 듣구 "아침에 쑨 밈이 돼서 식었넌데 불디 말구 날래 마시구레" 하멘 자꾸 죽을 퍼넸다. 처남이 이거를 보구 "이 믹재기 같으니라구" 하멘 때렸다. 믹재기는 울멘 돌아왔넌데 고 담에는 가싯집에 영여 가디 안했다구 한다.

＊1933年 1月 宣川郡 深川面 月谷洞 金勵殷
＊1935年 7月 龍川郡 外上面 停車洞 李元春
＊1936年 12月 宣川郡 水淸面 古邑洞 李熙詮
＊1936年 12月 宣川郡 宣川邑 川北洞 李在瑄
＊1937年 12月 定州郡 古德面 德元洞 韓昌奎

1) 절구공이　　2) 이내, 곧

# 바보신랑 |

넷날에 믹제기 새시방이 있드랬넌데 가시 아바지레 돈을 주멘 당에 가서 뚝배기하구 갓을 사오라구 했다.

새시방이 당에 갈라구 하넌데 색시는 뚝배기를 살라문 물을 부어 봐서 물이 새디 않는 거를 사구 갓은 머리에 써봐서 맞는 거를 사오라구 대주었다. 새시방은 당에 가서 뚝배기를 하나 집어들구서 이거를 머리에 쓰구서 맞나 안 만나 맨지다가 고만 떠러트레서 깼다. 뚝배기 당시레 이걸 보구 "이거이 정신나간 사람 아니가" 하멘 욕을 하구 뚝배기 값을 내라구 했다. 그래서 뚝배기 값을 줬다.

고 담에 갓 집에 가서 갓을 하나 집어들구서 물을 부었다. 물이 새느꺼니 이거 못 쓰갔다 하멘 다른 갓을 집어들구 물을 부려구 했다. 갓당시레 이걸 보구 "이놈에 믹제기, 와 갓에 물을 부어서 망가테 놋네?" 하멘 갓 값을 내라구 했다. 새시방은 갓 값을 주었다.

이 믹제기는 돈만 빼틀리우구 뚝배기두 갓두 사디 못하구 집이루 돌아왔다.

＊1932年 8月 定州郡 定州邑 城內洞 金麟桓

# 바보신랑 |

넷날에는 어린아가 당개를 갔드랬넌데 이 어린 새시방이 색시하구 자다가 오종이 매리와서 밖에 나가서 오종 누구 돌아와서 잤다. 아침이 돼서 잠을 깨보느꺼니 색시방이 아니구 그 집에 언나덜이 자는 방이였다. 점적해서 집으루 가갔다구 옆에 있는 바디를 닙구 나갈라구 하느꺼니 언나레 보구 "내 바디 와 입었네? 이리 내놔" 하멘 울었다. 새시방은 더욱더욱 점적해서 색시두 안 데불구서 저 함자 집으루 다라뒈 갔다.

＊1934年 7月 定州郡 安興面 安義洞 嗚裕泰

## 바보신랑 |
넷날에 새시방 하나이 가싯집에 가서 테멘차리느라구 밥을 조금 먹었다. 그런데 밤에 자다가 배레 고파서 골간에 들어가서 떡 독에 들어가서 떡을 채먹었다. 그런데 떡을 너머너머 많이 먹어서 배가 퉁퉁 불러서 독에서 나올라는데 나올 수가 없었다. 새시방이 독에서 나오갔다구 낑낑 소리를 지르구 있넌데 가시 아바지레 골간에 둘와서 몽둥이루 독을 마사서 사우를 꺼냈다. 새시방은 고만 점적해서 저에 집으루 다라뗐다.

*1936年 7月 宣川郡 郡山面 長公洞 金燦建

## 바보신랑 |
넷날에 한 믹제기레 당개를 가서 밤에 색시와 자드랬넌데 앞상에 있던 감이 맛이 있던 거이 생각이 나서 색시과 감이 더 먹구푸다 하멘 어드메 있능가 물었다. 색시레 운두랑 감나무에 있다구 했다. 이 새시방은 빨가벗은 채 감나무에 올라가서 감을 따먹구 있었다. 그때 이 집에 집나니들[1]이 와서 감을 따먹갔다구 새시방에 부랄을 잡구서 잡아당겠다. 그런데 이거이 떠러지디 않으꺼니 "이놈에 감이 익긴 익었넌데두 와 안 떠러지네?" 하멘 더 힘주어 잡아당겼다. 새시방은 급해서 고만 띠를 쌌다. 집나니는 감이 물케데서 떠러진다구 하멘 받아먹었다. 그런데 그거이 쿠리쿠리 하느꺼니 "이놈에 감이 와 이리 쿠리쿠리 하네?" 하구서 갔다. 새시방은 감나무에서 내리와서 색시방에 들어간다는 거이 건넌방으루 들어가서 누어 있었다.

집난이들이 둘오더니 클머니[2] 젖 좀 먹어 보자 하멘 새시방에 ×을 잡구서 빨았다. 아무리 빨아도 아무것도 나오지 않으꺼니 노친네 젖이 돼서 나오딜 않는다 하멘 더 힘주어 빨았다. 새시방은 급해서 오종을 쌌다. 집나니는 "이자야 젖이 난다. 그런네 노친네 젖이 돼서 찌리다" 구 했다.

＊1935年 7月 龍川郡 內中面 香峰洞 李光鉉

1) 시집간 딸들    2) 할머니

## 바보신랑 | 넷날에 한 믹제기레 친척에 집이 가서 그 집이서 송펜을 얻어먹었다. 그거이 혹게 맛이 있

어서 이거이 머이가 하구 무르느꺼니 송펜이라구 대줬다.

이 믹제기는 저에 집에 돌아가멘 잊디 않갔다구 송펜 송펜 하멘 가드
랬넌데 가다가 돌채기[1]를 건너뛰다가 물에 빠졌다. 물에 빠져 차구느
꺼니 "에이 차과" 했다.

믹제기는 송펜이란 말을 닛구 에이 차과 에이 차과 하멘 집이 왔다.
와서는 저에 색씨과 에이 차과를 해달라구 했다. 색씨레 에이 차과가
뭐이가 하구 물었다. 믹제기는 에이 차과가 에이 차과디 뭐가 하멘 과
텠다. 색시는 증이 나서 삘난 말 다 한다 하멘 작심이루 믹재기를 때렸
다. 그랬더니 믹제기 이마에 송펜만하게 부어올랐다. 색시는 이걸 보구
아이 송펜겉이 부었다 했다. 믹제기는 이 말을 듣구 "오오라 송펜이다.
에이 차과가 아니구 송펜이다 송펜 해주구레" 했다구 한다.

＊1935年 7月 龍川郡 外上面 停車洞 申正均
＊1937年 7月 宣川郡 深川面 伍峰洞 金炳彬
＊1937年 7月 昌城郡 昌城面 甲岩洞 姜學道
※但 '색시'는 '오마니'로 되어 있다.

1) 조그마한 개천

## 바보신랑 | 넷날에 한 아레 당개 가서 앞상에 놓여 있는 펜과 꿀을 먹구서 맛이 있어서 첫날밤에 색시

과 "낮에 앞상에 논 쌔한 뭉체기[1]레 머이가?" 하구 물었다.

펜이라구 하느꺼니 펜 펜 하멘 외우구, 또 단거는 머이가 물었다. 꿀이라구 하느꺼니 이것두 꿀 꿀 하멘 외웠다. 그리구 잊어삐리디 않갔다구 펜 꿀 펜 꿀 하멘 자꾸 외웠다. 그러다가 집이 가멘서 펜 꿀 펜 꿀 하구 외우멘서 가드랬는데 가다가 돌채기레 있어서 이거를 건너뛰다가 그만 펜꿀을 잊어삐렀다. 새실랑은 그거를 돌채기서 찾갔다구 망건을 벗어서 물을 막구 갓을 벗어서 물을 푸구 있었다. 그때 사람 하나이 지나가다가 이거를 보구 멀 하능가 물었다. "지금 이 돌채기를 뛰어건너다가 잃은 거이 있어서 그걸 얻누라구 합네다"구 말했다.

그 사람은 이펜에서 잃었소 데펜에서 잃었소 하구 물었다. 그러느꺼니 새실랑은 "옳다. 펜 펜 얻었다"구 과뎄다. 그러느꺼니 그 사람은 "눈깔이 꿀사발 겉은 거이" 하멘 욕을 했다. 새시방은 그 말을 듣구 옳다 꿀 꿀이다. 이지 다 찾았다구 갔다.

＊1932年 8月 宣川郡 宣川邑 川南洞 田尹敬
＊1936年 12月 宣川郡 水淸面 古邑洞 李鐵
＊1936年 12月 宣川郡 山面 保岩洞 李熙洙
＊1936年 12月 定州郡 觀舟面 舟鶴洞 元義範
＊1936年 12月 昌城郡 昌城面 甲岩洞 姜學道
＊1936年 12月 碧潼郡 碧潼邑 二洞 金雲彬
＊1936年 12月 龍川郡 外上面 停車洞 崔秉根
＊1936年 12月 龍川郡 內中面 香峰洞 李光鉉
＊1936年 12月 義州郡 威化面 上端洞 黃昌煥
＊1938年 1月 鐵山郡 餘閑面 朝陽洞 朴炳哲

1) 뭉치


# 바보신랑 | 넷날에 어떤 촌놈이 가싯집에 가넌데 갈 적에 저에 오마니는 네레 가싯집에 가문 멀 먹갔능

가 무르문 펜 멘 꿀을 먹갔다구 하라구 대췄다.

이넘은 당나구를 타구 가멘서 면 펜 꿀 면 펜 꿀 하멘 갔다. 가다가 당나구레 돌체기를 건너뛰는데 고만 면 펜 꿀을 닞제뼤렀다. 그래서 당나구서 네레서 망건을 벗어서 돌체기 물을 막구 갓을 벗어서 이걸루 물을 퍼서 닞제뼤린 말을 찾갔다구 했다. 그때 언 사람[1]이 지나가다가 보구서리 "멀 하구 있소?" 하구 물었다. "예에 멀 잃어서 그걸 찾구 있이요" 그 사람은 "이편에서 잃었소 데편에서 잃었소?" 하구 물었다. 그러느꺼니 이넘은 "올수다. 펜이요 펜이요. 펜을 얻었시오" 하멘 도와라구 했다.

길가던 사람은 이상해서 "당신 어느 면에 사능가" 하구 무렀다. 그러느꺼니 이넘은 "올수다. 멘이요 멘 얻었시요" 했다. 그 사람은 더욱 이상해서 고놈에 누깔이 꿀종지 같은 거이 잘두 논다 했다. 그러느꺼니 이넘은 또 "올수다. 꿀이요 꿀이요" 하멘 다 얻었다구 했다. 그리구서리 당나구를 탈라구 허넌데 당나구레 어드메 갔넌지 보이디 안했다.

이넘은 당나구 똥을 줏어들구 가멘 "이따우 똥 싸는 즘성 어드메 있소?" 하멘 갔다. 그리구 가싯집이 수땅바주[2]를 해서 바람 불 적에 수땅뺑뺑 하는 소리가 난 거를 봐서 "수땅뺑뺑 하는 집 어드메 있는지 모루우?" 하멘 갔다.

＊1937年 7月 宣川郡 宣川邑 川北洞 李在鉄

1) 어떤 사람　　2) 수숫대로 엮은 울타리

# 바보신랑 |

믹제기 새시방이 가싯집이서 먹은 거이 맛이 있어서 가시 오마니과 "어제 먹은 거이 머이요" 하구 물었다. 호박죽이라구 하느꺼니 집에 돌아오멘서 호박죽 호박죽 하멘 왔다. 그런데 오다가 돌채기를 건네뛰다가 그 말을 잊어뼤렀다. 그래서 이넘은 감투를 벗어서 돌채기 물을 막구 두루매기를 벗어들구 물 알루루 테서 걸리라구 했다. 잘두 걸리갔다.

＊1936年 12月 鐵山郡 栢梁面 圓岩洞 金石崇


## 바보신랑 | 넷날에 한 사람이 가싯집에 가넌데 가싯집이 있는 동네 이름을 몰라서 색시과 무슨 동네냐

고 물었다. 넘통골이라구 대주느꺼니 이 사람은 넘통골 넘통골 하멘서
갔다. 가다가 돌체기가 있어서 그 돌체기를 건너뛰다가 그 말을 닞제
먹었다. 그래서 이걸 얻어 보갔다구 돌체기 물을 푸구 있었다. 그때 보
찜당시가 지나가다가 보구 "당신 뭘 하구 있음메" 하구 물었다.

　이 사람은 대답두 않구 물을 푸구 있으느꺼니 보찜당시는 이 사람은
아매두 무슨 보물을 잃어서 얻나 보다 하구 돌채기에 둘와서 물을 푸멘
잃은 것을 찾아봤다. 해가 다 넘어가두 얻는 거이 없으느꺼니 보찜당시
는 증이 나서 "이 대구리가 넘통[1] 같은 놈 뭘 얻갔다구 이러네?" 하멘
욕했다. 그러느꺼니 이 사람은 옳다 얻었다 염통골 염통골 하멘 갔다.

＊1927年 1月 楚山郡 板面 板幕洞 河麟三

＊1935年 7月 定州郡 觀舟面 舟鶴洞 元義範

1) 염통, 심장


## 바보신랑 | 넷날에 한 믹제기레 당개를 갔넌데 색시 집이서 "약주 먹갔네?" 하구 물으느꺼니 약주레 머

인지 몰라서 안 먹갔다구 했다. 고 담에 펜 먹갔는가 하구 물으느꺼니
펜이 머인지 몰라서 그것도 안 먹갔다구 했다. 고 담에 멘 먹갔네 해서
그것도 모르갔으느꺼니 안 먹갔다구 했다.

　그 담에 밥 때가 돼서 밥상에 大蛤국이 있넌데 大蛤을 먹을래두 세
과디[1] 단단해서 먹을 수레 없었다. 그러느꺼니 그거는 알맹이만 먹구

깍데기²⁾는 안 먹넌 거라구 대췄다. 고 담에 송펜을 먹으라구 내다주었 넌데 이 新郎은 송펜에 알맹이만 먹구 깍데기는 마당으로 내팽개텠다. 가이레 와서 그 깍데기를 먹으느꺼니 신랑은 야 그 가이 니빠디레 세과 디 단단하다구 하드래.

*1936年 7月 義州郡 枇峴面 替馬洞 崔尙振

*1936年 12月 昌城郡 昌城面 甲岩洞 姜學道

1) 매우   2) 껍데기


# 바보신랑 |

넷날에 한 믹제기레 가싯집에 가드랬넌데 가 멘서 떡허구 술허구 달¹⁾허구를 한짐 잔득해 서 짊어지구 가드랬넌데 한짐 잔득 지구 가느꺼니 힘이 들어서 길가에 큰 나무 밑에서 쉬였다. 쉬멘서 짐을 풀어 보넌데 지구 가는 거이 하나 투 이름을 알 수가 없었다. 젤펜을 들구 해에다 대구 비처 보느꺼니 해 가 갸우 빨하게²⁾ 비치우구 절펜에 무틴 기름이 지질펀하게 보여서 아 이건 해야 지질펀이갔다 하구, 또 니차떡³⁾을 들구 처잡아 늘궜다 놓느 꺼니 도루 조고맣게 줄어들어서 아 이건 늘었다 줄었다 홈추레기구나 하구, 달을 들어서 목아지를 각 줴보느꺼니 푸뚜둑푸뚜둑 하멘 꿱꿱꿱 해서 이건 푸두둑푸두둑 꿱꿱이갔다 하구 술병을 들구서 흔들어 보느 꺼니 출렁출렁해서 이건 울능쭐능이갔다 하구 제 멋대루 이름지어 부 티구 다시 싸서 짊어지구 가싯집에 갔다. 가느꺼니 처남이 뛔나오멘 "아아니 매부레 멀 그렇게 많이 해개지구 옴메까?" 했다. 믹쩨기는 해 야 자질판하구 늘었다 줄었다 홈추레기허구 푸두둑푸두둑 꿱꿱이허구 울롱쭐롱하구 개왔다구 말했다. 처남은 그게 무슨 말인지 알 수레 없 어서 멍하구만 있었다.

*1938年 1月 定州郡 玉泉面 上端洞 洗馬里 胡學仁

1) 닭   2) 빨갛게   3) 찹쌀떡

# 바보신랑 |

넷날에 한 믹제기 새시방이 가싯집에 가갔다구 하느꺼니 오마니레 술 지짐 떡 달을 한짐 지워줘서 이거를 짊어지구 가드랬넌데 가다가 짐을 풀어 봤다. 그런데 고거이 뭐인지 이름을 몰랐다. 그래서 하나하나 들테보구 떡 보구는 늘 쪼르레기라구 하구 지짐떡 보구는 저절닙이라 허구 술 보구는 올롱이촐롱이라구 하구 달보구는 껙푸드더기라구 했다. 그리구 가싯집에 갔더니 가시 오마니레 맞우나와 주멘 머를 그렇게 개지구 오능가 하구 물었다.

믹제기 사우는 늘쪼루레기하구 저절닙하구 올롱이촐롱이하구 꺽푸드더기하구 개왔수다 했다. 가시 오마니레 알 수 없어서 짐을 풀어 보느꺼니 떡 지짐 술 달이 있어서 이 믹제기 같으니라구 이거 이름두 제대루 대지 못한 믹제기라 하멘 부주깽이루 때렜다. 색시는 믹제기를 굴통 너꾸리[1]루 데불구 가서 개지구 온 거는 떡 지짐 술 달이느꺼니 가시 아바지레 물을 적에는 그와 같이 말하라구 말했다.

가시 오마니는 처남과 믹제기 사우를 얻어서 야단났다구 흥을 보구 있넌데 가시 아바지가 들어와서 와 그러능가 물었다. 사우레 이바디[2] 개온 거 이름 하나 제대루 대딜 못해서 한심해서 그러무다구 가시 오마니레 말했다.

가시 아바지는 사우를 불러서 머머 개왔네 하구 물었다. 떡 지짐 술 달이라구 제대루 댔다. 가시 아바지는 사우레 제대루 대느꺼니 이놈에 에미나 아무레티두 안는 사우보구 믹제기라 한다멘 때릴라구 했다. 가시 오마니는 맞디 않갔다구 뒈 달아났넌데 사우레 이걸 보구 고놈에 노친네 요리 간다 델루루 간다 하구 있었다.

*1933年 7月 定州郡 郭山面 造山洞 李星瑞
1) 굴뚝, 아무도 없는 외딴곳이라는 것을 의미함    2) 선물

# 바보신랑 | 
넷날에 한 아레 당개를 가게 됐넌데 당개 가는 날 오마니레 너 색시집이서 이름 아는 것만 먹어야디 모르는 건 먹디 안하야 한다구 닐러 주었다.

당개 가서 큰상을 받았넌데 국수를 가리키메 데거이 머이요 하느꺼니 면이라구 했다. 면이란 말은 처음 듣는 말이 돼서 먹딜 안했다. 떡을 가르키멘서 데거 머이요 하느꺼니 편이라구 했다. 그것두 모르는 거이 돼서 먹디 안했다. 꿀을 가리키며 머이냐구 하느꺼니 쳉밀[1]이라구 했다. 그래서 그것두 먹디 안했다.

밤에 자다가 배가 고파서 일어나서 먹을 거 얻어 보갔다구 벡에 들어가서 쓸어 보느꺼니 버치[2]에 실 담아논 거이 있넌데 이거이 국수인 줄 알구 그 실을 다 먹었다. 그런데 새박넉에 돼서 띠레 매리와서 띠를 누는데 띠레 나오딜 안했다. 그래서 꼬챙이루 밑구넝을 쑤세서 실을 잡아뺐다. 그런데 그 실이 아무리 잡아빼두 끝이 나질 안해서 뜰악에 장재기[3]를 세워놓구 거기에다 실을 걸구서 왔다갔다 하멘 다 빼내서 걸어놨다. 그러구 나서 방에 들어와서 자드랬넌데 가시 오마니레 아침에 이러나서 이걸 보구서 누구레 볼세 실을 짜서 널어놨다구 도와했다. 그러느꺼니 색시레 새시방이 무던해서 새박에 나와서 실을 짜서 널었수다레 하구 말했다. 이 말을 듣구 가시 오마니는 사우 잘 얻었다 하멘 도와라구 했다.

*1936年 7月 義州郡 枇峴面 替馬洞 崔尙振

1) 淸蜜꿀　　2) 버럭지　　3) 장작

# 바보신랑 | 
넷날에 한 사람이 당개를 가서 색시하구 자다가 낮에 앞 상에 노인 굴편[1] 생각이 나서 어드메 있능가 물었다. 색시레 그건 골간 실겅[2] 우에 있다구 하느꺼니 새시방은 골간에 들어가서 굴펜을 개지구 나오드랬넌데 나오다가 골간

254 · 한국구전설화 1

문 우에 박힌 모다구³⁾에 상투가 걸레서 나올 수가 없었다. 새시방은 구신이 상투를 잡구 놔주딜 안는 줄루 알구 "하나 줄 건 놔주롬 둘 줄 건 놔주롬" 하멘 굴펜을 팽개텠다. 이 소리를 듣구 가시 아바지레 나와 봤다. 사우는 구신이 상투를 잡구 놔주딜 안는다구 하느꺼니 가시 아바지는 "이놈아 상투레 모다구에 걸린 걸 메라네" 하멘 귓쌈을 한 대 메게 줬다.

＊1937年 7月 宣川郡 深川面 伍峯洞 金炳彬

1) 지짐의 일종    2) 선반    3) 못

# 바보신랑 |

넷날에 믹제기 총각이 당개 가서 앞상에 노인 꽃전을 먹구 그거이 델루 맛이 있어서 밤에 자다가 이러나서 골간에 선반에서 꽃전을 개지구 나오다가 골간 문 우에 모다구에 상투레 걸레서 나올 수가 없게 됐다. 가시 오마니레 나와 보구 욕을 드립다 하느꺼니 이놈은 고만 집으루 다라뛰어갔다.

＊1934年 7月 龍川郡 楊下面 立岩洞 鄭濟世

# 바보신랑 |

새시방 하나이 가싯집에 가서 먹은 김치국이 맛이 있어서 밤에 자다가 니러나서 김치단대기를 얻으레 다니다가 한 곳에서 김치단대를 얻어 개주구 두 손을 단대기 안에 여서 김치를 한우큼 쥐구서 꺼낼라 하는데 손이 빠지딜 안했다. 머 깨틸 돌맹이 없갔나 하구 살페보넌데 있어서 고기다 대구 김치단대기를 내리텠다. 그러느꺼니 가스 아바지레 벌떡 니러나멘 "누구레 내 머리통을 깨트리누?" 하구 과텠다. 새시방은 점적하구 혼이 나서 저에 집으루 뛔달아났다.

＊1933年 7月 宣川郡 宣川邑 川北洞 韓啓銑

# 바보신랑 | 넷날에 산골 사람 하나이 해변에 가싯집에 갔더랬넌데 조개국을 먹은 거이 혹게 맛이 있어서 가스 아바지 가래침 받아논 거를 조개국으루 알구 한 오강 먹었다. 그런데 속이 메스꼬아서 구둘[1] 밖에 있넌 마늘 족각을 집어먹었넌데 한참 있다가 집안 사람이 어린아이 귀알이에 밖았던 마늘쪽이 없어뎄다구 찾구 있었다. 사우는 이걸 보구 속이 더 메시꺼워서 고만 저에 집으루 가드랬넌데 가다가 길바닥에 멱[2] 오래기가 있어서 이걸 집어 먹었다. 그리구 가는데 웬 사람이 길바닥에서 무얼 얻으메[3] 오는 걸 보구 뭘 얻구 있읍네 하구 물으느꺼니 말 좆에 감았던 멱 오래기가 없어데서 얻어 본다구 했다. 이 사람은 그 말을 듣구 더욱 메시거웠다.

*1936年 12月 宣川郡 郡山面 長公洞 金燦建

*1936年 12月 宣川郡 山面 下端洞 金國柄

1) 방    2) 미역    3) 찾으며


# 바보신랑 | 넷날에 산골 사람 하나이 해변에 가서 낙지 고기루 해논 식찬을 먹구서 맛이 있으느꺼니 집이 가문 또 해먹갔다구 맘먹었다. 낙지 고기루 해논 식찬이 똥궁똥굴 해서 달구똥으루 만드는 거라 생각하구서 저 집에 가서 저 색시과 달구똥으루 식찬을 만들라구 했다. 색시는 벨노무 식찬을 하란다구 하멘 해서 주었더니 이 놈이 먹어 보구서 "맛이 전혀 틀레서야, 이 에미내야 달구똥 식찬 하나 만들 줄 모르는 에미나이 어드메 있노" 하며 증을 냈다구 한다.

*1936年 12月 宣川郡 郡山面 長公洞 金燦建

*1936年 12月 龍川郡 外上面 做義洞 張錫寅

**新婦** | 한집이서 딸을 살리는데 시집 가서는 말이다 시집살이
를 잘할라문 말은 존대말을 해야 하구 말에는 님 재를
달아서 해야 한다구 잘 닐러 줬다. 색시는 친정 부모가 닐러 준 대루 존
대말을 쓰구 말에는 님 재를 달아서 말하드랬는데 하루는 송아지가 거
제기를 쓰구 닝큼닝큼 뛰느꺼니 가이레 이걸 보구 웡웡 짖으느꺼니 색
시레 이걸 보구 시오마니에게 알리누라구 "오마니 오마니 데거 보시라
구요. 송아지님이 거제기님을 쓰시구 닝큼닝큼 뛰시느꺼니 가이님이
보시구 웡웡 짖으심네다레" 했다.

＊1938年 1月 義州郡 枇峴面 替馬洞 崔尙根

**新婦** | 어떤 사람이 딸을 살니는데 시집 가서는 말할 적에는
존대말을 쓰구 말에는 님 째를 달아서 말하라구 닐러줬
다. 이 색시레 시집 가서 밥상을 들구 샛문으루 들어가드랬데 시아바
지레 샛문 앞에 누어 있어서 "아부님 대가리님 치우시요. 내 발님이 들
어가무다"구 했다구 한다.

＊1932年 8月 定州郡 定州邑 城內洞 趙尙伯
＊1936年 12月 宣川郡 山面 保岩洞 李熙洙
＊1937年 7月 義州郡 古舘面 上古洞 韓命三

**新婦** | 한 사람이 딸을 시집 보내멘 시집 가서는 무슨 말에든
지 님째를 달아서 말하라구 대웠다. 이 딸은 시집 가서
어린 시동생이 바디를 입디 않구 다니느꺼니 "시동생님이 부랄님을 너
들님 너들님 하십니다"구 말했다구 한다.

＊1934年 7月 宣川郡 山面 下端洞 金國柄

# 바보각시 | 넷날에 서나가 옷고름이 떨어데서 색시보구 옷고름을 달아 달라구 하느꺼니 이거를 등에

다 달아 줬다. 남덩이 증을 내서 "옷고롬 하나 제대루 달디 못하는 에미나이 같으니" 하멘 과뎄다.

색시레 다시 단다구 달았넌데 이번에는 소매에다 달았다. 서나는 이걸 보구 기가 막혀서 허허 허구 웃었다. 그러느꺼니 이 에미나이 하는 말이 "아 비위에 좀 틀리문 과티구 비위에 좀 맞으멘 해해 하구 남덩이 맘씨를 고렇게 쓰는 거이 아니야" 하드래.

*1934年 1月 定州郡 郭山面 造山洞 閔鳳植

# 망신당한 사돈 | 넷날에 한 사람이 사둔 집에 갔드랬는데 사둔집이서는 팍죽을 쒀서

주었다.

사둔이 왔으문 달을 잡구 니팝을 하구 반찬을 잘할 것이지 이따위 팍죽이 다 머이가 하구 밥 생각이 없어 안 먹갔다구 했다. 그러느꺼니 사둔은 그래두 좀 자시구레 하멘 여러 번 권해두 안 먹갔다구 했다. "정 그러시다면 요만큼이라두 자시 보구레" 하멘 조금 덜어 주었다. 이 사람은 사둔에 체멘을 봐서라두 안 먹을 수가 없어서 팍죽을 한 술 떠 먹어 보느꺼니 이거야말루 꿀맛이거덩. 더 먹구푼데 더 달랠 수두 없구 근냥 참았다.

사둔 집이서는 팍죽을 한 버치해서 학갑에 올레 뒀다. 이 사람은 밤둥에 닐나서 학갑에 올라가서 그 죽버치를 들구 내레오드랬넌데 모다구에 상투가 걸레서 내리올 수가 없었다. 상투를 모다구에서 버낄라문 죽버치를 놔야갔넌데 놨다가는 버치레 깨지갔구 해서 이러지두 못하구 데러지두 못하구 있넌데 허리띠가 풀어데서 바디가 네레가구 ×이 덜 레덜레 나오구 했다. 게다가 배탈이 나서 물띠가 나와서 사둔넝감에 머리에다 싸구 말았다.

＊1935年 7月 宣川郡 新府面 院洞 金光俊

＊1936年 12月 龜城郡 館西面 造岳洞 金致載

＊1936年 12月 新義州府 梅枝町 崔得徹

＊1937年 7月 義州郡 古津面 樂元洞 張俊根

＊1937年 7月 龍川郡 外上面 停車洞 李元春


# 경망한 사돈 |
녯날에 한 넝감이 딸네 집이 가느꺼니 사돈 집이서는 사돈넝감 왔다구 쌔한 니팝을 한상 차례 주었다. 이 넝감이 그거이 맛이 있으느꺼니 밥 한 톨두 기트디 않구[1] 다 먹었다.

그 후 딸이 와서 "아버지레 오서셔 밥을 한 톨두 기트디 않구 다 자세서 시집 사람 보기레 점적했이요. 요담에 오시멘 밥 좀 조끔 자시라우요" 하구 말했다.

그 후에 이 넝감은 또 딸레 집이 갔넌데 이번에는 쌔한 니팝을 조금 먹구 많이 기텄다. 그런데 밤에 자다가 배레 고파서 참을 수가 없어서 몰래 니러나서 벽에 들어가서 실경에 얹어논 밥을 한우큼식 집어먹군 집어먹군 했다. 그때 사돈네 노친네가 잠을 깨서 벽에서 무슨 소리가 나느꺼니 나가보느꺼니 사돈네 넝감이 밥을 채먹구 있어서 메눌아를 불러서 벡에 나가보라구 했다.

넝감은 밥을 채먹다가 겡오[2]가 달라진 걸 알구 벡에서 나올라구 하넌데 고만에 상투가 모다구에 걸레서 나갈 수가 없었다. 딸이 나와서 보구 상투를 모다구에서 빼서 갸우해서 벡에서 나왔넌데 너머너머 점적해서 벗어논 바디를 입는다는 거이 사둔네 노친네 소곳가랭이를 입구 나섰다. 사둔집 언나레 보구 우리 클마니 솟곳 입구 간다 했다.

＊1935年 1月 博川郡 南面 孟中洞 李明赫

＊1936年 12月 定州郡 馬山面 納淸亭洞 鄭燦聖
1) 남기지 않고   2) 사정


# 바보兄 |

넷날에 三兄弟가 있드랬넌데 맏이는 믹제기구 둘째는 반벙어리드랬었다. 집이 가난해서 하루 나즈는 三兄弟는 부재집이루 쌀을 채레 갔다. 쌀골간에 들어가서 쌀을 채서 퍼담는데 맏이레 큰소리루 한 말 두 말 하구 셌다. 그 소리를 듣구 집 쥔이 나오넌데 망을 보구 있던 둘째레 주주주인 나나나온다구 했다. 三兄弟는 모두 숨었넌데 쥔은 나와서 독 안에 숨은 맏이를 잡아냈다. 너 함자왔네 하느꺼니 이넘은 저근아 깍깍 숨어라구 과텠다. 쥔은 골간 안을 뒤저서 둘째 셋째를 다 찾아냈다.

＊1936年 12月 龍川郡 外上面 做義洞 張錫寅


# 바보兄 |

넷날에 兄弟가 있드랬넌데 兄은 믹제기드랬다. 뒷山에 창애를 놨드랬넌데 兄이 가보느꺼니 꿩이 음에 걸레 있넌데 兄은 이거를 근체집 달기 걸린 거라구 놔주었다. 고 다 가보느꺼니 노루가 걸레 있었넌데 兄은 이거는 건넌집 송아지가 걸린 거라구 놔주었다. 兄은 집에 와서 저그나과 달과 송아지가 걸레 있어서 놔줬다구 말하느꺼니 저그나는 그건 달과 송아지가 아니구 꿩과 노루라 하멘 낼은 걸린 거이 있으문 머이 됐던 놔주디 말구 테서 죽여서 끌구 오라구 말했다.

다음날 오마니레 건너 마을에 갔다오다가 창애에 걸렜다. 兄이 와서 보구 큰 거이 걸렜다 하멘 저 오마니를 테서 죽이구 끌구 집으루 왔다. 저그니가 이걸 보구 와 오마니를 끌구 오느냐구 물으느꺼니 님제레 걸린 거이 머이 됐던 테서 죽여서 끌구 오라구 해서 그랬다구 했다. 그런데 어찌 됐던 장세를 지내야 하갔넌데 쌀이 없어서 부재집에 가서 쌀을 채오갔다구 부재집 골간에 들어가서 쌀을 퍼서 담는데 兄은 큰소리루 한 말 두 말 하구 헤였다. 쥐인이 이 소리를 듣구 쫓아나와서 저그니는 얼릉 보국[3]에 올라가서 숨구 兄은 재통[4]에 가서 삼테기를 뒤집어쓰구 있었다.

쥐인이 나와 봐두 사람이 없어서 들어갈라구 하넌데 오종이 매리워서 재통에 가서 오종을 누넌데 그 오종이 삼태기 우에 떠러뎄다. 兄은 비가 온다 하멘 삼테기를 제끼구 니러섰다. 쥐인은 이걸 보구 "너 와 여기 있네? 너 함자 왔네?" 하구 물었다. 兄은 저그니와 함께 왔넌데 저그니는 골간 보국에 올라가 있다구 했다. 쥔은 저근니를 보구서 잡아내리우구 와 도죽질하레 왔능가 물었다. 저근니는 사정 말을 하느꺼니 쥔은 쌀을 주멘 이걸루 장세지내라구 했다. 兄弟는 그 쌀을 받아 개지구 집에 돌아와서 죽을 쑤었다. 저근니는 兄과 죽을 쑤라 하구서 山으로 머이자리 보레 갔다. 兄은 죽을 쑤넌데 죽이 끓느라구 풀적풀적 소리를 냈다. 그러느꺼니 兄은 "아 요놈에 죽와 내 이름을 불으네?" 하멘 죽에다 모새기[5]와 재를 테넸다. 저근니가 와서 보구 죽이 먹을 수가 없게 됐으느꺼니 다시 죽을 쑤었다. 다 쑨 담에 問喪하레 온 사람에게 멕기게 됐넌데 저근니는 兄과 이 죽을 우에서보탐 올리라구 했다. 兄은 죽을 퍼개지구 가서 사람에 머리에다 부었다. 그러느꺼니 사람들은 고만 놀래서 다 가 베렸다.

＊1933年 8月 龍川郡 內中面 東山洞 車德煥
＊1933年 8月 定州郡 西面 下端洞 鮮于基惆
＊1934年 7月 鐵山郡 鐵山面 嶺洞 崔元丙
＊1934年 7月 鐵山郡 鐵山面 東部洞 李壽榮
＊1935年 1月 定州郡 觀舟面 近潭洞 金英宇
＊1935年 1月 龍川郡 外上面 停車洞 金英珍
＊1936年 7月 宣川郡 宣川邑 川南洞 李贊基

✱1936年 7月 宣川郡 深川面 東林洞 洪永燦
1) 덫   2) 닭이   3) 들보   4) 便所   5) 모래

# 바보兄 |

넷날에 믹제기 형과 재간 있는 동생이 있었다. 저근니는 짐승을 잡갔다구 앞山에다 창애를 놨다. 저근니는 兄과 창애에 걸린 거 있으믄 잡아오라구 했다. 兄이 山에 가보느꺼니 펭이 걸레 있넌데 이거는 건넌집 달기라 하구 놔주었다. 집에 돌아오느꺼니 저근니레 머이 걸린 거 없었능가 하구 물었다. 兄은 건넌집 달기 걸레서 놔주구 왔다구 했다. 저근니는 이 말을 듣구 너머나 어처구니가 없어서 웃었다. 兄은 자기레 잘해서 웃는 줄 알구 기뻐했다.

다음날 兄이 山에 가보느꺼니 노루가 걸레 있어서 옆에 집에 당나구가 걸렜다 하구 이거를 놔주었다. 집에 돌아와서 저근니가 머이 걸렜녕가 물어서 옆집에 당나구레 걸레서 놔주구 왔다구 했다. 저근니는 이 말을 듣구 이거 안 되갔다 하구서리 망치 하나 주멘 내일은 걸린 거이 있으믄 아무거이구 이걸루 내리테서 쬑에 개지구 끌구 오라구 했다.

오마니레 산에 새하레 갔다가 그 창애에 걸렜드랬넌데 兄은 망치루 오마니를 내리테서 끌구 집으로 오다가 힘이 들어서 갈밭에다 내티두구 집이 와서 저근니보구 오마니레 창애에 걸레 있어서 망치루 내리테서 끌구 오다가 갈밭에 내티구 왔다구 말했다. 저근니는 이 말을 듣구 놀래구 오마니 시테를 찾갔다구 갈밭으로 갔다. 그런데 아무리 찾아두 찾일 수가 없었다. 갈을 불태우면 찾갔디 하구 갈밭에다 불을 질렀다. 다 탄 담에 보느꺼니 오마니는 다 타구 쌔한 니빠디를 내놓구 있었다. 兄은 이걸 보구 야아 오마니레 웃구 있다구 했다.

저근니는 兄과 관을 사오라 하멘 네 귀 딱 맞는 걸 사오라구 했다. 兄은 관을 사로 가다가 길바닥에 소발자국이 있넌 걸 보구 귀를 갖다대 보느꺼니 귀에 딱 맞아서 돌아와서 저근니과 더기 내 귀에 딱 맞는 거

이 있다 하멘 저근니를 데불구 소발자국 있는 데루 갔다. "자 보라우. 내 귀에 딱 맞는다."

저근니는 어이가 없어서 兄과 같이 집으루 돌아와서 문상 온 사람에게 먹이게 죽을 쑤었다. 저근니는 山으루 머이[1] 자리 좀 보러 갔다 올 터이 兄보구 죽을 쑤라구 했다. 兄은 벽 악재기에 불을 여서 죽을 쑤넌데 죽이 끓누라구 뿔룩뿔룩 하멘 소리를 냈다. 兄은 이 소리를 듣구 이놈에 죽 와 우리 아바지 이름을 부르네 하멘 죽을 퍼내구 돌루 가매를 찌그러뜨렸다. 저근니레 돌아와서 보구 와 그러능가 물었다. 이놈에 죽이 아바지 이름을 불러서 그런다구 했다. 저근니는 또 어이가 없어서 말두 못하구 기튼[2] 죽이나 문상 온 사람에게 먹이자 하구 죽을 퍼서 兄에 주멘 이걸 개지구 가서 우에서보탄 올리라구 했다. 兄은 죽을 개지구 방에 둘우와서 사람에 머리에다 내리부었다. 그러느꺼니 사람들은 놀래서 다 달아났다.

이 집에 먹을 거이 없어서 兄弟는 부재집으루 쌀을 채로 갔다. 골간에 들어가서 쌀을 퍼서 담넌데 兄은 한 말 두 말 하구 큰소리루 했다. 집쥔이 이 소리를 듣구 나와서 보구 "너덜 멀 하네?" 하구 물었다. 저근니는 할 수 없이 먹을 거이 없어서 쌀 좀 채레 왔다구 했다. 쥔은 우리 집에는 채갈 것 없으느꺼니 이거나 개저가라 하멘 마대를 주었다. 그 마대는 혹게 무거워서 가다가 쉬멘서 풀러보구 있넌데 순사[3]레 와서 너덜 도죽놈이디 하구 잡아갔다.

＊1934年 8月 龍川郡 外上面 新龍洞 白基偉
＊1934年 8月 龍川郡 外上面 停車洞 鮮于股
1) 墓, 무덤    2) 남은    3) 순경


# 바보兄 |

넷날에 兄弟가 있넌데 兄은 믹제기구 저근니는 재간이 있었다. 저그니는 산짐승을 잡갔다구 뒷山에다 큰 창애를 놨다. 그리구 兄과 창애에 걸린 거이 있으문 잡아오라구 말했다. 兄은 갔다 와서 앞집에 송아지레 걸레 있어서 놔주구 왔다구 했다. 저근니는 그거는 송아지가 아니구 노루라구 했다. 다음날 兄이 가보구 와서 뒷집에 숫닭이 걸레 있어서 놔주구 왔다구 했다. 저근니는 숫닭이 아니구 당꿩이라구 했다.

다음날 또 가보라구 하멘 이번에는 아무거이구 걸린 거 있으문 놔주딜 말구 잡아오라구 했다. 다음날 兄이 가 보느꺼니 저에 오마니가 걸레 있어서 이거를 잡아서 끌구 갈라구 했다. 오마니레 "야야 난 너에 오마니다. 너에 오마니야" 하는데 두 형은 저근니레 걸린 건 머이던 잡아오라구 했으꺼니 잡아가야 한다멘 발루 차구 때리멘 끌구 갔다. 집에 꺼지 끌구 오느꺼니 오마니는 죽었다. 저근니레 보구 와 오마니를 잡아왔능가 하느꺼니 "네레 걸린 거는 아무거이구 잡아오라구 하디 안했습메?" 하구 말했다. 저근니는 한심해서 말두 못했다.

오마니레 죽었으꺼니 장세를 지낼라구 하넌데 문상 온 사람에게 멕일 거이 없어서 삼춘네 집이루 먹을 거를 채레 갔다. 골간에 들어가서 먹을 거를 채넌데 兄은 한 말 두 말 하구 큰소리루 했다[1]. 삼춘이 골간에서 소리가 나느꺼니 쫓아나와서 골간 앞꺼지 왔다. 저근니는 얼렁[2] 숨었넌데 兄은 그 자리에 떠억 서 있었다. 삼춘이 너 멀하레 왔네 하구 물었다. 兄은 아뭇 소리 못하구 있어서 저근니가 나와서 오마니레 죽어서 장세지낼라는데 먹을 거이 없어서 먹을 거 좀 채레 왔다구 말했다. 삼춘은 팍과 쉬시를 주멘 이거루 장세지내라구 했다. 兄은 쉬시를 지구 저근니는 팍을 지구 오넌데 兄은 짐이 무거우느꺼니 내레 놓구 쉬시를 꺼내보구 이거 빈대 아니가 하멘 퍼서 따[3]에 뿌렜다. 저근니는 따에 뿌레진 쉬시를 쓸어모다서[4] 집에 와서 죽을 쑤었다. 죽을 쑤다가 오종이 매리워서 밖에 나가멘 兄과 죽 끓은 것 좀 보라구 했다. 죽이 끓누라구 꿀럭꿀럭 소리내느꺼니 兄은 아 요놈에 죽이 우리 아바지 이름을 부른다 하멘 죽을 퍼내티기 시작했다. 저근니레 돌아와서 보구 와 그러능가구 물었다. 이놈에 죽이 아바지 이름을 자꾸 불러서 주뚱무러서[5] 그른다구 했다. 저근니레 어처구니없어 더 말두 못허구 긽은[6] 죽을 퍼서 주멘 우에서보탐 올리라구 했다. 兄은 죽을 받아 개 주구 방에 들어가서 사람에 덩수리에다[7] 부었다. 사람덜은 모두 놀래 서 다 도망테갔다.

사람덜이 다 가구 없으꺼니 兄弟는 저덜끼리 장세를 지내게 됐다. 저근니는 널[8]을 메구 가구 兄은 청광[9]을 파기루 했넌데 저근니는 兄과 청광을 네 귀 맞게 파라구 했다. 兄은 청광을 파레 山으루 올라가넌데 가넌 길가에 소발자구가 있어서 제 귀를 갖다 대구 보느꺼니 딱 맞아서 거기서 저근니 오기만 기두루구 있었다. 저근니가 와서 청광을 파놨넝 가 무르느꺼니 소발자구를 가르키며 여기 파났다구 했다. 저그니는 한 심해서 兄과 널을 지구 오라 하구 자기는 청광 파레 山으루 올라갔다.

兄은 널를 메구 가는데 山 밑에 딸기[10]가 많이 있었다. 이 딸기를 따 먹갔다구 널을 네레놓구 여기더기 돌아다니며 따먹었다. 하하 돌아다 니메 따먹구 돌아와 보니 널을 어느메에다 내레났넌지 알 수가 없었다. 저근니는 청광을 다 파놓구서 兄이 오기를 기두루넌데 兄이 오딜 안해 서 山 아래루 네레와 보느꺼니 兄이 널을 잃구 있어서[11] 둘이서 찾아보 넌데 아무리 찾아봐도 찾아낼 수가 없어서 딸기밭에다 불을 질렀더니 오마니 널이 다 타진 거이 나타났다.

*1934年 8月 義州郡 光城面 豊下洞 張炳煥

*1935年 12月 義州郡 廣坪面 上廣洞 尹載晙

*1935年 12月 宣川郡 水淸面 古邑洞 李鐵

*1936年 7月 宣川郡 郡山面 長公洞 安龍戩

*1937年 7月 義州郡 古津面 樂元洞 張俊根

*1937年 7月 新義州府 霞町 崔錫根

*1937年 7月 龍川郡 楊光面 龍德洞 金明甲

*1938年 1月 宣川郡 新府面 淸江洞 洪永燦

＊1938年 1月 定州郡 郭山面 鹽湖洞 李基浩

＊1942年 12月 博川郡 德安面 南伍洞 天原義男

1) 셌다    2) 얼른    3) 땅    4) 쓸어모아서    5) 미워서    6) 남은    7) 머리 위에다    8) 棺    9) 시체를 묻을 구덩이    10) 여기서 말하는 딸기는 나무딸기를 말한다. 딸기나무는 灌木으로서 우거져 있는 것이다.    11) 잃고 있어서

# 바보兄

넷날에 한 兄弟가 있더랬넌데 兄은 믹제기드랬시요. 할루는 한 집이서 흙질일을 해달라구 해서 兄이 하루종일 일해주구 五錢짜리 한 푼을 받았넌데 이 돈이 반작거레서 손에 들구 개지구 놀멘 오다가 고만에 돌채기에 빠틀어서 잃어뿌맀시요. 집에 돌아오느꺼니 저근니레 오늘 일해 주구 멀 받아왔능가 물어서 五錢짜리 돈을 개지구 놀다가 돌채기에서 잃었다구 말했시요. 그러느꺼니 저근니는 받은 거는 개지구 노는 거이 아니구 지갑에 넣구 오넌 거라구 대췄시요. 고담에 어떤 집이서 마당질해 달라구 해서 兄은 그 집이 가서 하루 종일 마당질했시요. 그 집이서는 개지[1]를 한 마리 주었시요. 兄은 적근이레 일하구 받은 거는 지갑[2]에 넣구 오라구 한 말이 생각나서 개지를 지갑에 널라구 하넌데 개지는 깽깽 하구 울멘 들어가딜 않을라구 했시요. 그래두 꾸레넣구 집에 왔더니 고만 개지는 죽었이요. 저근니레 이걸 보구 그런 거는 끌구 오는 거라구 대췄시요. 고담에 또 일을 나갔넌데 그 집이서는 엿을 한 꾸러미 싸서 줬시오. 兄은 엿을 싸준 거를 새끼꼬레기에 매개지구 즐즐 끌구 왔시요. 그러느꺼니 엿은 흙이 묻구 띠두 묻구 보스레디구 해서 집에 와보느꺼니 절반밖에 기터 있디 안했시요. 저근니는 이걸 보구 이거 안 되갔다 하구 다음에 일 오라 할 때 兄을 보내디 않구 저근니 자기레 갔시요. 저근니는 일하는 집에 가다가 한 체네를 만났시요. 저근니는 그 체네과 농하느라구 우리 ××하자구 해 봤시요. 그러느꺼니 체네는 그카자 하

구 달라들었시요. 그래서 둘이는 서루까락 꽉 부테서 뒹굴구 있었넌데 뮌이 이걸 보구서리 데거 머이가 하멘서 몽둥이루 텟시요. 그러느꺼니 저근니와 체네는 고만 죽구 말았시요.

＊1935年 1月 宣川郡 南面 三峰洞 朴炳敦
＊1936年 12月 定州郡 南面 金昌天

1) 강아지    2) 속주머니, 봉창


# 賢兄愚弟 | 넷날에 兄弟가 있넌데 兄은 울렁이라는 이름 이구 저근니는 뽀지지라는 이름이드랬다. 兄

은 재간이 있지만 저근니는 믹제기드랬다.

兄은 앞山에다 창애를 놓구 짐승을 잡으려구 했다. 그리구 저근니를 보내서 창애에 걸린 거이 있으문 잡아 개지구 오게 했다. 저근니가 山에 가느꺼니 창애에 토까이레 티워 있었다. 저근니는 건넌집 광이레 티웠다구 이걸 놔주구 왔다. 兄이 뭐이 걸레 있던가 하구 물으꺼니 건넌집 광이레 걸레 있어서 놔주구 왔다구 했다. 그건 광이가 아니구 토까이다구 대주었다. 다음날 또 가보라 해서 저근니가 가봤넌데 꿩이 걸레 있는 걸 보구서 이건 옆집 숫닭이 걸린 게라구 그걸 놔주구 왔다. 兄이 뭐이 걸레 있던가 물으꺼니 옆집 숫닭이 걸레 있어서 놔주구 왔다구 말했다. 兄은 그거는 숫탈기 아니구 꿩이라구 대주었다.

다음날 또 가보라 해서 저근이레 가봤넌데 노루가 걸레 있는 거를 보구서 건넌집 송아지가 걸린 거라 하구서 이거를 놔주구 왔다. 兄이 물으꺼니 건넌집 송아지가 걸레 있어서 놔주구 왔다구 말했다. 兄은 그거는 송아지가 아니구 노루라구 대주구 요담에 가서는 걸린 거 놔주디 말구 머이 걸렸던지 잡아서 끌구 오라구 단단히 말했다.

이 兄弟에 오마니레 山에 새하레¹⁾ 갔다가 창애에 걸렸다. 저근니는 오마니를 잡아서 끌구 집이 왔다. 오마니는 죽어서 장세를 지내야갔넌데 집에 쌀이 없어서 兄弟는 건넌집 골간에 쌀을 채레 갔다. 그 집 골간에 들어가느꺼니 가이레 컹컹 짖었다. 쿤이 가이 짖는 소리를 듣구 나와서 골간문을 열구 보구 아무것도 보이디 않으느꺼니 나갈라구 하넌데 저근니레 히히 하구 크게 웃었다. 쿤은 골간에 들어와서 "너덜 와 놈에 골간에 두루와 있네?" 하구 물었다. 兄은 오마니레 죽어서 장세지낼라는데 쌀이 없어서 좀 채레 왔다구 말했다. 쿤은 피를 두 말 주었다.

兄弟는 피를 얻어 개지구 집이 왔넌데 兄은 저근니 보구 죽을 쑤라 하구 山에 새하레 갔다. 저근니는 죽을 쑤누라구 불을 자꾸 때넌데 죽이 끓누라구 울렁울렁 소리를 냈다. 저근니는 이 소리를 듣구 "이놈에 새끼와 우리 兄에 이름을 부르네?" 하멘 벡 악재기[2]를 다 허물어 버렸다. 가매가 너미지멘 뽀지지 하구 소리를 내니까 저근니는 "이넘에 가매는 와 내 이름을 부르네?" 하멘 가매를 다 띠꺼테 개지구 내팽가텠다.

＊1934年 7月 鐵山郡 站面 龍堂洞 白天福
＊1935年 7月 朔州郡 朔州面 西部洞 李順柱
＊1936年 12月 龍川郡 東下面 法興洞 金洪寬
＊1936年 12月 宣川郡 宣川邑 川北洞 李在瑢
＊1936年 12月 碧潼郡 加別面 加下洞 李秉煥
＊1937年 7月 龍川郡 文學範
1) 나무하러, 火木을 얻으러, 불땔 나무를 하러    2) 부엌 아궁이

# 愚人

어드런 곳에 정신없은 사람이 있었드랬넌데 이 사람에 姓은 裵哥이드랬넌데 자기 성을 당창 닛구 해서 배를 한 알 옷고롬에 달구 다니멘 누가 姓이 머이가 하구 물으멘 옷고롬에 단 배를 보구서리 나는 배 성을 개진 사람이우다 하구 대답하군 하드랬넌데 한번은 누구하구 만나서 인사를 하구 자기 성을 말하갔다구 옷고롬을 내리다보느꺼니 배는 없어지구 꼭지만 깇어 있어서 난 꼭지 성

개진 사람이우다 허구 말했대요.

*1932年 7月 宣川郡 宣川邑 川北洞 金載龍

*1932年 7月 定州郡 安興面 好峴洞 趙閏河


# 미련한 원님 | 넷날에 어늬 兄弟레 아바지가 돌아가
서 재산을 나눠가지는데 兄은 七千石

내기를 갖구 저근니에게는 三千石 내기만을 주었다. 그래서 자근니는
不平을 말하구 똑같이 나누어 개지자구 했다. 그런데 兄은 듣딜 안했
다. 저근니는 골 사뚜에게 말해서 재산을 공펭하게 나누어 달라구 했
다. 사뚜는 닞어뻐리기 잘하는 사뚜레 돼서 여러 번 말해두 닞어뻐리
구 하넌데 닞어뻐리지 않았다구 바른 손가락으루 兄이 七千石 갖는다
구 손가락을 꼽아서 세구 저근니는 三千石 갖는다구 왼 손가락을 꼽
아서 세구서 두 손가락 꼽은 거를 대보구는 꼽은 거이 두 손 다 같아서
똑같이 나누었넌데 너는 머이 불펭이냐 하멘서 내쫓았다구 한다.

*1934年 7月 宣川郡 山面 下端洞 金國柄


# 미련한 원님 | 넷날에 어늬 골에 미런한 사뚜레 있었
다. 어늬 날 한 사람이 들어와서 저이

집 소가 어지 나즈에 죽었넌데 어찌하오리까 하구 말했다. 그러느꺼니
사뚜는 너에 소가 죽었으문 죽었지 어찌하오리가 하는 거 무슨 말이가
하멘 내쫓았다.

그리구서리 안에 들어가서 댕내과 그런 말을 했다. 댕내레 그 말을
듣구 "그건 잘못했수다레. 낼 그 사람을 다시 불러다가 '내 돈 쉰 냥 줄
꺼이니 그 죽은 소가죽은 베께서 팔구 고기는 점점이 베서 동리 사람한
데 팔아서 이 돈과 합해서 송아지를 사서 큰 소 만들라'구 하라"구 대췄

다. 사뚜는 다음날 그 사람을 불러서 댕내가 하라는 대루 말했다.

　고 담에 한 사람이 와서 오마니레 죽었년데 어찌하오리까 하구 말했다. 사뚜는 고럼 내레 돈을 쉰 냥 주갔으니 너 오마니 가죽을 베께서 팔구 고기는 점점이 베서 동리 사람에게 팔아서 이 돈과 합해서 체네 하나 사다가 오마니 삼아라 했다. 그리구 안에 들어가서 댕내과 그 말을 했다. 댕내는 깜작 놀래서 "그렇게 하는 거이 아니우다. 낼 그 사람을 다시 불러서 내가 널값을 줄 꺼이니 널을 사서 잘 장세해라구 하라"구 대줬다.

　그 후에 여러 골에 사뚜들이 많이 모이게 됐다. 여러 사뚜덜이 모이멘 서루가락 통성하게 되년데 이 사뚜에 마누라가 생각해 보느꺼니 저에 사뚜레 황당해서[1] 통성두 잘하디 못할 것 같아서 이 사뚜에 姓이 襄哥드랬년데 문 앞에다 배를 매달구 통성할 적에 그 배를 보구 배가라구 통성하두룩 해놨다. 그날이 돼서 사뚜들이 많이 모여와서 서루까락 통성하년데 이 사뚜는 문 앞을 보느꺼니 배는 없구 배를 매달은 베오래기가 디리궁디리궁 하구 있어서 나는 디리궁디리궁성이우다구 했다. 그러구 난 담에 댕내레 어드렇게 통성했능가 물어서 디리궁디리궁 성이라구 했다구 말했다. 댕내는 이 말을 듣구 기가 차서 이거 놈에 골 배리갔다구 남덩을 끌구 달아났다구 한다.

＊1934年 7月 定州郡 郭山面 造山洞 閔鳳植
＊1936年 7月 宣川郡 郡山面 長公洞 桂昌沃

1) 형편없어서

# 미련한 원님 │ 넷날에 사뚜 하나이 말 경매를 들리우구 가드랬년데 하하 가다가 下人이 띠 좀 누구 오갔으니 좀 기다레 주시요 하구서는 띠 누로 간 지 얼마 되지 않구 인차 돌아왔다. 이 下人은 본래 띠를 빨리 누는 놈이 돼서 그렇게

빨리 돌아왔넌데 사뚜는 자기는 띠를 오래오래 누는데 下人이 너머나 빨리 누는 거이 신기해서 어떻가문 띠를 빨리 누능가 물었다. 下人은 사뚜를 한번 혼내구파서 띠를 빨리 누는 곳에서 누면 빨리 누게 된다구 말했다. 사뚜는 그 말을 듣구 그러한 곳이 어드메 있능가 물었다. 下人은 띠 빨리 누는 곳은 이자 막 지냈으꺼니 다음으 빨리 누는 곳은 좀 먼 데 있다구 했다. 사뚜는 自己는 띠를 오래오래 누느꺼니 빨리 누구푸다 하멘 날래 그곳에 가자 했다.

下人은 말을 몰구 가넌데 하하 가넌데 사뚜는 띠가 매리워데서 "야야 띠 빨리 누는 데가 얼마나 남았능가" 하구 물었다. 下人은 송구두[1] 수타[2] 남았시요 했다. 사뚜는 그 말을 듣구 매리운 띠를 참구 가넌데 차차 급해데서 야야 얼마나 남았네 하구 물었다. 조금만 더 가문 됩니다 하느꺼니 사뚜는 참았다. 하하 가넌데 급해데서 사뚜는 얼마나 남았네 하구 급한 소리루 물었다. 下人은 거진 다 왔다구 했다. 사뚜는 또 참구 있었다. 하하 가넌데 이자는 아주 급해데서 "야 이거야 참 급하구나. 얼마나 남았네?" 하구 물었다. 下人은 예 거진 다 왔수다 하구 또 갔다. 가다가 사뚜는 "야 이거 급하다. 바디에다 누갔다. 날레 몰아라" 했다. 下人은 그 말을 듣구 이자야 혼나나 부다 하구서리 말을 멈추구 이자 다 왔입니다. 날래 네리시요 했다. 사뚜는 척 말에서 내레서 허리띠를 끌르넌데 미처 못다 끌렀넌데 고만 띠가 뿌루루 나왔다. 사뚜는 야 거참 띠를 빨리 누는 곳이 따루 있긴 있구나구 했다.

*1936年 12月 定州郡 馬山面 納淸亭洞 鄭燦聖

1) 아직도     2) 많이

# 무식쟁이의 승리 |
넷날에 유식헌 사람 두 사람 허구 무식헌 사람 하나허구 서이서 같이 길을 가드랬넌데 배레 고파 와서 머레 먹을 거 없갔나 하구 먹을 걸 찾구 있던데 마침 매추리 한 마리가 나타나거던. 그래 세 사람이 힘을 합테서 이놈을 잡았디. 잡아개지구 구어서 먹을라 하던데. 이 매추리레 쪼그맨해서 서이서 나눠먹어 봤댓자 배레 부를 것 같디 안해서 한 사람이라두 배불리 먹넌 거이 낫갔다 하구 누구던지 '구' 자를 세 번 써서 말을 맨재 만든 사람이 함자서 다 먹기루 하자구 말이 나왔단 말이야. 그래 그거 좋다구 모두 찬성해서 구 자 세 번 써서 말을 만들기루 했단 말이야. 서이서 제각기 제레 맨재 말을 만들갔다구 홍얼홍얼 허넌데, 무식쟁이레 그 고기를 집어서 부쩍부쩍 깨미러먹으멘 "글이구 머이구 먹구 보자" 하드래.

*1932年 7月 宣川郡 宣川邑 越川洞 崔信旭
*1935年 1月 宣川郡 水淸面 雁山洞 李榮培

# 어사에 놀란 사람 | 넷날에 어떤 暗行御史 레 시골을 돌아다니드랬던데

어떤 江이 있던 데를 왔다. 江 건네 줄 사람이 없간나 하구 여기더기 돌아보너꺼니 데쿈에 김 매는 사람이 있어서 그 사람한테 가서 江 좀 업어 건네 달라구 했다. 그 사람은 "난 그런 일 하는 사람 아니우다" 하멘 어사 말을 들으려구 하디 안했다. 어사는 좀 업어 주구레 하멘 자꾸 사정했다.

그랬더니 그 사람두 할 수 없었던지 그렇가라 하구 강까루 왔다. 그리구 江에 들어가서 자아 업히우다 하멘 어사한테 등을 내밀었다. 그때 이 사람에 아바지레 어사가 업힐라구 허리를 구부리는 것을 봤던데 어사에 꽁무니에 暗行御史에 馬牌가 달레 있던 거이 보여서 "야야 너 그 어른은 어사님이다. 조심해서 업어 건네 드리라" 하구 말했다. 이 사람은 그 말을 들구 고만 겁이 나서 어사를 업구 잡았던 손을 놓구 그 앞에 업뎄다. 그러느꺼니 어사는 고만 江에 빠지구 입성을 다 젖구 말았다.

어사는 그 사람에 한 노릇을 과따틸 수두 없구 해서 어허허 허구 웃구 말았다.

*1935年 1月 宣川郡 深川面 付皇洞 桂勳梯

# 비올 줄 미리 아는 사위 | 어떤 아레 비올 디 안 올디를 미

리서 잘 알아마추군 하드랬던데 어떤 집이서 이 아레 재간 있던 아라 구 이런 재간 있는 아를 사우 삼갔다구 해서 사우를 삼았시요. 사우 삼은 후에 이 아레 가싯집에 가느꺼니 가시 아바지레 넌 어드래서 비 가 올디 안 올디 아넌 용한 재간을 갖게 됐너냐구 물어 봤어요. 그러 느꺼니 이 사우란 거이 뭘 벨 재간이란 기 없이요. 몸에 피풍이 있어 서 비가 올래문 몸이 혹게 개룹구 비가 안 올래문 아무리 날이 흐리 구 해두 개룹디 안해요. 그래서 비 올디 안 올디를 알아요 하드래요.

　이 말을 듣든 가시 아바지레 야야 알았다 하구서리 말을 태와서 돌레 보냈다구 해요.

*1932年 8月 宣川郡 水淸面 雁山洞 李仲培

# 농부와 변호사 | 어떤 농부에 콩밭을 벤호사에 소 가 다 뜯어먹어서 이 농부는 변호

사한데 가서 당신에 소가 우리 콩밭을 다 뜯어먹었으니 물어내시요 할 라다가 사실대로 말하멘 말 잘하는 변호사가 메라구 메라구 펑게하구 물어 줄 것 같디 안해서 "벤호사님 우리 소가 벤호사님네 콩밭을 다 뜯 어먹었던데 내레 콩밭값을 물어야 합네까 안 물어두 됩니까?" 하구 말 했다. 벤호사는 이 말을 듣구 "당신에 소가 우리 콩밭을 다 뜯어먹었 이문 당신은 당년히 콩밭값을 물어야디요" 했다. 이 말을 듣구 농부는

"아 참 내레 말을 잘못했수다. 벤호사님네 소레 우리 콩밭을 다 뜯어먹었시요. 변호사님이 콩밭값을 물어야 합니까 안 물어야 합니까?" 벤호사는 이 말을 듣구 안 물어두 둥다구 할 수가 없어서 콩밭값을 물어 주었다구 한다.

*1937年 7月 新義州府 老松町 金豪英

# 이항복 혼사 | 넷날에 李恒福이라는 사람이 있었드랬년데 이 사람은 어릴 적에 글방을 다니멘 글을 배우는데 하루는 어떤 사람이 선보레 와서 이항복이를 일루루 보구 델루루 보구 했다. 그러느꺼니 李恒福은 그 사람이 자꾸 보는 이미를 알구서 "멀 그리 자꾸 봅니까. 이거 하나 잘 보시구레, 다른 거 봐야 소용 없수다. 이거 하나 잘생겼으문 됨우다" 하멘 바디춤을 까구 그거를 탁 내보였다. 선보레 왔던 사람이 李恒福이가 하는 짓이 男子다워서 혼세하기루 했다.

이렇게 해서 李恒福은 당가 가게 됐는데 李恒福이네 집이서는 婚事 펜지를 쓸라구 글 잘하는 사람을 구하느라 야단인데 이걸 본 李恒福은 그 婚事 펜지는 내레 쓰갔수다 했다. 그러느꺼니 李恒福이 아바지는 기뻐서 "네레 볼세 婚事 펜지 쓸 만큼 글 많이 배왔네?" 하멘 둥은 당지를 갯다 준다, 좋은 붓을 갯다 준다 했다. 李恒福은 글을 쓰디 않구 새파란 물감으루 크다마케 좆을 그리구 이거면 됐수다 하구 내났다.

체네네 집이서는 이걸 받아보구 무신 그림인디 알 수레 없어서 근체 사람을 모아놓구 알아보라구 했다. 어떤 사람은 오이 그림이라구 하구 어떤 사람은 가지 그림이라구 하구 어떤 사람은 수서기 그림이라구 하년데 李恒福이와 같이 맘이 큰 사람이 보구서 그거는 좆을 그린 거라구 했다. 체네네 집이서는 남자다운 신랑을 얻게 됐다구 도와했다구 한다.

*1932年 7月 定州郡 安興面 好峴洞 朴亨采

# 울다가 웃기 | 넷날에 나이 먹은 사람과 나이 어린 사람과 둘이서 같이 과개보레 서울루 가

드랬는데, 나이 먹은 사람이 나이 어린 사람을 못되게 굴었다. 하루는 앞에 가는 중한테 가서 울리다가 웃게 해봐라 그라느문 쥑이갔다구 해서 나이 어린 사람은 할 수 없이 그라갔다구 하구서 그 중한테 갔다.

그리구 그 중을 붙에 잡구서 같기두 같구나 어이없이두 같구나 하면 자꾸 울어댔다. 중은 이 사람이 와 우는디 알 수는 없지만 자기를 붙에 잡구 자꾸 우느꺼니 자연히 슬퍼데서 같이 따라 울었다. 얼마만큼 울다가 이 사람은 같기는 좋이 같아 내 무릎과 같단 말이디 하구 말했다. 중은 이 말을 듣구 그만 어이가 없어서 어허허 하구 웃었다.

＊1935年 1月 宣川郡 山面 下端洞 金國柄

# 과부를 데려왔더니 | 넷날에 한 골에 한 과부레 있넌데 한 열 두어 살

난 아들과 살구 있었다. 넷날에는 과부레 있으문 호레비레 와서 채다가 제 색시를 삼는 일이 있었다. 그때 호래비 하나이 이 과부를 채다가 제 색시를 삼을라구 해서 아무 날 나즈 그 과부를 채가갔다구 했다.

이 과부는 이런 소문을 듣구 이거 야단났다, 어텋가문 돟을가 하구 근심을 하다가 게구를 피워서 이거를 멘해 보갔다구 저 아덜을 불러서 너 서당에 가서 너에 선생님보구 온 나주 좀 느즈 진지 자시레 오시라구 그래라 하구 말했다. 아들은 서당에 가서 선생님과 그 말을 했더니 선생님은 과부가 말한 대루 밤 느즈 왔다.

과부는 저낙상을 잘 대접하구 자기는 과부구 선생님은 호래비느꺼니 오늘붙어 夫婦가 돼서 살아 보자구 말했다. 선생님은 그 말을 듣구 "거 돟수다. 그래 봅시다레" 하구 니여 대답했다. 그러니까 과부는 "첫날 밤에는 女子가 서나 입성을 입구 자문 돟다구 합니다. 난 맨제 번에는 그러딜 않아서 고만에 과부레 되구 말았수다. 그러니꺼네 이번에는 과부레 안 되게 선생님 입성을 내레 입구 내 입성은 선생님이 입구 잡시다레" 하구 말했다. 선생님은 아무래도 똫수다 하면 둘이는 서루까락 입성을 바꿔 입구 있었다.

호레비는 밤늦께 사람을 많이 몰구 와서 낸 입성을 입은 사람을 꽁제서 대불구 갔다. 선생님은 놀래서 난 글방 선생이다 하구 과티는 데두 호래비는 놔주딜 않구 저 집이까지 데불구 왔다. 그리구 첫날밤에는 잘 쉬라구 저 딸 자는 방에다 몰아 닣쿠 딸과 항께 잘 자라구 했다.

다음날 아침에 딸이 방에서 나와서 아바지 난 아바지 덕으루 지난 나즈는 잘 잣수다 하면 도와하구 있었다. 호래비는 이상해서 딸에 방에 들어가 보느꺼니 과부는 없구 글방 선생님이 있어서 이거 어드르케 된 노릇이야 하면서 혹게 놀랬다. 그러나 어드릏게 할 수가 없어서 저 딸과 글방 선생과 結婚시키구 말았다. 그 과부는 아들 데불구 무사히 살게 됐다.

\*1938年 1月 鐵山郡 西林面 內山洞 金孝鎭


# 과부를 데려왔더니 │ 넷날에 어떤 골에 과부레 하나 살구 있었드랬

는데 그 근체 호래비 하나이 이 과부를 저 맥내를 삼을라구 했다. 과부레 이 경우를 알구 그 호래비가 꽁제서 잡아가갔다는 날, 근체 사는 서나 하나를 대불구 와서 술을 많이 멕에 놓구서 니불을 씨워서 아렛긋에 재와 놨다. 그리구 자기는 딴 데루 가서 숨어 있었다.

그날 나줘 호래비는 이 과부네 집이 와서 '니불 덮구 자넌 거이 과부갔디' 하구서리 보디두 않구 니불암양에[1] 꽁제서 저에 집이루 왔다. 그리구 그날 밤은 첫날이느꺼니 항께 대불구 잘 수레 없어서 저에 딸과 같이 자게 하느라구 딸 자는 방에다 니어 놨다.

담날 아침에 호래비는 색시가 어텋카구 있능가 하구 딸에 방에 들어가서 니불 밑이루 손을 늬어서 과부 몸을 맨재 보느꺼니 아이쿠 이게 뭐야 망치 겉은 거이 뚝 버티구 있어서 "이거이 어드르케 된 노릇이야" 하구 과뎄다구 한다.

＊1935年 1月 宣川郡 宣川邑 川南洞 李贊基

1) 이불과 함께

# 죽는 알사탕 | 촌 훈당 하나이 당에 가서 알사탕을 많이 사다가 冊床 빼람[1]에 네놔 두구 저 함자만 먹구 아덜과는 이건 아덜이 먹으문 죽는 약이라구 말했다. 자기레 어드메 나들이간 쩜에 아덜이 꺼내먹을가 봐서 이렇게 거짓뿌리를 했다. 그런데 아덜이 그런 말에 속을 리가 없다. 어텋가문 데 사탕을 먹어 보간나 하구 있었드랬넌데 하루는 선생이 나들이를 나갔다. 한 아레 이 쩜에 사탕을 먹갔다구, 맨제 선생이 델루 둥하게 아끼는 베루돌을 깨트리구 사탕을 하나씩 글방 아덜한테 입에 늬어 주구 너덜 든누어서 눈감구 죽은 테하구 있으라구 말했다. 모두 사탕을 입에 물구 가만히 둔눠 있넌데 선생이 돌아와서 보구 "어드래 너덜 글은 안 닑구 둔눠 있네?" 하구 물었다. 그러느꺼니 그 아레 "예에 우리가 선생님 나들이 나간 쩜에 장난을 좀 하다가 고만에 선생님이 델루 중하게 아끼는 베루돌을 깨트러서 죽을 죄를 제서 죽을라구 아덜이 먹으면 죽는다는 약을 선생님 빼람에서 꺼내서 먹구 둔눠 있습니다" 하구 말했다. 선생님은 이 말을 듣구 어드랬것나?

＊1934年 8月 義州郡 加山面 玉江洞 金成淳

＊1934年 8月 宣川郡 宣川邑 川南洞 崔順國

1) 설합

# 선생의 떡을 뺏아 먹은 아이들 | 넷날

에 어늬 글방에서 밤 글을 다 닑르구서 잠을 자는데 한 아레 잠이 오
딜 않아서 자딜 않구서 있는데, 아루깐에 있던 선생이 하깝서 떡을 꺼
내 개지구 불에 구어 먹구 있었다. 떡이 닉느라구 풀럭풀럭 하느꺼니
선생은 풀럭풀럭 실실 잘두 닉는다 하더니 아이구 맛이 동군 하면 떡
을 먹구 있었다. 이 아는 이걸 보구 나서 다음날 다른 아덜과 어제 나
즈 본 거를 말하구 우리 온 나즈 선생에 떡을 뺴틀어먹자구 했다. 그런
데 밤에 선생이 떡 구어먹는 데를 불숙 들어갔다가는 매만 마질 거 같
아서 매 안 맞구 떡 뺏아먹을 방법이 없갔나 하구 게구를 꾸메 봤다.

한 아레 글을 닑다가 선생님한테 가서 "난 이름을 풀럭이라구 고텠습
니다" 하구 나왔다. 좀 있다가 다른 아레 선생한테 가서 "난 이름을 실
실이라구 고텠읍니다" 하구 나왔다. 또 다른 아레 가서 "난 아이구 맛이
동와라구 이름을 고텠읍니다" 하구 나왔다.

그날 밤 아덜이 다아 잔 담에 선생은 하깝에서 떡을 꺼내서 불에 굽
는데 떡이 닉느라구 풀럭풀럭 하느꺼니 선생은 풀럭풀럭 잘두 닉는다
구 중얼거렸다. 한 아레 이 소리를 듣구 "선생님 와 나 찾습니까?" 하면
선생님이 있는 아르간으루 들어갔다. 선생은 난 널 찾은 일 없다 와 오
능가 하는 눈치를 보였다. 이 아는 "이자 착 풀럭풀럭 하잔았읍니까. 그
래서 나 부른 거루 알구 들어왔읍니다" 했다. 선생은 할 수 없이 이리
들어와서 떡 먹으라구 했다.

좀 있다 떡이 실실 하느꺼니 선생이 실실 잘 닉는다구 했다. 다른 아
레 선생님 날 찾습니까? 하멘 들어왔다. "아아니 찾딜 안했다." "아니요
이자 실실 하잔았읍니까? 그래서 들어왔읍니다" 하구선, 선생 방에 들
어와 앉았다. 선생은 할 수 없이 떡 먹어라 하멘 떡을 주었다. 서이서 떡
을 먹는데 떡이 맛이 있으느꺼니 선생은 "아이구 맛이 도와" 했다. 다른
아레 이 소리를 듣구 "선생님 와 부르십니까?" 하멘 들어왔다.

선생은 함자서 떡을 먹을라구 했넌데 아덜이 서이나 달라들어서 와서 빼틀어먹어서 고만 증이 나서 난 너덜 이름 부른 일 없다 나가라 하면 과다텼다. 아덜도 증이 나서 다른 자는 아들꺼니 모주리 깨와서 벅작고멘서 선생에 떡을 다 빼틀러먹었다.

＊1933年 7月 宣川郡 宣川邑 川南洞 李學敬

## 긴긴 이름 |

넷날에 어떤 王이 있었드랬는데 이 왕은 샛단을 니른 두 바리를 가리놓구서 아무가이구 돈 百圓을 맨재 바치구 자기 이름을 열 다섯 번 부르는 동안에 그 샛단 머리를 한 바쿠 돌 것 같으문 왕에 딸을 주구 사우 삼갔다구 광고를 냈읍니다. 어떤 사람이 이 광고를 보구 王한테 가서 돈을 百圓 맨제 바치구 자기 이름은 장손이라구 대주구 샛단머리를 뛰며 돌았읍니다. 그런데 이 사람은 샛단머리를 채 다 돌디두 않는 사이에 王이 이 사람에 이름을 열 다섯 번 다 불러서 고만에 돈 百圓만 빼틀리우구 말았읍니다.

어떤 사람이 이런 소문을 듣구 장손이라는 사람한테 찾아가서 돈 百圓만 대주면 그 빼틀린 돈을 도루 찾아다 주갔다구 말했읍니다. 장손이는 그렇가라구 하구 돈 百圓을 대쳤읍니다. 이 사람은 그 돈을 개지구 王한테 가서 百원을 바치구 자기 이름 열 다섯 번 부르는 사이에 샛단머리를 돌갔다구 말했읍니다. 王이 돈을 받구 님제 이름이 머이가 하구 물었읍니다. 예 내 이름은 동경 도오꾜오 발가도리 오오사가 대판 발가도리 경성 게이죠오 발가도리 호오뎅 봉턴 발가도리 신이주 싱기슈 발가도리 안동 안퉁 발가도리 피양 헤이죠오 발가도리―이렇게 고당 이름을 하나 부르구 고 밑에다 발가도리를 붙테서 한 시간쯤 걸리게시리 대주구 맨 마주막에 건너집 외알도리라구 한다구 대쳤읍니다. 그리구선 후락 툭닥 떼서 샛단머리를 돌았읍니다.

이 사람은 샛단머리를 한불 다 돌구 王한테 갔넌데 王은 아직두 이 사람에 이름을 한 번두 미처 못다 부르구 있었읍니다.

"여보시 님제레 아무래두 내 사우가 되갔넌데 님제 이름이나 다시 한번 대 달라오" 王이 이렇게 말했읍니다. 그러니까 이 사람은 한 시간이나 걸리는 기인 이름을 대주구 王에 사우가 됐다구 합니다.

*1937年 7月 定州郡 玉泉面 文仁洞 李龍載

# 장인 골탕 먹이는 사위 | 넷날에 한 곳에 들 사우살이하

는 사람이 있었드랬는데, 이 사람에 가스 아바지레 이른 아침부터 밤 늦게꺼지 일만 시키구 밥두 때 마추어서 주딜 안해서 일은 힘들구 배는 고푸구 해서 참아낼 수레 없었다. 그래서 이 사람은 가스 아바지를 혼 좀 내주갔다 하구 게구를 꿈엣다.

하루는 가스 아바지와 항게 들에 나가서 김을 매넌데 해가 저두 일을 맞이구 집이 돌아갈 생각은 안하구 있어서 날래 집이 가서 밥을 먹읍시다레. 밥 해둔 거 오래 되면 띠레 됩니다. 그리구 요새는 밤이 되문 넉까리구신이란 구신이 나와서 성와 멕인다구 합니다. 고만 일을 맞이구 집에 갑시다레 했다.

가스 아바지는 사우가 이런 말을 해두 "삘진[1] 사샐[2]을 다 한다. 듣기 싫다!" 하멘 근냥 일만 하구 있었다. 이즉만해서 밤이 돼서 어둡게 돼서 집으루 가게 됐넌데, 사우는 가스 아바지과 "아바지레 꼴짐을 지구 가갔소 소를 부랄에 달구 가갔소" 하구 물었다. 가스 아바지는 "야 늙은 내레 어드릏게 소를 달구 가간? 꼴짐이나 지구 가디" 하구 말했다.

사우는 몰래 꼴 지게바를 지게 뒤에 있는 풀섶에다 매구 "저넌 소에 올라타구 가멘서 아바지 난 소를 부랄에다 달구 가무다. 아바지 꼴짐 지구 날래 오시라우" 하멘 달아뒈었갔다.

가스 아바지는 꼴짐을 지구 니러설라 하넌데 지게바레 떠러지딜 않아서 니러설 수레 없었다. 이거 아마 사우 말한 대루 넉까리구신이 나와서 조화 부레서 지게바레 떠러지딜 안나부다 하구 겁이 났다. 땀을 뻴뻴 흘레 가며 지게바를 뗄라구 수태 애먹었다. 갸우갸우 해서 꼴짐을 지구 힘없이 집으루 왔다.

사우는 인차 집에 와서 밥을 먹구 가시 아바지 밥꺼지 다 먹구 가시 아바지 밥바리에 띠를 싸서 늬어 두었다. 가시 아바지레 저녁 밥상을 받구 밥바리 뚜껑을 열어보느꺼니 밥은 없구 띠만 있어서 먹딜 못하구 있었다. 사우레 와 그럼니까 하멘 가까이 와서 밥바리를 구버보구 아띠가 있구레 거 보시라우 날래 와서 먹딜 안해서 밥이 띠레 됐수다구 말했다. 이런 일이 있은 후루는 가스 아바지는 넉까리구신이 나오구 밥이 띠가 되갔다구 하멘 해가 지기 전에 일을 맞이구 집에 가자구 성화 댔다구 한다.

*1936年 12月 宣川郡 郡山面 長公洞 金燦建
*1936年 12月 義州郡 光城面 豊下洞 張炳煥
1) 별난    2) 말 같지 않은 잡소리

# 怪力人 ｜
넷날에 차기 잘하는 장수하구 받기 잘하는 장수레 있었는데 하루는 둘이서 세상구경이나 하자 하구 나섰다. 한 곳에 가느꺼니 웬 사람이 있넌데 아주 근심이 가득히 차 있었다. 두 사람이 와 그렇게 근심이 차 있소 하구 물으느꺼니, 뒷山에 노랑장수라는 장수가 살구 있는데 이 장수가 밤이 되면 네리와서 내 색시를 대불구 자서 그른다구 했다. 이 두 장수는 그까짓것 우리 둘이서 때려죽여 없샐 터이니 근심 말라구 말했다. 그랬더니 "나두 힘깨나 쓰는 사람인데 그놈이 워낙 힘이 쎄서 음쯕 못하구 보구만 있다구 하면, 서뿔리 달라들었다가는 죽을 꺼이니 가만 내삐리두시요" 하구 말했다.

밤이 되느꺼니 노랑장수레 어슬렁어슬렁 내리와서 내 색시야 자리 깔아 놔라구 과태티며 둘왔다. 두 장수는 증이 나서 너 죽어 봐라 하면 달라드느꺼니 "요놈덜 멀 기리네? 한번 죽어 보간?" 하더니 두 장수를 한거번에 잡아쥐구 밑구녕에다 대구 방구를 뽕이 뽕이 꿰서 납작납작 해놨다. 이 두 장수는 증이 나서 요놈 어텋가나 하구 있는데 노랑장수가 간 담에 主人보구 우리가 데 앞山 넘에 큰 나무 아래루 청한다구 말해 달라구 부탁했다. 그리구 두 장수는 그 큰 나무 밑에다 여러 가지 飮食을 잘 차려놓구 노랑장수 오기를 기두루구 있었다. 이즉만해서 노랑장수가 와서 두 장수는 노랑장수에 음식두 멕이구 술두 멕이구 했다. 그리구 이 넘이 술에 취해서 자는 것을 큰 나무에다 목을 매어 놓구 차기 잘하는 장수는 나무에 올라가구 받기 잘하는 장수는 땅 우에 서서 우 아래서 노랑장수를 차구 받구 해서 쥑였다.

그러구 난 뒤 얼마 있다가 받기 잘하는 장수네 집에 웬 사람이 찾아와서 이 몰에 차기 잘하는 장수와 받기 잘하는 장수레 산다는데 어떤 집이 그 사람네 집인가 하구 물었다.

건 와 찾는가 하구 물으니까 自己는 노랑장수에 아덜인데 그 두 장수가 저 아바지를 쥑에서 원수 갚으레 왔다구 말했다. 받기 잘하는 장수는 거 말두 마우 두 장수는 힘이 항운[1]데 넌지알[2]을 한번 집어 팽가티면 義州 鴨綠江에 가 뚤릉 떨어제서 그 물방울이 튀어서 우리집 텅깐에 와서 떨어진다우 하구 말했다. 그러느꺼니 이 사람은 고만 암쏘리두 않구 도망가 버렸다.

*1936年 12月 義州郡 枇峴面 替馬洞 金泰鏞

1) 項羽, 힘센 사람을 일컫는 말    2) 연자방아돌

# 怪力人을 죽이다 | 넷날에 도척이라는 힘쓰는 도죽이 있었던데 그 묘은 知

識도 많고 홀융한 사람이 돼서 어드카야 저근아에 나쁜 버릇을 고티 갔노 하구 당창 생각하구 있었다.

그러다가 하루는 사뚜한테 가서 동생에 나쁜 버릇을 고테 달라구 말했다. 사뚜는 그라카갔다구 하구서리 곧 자로라는 힘이 센 部下와 다른 部下를 많이 대불구 도척이네 집을 찾아갔다. 도척이네 집은 혹게 커서 한 두어 時間 들어가야 도척이를 만나보리만큼 큰 집이였다.

도척이는 쉬미가 손구락겉이 굵은 쉬미가 나고 눈은 왕방울 같구 몸은 넝둥 같은 사람이 돼서 사뚜가 네 나쁜 버릇을 고테 주레 왔다구 하다가는 단팀에[1] 맞아 죽갓기에 그 말을 못하구 가만히 있었다. 어드레 왔능가 하구 도척이가 물어서 당신이 잘산다는 말을 듣구 집 구경 왔다구 갸우갸우 말했다.

고롬 우리 술이나 한잔 먹자 하면서 술을 독으루 들어왔다. 그리군 큰 낭푼에 퍼서 주었다. 못 먹는다 하느꺼니 고롬 나 함자 먹갔다 하구 한 낭푼 술을 단숨에 다 마시구 또 한 낭푼 퍼서 마시구 이렇게 해서 한 독 술을 다 마셨다. 이걸 보구 사뚜는 너무너무 혼이 나서 암쏘리두 못하구 돌아왔다.

메칠 지나서 도척이는 사뚜에 부하 자로가 힘쓴다고 하니 아무 날 힘내기 하레 가갔으느꺼니 그리 알라구 通知해 왔다. 사뚜는 이 通知를 받구 도척이가 왔다가는 큰일 날 거 같아서 자로는 죽었다구 하구 차돌루 머리를 만들구 박달나무루 몸을 만들어 棺에 네두었다. 도척이가 오갔다는 날에 와서 자로를 만나보자구 했다. 사뚜가 자로는 죽어서 만날 수 없다구 했다. 도척이는 고롬 자로에 시테라두 좀 보자구 했다. 그래서 棺 뚜껑을 열어 보였더니 도척이는 머리를 손으루 맨저서 움푹 디리가게 하구 몸을 오그라디게 해놨다. 그리군 자로에 머리는 혹게 단단하군 하멘 자로는 평소에 무슨 힘 쓰는 일이 없능가 하구 물었다. 사또는 더기 앞에 있는 큰 팡구를 가리키며 자로는 데 팡구를 한 손으루 공둥에 던저올리구 내리오는 거를 머리루 받아넝기군 했다구 말했다.

도척이는 이 말을 듣구 그 팡구를 왼 손으루 들라구 했다. 그런데 팡구레 옴쪽두 안했다. 두 손으루 들으니까네 팡구레 들리웠다. 도척이는 그 팡구를 공둥으루 올레 팡가티구 내리오는 거를 머리루 받았다. 그런데 도척이는 머리가 부스러데서 죽었다.

＊1937年 7月 宣川郡 新府面 院洞 桂明集

1) 단숨에

# 도둑의 횡재 │ 넷날에 한 사람이 있었넌데 하루 나주는 건넌집이루 金銀보화를 채레 갔다.

골간 지붕을 뚫구 바오래기[1]에 광우리를 매서 내리보내구 바오래기를 타구 네레가서 金銀寶貨를 채서 광우리에 담북 담구 다시 바오래기를 타구 올라갔다.

그런데 올라가다가 바오래기레 끊어데서 다시 떨어뎄다. 야아 이젠 죽었다. 어드카문 도망테 나가갔누 하멘 있넌데 쳉밀단디[2]레 있어서 쳉밀을 몸에 바르구 진가루[3]가 있어서 온몸에 진가루로 맥칠[4]하구서 쌔하게 돼개지구 골간 門을 열구 슬슬 나갔다. 이 집 사람들이 보구 구신 나온다구 모두 놀래서 氣絶해서 넘어뎄다. 이놈은 金銀寶貨를 개지구 無事히 집으루 돌아왔다. 아바지레 이걸 보구 이거 어드르케 해서 개저오는 건가구 물었다.

아들은 이러이러 해서 아무가이 집이서 채온 거라구 말했다. 아바지레 이 말을 듣구 거 안 된다, 날래 도루 개저다 주라구 과뎄다. 아들은 할 수 없이 그 金銀寶貨를 그 집이루 개지구 가서 "내레 어제 나즈 말을 가느라느꺼니 白 도까비레 서서서 당신네 집이서 金銀보하를 채개지구 앞 다리로 건너가는 것을 보구 쫓아가서 이넘덜을 잡아 둘러메티구 이걸 빼틀어 개지구 왔수다" 하멘 金銀寶貨를 한 뭉텅이 내놨다. 그 집 쥔이 이걸 보구 "아 그렁가. 그런데 이건 님제레 빼트린 거이느꺼니

넘제나 개지시" 하며 내주었다. 이 사람은 "아아니요. 내 꺼 아니요. 난
안 개저 가갔수다" 하면 나오는데 쿰 넝감은 "넘제 개지라문 개지시" 하
며 억지루 주었다. 이놈은 할 수 없이 받아 개지구 집에 와서 잘살았다
구 하넌데 아메 상기두 그 어드메에서 살구 있을 거야요.

＊1932年 12月 龍川郡 楊下面 伍松洞 崔英欽

1) 밧줄　　2) 꿀단지　　3) 밀가루　　4) 전신에 바름

# 꾀를 써서 도깨비를 잡아먹다 |

넷날에 소곰당시 하나이
소곰짐을 지구 山골길을
가드랬는데 도개비레 나
와서 잡아먹갔다구 했다. 소곰당시는 넘재레 날 잡아먹갔다구 하느꺼
니 할 수 없이 잽히워멕히겠넌데 내래 잽헤멕히기 전에 넘제 작아디는
걸 한 번 보구 죽으면 恨이 없갔다구 말했다.

　도개비는 소곰당시 말을 듣구 그라카갔다구 하구서리 조금 작아뎄
다. 소곰당시는 좀더 작아데라 했더니 도개비는 좀더 작아뎄다. 또 좀
더 하니까 또 더 작아뎄다. 좀더 좀더 하느꺼니 도개비는 자꾸자꾸 작
아데서 마즈막에는 당손가락[1]만하게 작아뎄다. 소곰당시는 얼른 잡아
서 먹어 버렸다.

＊1934年 8月 龍川郡 外上面 新龍里 白基偉

1) 엄지손가락

# 신의 없는 도둑 |

넷날에 항경도[1] 도죽허구 서울
도죽허구 둘이서 어늬 정승에
집에 도죽질하레 들어갔드랬는데 서울 도죽은 그 집 골간에 들어가
서 물건을 채서 구넝우루 내보내구 항경도 도죽은 밖에서 이것을 받

아놓군 했다.

物件을 다 챈 담에 함경도 도죽은 나올 구녕을 막구 챈 물건을 개지구 달아났다. 서울 도죽은 그 집이서 나갈 수레 없어서 이거 어드렇게 하나 하구 무한 애쓰다가 골간 안에 있는 가루독 안에서 밀가루를 꺼내서 온몸에 칠하구 가만히 있었다.

이 집 쥔이 나와서 보구 쌔한 거이 골간 안에 있으느꺼니 구신이 나온 거루 알구 음식을 잘 채레다 골간 門 앞에 놓구 제를 지냈다. 여러 날 제를 지내두 이거이 없어지디 안아서 쥔은 벌판에 나가서 다시 음식을 잘 채리구 다시 祭를 지냈다. 서울 도죽은 이 짬을 타서 골간에 있는 물건을 많이 채개지구 다라뛰었다. 그리구 맨제 혼자 달아난 함경도 도죽을 찾아가서 그놈을 때레눕히구 갖어간 물건을 빼트러개지구 잘살았다구 한다.

＊1935年 1月 新義州府 梅枝町 李圭穆

＊1936年 7月 定州郡 古德面 德元洞 韓昌奎

＊1937年 7月 宣川郡 南面 汶泗洞 高日祿

＊1937年 7月 宣川郡 郡山面 長公洞 桂昌沃

1) 咸鏡道

# 속임수를 쓰려다가 | 녯날에 어늬 농부레 남에 소를 빌어다가 멕였

넌데 이 소레 쌍동 송아지를 났다. 이 사람은 송아지 하나를 소 임제 모르게 잡아챌 욕심이 나서 소 主人한테 가서 "지난 나즈 당신에 소가 새끼 하나 났수다"하구 말했다. 소 主人은 이 말을 듣구, 소는 원래 새끼를 하나식 났는 거인데 이 사람이 特別히 하나 났다구 하는 거이 수상해서 "우리 소는 원래 둘씩 났는 소인데 어찌 하나밖에 안 났나"하구 말했다. 이 사람은 그 말을 듣구 고만 부끄러워서 쌍동 송아지를 났다구 말했다.

＊1936年 12月 宣川郡 南面 汶泗洞 高日祿


# 적의 화살로 적을 공격하다 | 되센[1]에 넷 날 에

諸葛亮이란 장수가 있었넌데 曹操라는 도족을 잡을라구 兵丁을 끌구 갔읍니다. 그런데 諸葛亮은 화살이 없어지게 되느꺼니 큰 배에 샛덤이를[2] 많이 싯구 그 아낙에 들어가 숨구서는 아츰 四五時쯤 해서 안개를 뽀이하게 끼워놓구 싸우자 하는 信號루 북을 둥둥둥 하구 울렜읍니다. 曹操는 이 북소리를 듣구 諸葛亮으 배에다 向하구 활을 마구 쏘왔읍니다. 화살은 사람에게는 맞디 않구 전부 샛덤이에 가 박혔읍니다.

曹操 쪽에서 화살이 날라오디 않으니까 諸葛亮은 샛단에 박힌 화살을 빼서 曹操 켄에다 대구 쏘와 대며 화살이 없었드랬는데 이렇게 많이 화살을 보내 줘서 고맙다 하멘 싸왔다구 합니다.

＊1934年 7月 宣川郡 新府面 院洞 金光俊

1) 朝鮮    2) 柴木더미


# 무쇠바가지 | 넷날에 한 재간 있넌 사람이 있었넌데 이 사람은 날리가 난다는 말을 듣구 박을 많

이 심어서 바가지를 많이 따서 모주리 까맣게 먹을 칠해 놨다. 그리구 무쇠루 바가지만하게 무쇠덩어리를 만들어 놨다. 그리구서리 날리가 나서 덕군이 처들어오느꺼니 이 사람은 동네 사람들에 허리에 검은 먹 칠한 바가지를 三四個식 채우구 도망테 나가면서 길에다가는 무쇠덩어리를 간간히 떠러트레 놨다. 덕군이 도망가는 사람들에 뒤를 좇아오다가 무쇠덩어리를 보구 머인가 하구 집어볼라 하넌데 數十人이 달라

들어두 움쭉 안했다. 그런데 도망가는 사람들은 허리에 三四個식 차구두 훨훨 날르는 듯이 달아나구 있어서 이거는 아매두 무슨 게구가 있는 것인가 부다 하구 미서워서 뒤돌아갔다. 이렇게 해서 덕군을 물리티구 날리를 막았다구 한다.

*1932年 7月 鐵山郡 雲山面 自柞洞 金仁奎

# 과부촌 | 넷날에 한 호래비가 있었넌데 혼몸으루 살아 나갈라니 너무나 궁금해서 어데 가서 색시나 하나 얻어 살아 보문 하구 있었드랬는데, 그때 나라서 과부덜을 한데 모아서 깊은 산골 큰 집에다 갖다 두구 살리구 있다는 所聞이 생각나서 그곳이나 찾아가 봐야갔다 하구 집을 나섰다.

하하 가다가 깊은 山골에 들어가 과부덜만 사는 집을 찾아냈다. 그냥 들어갈 수레 없어서 샛뎀이를 쑤시구 들어가서 샛뎀이 안에 숨어 있넌데, 새벽에 색시 하나가 새를 뽑으레 나왔다. 호래비는 그 색시를 잡아 끌구 궁금하든 판이라 실컷 대리구 자구 놔췄다. 이 색시는 집으루 가서 다른 과부과 나 샛단 뽑으레 갔었넌데 샛뎀일 너무 깍깍 싸서 뽑을 수가 없더라 어디 너 가서 뽑아 보라 하구 말했다. 그러느꺼니 이 과부는 새 뽑으레 나왔다. 호래비는 이 과부를 잡아 니끌어 부테안구 잤다. 이 과부두 홀몸으루 오래 살아가든 몸이라 男子가 이러는 거 싫디 않구 해서 도와라구 같이 잤다. 그리구 집에 가서 다른 과부과 샛단 뽑기가 힘이 드니 너 가 뽑아 봐라구 했다. 다른 과부가 샛단 뽑으레 왔다가 또 이 호래비한테 붙들레서 자구 갔다. 이렇게 해서 거기 있는 과부는 모두 다 이 호래비하구 자게 됐다. 百名이나 되는 과부레 다 알게 됐으느꺼니 우리 그 사람 데레다가 숨게 두구 멕에 살자 하는 말이 나서 그렇게 하기루 했다.

호래비는 거기 앉아서 밥 얻어먹구 매일 색시 하나식 마음대로 데불구 자구 해사 平安히 지내게 되었다. 이러구루 몇 달을 지내는데 과부덜이 全部 다 애를 개지게 됐다. 하루는 나라서 사람이 나와서 과부덜이 애 개진 거를 보구 "너덜 애 개진 걸 보니 서나와 가가이 한 거이 分明하다. 너덜은 나라으 法을 무시하구 서나를 가가이 했으느꺼니 모주리 쥑이갔다"구 호령했다. 이 소리를 듣구 과부덜은 부들부들 떨구 말을 못하구 있었다.

호래비레 숨어 있다가 과부덜이 음쭉 못하구 떨구 있는 것을 보구 나라서 온 사람 앞에 나와서 "데 과부덜이 애 개지게 된 거는 나 때문이요. 데 과부덜은 아무 죄가 없소. 쥑일라문 나를 쥑이시오. 과부덜을 쥑일 것 겉으문 과부 百名만 쥑이는 거이 아니구 배 안에 있는 아꺼지 다 죽넌 거이 되느꺼니 사람 목숨 二百名이나 죽이는 거나 다름없소. 죄 없는 사람 二百名 代身 나 하나만 쥑에 주시요" 하구 말했다. 나라서 온 사람은 이 말을 듣구 내가 네 말에 感動돼서 너꺼정 살레주갔으니 날이 밝기 전에 딴 데루 가라구 했다. 이 사람은 그렇가갔다구 하구 거기서 떠났는데, 그 사람에 子孫이 온 나라에 퍼지게 됐다구 한다.

＊1938年 1月 定州郡 古德面 德元洞 韓昌奎

# 횡재한 소금장수 │
넷날에 海邊 소금당시 하나이 당나귀에다 소금을 싯구

山골루 소금 팔레 나가서 다 팔구 집이루 돌아오드랬는데 오다가 언 사람이 말을 타구 가는 거을 보구 그 사람 뒤를 근냥 따라서 같이 갔다. 이렇게 가는데 어떤 말 앞을 지나가느라느꺼니 어떤 집이서 사람들이 나와서 새시방 왔다 하멘 소금당시를 어느 방으루 끌구 들어가서 큰상을 차려다 주었다. 소금당시는 영문두 모르구 하여칸 주는 거라서 그 큰상을 잘 먹구 있었다. 그런데 데켄에서 말 방울 소리가 왈랑덜랑 하멘 이 집께루 오느꺼니 이 집 쥔녕감이 그때야 딴 사람을 잘못 끌어

들린 것을 알구 소곰당시과 "여보 그만큼 먹었으면 됐이니 얼능 빨리 돌아가구레" 했다. 소곰당시는 슬컨 먹었으꺼니 그카라구 하구 그 집을 떠나왔다.

거기서 나와서 하하 가다가 (ㄱ) 날이 저물어서 어떤 집에 가서 자리 좀 붙자구 했다. 그러느꺼니 女子가 나와서 우리 집은 女子만 있는 집이 돼서 잘 수레 없다구 했다. 그래두 소곰당시는 좀 자구 가게 해달라구 또 말했다. 안 된다구 또 말해서 고롬 텅간에서라두 자게 해달라구 하느꺼니 고롬 텅간에서 자라구 했다. 그래서 소곰당시는 텅간에 들어가서 있넌데 어떤 사람이 오더니 갓을 벗구 두루마기를 벗구선 그 집 안으루 들어갔다. 소곰당시는 그 사람이 벗어 논 갓을 쓰구 둘마기를 닙구 밧갈 마당에 나와서 쉬미를 쓸멘서 있는데 언 낸이 초매를 펄펄 날리면 날듯이 달레와서 소곰당시를 붙들구 초매 안에서 망치를 꺼내서 이 집이 그만큼 가딜 말라 했넌데두 와 또 왔네 하면 사정없이 마구 내리마시구 끌구 집이루 와서 날래 자자 하구 니불을 페구 끌어안구 잤다.

하하 자다가 낸이 닌나서 서나에 상을 보느꺼니 아 저에 서나가 아니구 알디두 모르는 엉둥한 남재라 돼서 고만 놀라고 손발을 우들우들 떨멘 "여보 당신은 어드릏게 이곳에 왔소" 하구 물었다.

"어드릏게 왔냐구? 아가 당신이 날 망치루 때리구 끌구 오디 안았소. 그러구서두 어드릏게 왔느냐고?" 하구 말했다. 낸은 이거 야단났다. 本男便이 알았다가는 큰일 나갔다 시퍼서 모아두었던 보배를 한보따리 내주멘, 이걸 줄건 날래 가달라구 빌었다. 소곰당시는 "이제보탄 그런 짓 다시 해선 안된다. 다시 그런 짓 하다간 죽을 줄 알라" 하구 얼러 놓구 언 나주[1] 자구 가자 했던 집이루 와서 제창 집 안으루 들어가서 그 집 女子가 내레 자구 가갔다구 할 적엔 안된다 글더니 이넘은 와 재웠 능가 하멘 거저 엄싹[2] 짓뚜들게 주어 오금을 못 쓰게 하구 고 담에 서나 녀석을 때리멘 이 간나 새끼 와 제 집 놔두구 여기 와서 자멘 놈 맷딤을 다 시키네 하구 느르세질 못하게 해났다. 그러느꺼니 낸은 농문을 열구 보배를 한 보따리 싸주멘 "내레 잘못했수다. 용사하시라구요. 이걸 드릴 터니 개지구 가시라요" 하구 빌었다. 소곰당시는 그 보물 보따리를 받아 개지구 나오멘서 요담에두 이런 짓 하다간 죽을 줄 알라구 얼러 대구 나왔다.

소곰당시는 거기서 하하 가누라느꺼니 (ㄴ) 큰 집이 하나 있어서 사랑방에 들어가 앉아 있었다. 집 쥔이 나와서 어데서 온 손님이느냐구 물어서 나는 아모 데 사는 아모가인데 하룻밤 자구 갈라구 찾아왔다구 말했다. 쥔는 소곰당시를 상당한 사람인 줄 알구 절을 꼬박꼬박 하구서 자구 가라구 했다. 그라더니 한 가지 부탁이 있는데 들어주갔능가 하구 물었다. 무슨 부탁인가 말해 보시라우 허느꺼니 "다른 거이 아니라 이 몰에 원님이 나드리 나가구 없어 그러는데, 이 몰 사람딜티구는 원님 외에는 글 아는 사람이 없어서 그러넌데, 온 나줘 우리 집 제삿날인데 祝 쓸 사람이 없수다. 그러니 당신이 祝 좀 써주시오" 하구 말했다. 소곰당시는 그카라 허구 먹허구 붓허구 종이하구 개오라느꺼니 쥔이 조와라구 하멘 인체 붓과 먹과 종이를 개저왔다. 근데 소곰당시는 붓을 들었디만 황당해서 어드릏게 써야 할디 몰라 붓만 베루에다 대구 휘휘 내젔기만 하구 있었다. 그러다가 봄에 大門에 立春大吉이라구 써붙인 거이 생각나서 걸[3] 써서 주었다. 그러구 제사지낼 때 祝을 닐러 달라구 해서 엉텅리 祝을 닐러 줬다. 그리구 사랑방에 나와 있으꺼니 갑제기 말 방울 소리가 왈랑절렁 하구 나서 이거 무슨 소린가 하느꺼니 원님이 돌아오는 소리라구 했다. 소곰당시는 이 말을 듣구 야아 이거 야단났구나 하구 닌나서 우테[4]를 닙구서 신을 매구 약차 하문 달아뛸라구 하구 있넌데 원님이 쥔과 온 나줘 제사에 祝을 써붙넸능가 하구 물었다.

"예 더기 사랑방에 오신 나가네가 써줘서 붙에 주구, 祝두 닐러 줘서 제사는 아무 일 없이 잘 지냈습니다" 하구 쥔이 말했다. 원님은 그 말을 듣구 그 사람 좀 만나보갔다 하면 사랑방으루 들어왔다. 그리구 나가네가 쓴 祝을 좀 보자 해개지구 쉬미를 내리쓸면서 보더니만 "어려운 글

재만 써 놔서 모르갔다. 우리 동리는 언문으루 축을 쓰기 때문에 이런 漢文재 아는 사람은 하나두 없다"구 말했다. 소곰당시는 수틀리문 다 라뛰갔다 하구 있었더란넌데 원님이란 사람이 이같이 말해서 안심하구 이건 덩⁵⁾ 산골 등에도 아주 산골 강촌이라 하구 맷던 신을 풀구 있었다. 그러구 있느라느꺼니 원님이란 두상⁶⁾이 이 祝에 뜻을 대달라 했다. 소곰당시는 급해서 이곳에서는 어드릏게 쓰능가 하구 물었다. 이러이 러이 쓴다구 하느꺼니 소곰당시는 "응 뜻은 이 축과 틀림없이 딱 맞는다. 여기 촌인 줄루만 알았더니 덩 강촌은 아니군" 하면 시침이를 뗐다.

그날밤 자구 다음날 떠나가갔다구 하느꺼니 쥔은 어제는 수구를 했다구 하면 보배를 주구 원님이란 두상두 말 밖에꺼정 나와서 배웅했다.

\*1938年 1月 宣川郡 南面 汶泗洞 崔根柱
\*1937年 12月 定州郡 古德面 德元洞 韓昌奎
※但 ㄱ에서 ㄴ에 이르는 部分만으로 되어 있다.

1) 어젯밤   2) 심하게   3) 그것을   4) 옷   5) 정말   6) 作者, 사람을 낮추어서 하는 말

# 실수한 여인 | 海邊가 소곰당시 하나가 나귀에다 소곰을 싯구 山골루 팔레 갔다. 한 百里

쯤 걷고 나니 다리두 아푸구 힘두 들구 해서 더 갈 수레 없어서 어드메 자리 좀 붙일 집이 없갔나 하구 보느꺼니 데켄 山 밑에 초가집이 있어서 그 집이 가서 하루밤 자리 좀 붙읍시다 하구 말했다. 낸이 나와서 안된다우 했다. 그럼 말텅깐이라두 좀 자구 가갔다 하느꺼니 그럼 그렇가라구 했다.

소곰당시는 말텅깐에 들어가서 잘라구 하는데 바람이 산들산들 불어서 잠이 깨서 텅깐에서 나와 개지구 마당에 나와 있었다. 그랬더니 어떤 낸이 오더니 상투를 끌멘 와 이런 즛을 하구 있능가 어서 가자구 과

타뎃다. 소곰당시는 무슨 영문인디 몰라서 낸이 끌구 가는 대루 끌리워 갔다. 낸는 소곰당시를 끌구 와서 너 아바지 잡아왔다구 하느꺼니 아덜이 우리 아바지 같디 않아 했다.

"이거 보라구. 얼마나 그년과 놀아나서 아덜이 다 아바지 겉디 않다구 하느만" 하면 욕을 하구 달고기국에 매자리밥[1]을 들여다가 멕이면서 다시는 그년에 집이 가디 말라구 했다. 소곰당시는 일이야 어드릏게 됐건 우선 먹구 보자 하구 주는 거를 댑새 먹구 나서 그 낸과 한 니부자리서 자게 됐다. 그런데 낸이 가만히 보느꺼니 모든 거이 저 남덩 하는 것과 달라서 이거 어드릏게 된 노릇인가 하구 불를 헤구 자세히 보느꺼니 저 남덩이 아니구 생판 몰으는 男子레 돼서 놀래서 나가라구 했다. 소곰당시는 "와 나가라구 하능가? 내레 들어왔나 님제레 끌구와서 들어왔디 안 나가갔다" 하면 나가딜 안했다. 女子는 하는 수가 없어서 우리가 이렇게 된 바에야 딴 데루 가서 같이 살자 하구 집에 있는 여러 가지 物件을 싸서 나귀에 싯구 밤둥에 도망텄다. 도망가다가 山골서 낸이 오종이 매립다 해서 나가서 내리워 주었다.

낸이 오종을 누구 나귀 있는데 와 보느꺼니 나귀두 물건두 소곰당시두 간 곳 없이 없데서 여보 여보 하면 불러 봤다.

그때 이 낸에 시아[2]가 새박 일즉 새하레 山에 왔넌데 네자 목소리가 들려서 소리나넌 데루 가보느꺼니 뜻밖이 아즈마니가 그러구 있어서 "아즈마니 어드릏게 새박에 이 산골에 왔음메?" 하구 물었다. 이 낸은 멋저서 "우리 집에 새박에 도죽이 들어와서 物件을 채개지구 도망틴 걸 쫓아왔넌데 고만 놓티구 말았수다."

"아아 그래요." 시아는 놀래며 "여기더기 찾아봤넌데 도죽놈이 보이디 안아서 놓딘 도죽놈 못 찾갔수다. 고만 집이루 갑시다레" 하구 헝수를 데불구 집이루 돌아왔다. 집에 와 보느꺼니 男便이 와 있었다. 어드메 갔다 오능가 하구 물으느꺼니 시아가 도죽놈 잡으레 갔다 잡디 못하구 오무다 하구 대답했다. 男便은 그렁가 하넌데 아덜이 "어제 나즈 오마니레 어떤 놈을 끌구 와서 자구 도망갔더란는데요" 하구 말했다. 그래서 모든 거이 탄로돼서 男便은 自己 색시를 죽도록 때려주었다.

＊1936年 12月 鐵山郡 鐵山面 嶺洞 崔元丙
＊1936年 12月 鐵山郡 西林面 化炭洞 金正恪
＊1936年 12月 龍川郡 外上面 停車洞 李菖奎
＊1936年 12月 朔州郡 朔州面 東部洞 張錫元

1) 쌀밥   2) 시동생


淫婦 ┃ 넷날에 어떤 사람이 길을 가다가 한 곳에 오느꺼니 어떤 집이서 중 하나이 곱게 옷을 입구 나오더니 그 우에 있는 덜루 들어가구 있었다. 이 사람은 중이 나온 집에 가서 쥔을 찾으멘 온 나주 자리 좀 붙자구 했다. 그러느꺼니 낸이 나와서 우리 집 쥔은 나드리 나가서 자리를 못 붙이갔다구 했다. 이 사람은 우덩 귀먹은 거토롱 하구 "예 우깐으루 들어가라구요?" 하멘 버슬버슬 웃간으루 들어갔다. 그리구 "이 니불을 덮구 자라구요?" 하멘 니불을 내레다 깔구 니어 누어서 코를 쿨쿨 골며 자는 테하구 있었다.

이즉만하더니 아께 본 중이 와서 아루간으루 들어왔다. 이 집 색시는 떡이야 고기야를 내놓구 둘이 맛있게 먹구는 밖으루 나갔다. 이 사람은 그 짬을 타서 아루간으루 가서 먹다 남은 음식을 먹구 도루 웃간에 와서 자는 테하구 있었다.

하하 있다가 이 집 낸이 들어와서 웃간에다 대구 낼 도반을 해줄 꺼이니 먹구 낼 일쯕 떠나라구 했다. 이 사람은 그라가갔다구 하구서 잤넌데, 다음날 아침에 도반을 먹구두 가디 않구 근냥 있었다. 낸은 날래 가시라요 오늘은 우리 남덩이 나드리서 돌아오너꺼니 꼭 가야 한다구 말했다. 그런데 이 승측한[1] 놈은 "한 五日 더 묵으래요?" 하면 떠날 생각두 하디 않구 있었다. 낸은 몸이 달아서 멩디 한 필하구 돈하구 주멘 가라구 성화댔다. 그래서 이 사람은 그걸 받아 개지구 그 집이서 나와 개지구 가드렜는데 한 주막에서 사람들이 많이 모여서 돌아가면 넷말을 하구 있어서 이 사람두 거기 끼여 앉았다. 그러다가 넷말 할 차레가 이 사람한테 왔넌데 이 사람은 할 만한 넷말두 없구 해서 어제 본 일을 말해두 돈가 하구 물었다. 모두 돟다 해서 어제 나주 본 일을 다 말했다. 그런데 거기 모인 사람 가운데에 그 낸에 남덩이 끼어 있었드렜는데 그 말하는 거를 들어보느꺼니 저 색시레 한 것 같아서 인차 집이루 달레와서 색시를 때레죽이구 自己도 죽었다.

\*1935年 1月 龍川郡 楊光面 善和洞 獨孤鉦

1) 흉측한

# 아내의 淫行을 고치다 | 넷날에 소곰당시 하나이 소곰

팔레 돌아다니다가 날이 저물어서 한 집에 찾아가서 "主人 좀 듭시다" 했다. 낸이 나와서 우리 主人이 나드리 나가서 男子레 없으꺼니 못 든다구 했다. 소곰당시는 밤이 돼서 "이자 어드메 가갔소. 외양깐에라두 하루밤만 새우구 갑시다레" 하면 외양간으루 들어가서 소곰짐을 내리워놓구 있었다.

　밤이 三更쯤 되느꺼니 어떤 사람이 갓 망건을 하구 두루마기를 입구 門 앞에 와서 왔다갔다 했다. 소곰당시는 이걸 보구 에이끼놈! 하구 큰소리를 하느꺼니 이 녀석이 깜작 놀라서 갓과 두루마기를 다 벗어 놓구 다라뛰었다. 소곰당시는 그 갓과 두루마기를 쓰구 입구 이자 그 사람 모양으루 門 앞에서 왔다 갔다 했다. 이즉만하더니 쾬 아즈마니레 방에서 나와서 소곰당시 손목을 잡구 방으루 끌구 갔다. 그리구 맛있는 음식을 주구 니불을 페구 같이 잤다.

　아침에 날이 밝아서 이 낸이 男子를 보느꺼니 샛서방이 아니구 생각디두 안한 소곰당시레 돼서 날래 나가라구 했다. 소곰당시는 "와 가라구 하능가? 닙제레 날 끌구 와 놓구 와 가라능가 안 가갔다"구 하멘 버티였다. 그르느꺼니 낸은 급해먹어서 돈을 줄 꺼이니 가라구 했다. 소곰당시는 떡두 좀 해주어야디 하느꺼니 종지베¹⁾를 꺼내다 떡을 한당시게 해주구 종지 숫달을 잡아서 잘 멕이구 내보냈다.

소곰당시는 그 집이서 나와서 앞山 고개에서 개지구 온 떡과 달을 페테 놓구 먹구 있넌데 원 사람 하나가 지나가다가 보구 원 음식을 먹구 있능가 하구 물었다. "더기 데 동네서 개저온 음식이우다. 참 그 동네 풍속 참 도쏩데다. 날이 저물어서 '쿤 좀 듭시다' 하느꺼니 재와 주구 종지 숫달두 잡아 주구 떡두 한당시게 해주구 또 돈두 한 五十 낭 줍데다레" 하구 말했다. 이 사람은 소곰당시 말을 듣구 그런 집이 어떤 집인가 하구 물었다.

소곰당시레 자세히 말하는 것을 들어보느꺼니 그 집은 자기 집이구 저 색시가 고따우 흉측스런 짓을 했구나 하구 집에 돌아와서 저 색시과 조와지²⁾를 떠오라 해개지구 오마니 祠堂 앞에 받헤 놓구 절을 하구 나서 소곰당시한테 듣던 말을 오마니 말소리토롱 말하구서는 담에는 자기 말소리루 "예에 그렇습니다. 그래요" 했다.

색시는 이런 말 소리를 밖에서 다 듣구 "이거 야단났다. 어카노" 하구 맘이 켕겠다. 남덩이 나드리 간다구 밖에 나간 뒤 이 낸은 시오마니 사당 앞에 가서 "살아 생전에두 성화멕이더니 죽어서두 와 성화멕이네 이 놈에 망할 노친네야" 하면 욕을 했다.

남덩이 숨어서 저 색시레 한 양을 다 보구 나서 나드리서 돌아온거토롱 해개지구 조와지를 떠오라 해개지구 오마니 사당 앞에 받히구 저 색시가 한 욕을 오마니말루 하구 "예예 메누리가 욕을 했어요? 예예 알았읍니다" 하구 나왔다. 고 담에 남덩이 나드리 나간 쨤에 이 낸은 시오머니 祠堂 앞에 떡과 달을 차려놓구, "이제는 나뿐 行動두 안하구 오마니 욕두 안하갔수다. 전에 잘못한 거 다 용사해 주시오" 하구 빌었다.

남덩이 숨어서 색시가 비는 것을 다 보구 나서 나드리서 돌아오는 테 하구 오마니 사당 앞에 조와지를 떠다 놓구 절을 한 번 하구 "예예 메누리가 떡과 달을 채려 놓구 빌었어요, 예예 알았습니다" 하구 나왔다 그 후보타는 이 낸은 나뿐 行動을 하디 안했다구 한다.

＊1935年 1月 朔州郡 朔州邑 東部洞 田種哲
＊1935年 1月 昌城郡 昌城面 坪路洞 姜英老

1) 종자할 벼    2) 정화수


# 아내의 淫行 | 넷날에 한 夫婦가 있넌데 이 집 女子레 바람쟁이래 돼서 서방질을 자꾸 해서 男子레 그 경우를 알구 하루는 나드리 갔다 온다구서 집을 나왔다. 그리구 가만히 돌아와서 집 뒤에 가 숨어서 경우를 살피구 있었다.

조금 있으느꺼니 어떤 男子가 왔다. 저 색시는 도와라구 하며 방으루 끌구 들어가서 니불을 페구 잤다. 本男便은 나드리서 착 돌아오넌 테하구 門 열라구 하느꺼니 女子는 샛서방을 농 안에 쓰러늬쿠 일하넌 테하다가 벌세 오넝가 하면 맞아들였다.

남덩은 방으루 들어가서 밥 개오라 하구 밥을 먹으멘 "내레 가다가 무당이 있어서 우리 집 헹펜을 물어보느꺼니  데 농에 구신이 붙어서 못살게 하느꺼니 데 농을 불태워 없애라구 하드만" 하구 말했다. 그러느꺼니 낸은 "구신은 무슨 구신이 붙았갔소. 무당에 허튼 소리에 농을 불태울 거 없이요" 하구 농을 불태우디 말라구 했다. 그래두 남덩은 듣디 않구 농을 꽁제메구[1] 山에 올라가서 불태울라구 했다. 그러느꺼니 농 안에 숨어 있는 서나가 괌티멘 사람 살리라구 했다. 그래서 이 사람은 샛시방을 꺼내서 멫 개 바가 주구 다시는 나뿐 짓을 하디 말라구 하구 나 주고 농만 태워 버렸다.

女子는 곤진남[2]이 정말 불타 죽은 줄 알구 농 타딘 데 가서 농 타딘

나무를 보구 아이구 요것이 내 곤진남에 삐다군가 하멘 붙테잡구 울었다구 한다.

＊1937年 7月 宣川郡 新府面 安上洞 金基鴻

1) 묶어매고　　2) 샛서방

## 아내의 淫行 ｜

넷날에 어떤 사람이 있었드랬는데 이 사람에 색시레 서방질을 잘해서 이 사람이 그 경우를 알구 서방질하는 걸 잡아 닐라구 하루는 나 어데메 좀 나드리 갔다 오갔다 하느꺼니 색시레 도와하며 보꿍디[1]를 싸주멘 잘 대네오시라우 했다. 이 사람은 나드리 가는 테하구 집을 나왔다가 색시 몰래 집 뒤에가 숨어 있었다.

이즉만해서 한 男子레 와서 여보시 나 왔수다 하느꺼니 색시레 나와서 인자 오시우 하면 잘 왔다구 손을 잡구 집안으루 들어갔다. 넌놈이 고기야 밥이야 채레 먹구 한참 잘 노넌데 이 사람은 문 열으라구 소리텠다. 색시레 당황해서 그 男子를 뒤지 안에 들어가 있으라 하구 門을 열어 주며 와 인치 오우 했다. 이 사람은 "내레 가다가 배레 아파서 더 가딜 못하구 도루 돌아왔넌데 오다가 무당한테 점을 테보느꺼니 이 뒤지짝 때문에 병이 났으니 타테 버리라는 占卦가 나왔다. 이놈에 뒤지 태와 버리야갔다" 하면 그 뒤지를 내다놓구 불을 드리놨다. 샛서방놈은 고만에 뒤지 안에서 나오딜 못하고 타죽구 말았다.

이 사람은 저 색시두 쥑이구 샛시방놈이 부자놈이 돼서 그 집에서 돈을 많이 받아내 개지구 다른 색시를 얻어서 잘살았다구 한다.

＊1936年 12月 宣川郡 台山面 仁岩洞 金興善

＊1936年 12月 定州郡 觀舟面 草庄洞 鄭聲源

※但 어떤 사람은 뿡익이, 金先達이라는 이름으로 되어 있다.

1) 볶은 음식

# 아내의 淫行을 고치다 |

넷날에 서방질 잘 하는 女子가 있었다. 男子는 이 나뿐 버릇을 못하게 하느라구 게구를 폈다.

하루는 낸에 무릎을 비구 머리 니를 잡아 달라구 했다. 그리구 다 잡은 담에 "님재 좇이 그러는데 건넌집 金書房허구 잤다구 하넌데 거 원 말이가?" 하구 물었다. 그러느꺼니 낸은 데거 멀 티거운 소리 하누 하멘 웃었다. 서나는 "티거운 소리가 머이가, 이자 그르는데" 하구 말했다. 낸은 더 말하디 않구 밖으루 나갔다. 서나가 가만히 보느꺼니 외딴 데 가서 自己 좇을 박아대면 "와 그런 말 대췄나 와 그런 말 대췄나" 하구 있었다.

고 담에 서나는 또 머리 니를 잡아 달라구 낸에 무릎을 비었다. 한동안 니를 잡구 나서 서나는 "님제 좇이 매 맞았느라구 쿨적쿨적 우넌데 와 매 맞았나?" 하구 물었다. 낸은 아뭇 소리 못했넌데 고 담부타는 서방질하디 안았다구 한다.

*1935年 1月 宣川郡 新府面 院洞 桂學模

# 아들이 어머니 淫行을 고치다 |

넷날에 앞뒤에 사는 사람이 있었는데 앞집 男子는 일 나가면서 뒷집에 와서 오늘은 어드메 가서 일한다 하구 갔다. 그러면 뒷집 낸은 저녁때가 되면 없어지군 했다. 이런 일이 자조 있어서 뒷집 아레 경우를 채고 있었넌데 하루는 앞집 男子가 오늘은 어데메 가서 일하갔넌데 고기 가는 길에는 풀 자매 놓구 가갔소 하구 갔다. 뒷집 낸은 저녁 때 떡을 많이 해개지구 나갔다.

뒷집 아는 저 오마니보다 집을 빨리 나와서 보느꺼니 길에 풀을 자매 논 거이 있었다. 그래서 이 거를 풀구 저 아바지 일하는 데루 풀을 자매 났다. 오마니는 떡 함지를 니구 가는데 풀 자매 논 거이 있어서 그 길을 따라서 갔다. 그런데 가서 보느꺼니 저 서나가 있어서 할 수 없이 떡 함지를 내리놓멘 당신이 힘들게 일을 하구 있어서 떡을 해왔수다 하멘 주었다. 그리군 앞집 사람이 요새 알아서 그러는데 떡 좀 갯다 줍시다레 하느꺼니 아무것두 모르는 서나는 그르카라구 하구 아덜 보구 갯다 주라구 했다.

아덜은 그 떡을 개지구 가멘 한 자박 한 자박 뜯어 길에 내티구 갔다. 앞집 男子 있는데 와서 "여보 야단났소. 이제 우리 아바지레 도꾸를 들구 와서 때리갔대요" 하구 말하군 저 아바지 있는 데루 돌아와서 "앞집 男子레 보썹대[1]가 불거뎃다 하면 빨리 도꾸[2]와 모다구[3] 개구 와서 고테 달래요" 하구 말했다. 아바지는 그렁가 하면 도꾸를 메구 뛰어갔다.

앞집 男子는 이걸 보구 보들부들 떨멘 "이젠 안 그라것십니다 안 그라것십니다" 하구 빌었다. 뭘 그릉가 하느꺼니 이 男子는 당신네 낸과 이러구 이러구 했다구 告白을 했다. 아덜은 이것을 보구 인차 저 오마니 있는 데루 달려가서 "오마니 아바지레 돌루 오마니 때리갔다구 해요" 하구 말했다. 아바지는 저 낸 있는 데루 오드랬는데 길에 떡 자박이 떨어데 있어서 이걸 줍느라구 허리를 구부뎄다 팼다 했다. 오마니는 저 서나가 자기를 때릴라구 돌을 줍는 줄 알구 부들부들 떨구 있다가 서나가 가까이 오느꺼니 잘못했수다 잘못했수다 하구 빌었다. 뭘 잘못했다구 그렁가 하구 물으느꺼니 앞집 男子하구 이러이러 했다구 告白했다.

그리구선 고 담붙이는 나뿐 짓을 하디 안했다.

아들이 오마니 나뿐 짓을 고뎄다는 이야기우다.

\*1936年 12月 宣川郡 台山面 圓峰洞 朴奎昌

1) 쟁기 보를 끼워 놓은 나무    2) 도끼    3) 못

# 나무꾼과 곰과 여우 | 넷날에 어떤 사람이 무갈을[1] 하구 있넌데 곰 한 넘이 와서 "나 무 다 주람, 안 주문 너 잡아먹갔다" 했다. 이 사람은

무 줄거리만 주구 무는 자기가 다 개저갔다. 그 후에 곰이 와서 "너 나 뿐 넘이다. 먹디 못할 것만 주어서 나를 속였으꺼니 널 잡아먹갔다" 하구 달라들었다. 이 사람은 잘못했으꺼니 용사해 달라구 빌멘 요 담에는 무를 심어서 너 다 주갔다구 했다. 그러느꺼니 곰은 넌 어드랫던 山에 새하레 오먼 잡아먹갔으니 그리 알라! 하구 갔다.

이 사람은 그 말을 듣구 미서워서 한해 겨울 내내 山에 가딜 못하구 새를 할 수가 없어서 집 기둥을 다 띠어 불을 땠다. 그러다가 집에 불 땔 거이 없어데서 할 수 없이 새허레 山에 갔다. 근데 곰이 나와서 잡아 먹을가봐 나무를 베디두 못하구 우들우들 떨구만 있었다.

그때 여우레 한 마리 나와서 와 그렇게 떨구 있능가 하구 물었다. 곰 한데 잽히워 멕힐가봐 그런다구 하니까 여우는 거 일없다. 님제레 나무 할 때 곰이 나와서 잡아먹갔다구 하멘 내레 나와서 도와 주갔다구 말했다. 그리군 쌔캄아케 닙구 부두깨[2]를 메구서 그 아근에 숨었다.

곰이 나무 띠는 소리를 듣구 달레와서 그 사람을 훔칠라구[3] 했다. 그때 여우가 나와서 여기 곰 한 마리 나오디 안했능가 하구 그 사람보구 물었다. 곰은 여우를 보구 총바치인 줄 알구 깜작 놀래서 이 사람과 샛단 뒤에다 좀 숨겨 달라구 했다. 이 사람은 그러카라 하구 곰을 샛단 뒤에다 숨겨 주었다.

여우는 샛단 뒤에 가서 곰을 가르키며 데거이 머인가 하구 물었다. 곰은 이 사람보구 장작이라구 하라구 말했다. 사람은 그거는 장작이요 했다. 여우는 그거이 장작이문 수레에다 실어라 했다. 곰은 또 사람보구 묶어서 수레에다 실으라구 했다. 그래서 곰을 묶어서 수레에다 실었다. 여우는 도꾸루 띠어라 했다. 곰은 사람과 날래 띠어라 했다.

사람은 도꾸루 곰을 띠었다. 그랬더니 곰은 죽구 말았다. 여우는 곰이 죽은 걸 보구 사람과 내레 곰을 잡아 줬시니 님제는 내 신세를 갚아야 한다 하멘 집에 가서 달이나 한 마리 잡아 달라구 했다. 그래서 이 사람 은 여우를 대불구 저 집에 왔넌데 새낭가이레 여우를 보구 딸라나와서 여우를 잡을라구 했다. 여우는 고만 혼이 나서 달라뛰어서 저에 굴루 들어갔다. 가이는 여우 굴에 들어갈 수가 없어서 굴 밖에서 짖구만 있었다.

여우는 굴 안에 들어앉아서 다리야 넌 이자 멀 했네? 하구 물었다. 다리는 잽히우디 안을레구 다라왔다 하구 대답했다. 여우는 눈과 너는 이자 멀 했네? 하구 물었다. 새낭가이한데 잽히우디 않갔다구 피해 왔다구 대답했다. 다음엔 귀과 너는 이자 멀 했네? 하구 물었다. 귀는 새낭가이레 어드메 오능가 듣구 빨리 뛰라구 했다 하구 대답했다. 고 담엔 꼬리과 너는 이자 멀 했네? 하구 물었다. 꼬리는 나는 여우님이 다라나디 못하게 매달레 개지구 여우씨 잽히워멕히라구 가이 있넌 데루 흔들었소 하구 대답했다. 여우는 이 말을 듣구 야 이넘아 일 못한 넘은 가이나 주갔다! 하멘 꼬리를 굴 밖으루 내보냈다. 굴 밖에 짖구 있던 가이레 여우 꼬리가 나오는 거를 보구 얼른 물구 나꿔챘다. 그러느꺼니 여우는 통채루 굴 밖으로 나와서 잽히워 멕혔다.

＊1936年 12月 定州郡 觀舟面 近潭洞 金英甲

1) 무를 수확함　　2) 부지깽이　　3) 해치려고


# 나무꾼과 호랑이와 토끼 ｜ 넷날에 한 사람이 山에 드

덜기[1]하레 갔다가 범이 ×하넌 거를 보구 너머너머 웃음이 나서 웃구 있느라느꺼니 범이 와서 님제레 집에 가서 나 ×했다는 말 아무 가이한테두 하디 마라. 萬一에 말했다가는 잡아먹갔다구 했다.

이 사람은 안하갔다구 하구서 집에 돌아왔넌데 범에 생각이 나서 안 웃을래두 안 웃을 수레 없어서 혼자 웃구 있었다. 색시레 웃는 거를 보구 와 혼자 웃능가 하구 물었다. 이 사람은 말을 했다가는 범한테 잽히워멕히가겠으느꺼니 말하디 않구 웃기만 했다. 그런데 색시레 작꾸 말하라구 성화대서 할 수 없이 범이 ×하넌 걸 봐서 웃음이 나서 웃는다구 말했다.

근데 그때 마침 범이 이 집 벡에 와 있다가 이 사람이 저 색시과 말하는 거를 듣구서 다른 사람보구 절대루 그런 말 하디 말라 했넌데 말한다, 너 나오기만 하면 잡아먹갔다 하면 으르렁 으르렁 하구 으르렁거리구 있었다. 이 사람은 범에 으르렁 소리를 듣구 밖에 나가디 못하구 부들부들 떨구만 있었다.

다음날 이 사람은 山으루 드덜기하레 가야갔넌데 갔다가는 범한데 잽히워 멕힐 것 같아서 가디 못하구 근심하구 있었다. 토까이 한 마리가 지나가다가 이 사람보구 와 근심하구 있능가 하구 물었다. 이 사람은 범이 ×한 것을 봤넌데 딴 사람보구 절대루 말하디 말라는 거를 우리 색시과 말했더니 범이 와서 듣구 잡아먹갔다 해서 더덜기하레두 못가구 근심하구 있다구 말했다. 토까이가 그 말을 듣구 "그까짓 거 멀 근심하능가. 이렇가문 일없다" 하구 범 잡는 게구를 말해 줬다.

이 사람은 지게를 지구 도꾸를 들구 앞에 가구 토까이는 부디깨를 들구 멀리 떨어데서 뒤따라갔다. 山에 가서 이 사람은 드덜기를 패구 있는데 아닐세나 범이 나와서 잡아먹갔다구 했다.

그때 토까이는 머이가 머이가 하멘 왔다. 범은 이걸 보구 총바치레 총을 메구 오는 줄 알구 땅에 누워서 범 아니구 드덜기라구 하라 그라느문 널 잡아먹갔다구 했다. 토까이레 가까이 와서 그거이 머이가 하구 물었다. 드덜기라구 하느꺼니 그거이 정 드덜기문 도꾸루 패브라 했다. 이 사람은 어트카문 좋을가 하구 근냥 섰넌데 범은 패라패라 했다. 그래서 이 사람은 도꾸루 그 범에 대굴통을 팼다. 그랬더니 범은 죽어 비렸다. 이렇게 해서 범을 죽이구 이 사람은 잘살다가 무인넌 회통에 달구다리 빳뚜룩 했다.

*1938年 1月 龍川郡 府羅面 松峴洞 金昌根
*1938年 1月 宣川郡 宣川邑 鳴利興

1) 나무를 자른 밑둥과 그 뿌리

# 장인 도둑질 버릇 고치다 | 녯날에 어느 村에 한

넝감이 있었드랬는데 이 넝감이 도족질 잘하는 사우를 얻갔다구 했다. 하루는 한 총각이 와서 "나는 도족질 잘하는 사람인데 사우 삼갔소?" 하구 말했다. 이 넝감이 보느꺼니 그 총각이 도족질 잘할 것 같아서 곧 사우를 삼았다.

하루는 사우를 불러서 아무 날 밤에 山 넘어 부잿집으루 도족질 가자구 말했다. 사우는 그라캅시다 하구 대답했다.

근데 이 사우는 가스 아바지레 도족질하넌 거이 싫어서 그 나쁜 버릇을 고테 보갔다구 맘 먹구 山 넘어 부잿집에 찾아가서 아무 날 밤에 우리가 도족질하레 오갔는데, 이건 내레 우리 가시 아바지 나뿐 버릇을 고테 보려구 하는 노릇이느꺼니 그리 알구 나 하라는 대루만 해주시요 하구, 그날 골간에 자갈을 궤짝 안에 많이 네두구 다른 門은 세과데[1] 닫구 가이레 들어다니는 구넝만 남게 놓구 우리가 가드래두 밖엔 나오디 말구 방안에서 다만 도죽이야 도죽이야 하구 과티기만 하라구 했다. 그 집이서두 그카갔다구 했다.

도죽질하레 가갔다는 날 저녁 밥을 먹구 가스 아바지는 사우를 데불구 山 넘에 부잿집으루 갔다. 가이 들어다니는 구넝으루 해서 그 집 골간에 들어갔다. 사우는 여기더기 찾아보구 궤짝 하나를 맨재 보구 "이거 돈궤이우다. 이걸 개저갑수다" 하멘 그 궤짝을 들구 나올라구 했다. 이때 그 집 사람들은 도족이야 도족이야 하멘 과텠다.

가시 아바지는 과티는 소리를 듣구 급해마자서 날래 도망가자구 했다. 사우는 이왕 왔으꺼니 이 돈궤짝이나 들구 가자구 말하멘 맨재 골간에서 나왔다. 그리구 가시 아바지레 떨어틴 감투를 줏어 개지구 거기다 띠를 싸났다. 그리구 아바지 멀 하네 날래 나오시라구요 하구 날래 나오라구 재촉했다. 넝감은 나올래두 구넝이 좁아서 잘 나가디딜 않아서 야야 이 구넝이 좁아서 야단났다 하구만 있었다. 그때 그 집 사람덜이 야아 도족이 더기 있다 하면 과됐다. 넝감은 고만 큽해마자서 돈 궤를 내테 두구 골간서 나와서 거기 떠러딘 감투를 줏어쓰구 자기 함자 다라뛰었다.

하하 가다가 좀 쉬느라구 쉬넌데 감투서 띠레 내리오느꺼니 야아 너 머너머 급해서 뛰었더니 감투서꺼정 띠레 나오는구나 하드래.

근데 고 담보탄 이 넝감은 도족질하자는 말을 하디 않드래.

＊1934年 8月 義州郡 光城面 豊下洞 張炳煥

＊1934年 8月 龍川郡 楊光面 善和洞 獨孤鉦

1) 단단히

# 어린 신랑의 마음씨 | 넷날에 한 체네가 시집을 갔드랬는데 실랑이

너머너머 작아서 맘에 차딜 안아서 미워하구 싫어했다.

하루는 이 색시가 들에 나가 김을 매구 있었드랬는데, 찬밥[1] 때가 되느꺼니 시오마니는 아덜과 이 밥광지[2]를 너에 색시한데 개저다 주라구 해서 이 어린 실랑은 밥광지를 들구 뻬틀뻬틀 하멘 갸우갸우 들구 색시 김 매는 데 갔다. 색시레 저에 실랑이 밥광지 하나 잘 못 들구 뻬틀거리 메 오는 거를 보구 괜히 결[3]이 나서 뛰어가서 새시방을 탁 밀텄다.

그르느꺼니 새시방은 그 곁에 있는 움물 안으루 빠지구 말았다. 새 시방이 우물에서 기어나와 개지구 울멘 오마니과 닐르겠다 하구 집이 루 갔다.

색시는 이걸 보구 야 야단났다, 집에 갔다간 시오마니한데 욕먹갔다 싶어서 걱정이 돼서 맘이 노이딜 안했다. 해가 볼세 젔넌데두 김을 매 구 늦게야 집이루 왔다. 시오마니는 반가히 맞으면 젊은아[4] 늦도록 김 매구 이자야 오네. 배래 고프갔다. 날래 들어와서 밥 먹어라구 뜻밖에 친절히 굴었다. 밥을 다 먹구 색시레 구들에 들어가서 새시방과 와 오마니레 욕하질 안능가 오마니과 닐르디 안했네 하구 물었다.

　그러니꺼니 어린 신랑이 아까 내레 뭐라 할디 몰라서 닐은다구 했디와 그런 말을 오마니과 하간 하구 말했다. 색시는 이 말을 듣구 새시방이 나이 어려두 색씨를 끔직하게 생각한다구 생각하구 그 후부탐 어린 신랑을 잘 셍겼다구 한다.

＊1935年 1月 昌城郡 昌城面 坪路洞 姜英老

1) 점심밥　　2) 밥 담은 광주리　　3) 화　　4) 며느리를 부드럽게 부르는 말

# 어린 신랑의 기지 | 나이 어린 새시방이 글방엘 갔다 와서 저녁 밥을 하구

있는 저 색시과 밥과질[1]을 달라구 했다. 색시레 요거 언제나 철이 드누 하면 집어서 지붕에다 팽개텠다. 그때 마침 시오마니레 나드리 갔다 돌아오구 있었다. 색시레 이걸 보구 이거 큰일났다 하구 있넌데, 시오마니레 지붕에 있는 아덜과 너 와 거기 올라가 있네 하구 물었다. 그러느꺼니 오마이 말에는 대구두 않구 큰 호박을 따란 작은 호박을 따란 하멘 색시과 말했다. 이래서 색시는 시오마니한데 야단맞지 않게 됐다.

＊1932年 7月 龜城郡 舘西面 造岳洞 朴泰弘

＊1934年 7月 宣川郡 台山面 圓峯洞 朴根葉

1) 밥누렁지

# 還甲宴詩 | 어떤 富者넝감이 還甲날 還甲잔채를 떡 벌리구 아들 七兄弟와 동네 여러 사람의 祝壽

를 받구 흐믓해 하구 있었다.

　한 사람이 지나가다가 들어가서 令監에 祝壽를 올리구 나는 글을 지어 올리갔수다 했다. 넝감은 그러카라 해서 이 사람은 "彼坐老人不似

人(저기 앉은 老人은 사람 같지 않다)"하구 글 한 귀를 지었다. 그랬더니 그 집 아들 七兄弟며 그 座席에 모인 사람들은 화가 나서 데놈으 새끼 버른 없은 놈 쫓아내자 하구 뎀볐다. 이 사람은 가만가만 對句를 보시라구요 하멘 "儼然天上降來神(엄연히 하늘서 내려온 神이로구나)"하구 써 났다. 그걸 보구 사람들은 아까는 잘못했수다 하구 빌었다.

이 사람은 "座中七子皆盜賊(이 자리에 있는 아덜 七兄弟는 모두 도적놈 이다)"이라구 글을 지어서 내놓으꺼니 사람들은 또 남에 잔채집에 와서 무슨 개소리가 하멘 때릴라구 했다. 이 사람은 "倫得蟠桃善養親(하늘에 있는 長壽한다는 蟠桃라는 복숭아를 몰래 얻어다 부친을 잘 봉양했다)"이라구 지어서 보였다. 그랬더니 아들과 座中 사람들은 참 글 잘 지었다구 한 상 잘 차려 주었다구 한다.

＊1933年 7月 義州郡 古館面 上古洞 崔敬天


# 신랑의 詩 | 넷날에는 새신랑이 당개를 가문 가싯집 사람들은 新郎이 有識하구 글재간이 있능가 알아보갔다구 글을 짓게 하는 風쯸이 있었다. 그러한 時代에 한 아레 당개를 가게 됐넌데, 이 아는 無識해서 글을 질 줄 몰랐다. 이 아네 아바지는 글 잘하는 사람을 딸리워 보내서 이 아레 말하는 거를 글루 받아쓰게 했다.

婚禮式을 마친 담에 가싯집 사람들이 많이 모여서 新郎보구 글을 지어 보라구 했다. 新郎은 글을 짓갔다구 하는데 뭐를 어드렇게 질디 몰라 애를 쓰넌데 가싯집에는 빈대 베루디가 많아서 "빈대 베루디"하구 말했다. 따라간 有識한 사람은 新郎에 말을 이네 "賓多別友遲"하구 글루 써났다. 고담에 화로에 겨불이 있어서 "화로에 겨불내"하구 말했다. 有識한 사람은 "花老蝶不來"하구 썼다. 그러느꺼니 가싯집 사람들은 새실랑 글재간이 용타구 칭찬했다.

＊1934年 8月 宣川郡 山面 下端洞 金國柄

# 주먹만한 아이 |

넷날에 한 넝감 노친네레 살구 있
드랬넌데 아들이 없세서 늘 부테
님한데 아들 하나 낳게 해달라구 빌었다. 그랬더니 하루는 부테님이
오늘은 너에 원하는 거를 줄 터이니 잘 들으라 하멘 집 뒤에 구뎅이를
세 길 파문 원하는 것이 나온다구 했다. 이 부체는 인차 집에 돌아와서
구뎅이를 팠더니 달걜만한 알이 하나 나왔다. 이걸 방에 개지구 와서
깨 보느꺼니 그 안에서 주먹만한 아레 하나 나왔다. 이 넝감 노친네는
기뻐서 잘 키우는데 암만 키워두 크딜 않구 근냥 늘 고만했다. 그래서
이름을 주머구라 지었다.

하루는 아바지레 주머구를 주머니에 닣구 낙시질하레 갔다. 그리구
심심하문 주머니 안에 있던 아하구 말을 하군 했다. 넢에서 낙시질하는
사람이 보군 아모가이두 없넌데 말을 하구 있으느꺼니 데 사람 미첫능
가 하구 이상히 생각했다.

주머구는 주머니 안악에 있어서 각갑하느꺼니 내놔 달라구 했다. 그
래서 이 사람은 주머구를 꺼내서 쓰구 있던 감투를 벗구 그 안에다 너
어 두었다.

주머구는 강 속에서 노는 고기를 보구 自己두 물 속에 들어가서 놀
구파서 물 속으루 뛔들어갔다. 그랬더니 큰 고기가 이거 먹을 거다 하
구 주머구를 통채루 집어삼켔다. 그 고기는 아바지 옆에 있는 사람에
낙시에 걸레서 잽헤웠넌데 고기 뱃속에서 사람에 말소리가 나느꺼니
이상히 생각하고 고기 배를 째봤다. 그러니까 주머구가 나와서 뛔서 멀
리 가 삐렸다.

주머구는 여기더기 돌아다니다가 소가 풀 뜯어먹넌 데꺼지 왔다. 풀
섶 사이에 서서 소를 보구 있었드랬는데 고만에 소가 풀을 뜯어먹넌데

풀에 휩쓸러서 소 뱃속으루 들어가게 됐다.

주머구에 집이서는 주머구가 돌이오딜 안아서 걱정이 돼서 일루루 델루루 찾아다녔는데두 없어서 집이 돌아와서 걱정하구 있었다. 그리 구 저녁밥을 먹구 있는데 밖에서 아바지 아바지 하구 부르는 소리가 나 서 방 문을 열구 내다보느꺼니 주머구가 소띠를 왼몸에 무테 개지구 와 있었다. 어드르캐서 소띠를 왼몸에 무테 개지구 있네 하느꺼니 소 꼴에 함게 휩쓸러서 소 뱃속에 들어갔다가 소가 띠를 누어서 밖에 나오게 돼 서 돌아왔다구 말했다.

＊1934年 8月 義州郡 光城面 豊下洞 張炳煥


# 通字詩 |

넷날에 선배허구 호반허구 쇠경허구 서이서 길을 가다가 어늬 山골을 지나게 됐넌데 적적해서 詩나 지어서 興이나 도꾸와 보자 해개지구 詩을 지키루 하구 韻字는 通재 루 했다. 그리구 못 짓는 사람은 매를 맞기루 했다. 선배는 늬어 "山高 不知通" 하구 지었다. 쇠경도 "無眼不知通" 하구 지었는데 호반은 아 무리 해두 詩를 짓디 못했다. 그리서 매를 맞게 됐드랬는데 매 맞일라 하넌데 詩가 나왔다. 그래서 "돼지 오종통" 했다. 그래서 매 맞는 거를 멘하게 됐다.

＊1936年 1月 宣川郡 南面 汶泗洞 高日祿


# 他字詩 |

넷날에 글 잘한다는 선배하구 武術만 아는 호반 하구 함게 길을 가드랬넌데 날씨가 저물어데서 한 덜간에 가서 자리 좀 붙자구 했다. 그 덜 중이 나와서 글을 지을 줄 아 는 사람 아니먼 이 덜에 재울 수 없다구 했다. 그래서 선배가 고롬 韻 字를 내시구레 했다. 중은 他재를 내주먼 이 他字 다섯을 네서 글을 지라구 했다.

선배는 글 짓갔다구 생각하넌데 아무리 생각하는데두 글이 나오딜 안아서 이 덜에선 못 자갔다 딴 데루 가자구 했다. 호반은 그 말을 듣구 뭘 그까짓 걸 못 짓갔다구 하네 내레 짓갔다 하구선 "四方丹靑 부긋他 이 덜 風俗 怪異他 兩班蔑視慈甚他 잣말 말구 호니他 저녁 前에 嘶腸 他" 하구 불렀다. 중이 이 글 짓넌 걸 보구 웃으멘 자리 붙으라구 했다.

＊1936年 12月 宣川郡 南面 汶泗洞 高日祿

# 우는 모퉁이ㅣ

넷날에 어떤 노친넨가 있드랬는데 이 노친네 아덜이 먼 데 가서 소식두 없다가 오래간만에 펜지 하나이 던해 왔다. 그런데 이 노친네는 글을 몰라서 아들에 펜지를 닐을 수가 없어서 못 닐구 있드랬넌데 어떤 사람이 지나가구 있어서 이 사람을 불러서 아덜에 펜지를 닐러 봐 달라구 했다. 그 사람은 펜지를 받아 개지구 한참 보다가 울었다. 노친네두 고만 울었다. 그때 중 하나이 지나가다가 노친네 우는 데 와서 같이 따라 울었다.

한참 서이서 울다가 노친네레 펜지 보는 사람과 펜지에 뭐라 써 있어서 우능가 하구 물었다. 펜지에 머이 써 있는디 나두 모르갔수다 해서 고롬 와 우능가 하니까 우리 아바지레 글 배우라 할 적에 글을 배웠더라면 펜지두 잘 보구 했을 터인데 배우디 않아서 이런 펜지두 닐을 줄 모르게 돼서 그거이 서러워서 울었수다 하구 말하구 노친네과 당신은 와 울었능가 하구 물었다. 노친네는 당신이 우는 걸 보구 펜지에 우리 아레 죽었다구 쓰여 있어서 그걸 보구 우능가 해서 슬퍼서 울었수다 하구 말했다. 그리구 중과 당신은 와 울었능가 하구 물으꺼니 중은 당신네 둘이서 울구 있어서 여기는 우는 모캉인 줄 알구 울었수다 하구 말했다.

＊1935年 1月 宣川郡 新府面 院洞 金光俊
＊1935年 1月 鐵山郡 鐵山面 嶺洞 崔元丙

# 말하는 벙어리 | 넷날에 세 사람이 벙어리 노릇 하

멘 밥 얻어먹구 세상 구경 나가자 하구 집을 나서서 가드랬는데 가다가 밥때가 돼서 밥 얻어먹갔다구 어떤 집 大門 밖에 서서 있었다. 그런데 암만 서 있어두 그 집에서 아무 가이두 나와 보디두 않구 밥 개저다 주는 사람두 없었다. 그래서 한 사람이 벙어리 서이 밥 얻어먹으레 왔수다 하구 했다. 그러니까 또 하나가 와 너 말하네 벙어리라문서 하구 핀잔을 주었다. 그러느꺼니 남어지 하나가 난 벙어리 노릇을 잘할라느꺼니 말 안하갔다구 했다.

＊1932年 8月 定州郡 安興面 好峴洞 趙閏河

# 사둔네 소를 바꿨더니 | 넷날에 어떤 넝감

이 소를 팔레 당에 갔더니 사둔넝감두 소 팔레 당에 와 있었다. 나는 암소를 팔구 황소를 사루 왔다 하느꺼니 사둔넝감은 난 황소를 팔구 암소 사레 왔넌데 이거 잘 됐구만, 우리 서루가락 황소와 암소와 서루가락 바꾸면 되갔구만. 이렇게 서루 말이 맞아서 황소와 암소와 바꽈 개지기루 했다.

"우리 일두 잘되구 오래간만에 만났으느꺼니 술이나 한 잔 나눈 게 어터가간나" 하멘 술집으루 갔다. 술집에서 오래간만에 만난 사둔끼리레 돼서 주거니 받거니 하멘 술을 잔득 먹구 해가 넘어가는 무렵에 各己 새로 산 소를 타구 집으루 向하여 갔다. 이 사람은 술에 취해서 소 등에서 졸구 있어서 소가 가는 데루만 마껴 두었다. 소는 자기 집을 아느꺼니 저 집으루 잘 찾아갔다.

다음날 아침에 이 녕감은 잠에서 깨서 옆에 둔눈 노친네를 보느꺼니 自己 노친네가 아니구 사둔네 노친네가 있었다.

야 이거 어드릏게 된 노릇인가 깜작 놀라 생각해 보느꺼니 새로 산 소가 사둔네 소레 돼서 사둔네 소가 自己를 태워서 사둔네 집으루 온 거이 분명하다. 야 이거 큰일 났다. 우리 집이서두 우리 노친네레 사둔 녕감하구 잤갔다 하멘 뒈갔다.

＊1936年 7月 龍川郡 外上面 停車洞 李元春


# 상투 잡고 아이 낳다 |

넷날에 한 사람이 집을 나와서 그 아근을 왔다 갔다 하구 있넌데 건넌집에서 앓른 소리가 나서 가까이 가서 들어 보느꺼니 젊은 네재레 앓른 소리라서 들어갈 수레 없어서 자기 집에 돌아와서 저 오마니과 건넌집에 가보라구 했다. 오마니가 뒤에가 보느꺼니 그 집 낸이 아를 낳갔다구 하구 있넌데 아레 날래 나오디 안아서 앓구 있었다. 그래서 와 날래 낳디 않구 고생하능가 하구 물으느꺼니 그 낸은 자기는 버릇이 나빠서 아 날 적에는 自己 서나에 상투를 잡아야 얼릉 낳는데 지금 서나레 먼 데루 일하레 가구 없어서 잡을 상투레 없어서 이릏게 고생한다구 말했다.

오마니는 이 말을 듣구 아덜과 그런 말을 하느꺼니 이 사람은 인정이 많은 사람이 돼서 건넌집이 가서 방문에 구녕을 뚫구 밖에서 자기 상투를 방 안으루 디리밀구 이 상투를 붙잡구 어서 아를 나라구 했다. 그 낸은 남에 男子 상투지만 그걸 붙잡았더니 인체 아를 낳게 됐다. 그런데 이 낸이 상투를 어찌나 힘세게 잡아다녔던지 이 사람에 상투는 쪽 물레 빠졌다구 한다.

＊1936年 7月 宣川郡 南面 汶泗洞 高日祿

# 망신당한 신랑 |
넷날에 한 실랑이 있었드랬는데 父母가 색시 집에 갔다 오라구 했다. 이 실랑은 가기 싫다구 안 가는 거를 父母는 자꾸 가라구 성와 멕에서 이넘은 할 수 없이 가싯집에 갔다.

가싯집에 가서 배레 고파서 몰래 좁쌀을 한줌 입에다 닣구 우물거리구 있었다. 가시 오마니레 이걸 보구 사우 볼따구가 갑재기 부어서 야단 났다구 이사를 불러다 보였다.

이사는 볼따구 부은 거를 고티 갔다구 쨌넌데 고만 좁쌀이 와르르 나왔다. 이걸 보구 新郎은 부끄러워서 저 집으루 다라뛰어와서 가기 싫다구 한데구 가라구 해서 가싯집에 갔다가 망신만 하구 왔다구 하더래.

*1934年 7月 宣川郡 宣川邑 川北洞 韓鳳信


# 노래 잘하는 며느리 |
어떤 집이서 메느리 하나를 얻어왔는데 이 메느리레 시아바지 밥상을 들구오멘 어기둥 치기둥 소리 하멘 들구왔다. 시아바지레 이 소리를 듣구 기가 차서 너 그거 무슨 소리가 하구 물었다. 그러느꺼니 메느리레 "과연 시아바지는 무식도 하구레. 목도꾼 소리두 몰라요?" 했다.

또 한번은 시오마니레 물레질하다가 남은 거를 이 메느리한테 마끼문서 이 고티를 가락 끝에 감구 둘러라구 닐었다. 그랬더니 고티를 가락에 감구서 둘렀다. 물레질 소리가 처르럭 처르럭 하느꺼니 시오마니레 그 소리를 듣구 물레에다 기름을 발르구 물레를 돌리라 했다. 메느리는 고티에다 기름을 발르구 둘렀는데 여전히 처르락 처르락 소리가 나서 시오마니레 이걸 보구 차묵해서[1] "너 일 가운데 멀 델 잘하네?" 하구 물었다. 그러느꺼니 메느리는 베틀에 앉아서 여야짜 지야짜 소리를 델 잘한다구 하드래.

＊1935年 1月 義州郡 月華面 麻興洞 崔炳河

1) 한심해서


# 볶은 콩 먹기 |

어느 골에 두 사람이 콩을 닦아 놓구[1] 많이 먹기 내기를 했다. 한 사람은 으시[2]가 있어서 한 줌 쥐구 조곰식 먹구 쉬구 쉬구 했넌데 또 한 사람은 한 줌 쥐구 다 입에 넣구 먹으멘 한 번두 쉬딜 안했다. 조곰식 먹구 쉰 사람은 아무 탈이 없었넌데 한 줌 다 먹구 쉬딜 안한 사람은 그날 나쥐 띠 쌀라기에 자딜 못했다구 한다.

＊1935年 1月 鐵山郡 鐵山邑 東部洞 李壽榮

1) 볶아 놓고   2) 재치


# 智兒의 재판 |

넷날에 한 총배치레 새낭 나갔다가 여우를 보구 총을 쐈드랬는데 다리에 맞아서 달아나서 동네루 뛰어들어갔다. 근데 동네 어느 집 가이레 달레와서 이 여우를 물구 쥔네 집이루 갔다.

총배치는 달라와서 그 집이 가서 데 여우는 내레 쏘와잡은 거이느꺼니 내달라구 했다. 근데 가이 임제는 데 여우는 우리 집 가이레 잡아서 물구 왔기 땜에 여우는 내 꺼다 하멘 내주딜 안했다. 그래서 두 사람은 서로가락 여우는 내 꺼다 네 꺼 아니다 하구 쌈을 했다. 한 아이레 이것을 보구 내가 재판해 주갔소 하구선, 砲手는 가죽이 소용돼서 여우를 쏜 거이구 가이는 고기가 소용돼서 물구 왔능 거이니꺼니 砲手는 가죽을 개저가구 가이 임제는 고기를 개저가라구 했다. 이 재판이 너머나 잘된 재판이 돼서 동네 사람은 그 아이의 재간에 탄복했다구 한다.

＊1932年 7月 鐵山郡 雲山面   島洞 張明翰

# 어린 감사의 슬기 | 넷날에 平壤[1]에 監司가 새
로히 내리왔넌데 이 監司란

거이 나이가 열 다섯밖이 안 나서 맷날 지붕에 올라가서 기와당이나
들티구 사이 새낭이나 하구 돌아갔다.

그러느꺼니 한 座首레 데 監司레 政事를 잘할 수 있갔나 없갔나 알
구파서 하루는 지나가는 중을 불러서 "님재 감투레 낡았으느꺼니 새 감
투 하나 얻어 쓰게 해줄라. 내 말한 대루만 하라" 하면 중에 감투를 베
께서 개지구 이러이러하라구 대주었다. 중은 그카갔다구 하구서리 監
司레 사이 새낭 하는 데루 가서 머리에 썼던 감투레 돌개바람에 날리워
갔으니 찾아 주시요 하구 말했다.

監司는 지붕에서 내리와서 下人을 불러 大同江에 나가서 올라가는
뱃사궁과 내리가는 뱃사궁과 잡아오라 했다. 下人은 인차 大同江에 나
가서 올라가는 뱃사궁과 내리가는 뱃사궁과 두 사궁을 잡아왔다. 監司
는 두 사궁과 "너이들 듣거라. 올라가는 놈은 바람을 올리불라 했구 내
리가는 놈은 바람이 내리불라 해서 바람이 올리가다 내리가다 하다가
서루 마주테서 돌개바람이 니러나게 돼서 이 중에 감투레 돌개바람에
싸여서 날라가 힗게 했으느꺼니 너딜은 이 중에 감투를 물어내야 한다"
했다. 사궁들은 監司에 말에 할 수 없이 중에 감투 값을 물게 됐다.

監司는 사궁한데서 중에 감투값을 받아 개지구 새 감투를 만들어 감
투 복판에 구넝을 하나 뚤쿠서 중에 머리에 씨우멘 뱃사궁은 아무 관계
없이 애무하게 감투 값을 물어서 산 감투이느꺼니 너는 이제부턴 바람
에 감투를 날리우면 안 되갔으느꺼니 머리에 모다구를 밖아 다시는 바
람에 날리우디 않게 하갔다 하면 下人을 불러 중에 머리에 감투를 씨
우구 모다구를 밖으라구 했다. 중이 이 말을 듣구 급해마자서 내 감투
는 있읍니다. 더기 있는 좌수레 그라카라 해서 겁소리했읍니다 하구 다
말했다. 監司는 그 말을 듣구 座首를 엎어놓구 上官을 괴롭혔다구 매
를 때렸다. 고 담보타는 아무도 어린 監司라구 얕잡아보디 않구 監司

가 아무 일을 해두 아뭇 소리 못했다구 한다.

＊1927年 1月 義州郡 古津面 樂元洞 張俊根

1) 피양이라 발음함

# 강냉이 같은 선생 │ 넷날에 어늬 골에 글방이 있었드랬는데 이 글방에 훈당

이 그 마을에 사는 어떤 낸 하나에 눈을 걸어두구 그 낸에 아덜과 "너 오마니레 날 좀 보자구 안하던?" 하구 물었다. 이 아레 아니요 그런 말 하디 안했시오 하구 말했다. 그런데 이 훈당은 그 담날에두 그라고 또 고담날에두 그라구 날마다 너 오마니레 날 좀 보자구 안하던 하고 말했다. 첨에는 벨스레 생각하디 안했었는데 너머너머 자주 그르느꺼니 내중에는 저 오마니과 "우리 글방 훈당이 날마다 날보구 너 오마이레 날 보갔다 안하던? 하구 물어요"라구 말했다.

이 낸은 아덜에 말을 듣구 고놈에 훈당놈 못쓰갔다 혼 좀 내줄라 하구 맘먹구, 하루는 저 남덩과 황륜해 개지구 아덜과 너 오늘 선상님이 또 너에 오마니가 날 좀 보자구 안하던 하구 물으멘 예에 보자구 해요.

온 나줘 우리 집에 와서 저녁밥 잡수래요 하구 말하라구 말했다. 이 아레 글방에 가서 선생님이 너 오마니레 날 좀 보갔다구 안하던 해서 예 했시오, 온 나줘 우리 집이 와서 저녁밥을 잡수래요 하구 말했다. 그르느꺼니 선생은 둏다구 밤들기가 바쁘게 그 아네 집이 갔다. 그 집 낸은 반가히 나와서 "선상님 누추한 데 오시라구 해서 미안하무다. 어서 이리 둘오시라구요" 하멘 아루간으루 모세 들이구 저녁밥상을 한상 잘 차려다 주었다.

선생은 그걸 잘 먹구 이런 말 데런 말 하다가 이젠 가갔수다 하구 니러섰다. 그르느꺼니 아 오마니레 "와 니러셉니까. 오늘 나줘는 여기서 주무시구 가시구레. 마침 우리 집 아 아바지레 나드리 가구 집에 없시요. 맘놓구 푸욱 쉬시구레" 하멘 붙잡구 갓을 베끼구 두루마기두 벡겼다. 선생은 못 이기는 테하구 하는 대루 가만 있었다.

또 앉아서 이런 말 데런 말 하다가 선상님 이젠 고맙 잡수다레 하멘 포대기를 페구 자 이 닙성 다 벗구 포대기 안으루 들어가시구레 하구 선생의 바디 저구리를 다 벳기구 포대기 안으루 들어보냈다. 그리구 낸은 초매끈을 끌으멘서 불을 홱 껐다. 그랬더니 밖에서 기침 소리가 나더니 문 열어라 하는 소리가 났다. 낸은 이 소리를 듣구 놀라멘 "선상님 이거 야단났수다레. 우리 남덩이 돌아온 모양이우다. 일루루 나가서 가만히 있으문 봐서 둘오게 하갔수다" 하구 말하구 빨가벗은 선생을 샛문으루 해서 벽에루 나가게 했다. 밖에서는 문 열라는데 와 날래 안 열어 줌메 하면 크게 과뎄다.

예 나가무다 곳 나가요 하멘 나가서 문을 열어 주었다. 男子는 들어오면서 와 아저낙부터 일 않구 자능가 했다. 낸은 "당신이 나드리 가구 없어서 몸두 패래와서[1] 일직 잘라구 했수다. 근데 님제는 와 볼세 돌아왔소." "응 가다가 볼일 다 봐서 돌아왔어. 근데 낼 먹을 강냉이는 갈아 놨슴마?" 하구 男子가 물었다.

아직 못 갈아 두었다구 하느꺼니 男子는 고롬 이제라두 갈아 두어야디 하멘 벽으루 들어갈라구 했다. 女子는 그만 두시라우요. 길두 걷고 그래서 몸이 패로울 텐데 들어가서 쉬시라구요. 나 혼자서 갈 꺼이느꺼니⋯ 하멘 男子를 방으루 들여보냈다.

그때는 엔제가 벡에 있었다. 그래서 女子는 벽에루 들어가서 숨어 있는 선생님한데 가서 "선상님 이젠 일이 이렇게 됐으꺼니 어드르 가갔소. 할 수 없이 선상님이 넨제[2]를 끌구 강낭이 좀 갈아 주어야 하갔소. 잘못하다가 들키우는 날이면 야단나갔수다" 하구 가만가만 말했다. 선생은 싫다구 뛰어나갔다간 망신만 당할 거 같아서 女子가 말한 대루 들을 수밖에 없었다.

女子는 선생님을 넨제에다 매구 강냉이를 부어놓쿠 당나구 몰듯 이라 하멘 몰았다. 男子는 벡에루 난 샛문을 열구 앉아서 강냉이 가는 거를 보구 있었다. 선생은 캄캄한 속에서 들키디 않갔다구 당나구토롱 옌제를 끄덕끄덕 끌었다. 하하 끌다가 힘이 들구 숨이 차서 좀 천천히 끌었다.

男子는 "고놈에 당나구 와 못 감나. 좀 때려서 빨리 몰구레" 했다. 낸은 이랴 큰소리 내면 회차리루 선생에 앵둥이를 탁 때렸다. 선생은 당나구토롱 보이갔다구 조금식 뛰여갔다. 그러다가 또 힘이 들구 숨이 차서 천천히 끌었다. 그러면 남자는 "고놈에 당나구 또 못 가느만. 거 좀 때레서 빨리 몰으시단" 하구 말했다.

女子는 또 선생에 앵둥이를 탁 때려 몰았다. 선생은 또 빨리 뛰며 옌제를 끌었다. 이러구루 선생은 매를 數없이 맞아가멘 밤새두룩 옌제를 끌어 강냉이를 갈았다. 날이 샐라 하느꺼니 男子는 "그만하문 메칠 먹갔다. 오늘은 고만 갈으시단" 하멘 샛문을 닫았다. 그러느꺼니 女子는 선생을 옌제서 풀어 주멘 앵둥이를 맨재 주멘 "선상님 모처름 오셨다가 수구만 했수다레. 참 안됐수다레" 하구 인사하구 보내줬다.

그 후 메칠 지나서 이 女子는 아들과 "이젠 선상님이 너 오마니 날 보자구 하는 말 하디 않던?" 하구 물어 봤다. 아덜은 아무것도 모르느꺼니 "요지박은3) 그런 말 안해요" 했다. 고롬 너 오늘 글방에 가거던 선상님과 우리 오마니레 온 나쥐 선상님 좀 보잔다구 말하라구 일렀다. 아덜 놈은 글방에 가서 선상님 우리 오마니레 온 나쥐 선상님 좀 보재요 하구 말했다. 그러느꺼니 선생은 "에에이넘! 그 강냉이 닷섬 갈아논 거 벌서 다 먹었다덴" 하드래.

＊1935年 1月 定州郡 郭山面 石洞下端 金相允

＊1936年 12月 定州郡 觀舟面 近潭洞 金英甲

＊1936年 12月 龍川郡 楊光面 忠武洞 金允程

※但 先生을 강낭이를 갈게 한 동기는 자기 아들이 선생에게 매를 맞은 것을 분개한 母가 선생을 혼나게 하는 것으로 되어 있고 "에에이넘 그 강냉이 닷섬 갈

은 거 벌서 다 먹었다던"하는 대목은 없고 그 아이를 다시는 때리지 않았다고
되어 있음.

1) 고단해서    2) 연자    3) 요즘은

# 김선달 대동강 물 팔다 | 넷날에 피양에 봉이 金先達이란 사
람이 있었드랬는데 이 사람이 大同江에 나가서 물 길러 오는 사람에게
돈 二圓식 나누어 주구 내가 달라구 할 적에 도루 내달라구 했다.

　다음날 金先達은 大同江 역게 세서 물 길러 나온 사람과 돈 달라 하
느꺼니 물 길러 온 사람덜은 암쏘리 않구 돈 二圓을 내줬다. 그때 어늬
사람이 지나가다가 이걸 보구 金先達한데 와서 데 사람들이 와 돈을
주구 가능가 하구 물었다. 金先達은 이 大同江이 내 꺼이 돼서 물 길러
가는 사람은 물값으루 돈을 내구 길러 가야 하느꺼니 그 돈을 받는 거
라구 말했다. 이 사람이 가만히 생각해 보느꺼니 이 江을 自己가 개졌
으면 수탄 돈을 벌게 될 것 같거덩, 그래서 金先達보구 大同江을 自己
한데 팔라구 했다. 金先達은 나는 이걸 개지구 먹구 살아가는데 이걸
팔멘 나는 어드렇게 먹구 살란 말이가 안 판다구 했다. 그러느꺼니 그
사람은 돈을 많이 줄 꺼이니 팔라구 자꾸 성와 멕였다. 金先達은 고롬
할 수 없다 하멘 돈을 많이 받구 大同江을 팔았다.

　이 사람은 大同江을 사개지구 다음날보탄 江역에 나가서 물값을 받
갔다구 물 길러 온 사람과 돈 내라 했다. 무슨 돈? 하느꺼니 물값이라구
했다. "벨놈 다 봤다. 우리 큰아바지 쩍부터 돈 안 내구 길러다 먹는 물
인데 물값이란 무슨 값잉가"하멘 근낭 가려고 했다. 이 사람은 고롬 金
先達한데는 와 물값을 냈능가 하구 말했다. 그러느꺼니 그 사람은 金
先達이 自己 돈을 나눠 주구 달라구 할 때 도루 돌레 달라구 해서 돌레
준 거이라구 했다.

이 사람은 그제야 金先達한데 쏙은 걸 알구 암쏘리 못했다구 한다.

*1934年 7月 宣川郡 宣川邑 川北洞 韓鳳信

*1936年 7月 鐵山郡 鐵山邑 東部洞 李壽榮

*1936年 12月 龍川郡 楊下面 東洞 崔德用


## 김선달 돈벌기 |

피양에 金先達이 사람을 쇡여먹다 쇠겨먹다 쇡여먹을 거이 없어데서 인자는 돈두 안 생기구 해서 궁하게 지내게 됐다. 어드르카야 돈 좀 벌을 수 없갔나 하구 궁리하다가 좋은 생각이 나서 띠를 싸서 그 우에 감투를 씨워 놓구 사멘에 포당을 둘러치구 꽹가리를 티멘 돟은 구경 났수다 돟은 구경 났수다 날래 와서 구경하시구레 하멘 과텟다. 그러느꺼이 벨스런 구경이 난 줄 알구 사람들이 모여와서 돈을 내구 포당 안에 들어갔다. 들어갔던 사람은 구경거리가 하나두 없구 띠만 있어서 어처구니가 없어서 웃으멘 띠야 띠야 하구 나왔다. 이 말을 들은 사람들은 포당 안에 무슨 벨시런 구경거리가 있는 줄 알구 작구작구 돈을 내구 들어가 봤다. 이렇게 해서 金先達은 돈 좀 벌었다구 한다.

*1936年 10月 宣川郡 宣川邑 川南洞 李英學


## 김선달의 奇智 |

넷날에는 밤늦게 나다니문 잡혜 쥑엤다구 한다. 하루는 金先達이 밤 늦게 나다니다가 고만에 使令을 만났다. 그래서 할 수 없이 남에 집 담장에 붙에 서서 낭 손을 쩍 벌리구 암소리 않구 세 있었다. 使令이 곁에 가까이 와서 거 누구가? 하구 큰소리루 물었다. 金先達은 서답[1]이우다 했다. 使令이 서답이 어드릏게 말하네? 하느꺼니 金先達은 통체루 말리우는 서답이우다구 말했다구 한다.

＊1937年 7月 定州郡 定州邑 城內洞 林恒信
＊1937年 7月 龍川郡 楊光面 龍溪洞 韓炳一
1) 빨래, 세탁물

## 김선달의 꾀 |

金先達이란 사람은 재간이 많은 사람이 돼서 하갔다 하문 머이던지 못하는 일이 없었다. 하루는 여러 사람과 같이 길을 가드랬는데 같이 가던 사람 하나이 金先達보구 님제레 더기 김 매는 낸에 ××를 보게 할 수 있능가 하구 물었다. 金先達은 거야 쉽디 않구 하멘 그 女子한데루 달라가서 그 네자에 팔을 끌멘 가자 했다. 女子는 와 그르능가 하구 물었다. 당신 ××레 두 개 있다구 해서 官에서 잡아오라구 해서 잡아갈라구 그른다구 했다. 女子는 깜작 놀래멘 "아니야요. 난 하나밖에 없이요. 하나밖이 없이요" 하면 가디 않갔다구 했다. 金先達은 "두 개라는 말을 듣구 왔는데 와 안 가갔다는 거야. 가자!" 하멘 나꾸챘다. 女子는 급해서 자 보라우요 두 갠가 하멘 초매를 걷구 보일라구 했다. 나 함자 보멘 증거가 안 되니 더기 있는 사람덜 앞에서 보여야 한다 하구 끌구 왔다. 女子는 여러 사람 앞에서 자아 보라구 하멘 초매를 걷구 보여주었다.

＊1937年 7月 龍川郡 內中面 堂嶺洞 李汝橄
＊1938年 1月 鐵山郡 西林面 化炭洞 金正恪
＊1938年 1月 定州郡 定州邑 城內洞 林恒信

## 김선달의 꾀 |

金先達이 이웃집 사람과 길을 가드랬넌데 어떤 山고개에 올라가 보느꺼니 고 아레 국수집이 있었다. 국수를 사먹구 싶은데 돈이 없어서 사먹을 수가 없었다. 근데 고 山 아레 면 곳에서 김을 매는 낸이 보여서 한 생각이 났다. 그래서 같이 가던 사람과 "나 더기 김 매는 네자와 이제 가서 結婚하구 오갔넌데 국수 한 그릇 사주간?" 하구 말했다. 생판 알디두 못한 네자와 結婚한다는 말이 되디 않는 말이라서 "結婚하구 오멘 국수 사줄라" 하구 말했다. 金先達은 고롬 가서 結婚하구 오갔습네 하구선 山 아래 김 매는 넨 있는 데루 달레갔다.

金先達은 그 넨 앞에 가서 아주마니 하멘 절을 했다. 그 네자는 누군지 모르갔다 하멘 어드메서 왔능가 했다. "예에 날 몰을 거입니다. 내레 아주마님 잔체 때에 가보군 그 후론 통 가보딜 안했기 때문에 잘 모르실 겁니다" 하구 이렌 말 데런 말 하다가 山고개 말랑이에 서 있는 사람을 가르키멘서 "데 사람이 날 도죽놈이라구 죽일라구 하넌데 그 사람 가까이 가문 아주마니가 내서방 내서방 ─ 내 이름이 내서방이느꺼니 ─ 불러 주구레. 그러면 나는 삽니다" 하구 말했다. 그리구선 金先達은 그 사람 있는 데루 가넌데 그 사람 있던 데 가까이 가느꺼니 김 매든 女子가 내서방 내서방 하구 불렀다. 金先達은 그 사람과 자아 보라구 데 女子하구 나하구 結婚했기에 데 女子가 날보구 내서방 내서방 하구 부르디 안능가 하구 말했다. 같이 가든 사람은 그렇가갔다구 하멘 국수 한 그릇 사주었다구 한다.

＊1932年 7月 宣川郡 南面 石和洞 朴致熹


# 김선달의 꾀 | 넷날에 金先達이라는 사람이 동무덜과 함께 科擧[1]보레 서울루 가드랬는데 가

다가 한 곳에 오느꺼니 늙은 노친네하구 젊은 색시하구 무를 캐구 있었다. 길을 가다가 심심두 하느꺼니 金先達은 동무덜과 "내레 더기 가라서 색시하구 입맞우구 오갔넌데 너덜 보간?" 했다. 동무들이 그르카 해서 金先達은 무 캐는 데루 가서 무 하나 주구레 했다. 그러느꺼니 노친네레 하나 뽑아먹으라 해서 金先達은 작대기루 뚱그티다가[2] 아이구 눈에 티가 들어갔다 아이구 죽갔다 하멘 딩구며 과뎄다. 노친네레 이걸 보구 보아 준다구 金先達에 눈을 들어다보는데 잘 안 보여서 메누리과 너 좀 와 봐주라 했다. 그래서 색시레 와서 볼라 하넌데 金先達은 색시의 귀를 잡구 입을 쪽 마추구 다라뎄다. 다라뛔어 오넌데 한 사람이 보구 와 뛔는가 물어서 더기 있는 사람이 당신을 때리갔다구 해서 그걸 당신한데 대줄라구 뛔온다구 했다. 이 사람은 그 말을 듣구 안 맞갔다구 다라뛔었다.

색시에 새시방은 저에 색시 입을 마추구 달아난 놈을 때려 주갔다구 쫓아오넌데 金先達은 그 나뿐 놈은 더기 뛰어가는 놈이라구 했다. 그러느꺼니 색시 새시방은 그렁가 하면 그 사람 가는 쪽으루 다라뛰어 갔다구 한다.

＊1935年 1月 宣川郡 新府面 院洞 金光俊

1) 과개로 발음함     2) 땅을 후비다가

# 김선달의 꾀 | 녠날에 봉혁끼라는 건달이 있었드랬는데 이넘이 서울 가다가 날이 저물어서

할 수 없이 길가에서 자게 됐다. 이넘이 건달이 돼 노느건니 거리길 게 없어서 닙성을 다 벗구 죽은 사람모양으루 네 할개를 벌티구 누어 있었다. 그러구 있넌데 재밤에 쟁벨[1]이 글루루 지나가다가 보구서리 이거 머가 하넌데 다른 한 놈이 야 그놈 죽었구나 이걸 어트카나 하면 서루가락 말하더니 한 놈이 우리 색시레 당고금[2]을 알런데 당고금에는 사람에 부랄이 藥이래. 죽은 놈에 부랄 쩨멘 멀 하나 이놈에 부랄 쩨다가 藥에 쓰갔다 하멘 칼을 내개지구 부랄을 쩰라구 했다. 그러느꺼니 봉혁끼는 와닥닥 니러나멘 "이놈덜 이재야 잡았다. 前에두 우리 큰아바지[3]레 이곳에서 부랄 쩨워서 죽구 우리 아버지두 이곳에서 부랄 쩨워서 죽구 해서 내가 원수를 잡았다구 볼세 메칠을 두구 이러구 있드

랬넌데 이자야 원순놈을 잡았다"하멘 과테올렸다. 그러느꺼니 쟁벨이
놈덜은 혼이 나서 사뚜에 귀에 이런 말이 들어갈가바 잘못했다구 빌멘
돈을 많이 주갔다구 했다. 봉혁끼는 돈을 많이 준단 말을 듣구 지는 테
하구 슬그머니 뇌주구 돈을 받아들구 원수 갚는 건보다 돈이 동구나
하멘 다시는 그런 즛 말라구 아조 점잔케 닐르구 서울루 向해서 떠났
다구 한다.

*1937年 7月 宣川郡 郡山面 長公洞 金龜煥

1) 使令    2) 심한 학질    3) 할아버지


# 김선달의 꾀 | 金先達이 피양서 쇡에 먹다 쇡에 먹다 더 쇡에 먹을 것이 없어디게 되느꺼니

서울루 올라갔다. 그랬더니 서울에 有名한 妓生 하나가 金先達이 서
울에 왔다는 소문을 듣구 金先達이 얼매나 手段동구 게구를 잘 페나
보구 싶어서 金先達을 불러서 나는 당신이 有名한 사람이라는 말을
들어 알구 있으느꺼니 나하구 살아 봅시다레 하구 말했다. 金先達은
有名한 妓生이 그런 말을 하느꺼니 마다구 하겠능가. 그래서 둘이는
같이 살기루 했다. 그리구 그날 밤 잘 차례 먹구 자갔다구 닙성을 다
벗구 잘라구 하넌데 별안간 밖에서 門 열라 하면 大門을 세과데 뚜드
는 소리레 났다. 妓生은 깜작 놀라 니러나서 "아 우리 本男便이 왔다.
야단났다"하멘 金先達과 날래 뒷門으루 나가 있으라구 했다. 그래서
金先達은 할 수 없이 발가벗은 몸으루 밖으루 나왔다. 그리구 妓生이
둘오라는 말이 있기를 기다리구 있었다. 그런데 아무리 기다려두 아무
말두 없었다.

  金先達이 나와 있는 곳은 큰길인데 그때는 겨울날이라 발가벗은 몸
으루는 추워서 견딜 수가 없었다. 몸을 웅크리구 왔다 갔다 하멘 추위
를 막구 있넌데 데켄에서 순라꾼이 오구 있었다. 녯날에는 밤에 나다니

는 사람을 잡아다가 죽였드랬는데 金先達은 딱 죽게 됐단 말이다. 그래서 金先達은 한 게구를 피워서 길바닥에 넙적 四肢를 페구 둔녔다. 순라꾼이 가까히 와서 보구 야 어떤 놈이 술 먹구 얼어죽었구나 하멘 저덜끼리 말하구 있었다. 그러더니 한 놈이 "사람에 좆은 萬病通治藥이란다 이거를 잘라가자" 하멘 金先達에 좆을 꽉 잡구 잘를라구 했다. 이때 金先達은 후더덕 니러나서 "요놈덜 이자야 잡았다. 우리 아버지가 서울 와서 술 먹구 취해서 길에 둔녔다가 좆을 잘니워 죽어서 고 원수놈을 잡을라구 멧 해를 베루구 있었드랜는데 이자야 고놈에 원수를 잡았다" 하멘 과텠다. 그러느꺼니 이 순라꾼덜은 칼을 손에 들었것다 金先達에 좆을 잡구 있었것다 하느꺼니 메라구 벤멩할 수두 없구 이거 이 포도청 같은 데 알리우게 되면 모가지레 달아나게 되느꺼니 "아이구 잘못했읍니다. 살레 주시요" 하멘 빌며 돈을 숫타 주웠다. 金先達은 못겐디는 테하구 그 돈을 받아 개지구 그놈들을 놔췄다.

*1938年 1月 定州郡 定州邑 城內洞 林恒信

# 김선달과 과부 | 金先達이 여러 동무덜과 같이 길을 가다가 어늬 과부네 집에서 자

리를 붙게 됐다. 그 집은 二間房인데 쥔 과부는 아루깐서 자구 金先達과 동무덜은 웃깐서 자게 됐다. 그런데 쥔 과부는 굿집에 굿 구경 간다구 뒷말로 갔다. 金先達은 웃깐서 자다가 아루깐이 비어 있으느꺼니 글루루 내리와서 쥔 자던 자리에 누어서 잤다. 이즉막해서 뒷창 문 밖에서 웬놈이 여보 님제 있음마 하구 낮인 소리루 말했다. 金先達은 네자 목소리루 네 있수다 하구 역시 낮인 목소리루 대답했다. 그랬더니 "들어오라우?" 해서 金先達은 웃깐에 나그내레 많이 들어 있으느꺼니 둘오디 말라우요 하구 낮익히 말했다. "고롬 어카디?" 하느꺼니 "창구 멍을 뚧구 글루루 자지나 디리밀라요" 했다. 그놈이 창에다 춤을 발라서 구명을 뚫구 글루루 자지를 들에밀었다. 金先達은 그걸 칼루 잘르느꺼니 그놈은 아이쿠 하멘 달아났다.

金先達은 밖에 나가서 뒤 창 밑에서 쥔 과부가 돌아오기만 기두루구 있었다. 이즉만해서 과부가 돌아와서 방안으루 들어갔다. 金先達이 뒤 창문을 뚝뚝 뛰리느꺼니 과부레 방안에서 뒷 말 아무가이요 하구 말했다. 그렇다구 하느꺼니 문을 열어 주었다. 金先達은 방으루 들어가느꺼니 쥔 과부는 굿집이서 개저왔다멘서 떡과 고기를 많이 내주멘 먹으라 했다. 그래 먹넌데 함자만 먹기가 멋해서 웃간에 있는 동무덜두 먹으라구 떡과 고기를 팽개테 주었다. 그런데 떡과 고기를 팽가테 줄 적에 앞서 잘랐던 자지두 함께 팡가테 주었다.

다음날 아침에 웃간에 동무덜이 어제밤에 무슨 놈에 고기를 줬넌디 암만 짓씹어두 질긴질긴 하구 끊어디딜 안아서 먹기레 힘들었다구 했다.

*1938年 1月 鐵山郡 西林面 化炭洞 金正恪

# 김선달과 중 | 5月 단오날에 골에 씨름판이 벌어데서 鳳翊이 金先達이 씨름 구경을 갔다. 돈두 없구 궁하게 살아서 휘지해 개지구[1] 기울기울 하멘 씨름 구경을 하구 있넌데, 눈앞에서 씨름 나오라 하멘 꽘티는 놈이 있어서 보너꺼니 대가리가 반동애만한[2] 돌중넘이 그러넌데 그놈에 앞에는 섭전[3]이 산덤이같이 싸여 있넌데 머 한량없어, 그 돈을 보구 金先達은 그 돈을 다 먹구푼 생각이 났다.

金先達은 나가서 씨름판에 부틸 돈을 마련해 개지구 와서 붙이구 王錢 댓닢을 농이에 꿰서 손에 감아쥐구 씨름판에 나갔다. 그런데 그 중놈허구 나가 맞붙을어 보느꺼니 중놈은 여간만한 장수가 아니구 음적하다간 지게 된 판세라 야단나서 중놈을 맞붙잡구 니러세자마자 농이에 꿰맸든 王錢으루 중놈에 다리를 세과데 때렸더니 고만에 넘어데서 젔다. 중놈은 숫탄 돈을 다 빼틀리우구 다리를 쩔둑거리멘 휘지해 개지 구 自己 덜루 갔다.

중에 部下가 自己네 大師가 傷해 가주구 오넌 거를 보구 와 그러능 가 물었다. 중은 아 고놈에 金鳳翊이랜 넘한데 이런 피죽⁴⁾을 봤다구 말 하구 그 후보탄 잃기 시작했다.

部下 중이 결이 나서 大師에 원수를 갚갔다구 큰 쇠망치를 들구 金 鳳翊을 찾으레 여기더기 돌아다녔다. 그러다가 城 밖에 있넌 조고마 한 초개 마가리집에 들게 됐다. 이 집은 金鳳翊에 집인데 중놈은 그 집 쥔과 金鳳翊이란 사람이 어드메 사는디 아능가 하구 물었다. 그러 느꺼니 金鳳翊이는 金鳳翊이란 사람은 와 찾읍니까? 그 사람은 요새 집을 팔아 먹구 집이 없어서 휘지해 돌아다니는데 아마 찾기레 힘들 거우다. 근데 그 노가대⁵⁾ 같은 너석을 찾아서 무엇할라구 그룹니까? 하구 물었다.

중은 金鳳翊이란 놈이 씨름판에 나가서 우리 大師를 傷하게 하구 돈을 다 따가서 원수 갚으레구 찾는다구 했다. 金鳳翊은 이 말을 듣 구, "예에 그래요 그렇다면 내 잘 대올리우다. 그놈이 집을 팔아먹구선 낮에는 휘지해서 싸댄니다가⁶⁾ 밤이 되면 더어 앞에 있는 쉬쉬앝 가운 데 큰 팡구 우에서 자군합데다. 그놈이 늘 검덩 입성을 닙구 당기넌 것 을 봤넌데 지금두 역시 그 입성을 닙었갔디요. 그놈이 힘을 대단히 쓰 는 놈이 대서 거뜻하멘 사람을 잘 팀우다. 그러느꺼니 大師두 그놈 앞 에 가서 어물어물 하다가는 맞일 터이니 뒤루 가만히 가서 깍 붙에 잡 구 싸와야 할 게우다"구 말했다.

중은 그 말을 다 듣구 고맙다 하멘 어느 때 가면 되갔능가 하구 물었 다. 밤이 좀 들어야 둏을 거라구 했다.

밤이 돼서 중은 쇠망치를 메구 쉬쉬앝으루 갔다. 큰 팡구 우에 검은 빛을 띤 입성 입은 사람이 있어서 뒤루 가만가만 가서 있넌 힘을 다해서 망치루 그놈을 내리티구 싸우다가 결국은 그놈을 쥑이구 그 시테를 팡구 밑이 쓰러엫구 金鳳翊한데루 돌아왔다.

鳳翊이는 중을 보구 "원수를 갚았소?" 하구 물으느꺼니 당신이 잘 대 줘서 뒤루 가서 그놈에 골싸박을 망치루 내리모아 쥑이구 팡구 밑이다 쓰레닣구 왔다구 말했다. 金鳳翊이는 아아 잘했수다. 그런데 야단났수 다. 고놈에 兄弟가 五兄弟ㄴ데 적으나들은 다아 그놈보단 더 힘을 쓰 는 놈덜입니다. 만약에 그놈덜이 알멘 大師님을 가만 안 두구 어데 가 서 매 맞아 죽을 디 몰으갔수다 하구 말하느꺼니 중놈은 그렁가 하멘 나 오종 좀 누구 오갔수다 하구서 나가선 귀 떨어지면 내일 쥐 가자 하 구 혼이 나서 도망테서 갔다.

그 밤이 다 가고 날이 밝아서 봉익이는 몰로 돌아다니멘 "내가 곰 한 마리를 잡아서 데 쉬쉬앞 가운데 팡구 밑이 감추어 났다. 누구던 그 곰 꺼내서 먹을 사람 나오라"구 했다. 그러느꺼니 몰 사람들이 많이 나와 서 그 큰 팡구를 밀테 놓구 곰을 꺼내서 봉익이 앞에 개저다 났다. 봉익 이는 곰에 열[7]과 다른 긴요한 거는 다 자기레 가지구 고기며 기름이며 를 조금식 논아 주구 남어지는 팔아서 잘살다가 무진년 회통에 달구 다 리 뺏두룩 했다구 한다.

＊1938年 1月 宣川郡 南面 建山洞 金利璜

1) 볼품 없이, 추레해 가지고    2) 머리통이 큰 물동이만한    3) 엽전, 돈    4) 피해    5) 不良輩    6) 돌아다니다가    7) 쓸개

# 김선달 남의 약점으로 돈을 울궈먹다 |

넷날에 봉이 金先達 이라는 사람이 어느 날 妓生과 자구 있드 랬는데 밤이 이즉만해서 妓生에 本男便이 와서 門 열으라구 大門을 세과데 흔들었다. 妓生은 깜작 놀라 金先達과 우리 本男便이 왔으느

꺼니 나가 있으라 하멘 빨가벗은 채 金先達을 뒷문으루 내보냈다. 그리구 大門을 열구 本男便을 불러들였다. 金先達은 발가벗어서 먼 데 갈 수두 없구 해서 담을 넘어서 니웃집으루 뛰어들어갔다.

그리구 어데 숨을 데 없갔나 하구 돌아다니는데 어떤 房에서 그 집 主人이 女子 下人과 같이 자자구 하느꺼니 女子 下人이 싫다구 하멘 말다툼하는 소리가 들넸다. 金先達은 그 房에 뛰어들어가서 이년! 主人이 자자 하멘 잘 거이디 싫다는 건 무슨 소리가? 主人 말 잘 들으라! 하구 과뎄다. 主人은 난데없이 원 빨가벗은 놈이 들어와서 이러느꺼니 점적해서 어드르칼 줄 모르구 당황해 개지구 左右間 닙성이나 닙으시요 하멘 自己 닙성을 벗어 주었다. 그리구 이런 말을 절대루 남한데 말하디 말라구 부탁하구 재워 보냈다.

그런데 봉이 金先達은 돈이 쓰고푸먼 그 사람을 찾아가서 아 데 그 女子 下人이 거 거… 하구 말을 했다. 主人은 고만 점적해서 머머 그거… 하멘 돈을 꺼내 주군 했다구 한다.

*1936年 12月 龍川郡 龍川面 德峯洞 李錫泰

# 김선달과 중과 힘내기 |
넷날 봉이 金先達이라는 건달이 있었드랬는데 自己 집 우에 있넌 덜 중놈과 힘내기를 하기루 했다. 이 덜에는 힘이 꾕장이 센 중이 셋이나 있었다.

金先達은 맨제 나이 델 어린 중과 힘내기를 하게 됐다. 누구레 게수바닥[1]에 처들어 많이 박는가 하는 내기를 하게 됐다. 맨제 중이 金先達을 번적 들어서 게수바닥에 박았다. 金先達은 가슴팍이까지 칵 들어갔다. 金先達은 중을 들어서 미리 봐두었던 게수에 물근 수렁통에다 칵 박았다. 그랬더니 중은 모가지꺼지 다 들어가 박히구 나오디 못하구 죽어 버렸다. 덜에 둘채 중이 이걸 보구 결이 나서 自己허구 힘내기 하자 했다. 金先達은 그렇가자 하구 주먹으루 땅을 탁 테서 많이 들어간 사람이 이기는 거루 했다. 그래서 중이 맨제 주먹으루 땅을 텠넌데 가우 주먹만 땅에 들어갔넌데 고만 팔이 붉거뎄다. 金先達은 미리 땅을 파고 종에 같은 거루 덮구 그 우에 흙을 살작 씨워논 데를 테서 팔이 다 들어갔다. 이것을 보구 둘채 중은 앵앵 울멘 덜루 갔다.

金先達은 담에는 당수중이 올 것 같아서 큰 무쇠 지게에다 샛단을 산덤이만큼 저워 놓구 저에 색시과 잇다 뒷덜 중이 와서 나 어드 있메 있능가 뭇거덩 이자 막 새를 한짐 해다 놓구 나갔다구 말하라 하구선 밖으루 나갔다. 나간 뒤 조금 있으꺼니 뒷덜 장수중이 와서 金先達 어드메 있너냐구 물었다. 金先達에 낸이 이자 데 새 한짐 해다 놓구 밖에 나갔다구 했다. 중이 샛짐을 보구 크느꺼니 이놈이 얼마나 힘이 세길레 이런 샛짐을 지구 왔갔나 하멘 한 번 저보갔다구 젔넌데 한발짜죽 떼다가 칵 앞으루 너머데서 샛단에 깔리워 죽었다. 이렇게 해서 뒷덜 힘센 중놈 셋을 다 죽게 했다. 金先達은 나쁜 건달이긴 해두 재간은 많은 사람이었다구 한다.

*1937年 7月 宣川郡 宣川邑 川南洞 朴致熹

1) 늪바닥


# 속아넘어간 장님 | 넷날에 어늬 시골에 능측한 놈<sup>1)</sup>이 있드랬넌데 이놈이 늘

옆에 집 쇠경<sup>2)</sup>을 쇡여서 성화를 멕이군 했다.

하루는 쇠경에 색시가 보리를 마당에 널어 놓구 김 매레 가면서 달도 보구 집두 지키라 하구 나갔다. 쇠경은 달을 보느라구 훼 훼 하구 있넌데 능측한 놈이 가만히 와서 보구 데놈으 쇠경 쇡에먹갔다 하구선 맷돌을 개지구 지붕에 올라가서 둘러서 우르릉우르릉 소리를 냈다. 쇠경이 이 소리를 듣구 이거 비가 올라나 부다 하구 있넌데 능측한 놈은 솔가지에 물을 적세 개지구 쇠경에 멘상에다 뿌렸다. 쇠경은 비가 온다 하면 뜰악에 널었던 보리를 끙끙 하멘 섬에다 다 담어서 봉당에다 올레 놓구 색시레 비 맞갔다구 걱정하구 있었다. 그때 색시레 돌아와서 보리 담아 논 걸 보구 날이 쨍쨍한데 와 보리를 담았능가 물었다. 비가 와서 담아 놨넌데 님제레 우장을 안 개지구 가서 비를 많이 맞갔구만 했다. 색시는 비는 무슨 비가 오갔네 날이 쨍쨍 맑은데 했다. 쇠경은 이 말을 듣구 속은 줄 알구 "아 고놈에 능측한 놈한데 속았구나. 에에 요 담보탐 안 속넌다 안 속아" 하면 혼자 중얼거렸다.

그 뒤에 어늬 날 쇠경은 함자서 집을 지키구 있는데 달걀을 한둥지 삶아 개지구 한번에 다 먹갔다구 달걀을 밝아서 넢에 놓구 놓구 했다. 능측한 놈이 이걸 보구 가만가만 와서 밝아 논 달걀을 하나하나 채먹구 후양을 쇠경 넢에 놓구 나왔다. 쇠경이 달걀을 다 밝아 놓구서 먹갔다구 달걀 논 데를 찾아보느꺼니 달걀은 없구 웬 광이레 있어서 요놈에 광이레 달걀 밝아 논 것 다 채먹었다구 증이 나서 후양을 쭉쭉 쪘다. 색시레 참밥 먹으레 둘왔다. 이걸 보구 와 후양을 째능가 물었다. 쇠경은 요놈에 광이레 달걀 밝아 논 거 다 채먹어서 그른다 했다. 색시는 "그거 광이가 아니구 후양이얘요. 님제 또 고놈한데 또 속았수다" 했다. 쇠경 두 그렇구만 인제는 고놈한데 안 속는다구 했다.

또 하루는 색시레 김 매레 가서 쇠경은 집을 지키다가 호미를 들구 광이[3] 밭을 매갔다구 매구 있었다. 능측한 놈이 와서 이걸 보구 다루[4]에다 바늘을 꽂어서 쇠경 김 매는 팡에 밭에 놔뒀다. 쇠경은 팡이를 움겨쥐구 맬라구 하다가 고만에 바늘에 찔였다. 쇠경은 맨재 보느꺼니 길다만 게 있어서 아이구 뱀한데 물렀다 하면 그 뱀을 잡아죽이갔다구 온 팡이밭을 헤매서 다 즌니구 말았다. 그리구 집에 들어가서 헌겁으루 손가락을 동에메구 있었다. 색시레 와서 보구 와 손구락을 동에맸능가 물었다. 팡이밭 매다가 뱀한데 물레서 그른다구 했다. 색시는 팡이밭에 무슨 놈에 뱀이 있갔소. 또 고놈한데 속았수다구 말했다.

＊1932年 8月 宣川郡 深川面 月谷洞 金勵殷
1) 陰凶한 놈. 잔꾀가 많아서 남을 잘 속여먹는 놈    2) 소경    3) 파    4) 다리, 女子 머리를 장식하는 머리칼의 묶음

# 김선달과 장님 |

넷날에 鳳伊 金先達이라는 사람이 있었드랬넌데 어늬 날 이웃집 쇠경네 집이 놀러 가느꺼니 쇠경이 마늘밭을 매구 있었다. 金先達은 바늘을 개지구 가서 쇠경에 미꾸넝을 꼭 찔렀다. 그러느꺼니 쇠경은 아쿠쿠 하면 독새가 물어서 난 이전 죽게 됐다구 과텠다. 그리구 난 인체 죽게 됐으느꺼니 平生에 도와하는 달걀이나 싯컷 삶아먹구 죽갔다 하면 달걀을 한 바구니 꺼내서 삶아서 房안에 개지구 들어가서 밝았다. 하나하나 밝아먹는 것보단 다 밝아서 한 번에 먹갔다구 밝아선 넢에 놓구 놓구 했다.

金先達은 가만히 들어와서 쇠경이 밝아 논 달걀을 하나하나 다 집어먹었다. 쇠경은 달걀을 다 밝아 놓구 먹을라구 하넌데 하나투 없어서 이놈에 광이레 다 먹었다구 증이 나서 광이를 잡갔다구 집안을 쏠멘 돌아가다가 가죽 휴양이 손에 잡히느꺼니 이거이 광이인 줄 알구 찢어서 당때기에다 높이 매달아 놨다. 저녁때가 돼서 집안 사람들이 일 나갔다가 돌아와서 당때기에 가죽 후양이 걸레 있는 거를 보구 와 가죽 후양을 찢어서 매달았능가 물었다. 마늘밭을 매다가 독새한데 물레서 죽게 돼서 죽을 바에야 달걀이나 싯것 먹구 죽갔다구 달걀을 삶아서 밝아 논 거를 광이레 다 채먹어서 증이 나서 찢어 매달았누라구 말했다.

다음날 쇠경네 집이서는 날기[1]를 넣어 놓구 온 집안이 김매레 나가멘서 쇠경과 집 잘 지키라 하구 나갔다. 그래서 쇠경이 집을 지키구 있넌데 날이 더워서 뜰악에 나가 누어 있었다. 金先達이 이거를 보구 빈망[2]을 빙빙 두루멘 솔나무가지에 물을 적셔서 쇠경에 상에다 살살 뿌

렌다. 그러느꺼니 쇠경은 우뢰가 나구 비가 온다구 날기 몽석[3]을 걷구 멕[4]에다 날기를 다 담아 났다. 집안 사람이 돌아와 보구 쨍쨍 맑은 날에 와 날기를 다 걷우어 났능가 물었다. 쇠경은 아니 날이 쨍쨍하다니 우뢰질하구 비가 왔드랬는데… 하 고놈에 鳳伊 金先達이란 놈이 장난질 했구나 하구 혼자 중얼거리며 인자는 안 속갔다 하구 있었다.

다음날 쇠경네 집이서는 날기를 널어 놓구 집안 사람이 김 매레 나갔다. 쇠경 함자 집을 지키넌데 하늘이 우루룽우루룽 하멘 비가 오기 시작했다. 쇠경은 이놈으 金先達 또 장난하누나 너 아무리 그래 봐라 안 속넌다 하구 있었다. 그런데 이제는 정말 비가 와서 날기 몽석이 다 떠내러갔다.

그 후 어늬 날 金先達이 쇠경네 집이 와서 큰아바지 큰아바지 하구 불러서 우리 호박 도죽질이나 갑세다 했다. 쇠경이 가자 해서 가기루 했넌데 金先達은 쇠경을 업구 집 밖구를 몇 번 돌다가 다시 쇠경네 집에 돌아와서 쇠경을 지붕에 올레보내서 호박을 따게 하구 따주는 거를 다 받아 개주구 저 집이루 달아뺐다.

＊1933年 7月 博川郡 北面 長新洞 張炳鶴

1) 곡식   2) 맷돌   3) 멍석   4) 먹사리


# 장님을 속이는 김선달 | 넷날에 뽕일이 金先達이란 사람이

있었드랬는데 이 사람이 하루는 이웃집에 사는 쇠경네 집이 와서 오늘은 날이 더우느꺼니 맥[1] 감으레 나가자구 했다. 쇠경이 가자해서 金先達은 쇠경을 대불구 쇠경에 집을 대여섯 바구 돌다가 그 집 재통깐에 들어가서 오줌통에 큰 돌을 디리 테서 툼벙 소리를 내구선 내레 이렇게 물 속에 들어왔으느꺼니 님제두 날래 둘오라구 했다. 쇠경이 닙성을 벗구 소리나는 데루 뛰어들었넌데 고만에 오줌만 먹게 됐다.

고 담에 하루는 金先達이 쇠경보구 귀이[2] 잡으레 가자구 했다. 쇠경
이 가자 해서 또 쇠경을 끌구 집을 멫 바구 돌구 여기서 귀이 잡자 하멘
띠뎅이[3]를 집어 주멘 이거이 귀이다 잘 받아 두라 했다. 어느만큼 귀이
를 잡아서 쇠경은 그걸 집이 개주구 와서 물동우 안에다 너났다. 그리
구 저 색시레 돌아오느꺼니 내레 귀이를 많이 잡아다 물동우 안에 니어
났다구 했다. 쇠경에 색시가 물동우 안을 보느꺼니 띠만 있어서 띠를
네놓구 귀이 잡아다 넀다구 한다구 하느꺼니 쇠경은 아아니 귀이를 티
겁게시리 띠라구 한다구 증을 냈다. 색시레 띠를 갯다 주멘 이거이 머
가 귀이가 띠 아닌가 했다. 그때야 쇠경은 뽕일이 金先達한데 쇡이운
줄 알았다. 또 하루는 뽕일이 金先達이 쇠경한데 와서 우리 심심한데
호박 채러 가자구 했다. 쇠경이 가자 해서 쇠경을 끌구 쇠경네 집을 연
닐굽 바구 빙빙 돌구 나서 머언 마을에 왔으꺼니 여기서 호박을 많이
따개지구 가자 하구 쇠경을 지붕에 올리웠다. 쇠경이 호박을 따서 주면
뽕일이 金先達을 이것을 받았는데 많이 딴 담에는 이것을 다 개지구
저에 집으루 다라왔다. 쇠경은 아직두 모르구 호박을 따구 있었다. 쇠경
에 색씨가 밖에서 돌아왔넌데 쇠경이 저으 집 지붕서 호박을 따구 있는
지를 보구서 "와 익디두 안은 호박을 따구 있네?" 하구 물었다. 쇠경은
"야야 가만 있으라. 놈에 호박 채느꺼니 가만 있으라"구 했다. 쇠경에 색
시는 "뭐이 놈으 집 호박이가. 우리 집 호박을 따구 있이멘" 했다. 이 말
을 듣구 쇠경은 또 金先達한데 속았다구 하드래.

＊1934年 7月 博川郡 南面 孟中洞 李明赫

1) 목욕    2) 게    3) 똥덩어리

# 김선달 장님을 울궈먹다 | 봉이 金先達
은 하루는 쇠
경을 쇠게 먹갔다 하구서리 다락을 높이 매구서 고기에 쇠경들을 많이

모아다 앉히구 그 다락 아레에는 버치 깨진 거, 기와당 깨진 거, 사발 깨진 거 들을 많이 모아다 쌓아 놓구 그 넢에서는 달구 뻬다구 소 뻬다구 같은 거를 줏어다 한솥 닣구 불을 때멘 끓이구 또 한켄서는 빈 도마를 탕탕 티구 있었다.

다락에 올라앉은 쇠경들은 뻬다구 삶은 냄새가 구수하게 올라오는 걸 맡구 또 도마 뚜드르는 소리를 듣구 야아 金先達 우리들 멕일라구 벨 반찬을 작만하누만 하구 도와라구 하구 있었다. 그때 가만히 가서 쇠경에 넙꾸리를 쿡쿡 집어깠다. 그러느꺼니 쇠경은 넢에 있는 다른 쇠경에 넙꾸리를 집어까멘 "와 남 가만 있는 거 집어까네?" 했다. "내가 언제 집어까? 님제두 한번 집어까 보일레?" 하멘 서루가락 집어까며 다툼질이 났다. 그러느꺼니 매논 다락이 흔들흔들 흔들리기 시작했다. 이때 金先達은 다락 매논 새끼줄을 끊었다. 그러느꺼니 다락은 아래루 떠러데서 윙가당 쟁가당 하멘 그릇 깨지는 소리를 냈다. 이때 金先達은 "당신덜 가만 있디 않구 쌈질하다가 다락이 떠러데서 빌려온 수탄 그릇들 다 깨트러 났구만" 하면 과뎄다. 그러니까네 쇠경들은 未安하다구 빌려온 그릇값을 물어주라구 수탄 돈을 모아서 주었다.

＊1936年 12月 宣川郡 水淸面 古邑洞 李鐵檥


# 중을 속인 김선달 | 넷날에 한 시골에 봉익이 金先達이라는 사람이 있었드

라는데 이 사람이 하하[1] 사람을 속에먹드랬는데 이젠 더 속에먹을 군이 없어데서 하루는 무슨 생각이 났던지 自己 집을 팔구 산골 덜 앞에다 집을 짓구 살았다. 그러느꺼니 댕내가 이건 와 집을 팔구 이런 山골 덜 앞에다 집을 짓구 사능가 하구 물었다. 金先達은 "이젠 속에 먹을 군이 없어데서 여기루 왔넌데, 이 뒷 덜 중은 생전에 한 萬兩은 작만해 났을 거이느꺼니 그걸 쇡에먹을라구 여기 왔음메" 하구 말했다. 댕내

가 어드릏게 그 중에 돈을 속에먹갔능가 하느꺼니 金先達은 쇡에먹을
방법이 다 있으꺼니 늼제는 두고 보기만 하라구 했다. 그리구선 댓
등 중을 만나보갔다 하구서 뒷 덜루 올라갔다.

덜에 가서 중과 인사를 하구, "나는 요 앞 집에 사는 金先達이란 사람
이외다. 이런 山골에 와서 살구 보니 사람덜두 업구 갈 데두 없구 해서
아조 심심해서 스님과 말이나 나누자구 놀레 왔수다" 하구 말했다. 그
러느꺼니 중은 "참 잘 왔수다. 우리 잘 좀 친해 봅시다" 하구 말했다. 그
래서 그 후보탐 자주 놀루 가서 親해데서 중두 金先達에 집이 자주 오
구 또 자구 가기두 하구 했다.

어늬 날 金先達은 저 댕내과 이젠 됐다구 했다. 댕내는 됐다는 거
머이 어드릏게 됐다는 거요 하구 물으니까 늼제레 중하구 도와하는 테
하는 경우만 중에게 보이라구만 말해 주었다. 하루는 중이 金先達네
집이 내리와서 金先達은 "난 오늘 당에 좀 갔다 오갔넌데" 하구 말하
느꺼니 중은 "당에 가실레우? 고롬 나는 가갔수다" 하면 덜루 올라갔
다. 金先達은 당에 간다구 나갔다가 이윽만해서 되돌아왔다. 뒷 덜 중
두 해와나²⁾ 하구 金先達네 집에 와서 뒷門 밖에 세서 그 집 동정을 살
피구 있었다. 이거를 金先達은 눈치 채구 저에 댕내과 쌈하는 테하멘
"놈증이 나서 그르넌데 늼제레 와 성화대누?" 하면 고왔다.

金先達 댁내는 증은 무슨 놈에 증? 하멘 맞었다. "야 당거리에 천이
둏은 거이 나와 있는데 七百兩 달라는데 고놈에 거 돈이 있어야 사디"
"그걸 사서 무엇 하갔소?" "그걸 사개지구 한 닷새 있다가 팔문 三千兩
은 남는 거구 한 보름만 두구 팔멘 六千兩이 利가 남는 건데 방사완 놈
두 그 主人놈두 그걸 모른단 말이야. 그놈덜 당세를 하는디 마는디 알
수레 없구만. 그런 니 남은 천을 七百兩만 있으문 사야 하넌 건데…" 하
구 말했다. 그때 先達님 게시우 하구 중에 목소리가 났다. 金先達은 거
누구요 하느꺼니 나우다 하멘 門을 열구 중이 들어왔다. 와들 과때티멘
쌈을 하능가? 하구 중이 말해서 金先達은 사람 속상해서 죽갔수다. 큰

니익이 날 천이 당에 나왔넌데 그걸 못 사니 이런 안타가운 일이 어데 있갔소 하구 한숨을 쉬었다. 중은 그 천이 상구두 안 팔리구 있갔소? 하구 물었다.

金先達이 있기만 하느꺼니 중은 웃슬하멘 "고롬 내레 엄을 써줄 터이느꺼니 그걸 개지구 아무개 商店에 가서 돈을 찾아 그 천을 사보시구레" 했다. 金先達은 중에 엄을 받아 개주구 가서 돈을 찾아 개주구선 自己 지갑에 넣구 집이루 돌아왔다. 중이 기다리구 있다가 일이 잘 됐능가 해서, "잘되기만 그 천을 사서 니를 많이 볼라구 볼세 실레 보냈습메" 하구 말했다. 그리구 "이런 판국에 이러구 있을 짬이 없수다. 말에 좀 갔다 와야갔넌데 우리 낸은 무섬을 많이 타너꺼니 大師레 동무 좀 해주구레" 하군 휑 나갔다. 밖알은 볼세 어두워데서 잘 시간이 됐다. 그런데 金先達은 오딜 안 서서 중은 웃간에서 자갔다구 웃간으루 올라갔다. 金先達에 낸은 아르간에서 쉬시라우요 하멘 아르간으루 내리오라구 했다. 중은 웃간에두 둏수다 하멘 거기서 잘 채비를 하구 있었다. 金先達에 낸은 아르간으루 내리오멘서 나 혼자는 미서워서 못 자갔시요 했다. 중은 이 말을 듣구 고롬 아르간에서 자갔수다 하구 네레왔다. 그리구 중은 쭉 빨가벗구 니불 속으루 들어갔다. 조금 있다가 金先達이 돌아와서 門 열라구 과뎄다. 낸은 중이 쪽 빨가벗구 자는 거를 니르나게 하구 급해서 웃간 농 사이에 앉히우구 물을 끼얹구 회가루루 중에 온몸에 발라서 쌔하게 해논 담에 門을 열어 주었다. 金先達은 둗우와서 "중보구 동무하라구 했넌데 갔습메?" 하구 물었다. "아니요 웃간에서 자무다." 응 그래 하멘 웃간으루 와서 보구선, "참 권선이 둏긴 둏구나. 산 중이 불세 부테레 돼서 있으니, 참 권선이 둏기는 둏구만, 그런데 좀 못된 거이 있어" 했다. 金先達은 낸이 못된 거이라는 거 뭐이개? 하느꺼니 부테레 좆이 너덜너덜 해서 재미레 없어 하구 말했다. 낸은 고롬 재미없넌 거 잘라 내티우멘 되겠수다 하멘 칼을 개저다 우덩 門턱에다 칵 뇌멘 칼 받으시라우 했다. 중은 金先達에 부체끼리 하는 말을 듣구 있누라니 좆을 베이게 돼서 고만 급해마저서 뛰테나갔다. 金先達은 이 거를 보구 참 권선이 동긴 동구나 이자껏 부테둥 거이 볼세 神仙이 돼 서 하늘루 올라가누나 하구 말했다.

이 중놈은 점적해서 먼 고당으루 가삐리구 다시 오디 안했넌데 金先 達은 중에게서 쇡에 낸 돈개지구 잘살았다구 한다.

＊1932年 8月 宣川郡 深川面 月谷洞 金勵殷

1) 하도 많이　　2) 어찌 되었나


# 김선달 중을 울궈먹다 | 金先達이 어늬 날 거리를 나와

돌아다니다가 중이 동냥해서 돈을 수태 번 거를 보구 올타, 데 중에 돈 을 좀 울거먹어 보갔다구 하구 그 중에 뒤를 살살 따라다니다가 중이 어떤 네관에 드느꺼니 자기도 그 네관에 들었다.

그날 밤 네관에서는 벡에서 가이장국을 맛있게 끓이구 있었다. 金先 達은 자다가 니러나서 옆에서 자는 중에 닙성과 감투를 베께서 白己가 닙구 쓰구 하구선 벡에 나가서 그 집 주인과 "小僧은 너무나 가이 고기 레 먹구파서 몰레 내리왔수다. 가이 고기 좀 삽수다" 하구 말하느꺼니 主人은 그카라 하구 가이 고기를 한무큼 베주었다. 金先達은 먹구푼 대루 싯컨 먹구 방으루 둘와서 잤다. 다음날 아침에 金先達은 밥값을 치르구 맨재 네관을 나갔다. 중두 뒤에 밥값을 치르구 나올라 했다. 主 人은 데 중이 언 나줘 먹은 가이 고기 값을 여러 사람 있는 데서 치르기 가 점적해서 우선 맨재 밥값만 치르구 고기 값은 몰래 살작히 치르겠디 하구 경우만 보구 있었드랬는데 중은 밥값만 내구 그대루 갈라구 했다. 그래서 쥔은 "여보 여보 대사, 가이 고기 값은 와 안 내능가?" 하구 말했 다. 중은 이 말을 듣구 깜작 놀라 小僧은 가이 고기 먹은 적이 없습니다 하구 말하느꺼니 쥔은 언 나줘 벡에 내리와서 먹잔았능가 하구 큰소리루 말했다. 그러느꺼니 중은 "누구를 쥑일라구 그런 말 합니까. 중이 어드룽게 가이 고기를 먹갔습니까. 小僧은 가이 고기 먹은 적이 없읍니다" 하구 말했다.

이래서 중과 줸 사이에는 먹었다 안 먹었다 하멘 다투게 됐다. 金先達은 다투는 소리를 듣구 가던 길을 되돌아서서 달려와서 와딜 그러능가 하구 물었다. 主人은 이넘애 중놈이 어제 나줴 가이 고기를 먹구 안 먹었다 하멘 돈을 안 내서 그른다구 했다. 중은 내레 고기를 먹은 일이 없넌데 먹었다구 고기 값을 내라 하니 이건 사람 쥑이는 말이 아닌가 했다. 金先達은 두 사람 말을 다 듣구서는 主人과 "중이 어드룽게 고기를 먹갔소. 설혹 중이 가이 고기 먹갔다 할지라두 주딜 안했어야 할 게 아닌가, 준 놈이 더 나쁘다. 이 중을 쥑일라구 하는 차부¹⁾가 아닌가?" 하구 말했다. 主人이 金先達에 말을 듣구 보니 경우에 몰릴²⁾ 것 같거덩. 그래 할 수 없이 돈두 안 받구 가라 했다.

金先達은 이렇게 해서 중을 무사히 구해 개지구 같이 가면서 님제레 덩 가이 고기 안 먹었능가 하구 물었다. 중은 절대루 안 먹었다 하면 "참 당신 아니문 큰일 날 뻔했소. 당신에 은혜는 잊디 않갔소" 하멘 고맙다구 몇 번이구 인사했다.

金先達은 이 중을 自己 집에 데불구 와서 이렁데렁 말하다가 낼은 平壤監司레 새로 到任하는 날이라는데 우리 구경가디 안 가겄능가 하구 말했다. 가갔다구 하느꺼니 監司到任 求景할 적에는 사람두 많구 官屬들이 단속두 심하느꺼니 잘못하다가는 죽게 되느꺼니 언제나 나를 보구 있다가 나 하라는 대루 해야 한다구 말했다. 그리구 다음날 金先達과 중은 監司到任 求景을 나갔다. 중은 길 데케에 서서 보구 金先達은 길 이켄에 서서 보기루 했다. 그리다가 監司到任行次레 마악 시작해서 길에는 사람들이 얼신두 못하게 됐을 때 金先達은 귀에다 손을 대구 오라는 손짓을 했다. 중이 이것을 보구 監司到任行次 앞을 뛰어왔다. 앞에 있던 下人이 잡구서 몽둥이루 때렸다. 金先達은 달라가서

와 그러능가 물었다. 下人은 재수없게시리 平壤監司 到任行次 앞을
다라뒈서 그른다구 했다. 金先達은 그렁가 이놈은 내레 맡아서 어텋갈
터이니 당신은 어서 가서 볼일이나 보구레 했다. 下人은 고롬 先達님
께 마낌으다 하면 데켄으루 갔다.

　金先達은 중을 自己 집으루 데리구 와서 아아니 大師님은 무슨 지
랄증이 나서 거기가 어데라구 到任行次 앞을 건너왔능가, 이젠 大師
님 죽게 됐수다 하구 말했다. 중은 나는 先達님이 하라는 대루 하라구
해서 先達님이 귀에 손을 대구 오라구 손짓을 해서 그래 간 건데 하
구 말했다. 金先達은 이 말을 듣구 "내레 언제 大師보구 오라구 했능
가 내레 귀가 가리와서 손구락을 귀에 닣구 휘빈 것뿐인데, 근데 참 야
단났소. 인제는 別數 없수다. 이대루 다라뒈서 어디가 숨어서 다씨는
나타나디 않을 수밖에 없소. 뒷일은 내가 책임지구 어드륳게 해보갔수
다" 하구 말했다. 중은 急해마자서 동냥해서 얻은 돈 바랑을 그대루 두
구 도망해 갔다. 그런 담에 金先達은 거리루 나가서 중 하나이 동냥하
구 돌아다니는 것을 보구 동냥 많이 줄 건 우리 집이 가자 하구 그 중
을 自己 집이루 끌구 와서 이렁데렁 말을 하구 있었다. 그때 下人이
와서 어제 잡은 중놈 어드메 있능가 해서 金先達은 여기 있는 중이다
하멘 앞에 있는 중을 가르켔다. 下人은 두말 않구 그 중을 대불구 갔넌
데 공용한 중놈만 죽게 되갔디.

*1938年 1月 定州郡 定州邑 城內洞 林恒信

1) 심사　　2) 사리에 맞지 않은


# 김선달 돈 없이 서울 가다 | 넷날에 어<br>느 골에

金政丞 李政丞이 있드랬는데 이 사람에 아덜덜이 과개보레 서울루 간
다구 하느꺼니 봉익이 金先達두 自己두 서울 과개보러 가느꺼니 함께

가자 했다.

政丞 아덜덜은 님제는 돈두 없구 헌데 어드릏게 서울 가갔다구 하네 하느꺼니 金先達은 "당신네 신세 안 지구 가갔으느꺼니 항께 가게만 해주시단" 했다. 그래두 항께 갈 수레 없으느꺼니 서울 갈 생각은 그만 두라구 말했다. 金先達은 이 말을 듣구 고롬 안 가갔수다 하구 저 집으루 갔다. 그런데 金先達은 몰래 政丞 아덜덜 뒤를 따라서 가서 밤에는 政丞 아덜덜이 쉬구 있는 주막에 찾아가서 주막꿘과 모밀을 내주멘 이 거를 밥하는 뒤끝에다가 좀 었혔다가 달라구 했다. 이릏게 해서 모밀밥을 먹구서 政丞 아덜이 묵구 있는 방에 가서 당신덜과 항께 서울 갈라구 따라왔수다 하구 말했다. 政丞 아덜덜은 할수레 없으느꺼니 고롬 항께 가자 하구 金先達과 항께 가기루 했다.

다음날 아침에 金先達은 뒤를 보구 나서 띠를 두적두적 하면 무언가 얻을려구 하구 있었다. 政丞 아덜덜이 이걸 보구 님재 거기서 무얼 하네 하구 물었다. 엇저낙에 먹은 모밀을 얻구 있수다. 모밀은 와 얻능가 하구 물으느꺼니 나는 돈두 없구 새로 밥두 사먹을 수레 없어서 엇저낙에 먹었던 메밀밥알을 띠 속에서 얻어서 당신네 밥하넌 데 앉혔다가 먹을라구 그름우다구 말했다. 정성으 아덜덜은 이 말을 듣구 "에이 티꺼워서 어카간. 고까짓 거 얻딜 말라. 온 나줘부탄 우리 밥 멕에 줄람" 하구 말했다. 그래서 金先達은 그 뒤 밥 한 상 안 사먹구 서울꺼지 올라갔다.

＊1932年 8月 宣川郡 深川面 月谷洞 金勵殷

# 김선달 돈벌기 │ 봉익이 金先達이란 사람은 돈이 없어데서 살기가 어려웁게 되느꺼니 돈을 벌을 꾀를 생각해 내 가주구 自己 집에 불을 노와 다 태우구 재만 남게 했다. 그리구 몰로 돌아다니멘 재 한 바리에 한 돈 재 한 바리에 한 돈하구 외텄다. 사람들이 이 소리를 듣구 재 한 바리에 한 돈이라

문 혹게 늑거던.[1] 그래서 사람들이 나두 나두 하구 金先達네 집에 모여 왔다. 金先達은 님제 멫 바리 님제는 멫 바리 하멘 꼭꼭 다 적어 놓구 "자, 이젠 재를 됩세" 하구선 벡에 가서 큼즉한 밤바리를 개주구 나와서 한 바리에 한 돈 한 바리에 한 돈 하멘 되어 주구 돈을 수태 벌었다.

*1937年 7月 宣川郡 南面 建山洞 金利璜
*1937年 7月 宣川郡 宣川邑 川南洞 高鳳虎
*1937年 7月 定州郡 定州邑 城內洞 林信恒

1) 값이 싸거든

# 김선달 일화 | 金先達이 하루는 아 죽은 거를 꽁데다가 어떤 과부네 집 뜰악에다 팽개테 너두었다. 그리구 다음날 그 과부네 집에 가서 일할 것 없능가 하구 물었다. 과부는 있다 하멘 어드른 놈이 아 죽은 거 꽁데서 우리 집 뜰악에다 팽개텠으느꺼니 그걸 개저다 묻어 달라구 했다. 金先達은 이 말을 듣고 "이거 나라서 알문 당신이 아를 낳구 쥑인 거라 할 거요. 과부가 아를 나서 쥑이문 큰 벌금을 물어야 하는 건데 그리 알구 하시래요" 하구 怯을 먹게 말했다. 과부는 큰일 날 것 같아서 삯을 많이 줄 꺼이느꺼니 암두 모르게 날래 묻어 달라구 했다. 이렇게 해서 金先達은 과부한데 큰 돈을 읽어내 개젔다구 한다.

*1934年 7月 博川郡 南面 孟中洞 李明赫

# 奇智 있는 趙介達 | 넷날에 趙介達이라는 사람이 있었드랬는데 이 사람은 말 재간이 많았다구 한다. 이 골 座首가 이 사람하구 사귀멘 말씨름을 하넌데 언제나 趙介達한데 지기만 했다.

어느 날 趙介達이 座首네 집에 놀레 왔드랬는데 座首는 가만히 下人을 불러서 趙介達이 돌아갈 때 門을 다 나가기 前에 門을 얼른 닫으라구 말했다. 趙介達이 놀다가 나갈 적에 下人은 얼른 門을 닫았다. 그랬더니 趙介達에 도포 자락이 門쩜에 걸렸다. 座首는 "님제 꼬리가 門쩜에 걸렸너" 했다. 그러느꺼니 趙介達은 "오양간이 좁아서 그렇게 됐군" 했다구 한다.

＊1934年 7月 宣川郡 山面 下端洞 金國柄

# 奇智 있는 趙介達 | 義州에 趙介達이라는 座首가 있었더랬는데 이 사람은 말 재간이 둏구 어려운 일을 당해두 덤베디 않구 잘 처리해 나가는 사람이드라구 한다. 趙介達은 큰아바지 祭祀를 지내게 되느꺼니 義州府使는 祭需에 쓰라구 말좇을 잘 싸서 보냈다. 趙개달은 사뚜가 보낸 祭需라구 해서 단정히 앉아서 풀어 봤넌데 말좇이 나와서 이거 사뚜레 날 놀리레구 이랬구나 하구 도루 싸서 한켄에 놔두었다.

다음날 趙개달이 仕進[1]하느꺼니 사뚜가 어제 祭需 하나 보냈넌데 받아서 잘 썼능가 하구 물었다. "네에 잘 받았수다. 그런데 사뚜님 祭祀退物이 돼서 쓰딜 못했습니다" 하구 대답했다. 사뚜가 그거이 祭祀退物이라는 거를 어드룿개서 아능가 하구 물으느꺼니 "꽂은 자리가 있어서 사뚜님 祭祀退物인 줄 알았습니다구" 했다. 사뚜는 이 말을 듣구 점적해서 암쏘리두 못했다.

그 후 사뚜는 趙개달을 놀리워 보려구 下人덜과, 조개달이 들어오는 門앞이 마루창을 뜯어 놓구 趙개달이 들어오다가 빠지두룩 해놓구 빠저서 마루 밑이루 떨어지멘 모두 크게 웃으라구 말해 두었다. 그러한 담에 趙개달이 들어오다가 마루창이 빠지멘 조개달이 마루 밑이루 쑥 떨어뎄다. 사뚜와 下人들은 이걸 보구 하하하 하구 웃었다. 趙개달은 상두

변하디두 않구서 "에이끼 넘딜. 어른이 下棺하넌데 울디 않구 와 웃네?" 하멘 과뎄다. 이러구 보니 사뚜는 趙개달에 아들이 된 셈이 됐다.

　어늬 날 사뚜는 趙개달을 데불구 소풍나갔다가 길가에서 장승이 세 있는 걸 보구 趙개달보구 더 길역에 서 있넌 당승²⁾이 님제 祖上 아닌가 가보구 오라구 했다. 趙개달은 당승 있넌 데 가서 보구 와서 "데 당승은 저에 조상이 아니구 사뚜님에 祖上입두다"구 했다. 그건 멀 부구 그러능가 하느꺼니 "에에 당승이 사뚜님과 같은 紗帽角帶를 하구 있어서 아무다." 그러느꺼니 사뚜는 또 점적해서 암쏘리두 못했다.

　義州府使는 江界府使가 마이³⁾ 둏은 거를 두 마리 멕이구 있다는 말을 듣구 이걸 사개지구 싶은데 趙개달을 보내야만 사올 수 있을 것 같아서 趙개달보구 江界원한데 가서 마이를 사 오라구 했다. 趙개달은 江界원님한데 가서 마이를 사레 왔다구 했다. 그러느꺼니 江界원님은 큰 마이는 義州府使에 큰댕내를 주어야 팔구 자근 마이는 자근댕내를 주어야 팔갔다구 했다. 趙개달은 이 말을 듣구 고롬 사뚜는 본 값을 불으무다레 했다. 그러느꺼니 江界府使는 고만에 점적해서 거저 가저가라구 했다. 왜 江界원이 점적했능가 하멘, 本 값 불른다 하느꺼니 自己레 큰 마이를 큰댕내 주구 사구 작은 마이는 작은댕내 주구 샀다는 말이 돼서 그렇다는 거우다.

　어늬 날 義州府使는 趙개달이 없는 쪔에 여러 官屬한데 낼은 달걀을 하나식 개구 와서 내노라 하문 일제 내놔라구 말해 두었다. 고 담날 사뚜는 여러 官屬과 달걀을 내노라 했다. 그래서 官屬들은 모두 다 달걀을 내놨넌데 趙개달만은 내놓디 못했다. 사뚜는 趙개달은 와 달걀을 내놓디 안능가 물었다. 그러느꺼니 趙개달은 낭 손으루 낭 너꾸리를 탁탁 티멘 꼭꼬오 하구 울었다. 숫탈이 돼서 알을 못 나서 안개왔다는 말이다. 이러구 보니 사뚜두 암탁이 되구 만 셈이다.

＊1938年 1月 龍川郡 東下面 三仁洞 文信珏

1) 원님 앞에 출근　　2) 장승　　3) 매, 鷹

# 거짓말 |

넷날에 한 넝감이 있드랬넌데 이 넝감은 겁소리[1] 만 적어논 책을 개지구 있어서 누구던지 와서 돈을 내구 겁소리해서 그 책 안에 없는 겁소리 하는 사람한데는 내논 돈에 곱절을 주구 책에 적힌 겁소리를 하문 내논 돈을 주디 않갔다구 광고를 냈다. 그러느꺼니 숫탄 사람이 와서 겁소리를 해봤넌데 그 겁소리는 모두 다 책에 적혜 있어서 겁소리하레 온 사람들은 돈만 빼틀리우구 말았다.

하루는 한 여남 살 난 아레 이 영감한데 찾아와서 내레 겁소리하레 왔넌데 내가 한 겁소리가 넝감에 책에 적혜 있으문 내레 넝감에 집에 十年 동안 돈 안 받구 절게살이를 하갔구, 그 겁소리가 책에 없으문 넝감이 나한데 千 냥을 주어야 하갔넌데 그캐두 둏갔소? 하구 말했다. 넝감은 그카자 하구 겁소리 하라구 했다. 이 아는 고롬 하갔시다, 하멘 "우리 고장에서는 돈 한 푼 쓰디 않구 돼지고기를 실컨 먹는 방법을 쓰구 있이요. 어드렇게 하넌구 하면 돼지새끼레 나문 무쇠털갑[2]을 입헤요. 무쇠털갑에는 구넝이 여기더기 뚫어 있넌데 돼지새끼를 잘 멕이문 살이 쩌서 그 살이 무쇠털갑에 구넝으루 뻬죽뻬죽 나오넌데 그 나온 살을 베서 먹넌데 고기는 고기대루 먹구 돼지는 죽디 않구 살아서 또 살이 나오군 하넌데 이캐서 돈 안 들이구 돼지고기를 실컨 먹어요" 했다.

넝감은 이런 겁소리를 생전 첨 듣는 거이구 그 책에두 적혜 있디 안했다. 그래서 넝감은 고만 돈 千냥을 내줬다. 넝감은 이저꺼지 겁소리하레 온 사람에게 돈을 내준 일이 없었넌데 이번에 千 냥이나 내주게 돼서 고만 분이 나서 돈 千 냥을 도루 찾구 이넘을 十年 동안 거저 부레먹갔다구 겁소리 하나 더 해보라구 했다. "예 하갔시요. 우리 동네서는 바쁘게 일 않구 놀멘 농세를 지어요. 어드렇게 하능가 하문 밭에 좁씨를 훨훨 뿌리구 그 우에 그물을 넓게 페티구 밭에 네 귀에 말뚝을 박구 네 귀 말뚝에 이 그물을 자매두멘 조는 자라서 그물 우루 나와서 이삭이 달리넌데 갈에[3] 조이삭이 익으문 네 귀에 매논 끈을 풀구서 그물을 우루 잡아올

니무 조이삭은 그물에 떨어지구 좃대는 근냥남아 있이요. 이렇게 농세를 지느꺼니 바쁠 것두 없구 놀멘 농세하디요" 하구 말했다.

넝감이 들어보느꺼니 이것두 첨 듣는 겁소리구 그 책에두 없었다. 그래서 넝감은 그동안 따논 돈과 집에 모다 논 돈을 모두 합해서 주게 됐다. 이 아는 겁소리 또 할가요 하구 물으느꺼니 아이고 고만고만 가라구 했다구 한다.

＊1937年 7月 義州郡 古津面 樂元洞 張俊根

1) 거짓말   2) 무쇠로 된 갑옷   3) 가을에


# 거짓말로 장가들다 | 넷날에 한 사람이 딸 하나를 두구 그 딸이 시집

갈 나이가 돼서 사우감을 고르는데 겁소리 세 마디 하는 총각을 사우 삼갔다구 했다. 그러느꺼니 많은 총각덜이 와서 겁소리를 하넌데 이 넝감은 총각덜이 하넌 겁소리를 두 번꺼지는 겁소리라구 하넌데 세 번째는 겁소리 아니라구 하멘 내쫓군 했다. 그러느꺼니 숫탄 총각덜이 겁소리하레 왔다가는 다 쪼게나군 해서 인자는 겁소리하레 오는 총각이 없게 됐다. 그러구 있넌데 하루는 한 총각이 와서 내레 겁소리 세 마디 하문 사우 삼갔능가 하구 물었다. "고롬 겁소리 세 마디 하문 사우삼디." 고롬 하갔수다 하멘 배 한 개를 내놓구서리 "이 배는 말이우다, 다른 배가 아니구 은진미럭 머리 우에 열렸던 배우다.

은진미럭 부테님에 머리 우에 배나무가 하나 있넌데 이놈에 배낭구에 열린 배를 딸 수가 있이야디요. 그래서 여러 가지루 궁리한 끝에 댕개지¹⁾를 한보따리 개지구 가서 미럭님 코우넝 밑이서 태웠더니 미럭님이 댕개지 타는 매운 연기를 맡구서 고만 재치기를 드렙다 하느꺼니 머리 우에 있넌 배낭구가 흔들흔들하넌데 그 바람에 배가 우수수 떠러뎄어요. 이거이 그 배우다" 하구 말했다.

이 말을 들은 쥔녕감은 님제 겁소리 잘한다 하멘 또 하나 해보라구 했다. 총각은 봉창<sup>2)</sup>에서 홀티<sup>3)</sup>를 하나 꺼내 놓구 "고롬 또 겁소리 하나 하갔이요. 이 홀티는 말이우다 다른 홀티레 아니구 오리 잡은 홀티우다. 나는 홀티를 많이 만들어 오리가 네레오는 들판에다 쫙 깔아 놓구 한쪽 끝을 몸에다 감구 가만히 업데 있으문 오리들이 네레와서는 홀티에 걸리무다. 한 백 마리쯤 걸렜일 적에 니러서서 에헴 하구 소리를 내구 잡아댕기문 오리들은 일제히 하늘루 높이 날음다. 오리가 나르문 나두 공둥으루 올라가무다. 오리들이 여기 더기 날아댕기다가 마감에 지티문 네레앉게 되넌데 고때 오리를 모주리 잡아놈우다. 이 홀티는 고릏게 해서 오리 잡는 홀티우다." 쥔녕감은 이 총각에 말을 다 듣구서 "님제 겁소리 잘한다. 겁소리 두 마디 했다. 또 한 마디 더 해보라"구 했다. 고롬 하갔이요, 하멘 봉창에서 글씨 쓴 종이자박을 내서 쥔녕감 앞에 내놓구 "이거는 우리 아바지한데서 돈 二百 낭 꾸어 쓰구서 쥔녕감이 써준 차용증서이무다. 생각나시디요?" 하구 말했다. 쥔녕감은 총각에 말을 듣구 그거 겁소리 아니구 참말이라구 하멘 돈 二百 낭을 내주야갔구 겁소리라 하문 겁소리 세 마디 했으꺼니 딸을 주어 사우 삼아야 하갔구 이거 어카야 할디 이리 생각 데리 생각 하다가 겁소리 세 마디 했다구서리 이 총각을 딸을 주어 사우삼았다구 한다.

*1935年 1月 昌城郡 昌城面 坪路洞 姜英老
*1935年 7月 龍川郡 東上面 乾龍洞 李成萬

1) 고추  2) 저고리 안주머니  3) 올가미


# 거짓말로 장가들다 | 넷날에 한 사람이 있드랬넌데 이 사람에게는

곻은 딸이 하나 있었다. 이 딸이 살릴<sup>1)</sup> 나이가 되느꺼니 여기 더기서 혼세하갔단 사람이 많은데 이 사람은 겁소리 잘하넌 사람을 사우삼갔

다구 했다. 그르느꺼니 겁소리하갔다는 총각이 많이 모여와서 겁소리
한다구 여러 가지 겁소리를 하넌데 그건 겁소리 아니구 참말이다 하구
모두 물리테 보냈다.

늦두룩 당개두 못 간 아주 못생긴 얽거맹이 총각 하나이 이런 소문
을 듣구 그 집이루 찾아가서 겁소리 하레 왔수다구 했다. 쥔넝감이 해
보라구 하느꺼니 이 총각은 주머니서 글씨 쓴 종이를 꺼내서 넝감 앞
에 놓구 "이거는 내레 열 살 적에 우리 아바지레 쥔넝감 큰아바지²⁾한
데 돈 九百 냥 꾸어주구 받아논 차용증서이무다. 그레 내레 이자 그 꿰
준 돈을 받으레 왔수다" 하구 말했다. 쥔넝감은 총각에 말을 듣구 그
말은 겁소리 아니다 하문 九百 냥을 내주어야 하갔구 겁소리라구 하
문 딸을 주어야 하갔구 어카야 좋갔누 하다가 고만 이 못생긴 총각을
사우삼기루 했다.

＊1936年 12月 宣川郡 水淸面 古邑洞 李基植

1) 시집보낼    2) 할아버지


# 거짓말하고 사위되다 | 넷날에 어늬 곳에 부재 넝감이 있었드

랬넌데 이 넝감이 누구던지 돈 百 냥 개구 와서 거즘뿌리 세 마디 해
서 다 거즘뿌리라구 하게 되문 딸을 주구 한 마디라두 거즘뿌리 아니
라문 내논 돈을 못 받는다 하구 廣告를 쎄붙였다. 그르느꺼니 숫탄 사
람덜이 와서 거즘뿌리를 하넌데 넝감은 두 마디꺼정은 거즘뿌리라구
해두 셋재 것은 참말이라구 해서 돈만 빼틀리구 돌아갔다.

하루는 한 총각이 찾아와서 여기선 농세를 어드릏게 짓습니까 하구
물었다. 넝감은 몰떠서 옹기구 김 매주구 낫으루 베서 갈한다구 했다.
총각은 "그래요 우리 몰서는 그렇게 힘들게 하디 않구 아주 쉽게 하무
다. 봄에 논을 갈구선 종지를 뿌리구서리 살 돼기¹⁾를 개저다가 고우에

덮어씨우넌데 그럴 것 같으문 數十日이 지나서 엄이 살뙈기 사이루 베디무다.[2] 베데서 차차 자라서 베이삭이 나와서 닉는데, 갈할 때는 살뙈기를 우루 올레서 걷어내문 베알이 쭐 홀테서 쉽사리 농세허게 되무다." 이같이 말하느꺼니 넝감은 에에 겁쏘리 말라우 했다. 총각은 令監에 이 말을 듣구 "고롬 내레 겁쏘리 한 마디 했수다" 하구 말했다.

그리구서 "여기서는 여름에 더웁게 지내지요" 하구 물었다. 令監이 그렇다구 하느꺼니 총각은 "우리 말서는 덥디 않게 잘 지내무다. 어드래서 그런구 하니 우리 몰서는 갈에 짚너꾸리[3]루 쭉둥애를 갯다가 北켄 쪽으루 向해 놓구 겨을에 찬바람을 잡아닣구 종애루 세과데 封해두었다가 여름이 돼서 더웁게 되문 짚너꾸리에 봉지를 떼서 쌔원한 바람을 나오게 해둡니다. 그러문 아무리 더운 날이라두 덥디 않구 쌔원하게 지냅니다" 하구 말했다. 令監은 그런 겁쏘리레 어드메 있노 했다.

총각은 "고롬 내레 겁쏘리 두 마디 했수다" 그리구선 "그런데 넝감은 우리 아바지한데서 돈을 잘 내다 썼다넌데 보느꺼니 넝감이 돈 萬 낭을 지구두 이지꺼지 갚디 않구 있읍데다레. 자아 이거 보시라구요" 하멘 문세 하나를 꺼내서 넝감 앞에 놨다.

넝감은 그걸 보구 겁쏘리라구 하면 총각이 겁쏘리 세 마디 한 거이 돼서 딸을 주어야 하갔구, 겁쏘리 아니구 참말이라구 한다면 돈 萬 낭을 내주어야 하갔구 이거 난체하게 돼서 어칼디 몰랐다. 그런데 돈 萬 낭 안 내줄 작정으루 겁소리 세 마디 한 거루 딸을 내주구 총각을 사우 삼았다구 한다.

＊1937年 7月 龍川郡 外上面 西石洞 金昌根

1) 삿자리    2) 뻗어나옵니다.    3) 짚단

# 거짓말 세 마디 | 넷날에 어늬 골에 논두 많구 돈두 많은 부재 넝감이 있었드랬는

데 누구던지 겁소리 잘하는 사람에게 돈을 많이 주갔다구 廣告을 써부텄다. 그랬더니 한 사람이 와서 겁소리하갔다구 했다. 부재 넝감은 고롬 겁소리 해보구레 하구 말했다. 이 사람은 늬어[1] 겁소리를 하기 시작했다. "우리 아바지레 오동짓달이 되먼 큰 구덕을 매개지구 거기다 찬바람을 많이 잡아늬쿠 더운 여름날에 팔아먹드랬는데 그 찬바람 구덕을 이 집 주인 넝감두 外上으루 사서 썼다구 하던데 오늘 나는 그 찬바람 값을 받으레 왔으느꺼니 바람값을 내시라우요" 이렇게 말하느꺼니 쥔 넝감은 눈이 둥굴해디며 거 저즛뿌리요 했다. 그러느꺼니 겁소리하는 사람은 고롬 내레 겁소리 하나 했수다 하구 말했다.

담에 이 사람은 말하기 시작했다. "고기를 눅게 먹넌 法을 하나 대올리갔수다. 소 잔덩이에 진흙을 쩔쩔 발르구 거기에 콩알을 꼭꼭 밖구선 소 꽁뎅이에 단단한 망치를 매달구 꿩이 많이 있는 山으루 가서 소를 매두먼 꿩이란 놈덜이 콩을 파먹갔다구 소 잔덩이에 올라앉아서 콩을 쪼먼 소는 잔등이 근질근질 하느꺼니 파리 쫓는 모양으루 꼬리를 휘휘 내둘러 잔등을 티먼 꿩은 모두 맞아 죽습니다. 그걸 갯다 먹으면 돈두 안 쓰구 눅게 먹을 수 있읍니다" 하구 말했다. 넝감은 그 말을 듣구 겁소리 잘한다구 했다. 그래서 이 사람은 고롬 겁소리 두 마디 했수다 하구 그리구 또 말하기 시작했다.

"겨을이 되문 게수에 오리떼가 많이 날라옵니다. 그때 게수에다 빈뒝치[2]를 띠워 놔두먼 메칠은 오리레 미서워서 오딜 않디만 날이 가면 그 뒝치레 아무것두 아닌 걸 알구 많이 오게 됩니다. 그렇게 되면 몰래 물속에 사람이 들어가서 숨었다가 뒝치를 쓰구 오리 있는 데루 가서 오리 발목을 잡아서 허리에 찬 밧줄에 묶어 놓구 묶어 놓구 해개지구 나오면 오리들이 지차구[3]를 후두둑 벌리멘서 하늘루 올라가무다. 그러면 사람두 함께 공둥에 올라가넌데 오리가 날아가는 데루 따라가문 돈 안 새기구 어드메구 구경할 수 있읍니다."

이렇게 말하느꺼니 쥔넝감은 겁소리 잘한다구 하멘 돈을 많이 주었다구 한다.

＊1938年 1月 定州郡 玉泉面 文仁洞 金珽鴻

1) 곧, 바로    2) 둥지    3) 날개


# 거짓말 세 마디 |

녯날에 겁소리 잘하는 사람이 있었드랬넌데 어떤 대감이 이 사람과 거즙소리 세 번 잘하문 돈 千兩 주갔다 하멘 해보라구 했다. 이 사람은 내레 머 거즙소리 할 줄 아나요 하더니 요새 文明한 時代에는 소한 바리만 개지면 一生을 넉넉히 잘 먹구 살 수가 있읍니다 하구 말했다. 대감은 이 말을 듣구 소 한 바리 개지구 어드렇게 平生 잘 먹구 살 수레 있능가 하구 물었다. 그르느꺼니 "예에 무쇠루 닙성을 만들어서 그 무쇠 닙성 한켄에 구넝을 조고맣게 뚤러 두구 소에다 입히우구 풀을 뜯어먹게 하멘 소가 크멘서 그 구넝으루 고기가 나오게 되넌데 이 고기를 잘라다 먹으먼 소는 소대루 살아남구 고기는 고기대루 싯건 먹을 수 있게 됩니다" 하구 말했다. 그르느꺼니 대감은 "그건 거즛뿌리다. 그런 말이 어데 있간" 하느꺼니 거즛뿌리 잘하는 사람은 "고롬 거즛뿌리 하나 했수다" 했다. 그리구 좀 있다가 "내레 무넝베를 사서 자루를 제서 겨울에 찬바람을 잡아네 두었다가 여름에 팔았드랬넌데 大監두 그 찬바람 자루를 사개지구 가구선 아직두 그 값을 내디 않구 있수다. 그래서 오늘 그 값을 받으레 왔수다. 그르느꺼니 그 바람값을 내주시구레" 하구 말했다.

대감은 이 말을 듣구 그따우 거즙소리 말라 했다. 고롬 내레 거즛뿌리 두 마디 했수다, 하구선 "내레 三年 前에 대감에 딸하구 사둔했댔드랬디오" 하느꺼니 大監이 상이 벌거뎄다. 이 말을 거즙소리라구 할 것 같으멘 거즙뿌리 서이 마디 한 거이 돼서 돈을 千兩 주어야 하갔구 정말이라구 할 것 같으면 딸을 내주어야 하갔구 해서 이걸 어카나 하구 하하 생각하다 돈 千兩을 주구 말았다구 한다.

＊1933年 8月 宣川郡 深川面 古軍營洞 桂基德


# 속지 않는 사람이 속았다 | 넷날에 어느 골에 남

에 말에 절대루 쏙디 안는 넝감이 있었다. 여러 사람이 이 넝감을 쏙이 갔다구 벨에벨 말을 다 해봤넌데두 만낭 실패하기만 했다. 그래서 이 넝감은 自己를 쐭에 먹을 사람은 없다구 自信滿滿하구 있었다.

어늬 해 추운 겨을날 한 사람이 찾아와서 "쥔넝감, 아 내레 이자 이 집으루 오드랬넌데 데 앞山 고개에 오느꺼니 앵두낭기에 앵두레 넨재알똘¹⁾만한 거이 숫태 열레 있읍다레" 하구 말했다. 그러느꺼니 넝감이 "에이 넨재알똘만한 앵두레 어드메 있간? 암만 날 쐭일라구 그런 말 해두 난 못 쐭여" 하구 픽 웃었다. 아 그 앵두레 넨재알똘만은 않구 정말이디 독만은 합데다" 하구 말했다. 넝감은 "에이끼 독만한 앵두레 어드메 있간, 암만 날 쐭일래두 안 쏙아" 하멘 또 웃었다. 이 사람은 "그 앵두레 정말이디 큰 동애만은 해요" 하구 다시 말했다. 영감이 큰 동애만한 앵두두 없어! 하느꺼니 "큰 동애만은 안해두 오강만은 해요." "야 똑똑히 말하라우. 오강만한 앵두두 없다. 암만 날 쐭일래두 난 안 쏙는다"구 했다. "글써요, 바리만은 해요." 에이 그른 거즙쏘리에 누가 쏙을 줄 알구? 바리만한 앵두두 없다! "고롬 섭밤알²⁾만은 합디다." 이러느꺼니 넝감은 "그렇디 섭밤알만한 앵두두 있다." 넝감에 말을 듣구 이 사람은 "넝감은 나한데 쏙디 안은 것 같소?" 하느꺼니 "와 내레 님제 말에 쏙아? 난 안 쏙았다" 하구 말했다. 이 사람은 웃으멘 "여보 넝감, 이 추운 겨을날에 눈이 싸여 있넌데 앵두레 무슨 앵두가 열레 있갔소" 하구 말했다. 그 말을 듣구 넝감은 "아차 내레 그걸 몰랐구나" 하멘 自己두 쏙아넘어가는 수가 있구나 하구 웃었다구 한다.

＊1938年 1月 定州郡 郭山面 造山洞 金鐘亨
1) 연자방아 돌   2) 도토리

# 거짓말 잘하는 사람 | 넷날에 거저뿌리 잘하는 사람이 있었드랬넌

데 하루는 고 이웃집 넝감이 님제 나하구 내기새 하잔칸능가 하구 말해서 무슨 내기새 하자는 거요, 하구 물었다. 님제레 거저뿌리 잘한다는데 나를 쇡에 먹을 수 있으면 우리 세간 다 주갔다구 말했다. 고롬 내기새 합수다레.

거저뿌리 잘하는 사람은 넝감과 山에 큰 나무 구세먹은 데 쳉밀이 많이 있으꺼니 쳉밀 따멘서 내기새 하자 하구 넝감을 데불구 山으루 올라갔다. 둘이는 도꾸허구 시양털1)허구 개지구 가드랬넌데 가다가 거저뿌리 잘하는 사람이 아 참! 닛이 뿌린 거 있수다 하느꺼니 넝감이 머이가 닛이 뿌린 거이? 하느꺼니 넝감은 도꾸루 띡구 나는 바루 재매야 되갔넌데 바를 안 개저왔수다구 말했다. 고럼 날레 내리가서 개우라. 이래서 거저뿌리 잘하는 사람은 고럼 날레 내리가서 개오갔수다 하멘 山을 내리갔다.

山을 내리가서 넝감네 집이 가서 노친네과 "야단 났수다. 이자 넝감과 나랑 쳉밀 따레 山에 올라가드랬넌데 범이 나와서 넝감을 물어갔시요" 하구 말했다. 노친네는 이 말을 듣구 왕왕 테울멘 山에루 달라갔다. 거저뿌리 잘하는 사람은 또 얼렁 넝감한데 와서 "집에 가보느꺼니 집에 불이 붙에서 타구 있이요" 하구 말했다. 넝감은 고만에 뛔서 집이루 내리갔다. 가다가 넝감 노친네레 마주텠다. "넝감 범한데 물리워갔다메?" "집에 불이 났다메?" 넝감 노친네는 우리 덤빌 것 없이 차근차근 말해 보자우 하구선 말해 보느꺼니 아 고놈에 거저뿌리 잘하는 놈한데 단단히 속은 걸 알구 할 수 없이 세간을 뺴틀리우구 말았다구 한다.

＊1934年 8月 鐵山郡 站面 龍堂洞 白天福

＊1935年 1月 宣川郡 南面 三峰洞 朴炳敦

＊1935年 7月 宣川郡 深川面 古軍營洞 金慰角

＊1935年 12月 宣川郡 水淸面 古邑洞 李銓

＊1936年 12月 龍川郡 龍川面 德峰洞 李錫泰

＊1938年 1月 定州郡 觀州面 草庄洞 鄭聲源

※但 老父와 아들 사이에 거짓말 내기를 하는 것으로 되어 있고 거짓말의 內容은
  上記의 것과 거의 같다.

1) 양철통


# 거짓말하고 사위되다 | 넷날에 어떤 王이 거즛뿌리 잘하는 사

우를 얻갔다구 廣告를 써붙엣다. 그러느꺼니 숫탄 사람이 모여와서 거
즛뿌리를 했넌데 王은 거즛뿌리가 아니다구 내보내군 했다. 하루는 한
사람이 와서 거즛뿌리한다구 하구 말하기 시작했다. "저는 겨울에 벳
자루에다가 찬바람을 잡아넣다가 여름 더울 적에 찬바람 잡아네 둔 벳
자루를 한 자루에 百圓식 받구 파넌데 王님두 그때 벳자루를 서이 자
루 사갔으느꺼니 그 바람값 三百圓 내야 하갔수다" 하구 말했다. 王은
이 말을 듣구 "내레 언제 바람 자루를 샀음마. 그리구 벳자루다가 어드
릏게 바람을 잡아네서 여름에 팔갔누. 겁소리다" 하구 말했다. 그러느
꺼니 고롬 겁소리 하나 했수다. 담에 또 하나 하갔수다 하멘 "내레 길
을 가다가 노무 배레 고파서 머 먹을 것 없갔나 하구 보느꺼니 길가에
돌부테레 있넌데 그 우에 대추나무가 있구 대추레 혹게 많이 달레서
데거나 따먹갔다구 하넌데 돌부테 우에 있는 대추나무가 노무노무 높
아서 따먹을 재간이 있시야디요. 그래서 한 게구를 페서 댕개지 가루
를 돌부테 코구넝어에다 넜더니 부테레 자췌기를 드립다 하느꺼니 그

바람에 대추레 다 떠러데서 그걸 다 쥐먹구 배레 부르게 됐십니다" 하구 말했다. 그러느꺼니 王이 "돌부테레 어드릏게 자췌기를 하네? 요놈 겁소리 말라" 했다. 이 사람은 王에 말을 듣구 겁소리 또 하나 했수다 하느꺼니 王은 겁소리 잘한다 하구 이 사람을 사우를 삼았다구 한다.

*1938年 1月 義州郡 枇峴面 蘆北洞 金泰平

# 거짓말 세 마디로 사위되다 | 넷 날에 한 넝감

이 있드랬넌데 이 넝감은 거즛뿌리 세 가지 하는 사람을 사우삼았다구 廣告를 써 부텠다. 이 廣告를 보구 수탄 사람이 와서 여러 가지 거즛뿌리를 말했다. 그런데 이 넝감은 첫 번째 두 번째는 거즛뿌리 잘한다구 하멘서두 세 번째는 거즛뿌리 아니구 참말이라구 해서 툇자를 났다.

그러구루 있넌데 어늬 날 총각 하나이 찾아와서 겁소리 하갔다구 했다. 넝감이 해보라구 하느꺼니 "넝감에 집이선 날기[1]를 어드릏게 찌어 먹습니까" 하구 물었다. 야 거야 넨자질해서 찌어먹디 하느꺼니 "그렇게 느리게 찓다간 언제 다 찌어먹갔소? 우리 말서는 그렇게 찌어먹디 안습니다. 마당에 멍석을 페놓구 날기를 널어 노문 참새들이 와서 날기 깍데기를 베게 놉니다. 그때 가서 참새를 쫓으면 쌀알은 남구 깍데기는 날라가서 힘 안 들이구 날기를 찓게 되무다" 하구 말했다. 넝감은 야야 넘제 거즛뿌리 잘한다구 했다.

고 담에 고기를 水門을 막구서 잡는다구 허너꺼니 그것두 거즛뿌리 라구 했다. "고롬 내레 거즛뿌리 두 날 했수다" 하구선 "넝감에 曾祖 큰아바지 때 우리 曾祖 큰아바지하구는 親했더랬는데 그때 令監에 曾祖 큰아바지레 우리 曾祖 큰아바지한데서 돈 五萬兩 꾸어가구선 상기두[2] 갑디 않구 있습니다. 그래서 내레 그 돈 빗 받으레 왔십니다" 하구·말했다. 이 말을 듣구 令監은 그걸 겁소리라구 하멘 겁소리 세 날 한 거이 돼서 딸을 주어야 하각구 정말이라구 하면 돈 五萬兩을 내놔야 하각구 해서 이 노릇을 어칸다 하구 하하 생각하다가 할 수 없이 그 총각을 사우 삼았다구 한다.

*1935年 12月 宣川郡 深川面 古軍營洞 張翼昊

1) 벼나 조같이 껍질이 붙은 곡식    2) 아직도


# 거짓말하고 사위되다 | 넷날에 한 부재 넝감이 있었드랬넌데

이 넝감은 겁소리 잘하는 사람을 사우삼았다구 광고를 써부텠다. 그러느꺼니 겁소리해서 사우 되갔단 사람이 많이 모여들었다. 어드메 가면 하얀 산이 있이요 하면 응 있디 그건 겁소리 아니다. 어드메 가느꺼니 대구리 둘 달린 가이가 있어서 보구 왔시요. 응 그런 가이두 있갔디, 건 겁소리 아니다. 넝감 앞에서 어드런 겁소리를 해두 그건 참말이다 겁소리 아니다 하구 툇자를 놓느꺼니 숫탄 사람이 몰레왔서두 하나투 성공 못했다.

하루는 웬 사람이 와서 겁소리 하갔다구 했다. 넝감은 어데 해보라 했다. 그 사람은 "넝감님은 우리 큰아버지한데서 돈 三千냥을 빗었다지요" 하구 물었다. 이 넝감은 그건 참말이다 하면 돈 三千兩을 내주어야 하갔고 그거는 참말이 아니구 겁소리라구 할 거 같으면 딸을 내주어야 하각구 해서 어카문 좋을가 생각하다가 결국 겁소리했다 하구 딸을 주었다구 한다.

*1931年 12月 龍川郡 楊下面 伍松洞 崔英錫

*1936年 12月 宣川郡 水淸面 古邑洞 李庸逸

*1938年 1月 義州郡 威遠面 西洞 白南斗

※但 '넝감'은 '王'으로 되어 있다.

# 거짓말 잘하는 사람 | 어늬 시골에 거접뿌리 잘하는 사람이 있었드

랬넌데 이 사람이 하루는 말을 타구 富者 넝감덜이 장구를 뛰구 있넌 곳으루 가느꺼니 富者 넝감 하나이 님제 여기 와서 거접뿌리 한 마디 하라우 했다. 그러느꺼니 이 사람은 "난 거접뿌리 할 쨤이 없이요. 웃 말 야무가이 넝감 항갑잔체에 광대레 와서 논다구 해서 거 구경하레 가야 하각기 거접뿌리 하멘 지낼 쨤이 없수다" 하구선 다라뺐다. 넝감 덜이 이 말을 듣구 고롬 우리두 광대 노는 구경 가자 하멘 웃말루 와 봤다. 그런데 원 광대 노는 것두 잔채집두 없어서 에이 그놈한데 속았 다 하구 돌아왔다. 이즉만해서 그놈이 와서 "야 님제레 와 우리를 속였 네? 겁소리를 해두 푼수레 있어야디" 하구 말했다. 그러느꺼니 이 사람 은 거접뿌리하라구 해서 한 마디 하잔아났소 하멘 웃었다. 그리구 저 에 집에 가느꺼니 저에 색시레 종일 어데메 쏘다니다 이자야 오능가 하멘 욕을 했다. "내레 넝감덜이 거접뿌리하래서 한 마디 하구 쏙이구 왔다"구 했다. "데따우한데 쏙는 사람 어디 있간. 겁소리 말라우" 하멘 門을 닫아걸구 들오디 못하게 했다. "고롬 님제두 내 거접뿌리에 쏙아 보간? 날래 門 열어라구요" 하멘 門을 열으라구 했다. 그런데 낸은 門 을 열어 주디 안했다. 다음날 새박에 門 앞에 가서 "훼떱과[1] 훼떱과 날 래 와서 받으라" 하멘 과뎄다. 색시레 그거 무어이요 하구 물어서 소두 죽이다 하멘 훼떱다 훼떱다 날래 받아라 했다. 낸이 이 말을 듣구 門을 열어 주었다. 이 사람은 둘옴서 "소두죽은 무슨 소두죽. 님제레 나한데 안 쏙넌다구 해서 거접뿌리한 거이디" 했다. 거접뿌리 잘하는 사람한 데는 안 쏙을 재간이 없단 말이야.

＊1932年 8月 宣川郡 深川面 月谷洞 金勵股

1) 아이고 뜨겁다

# 거짓말 잘하는 사람 | 넷날 거즛뿌리 잘하는 사람이 있었넌데 어늬

더운 여름날 나무 그늘 밑에 사람이 많이 모여 있는 데를 지나가드랬넌데 거기 한 사람이, 여보시 거즛뿌리 한 마디 하구 가구레 했다. 그러느꺼니 이 거즛뿌리 잘하는 사람이 "내레 지금 더기 건넌말에 큰 잔채집이서 떡과 술 먹으레 날래 오라구 해서 걸시 가야 하각기 거즛뿌리하구 있을 짬이 없수다" 하멘 갔다. 거즛뿌리하라는 사람이 그렁가 해서 自근두 그 말에 갔넌데 잔체두 아무것두 없었다. "님제레 와 거즛말 했네" 하느꺼니 "야 거즛뿌리 하라서 내레 하디 안았소" 했다구 한다.

＊1932年 7月 宣川郡 郡山面 蓬山洞 金淑鉉

# 거짓말 잘하는 사람 | 넷날에 과이 金同知라는 넝감이 있었드랬넌

데 고 앞집에 거즛뿌리 잘하는 절문이 보구서 너 거즛뿌리 하나 해보라구 했다. 이 젊은이는 "예 하갔시요, 내레 어쩌낙 밤에 꿈을 하나 꿨드랬넌데 하늘에 올라갔더니 옥항상데레 열락[1]을 차레 놓구 놀구 있시요. 내레 거기 가너꺼니 人間 사람이 올라왔다구 하멘 큰 사과를 두 알 주어요. 그래서 나는 金同知 넝감 생각이 나서 먹딜 않구 낭손에 꽉 부테쥐구 오넌데 잠이 깨서 보느꺼니 두 부랄을 낭손으루 꽉 부테쥐구 있디 않갔시요" 하구 말했다. 그러느꺼니 과이 金同知 넝감이 댓새[2]를 까꾸루 쥐구 "이놈아 내가 네 부랄을 먹으란!" 하멘 때릴라구 했다. 젊은이는 와닥딱 뛰어서 달아났다.

다음날 과이 金同知는 이 젊은이를 또 만나서 거즛뿌리 또 한마디 하라구 했다. 젊은이는 거즛뿌리했다간 매 맞을라구 하멘 안하갔다구 하느꺼니 안 때리갔다 어서 해보라 했다. 그러느꺼니 젊은이는 "내레 어저낙에 또 꿈을 꿨시요. 우리 집 색시레 아이를 개젔넌데 열 달이 넘

어두 나티를 않구 수무달이 돼두 아니 나서 너무두 답답해서 색시를 앞
테 놓구 아래를 딜다보너꺼니 그 안에 관 쓴 넝감이 쉬미가 두 자 반이
나 되구 머리는 백수풍딘[3]이구 해서 너머너머 엄엄해서 고 앞에 꿀복
을 하구 누섭니까 하구 姓名을 물으꺼니 응응 과이 金同知라구 대답
합두다" 하구 말했다.

　　金同知는 이 말을 듣구 내레 너이 아들이 된단 말이가 하멘 때릴라
구 쫓아갔다.

＊1935年 1月 宣川郡 郡山面 蓬山洞 金應龍

1) 宴樂, 잔치　　2) 담뱃대　　3) 白首風진?

# 거짓말 내기 | 넷날에 어딘 골에 한 부체레 살았드랬
넌데 서나는 믹제긴데 색시는 재간이
많았다. 그 뒷집에 朴첨디라는 사람이 살구 있었드랬넌데 이 朴첨디
레 이 믹제기 색시레 自己 맘에 들어서 이거를 빼틀구푼 생각이 나서
어드르카문 빼틀 수가 있갔나 하구 늘 생각하구 있었다. 그러다가 하
루는 이 믹제기과 우리 거짓뿌리 내기상 해서 닙제레 이기문 내레 쌀
멫 가마를 닙제한데 주구 닙제레 지문 닙제 색시를 나한데 주어야 한
다구 말했다. 믹제기는 그런 내기상 하기 싫다구 했넌데두 朴첨디레
자꾸자꾸 하자구 해서 이넘두 할 수 없이 하기루 했다. 그래서 朴첨디
는 맨재 거짓뿌리를 했다. "내레 길을 가다가 바늘 하나 얻어서 그걸
루 가매 붓구[1] 두무 붓구 大톱 티구 細톱 티구 했넌데두 쇠막이 남았
다"구 했다. 믹제기는 이 거짓뿌리를 발각시킬[2] 만한 거짓뿌리를 해
야갔넌데 그런 거짓뿌리레 생각나디두 안해서 그 사람에 말을 거짓
뿌리라구두 안하구 참말이라구두 안하구 저 집으루 돌아왔다. 그리구
저 색시를 빼틀리우게 됐다구 그저 울구만 있었다. 색시레 이걸 보구
와 우능가 물었다.

믹제기는 대답두 않구 자꾸 울기만 했다. 색시는 답답해서 말해 보시라구요 하멘 물으꺼니 뒷집 朴첨디하구 거젓뿌리 내기상 해서 지면 색시를 빼틀우기게 돼서 운다구 했다. 색시는 자세히 말을 듣구서리 일 없으꺼니 울디 말라구 했다.

다음날 남덩을 집안에 숨게 놓구 있다가, 朴첨디레 와서 어드메 갔능가 물어서 색시는 벡에서 일하다 나오멘, "오늘 아침 일지기 어제 간 마이하구 어제 난 가이하구 대불구 마이사냥 갔수다" 하구 말했다. 朴첨디는 이 말을 듣구 "여보시 거 무슨 거젓뿌리레 그렇게 함나 젊은 사람이 벌세 그따위 겁쏘리 하능 거 아니야" 했다. 색시는 이 말을 듣구 "당신은 내 말을 겁쏘리라구 했디요. 어제 당신이 말하능 건 겁쏘리라구 우리 서나는 하디 안했수다. 그러느꺼니 거젓뿌리 내기상은 우리가 이겼수다. 어서 쌀가마니 내놓으시래요" 하멘 나꾸텟다. 朴첨디는 혼이 나서 더 말하디두 못하구 쌀 멫 가마를 주구 그 후보탄 다시는 그런 내기상 하자구 하디 안았다구 한다.

*1933年 12月 碧潼郡 雩時面 雩下洞 九音里 張錫濚

1) 부어서 만들고     2) 뒤엎을


# 수수께끼 내기 ||
넷날에 어늬 말에 늙은 부체허구 아들 兄弟하구 사는 집이 있드랬넌데, 이웃 마을 어떤 넝감이 말내기를 한다구 해서 이 집 넝감은 저에 아덜을 데불구 그 넝감을 찾아갔다.

말내기하레 왔수다구 하느꺼니 이 넝감은 말내기해서 당신이 지문 우리 집에 절개살이를 하구 내레 지문 돈 三千兩 주겠다구 말했다. 도수다, 하구 말내기를 하기 시작했다.

主人넝감은 "이자 여기 오넌데 소낭기[1]에 솔닢이 얼매나 붙어 있읍디까" 하구 물었다. 이 넝감이 모르갔다 하느꺼니 主人넝감은 "이자 소를 봤지요. 그 소에 소털이 얼마나 됩두까?" 하구 물었다. 또 모르갔다 하느꺼니 "돌부테²⁾ 냉가슴 알런 덴 무엇이 약이요?" 하구 물었다. 또 모르갔구 하느꺼니 主人넝감은 "말내기 세 태³⁾ 졌으느꺼니 우리 집에 절개살이하야 하무다"구 말했다.

이 넝감에 노친네레 저 집 넝감과 작은아가 절개살이 하게 됐으꺼니 근심이 돼서 큰아를 보내서 말내기해서 아바지와 저그니를 찾아오라구 했다. 그래서 큰아레 그 말에 가서 말내기하는 넝감과 말내기 하기루 했다.

그 집 主人넝감은 "님제레 이제 오넌데 소낭기 닢사귀레 멫 닢이 되능가 알구 왔음마" 하구 물었다. 큰아는 "나는 모르갔넌데 넝감님은 아즉 나즉⁴⁾ 쓰담는 쉬미가 멫 대나 되는지 암니까" 하구 물었다. 쥔넝감이 모르갔다 하느꺼니 "고롬 主人넝감은 말내기 한 태 졌수다" 하구 말했다. 主人 넝감은 "님제레 이자 소를 봤디. 그런데 그 소에 소털이 멫 대나 되는지 아능가" 하구 물었다. 큰아는 "넝감님 아즉 나즉 뜨구 보는 눈섭이 멫 대나 되는지 아십니까" 하구 물었다. 主人넝감은 모르갔다구 했다. 쥔넝감이 모르갔다 하느꺼니 "고롬 넝감님 두 태 졌수다" 主人넝감은 돌부테 냉가슴 알런 덴 무엇이 약인가 하구 물었다. 큰아는 도꾸 골이 약이라구 했다. 그러느꺼니 主人넝감은 도꾸에 무슨 골이 있능가 했다. 큰아는 "고롬 돌부테레 냉가슴 알른 일이 있습니까" 했다.

큰아는 이와 같이 해서 그 집 넝감과 말내기해서 세 태 지우구 돈 三千兩 받구 저 아바지와 저그니를 데불구 집이루 돌아왔다.

＊1937年 7月 宣川郡 東面 延峰洞 金致淳

1) 소나무    2) 돌부처    3) 가지    4) 아침 저녁

# 수수께끼 말 | 넷날 시골 사는 사람 하나이 과개보갔다구 서울루 가드랬는데 피양 지나 大

同江을 건너서 黃州地境에 오너꺼니 어떤 二八 체네가 모캐[1]를 따구 있었다. 그래서 모캐두 많이 됐구나 하멘 말을 건느꺼니 그 체네는 부담마라구 했다. 이 말을 듣구 이 사람은 무슨 말인디 알 수 없어 길을 가멘서 그 말으 뜻을 생각했다. 그런데 종내 알 수가 없어서 平山서 자멘서 그 집 쥔 노친네과 그 말을 하구 부담마가 무슨 말인가 물었다. 노친네는 웃으멘 삼태기라구 했다. 이 사람은 또 알 수레 없어 가멘 그 뜻을 알라구 했넌데 알 수레 없었다. 그리다가 開城에 와서 어떤 넝감과 그 말을 하구 삼태기가 무슨 뜻인가 물었다. 넝감은 논두뱀이라구 했다. 이 사람은 또 몰라서 가멘 생각해 봐두 알 수가 없었다. 慕華館 역게 와서 아르닉 사람 하나를 만나서 그 말을 하구 그 뜻을 물어 봤다. 그러느꺼니 그 사람은 "과개하갔다구 不遠千里 온 사람이 그런 것두 무르구 과개보겠다구 하능가. 부담마라는 것은 다래가 없다는 말이구 삼태기라는 것은 재담이란 말이구 논두뱀이는 답답하단 말이다"라구 말해 주었다. 이 사람은 그 말을 듣구 그런 말 하나투 모르멘서 과개보겠다구 서울에 온 거이 부끄러워서 고만에 집이루 돌아오구 말았다구 한다.

＊1936年 12月 宣川郡 南面 汝泗洞 高日祿

1) 목화

# 수수께끼 말 | 넷날에 어떤 말에 공은 체네가 있넌데 이 체네는 수수께끼 세 가지를 게루어서[1] 이기는 사람한데 시집 가갔다구 했다. 그 말에 三兄弟가 살드랬넌데 自己들이 가서 그 체네과 수수꺼끼 게루기를 해서 이게서 당개 들갔다구 맘을 먹었다. 맨제 큰뉘이 체네한데 갔다. 체네는 당신 여기 올 적에 길역에 있는 미루나무 닢사귀레 멫치 되는가 알구 왔능가 하구 물었다. 모르갔다구 하느꺼니 구세먹은 나무는 무슨 약에 쓰능가 물었다. 그것두 모르갔다구 하느꺼니 고롬 중 야듭이 맡부테서 쌈하는 거 무슨 약

을 쓰멘 쌈 안하갔능가 하구 물었다. 그것두 모르갔다구 하느꺼니 수수꺼끼 내기를 하나두 모르느꺼니 가라구 했다. 담에 저근아레 그 체네한데 갔다. 체네는 또 그 세 가지 수수꺼끼를 내서 물었다. 저근아두 하나 두 알디 못해서 거저 돌아오구 말았다. 이번에는 셋째레 체네한데 갔다. 체네는 당신 여기 오넌데 미루나무에 닢사귀레 멫이 되는 거 알구 왔능 가 하구 물었다. 셋째는 고롬 당신에 머리털이 멫 갠디 아능가 하구 물었 다. 체네는 모른다구 했다. 고 담에 체네는 구세먹은 나무는 어드르케 해 야 약이 되능가 하구 물었다. 셋째는 독구루 패서 불태우면 약이 된다구 했다. 체네는 또 중 야듭이 쌈하는데 어드르케 해야 쌈을 못하게 하능가 하구 물었다. 셋째는 납작부랄을 째서 발르면 쌈 안는다구 했다. 체네는 고만에 수수꺼끼 게루기에 저서 셋째와 結婚하게 됐다구 한다.

\*1936年 1月 宣川郡 深川面 東林洞 金宗權

1) 겨루어서

# 수수께끼 같은 말 | 어떤 새시방이 말 타구 가싯집으루 가드랬넌데 한 곳에

가느꺼니 아덜이 여러이 놀구 있넌데 한 아레 새시방보구 말 경마 들 갔다구 했다. 새시방은 싫다구 하느꺼니 자꾸 들구 가갔다구 해서 그 카라구 말 경마를 들게 했넌데 이 아레 하하 가다가 배레 아프다 하멘 말 좀 탔으멘 났갔다구 했다. 새시방은 그카라구 하구 말을 줬더니 이 아레 말을 타구서 근냥 다라났다. 새시방은 뛰멘 따라갔디만 붙잡을 수가 없어서 네 姓이 머이가 물었다. 곤은 당덱이라구 했다. 이름은 머 이가 하느꺼니 명질 이튿날이라구 했다. 어드메 사능가 하느꺼니 우두 락 딱딱 범에 골간 뒤라구 하구선 근냥 달아났다.

   새실랑은 사뚜한데 가서 말을 잃었으느꺼니 찾아달라구 했다. 어드 메 사는 누가 말을 타구 달아났능가 말하라구 해서 姓은 곤은 당덱이구 이름은 명절 이튿날이구 사는 데는 우두락 딱딱 범에 골간 뒤라구 대쳤다. 그르느꺼니 "네레 미친놈이다. 어드메 그 따우 말이 있간?" 하멘 내쫓았다. 새시방은 휘쥐해서[1] 가드랬는데 아덜이 七八人 노는 데를 왔다. 새시방은 그 아덜과 "너덜 옛 사줄 꺼니 나 묻는 말 좀 대주간?" 했다. 아덜이 그라갔다 해서 姓이 곧은 당데기란 성은 머가? 그건 張개디. 멩질 쉰 이튿날이란 이름은? 그건 후령이디. 고롬 우루락 딱딱 범에 골간 뒤는 어데멘가? 그건 대장깐 뒷집 아닌가, 이렇게 아덜이 대줘서 새시방이 대장깐 뒷집에 가보느꺼니 張후령이란 아가 있구 말두 있구 해서 그 말을 찾아 개주고 갔다구 한다.

＊1935年 1月 龍川郡 楊光面 善和洞 獨孤鉦

1) 기가 죽어서, 의기소침해서

# 수수께끼 같은 말 │ 넷날에 어늬 사람이 말을 팔

레 당에 갔드랬넌데 언 사람이 와서 말 사자 하구 한번 타보갔다 하더니 타구서리 근냥 달아났다. 말 임제레 여보시 여보시 말 주구 가라구 과테두 근냥 다라났다. 이 사람은 당신 姓이 머이가 하느꺼니 비오다 먼진 날이요, 했다. 어드메 사능가 하너꺼니 채방구 두루거리 산다 했다. 말 임제는 알 수 없어서 사뚜한데 가서 말 찾아달라구 하멘 말 개지구 간 사람에 姓은 비오다 먼진 날이구 살기는 채방구 두루거리에 산다구 해요, 하구 말했다. 사뚜는 이 말을 듣구 "그따우 姓이 어드메 있간, 그리구 그따우 말이 어드메 있간" 하멘 가라 했다. 말 임제는 후쥐해서 집이루 돌아가드랬넌데 가든 길역에 아이덜이 원님 놀이를 하구 있어서 이 사람은 그 원님 놀이 하는 아덜한데 가서 절을 하구 말을 찾아달라구 했다. 그르느꺼니 사뚜하는 아레 그 사람에 姓이 머이구 어드메 사능가 물었다. 성은 비오다 먼진 날이구 사는 데는 채방구 두루거리라구 했다. 원님 놀이 하넌 아레 "비 오다 머즌 날은 안개가 되느꺼니 그 사람에 姓은 安개구 사는 데는 채방구 두루거라느꺼니 城 안에 산다는 말이다"하구 고기 가서 찾아라 했다.

말 임제는 원놀이 하는 아이 말대루 城 안에 가서 安개를 찾았더니 거기 말이 있었다.

＊1938年 1月 龍川郡 東下面 三仁洞 文信珏

# 아내의 奇智 |

넷날에 어늬 有名한 學者레 千字를 다 通達하구두 千字에 있는 글재를 한 재 한 재 넌구하구 있었다. 어떤 사람 하나이 그 學者네 집 앞을 지나다가 그 學者가 調재 陽재를 닐구 있는 것을 듣구 갔드랬는데 三年 後에 그 집 앞을 지나가멘 들어 보느꺼니 그 學者는 상기두 調재 陽재를 닐구 있었다. 이 사람은 學者 앞에 가서 三年 前에두 調재 陽재를 닐구 있었드랬넌데 와 상기두 그 글재를 닐구 있능가 하구 물었다. 學者는 아무리 닐러 봐두 잘 몰라서 그른다구 했다. 이 사람은 우리 집에 와 서 배우멘 날래 알 거라구 하구 갔다. 그리구 저 댕내과 그런 말을 했 다. 그러느꺼니 댕내는 총명한 女子레 돼서 그 學者는 글재 하나 하나 만 알라구 그런 거이 아니구 글재에 뜻과 문테를 더 깊이 하느라구 그 러는 것을 알구 저 서나보구 "와 그따우 말을 생각없이 했능가. 그 學 者가 오멘 우리는 어깔라구 그랬능가" 하멘 學者가 오는 거를 넘네했 다. 그러나 낼은 그 學者가 꼭 올 거라 하구 이것을 피할라구 글재 한 재 ― 무슨 글잰디 닞었읍니다 ― 를 써서 大門 밖이다 까꾸루 부테 놨 다. 아니나다를가 그 學者가 이 집이를 술병을 사개지구 왔드랬는데 그 글재가 까꾸루 부테 있넌 거를 보구 "오오 이 사람이 北邙山 갔구 나" 하멘 도루 돌아갔다구 한다.

＊1936年 12月 龜城郡 沙器面 新市洞 金致載

# 춤추는 쥐 |

넷날에 어떤 해벤 사람이 당나구다 소곰을 많이 싯구 山골루 팔레 갔드랬는데 해는 저 가넌데 집이 하나투 없어서 야단 나서 어드메 집이 없갔나 하구 사멘을 보느꺼니 데에켄에 불이 보였다. 그리서 고기 찾아가서 자리 좀 붙자구 하느꺼니 붙으라구 해서 붙었다.

그 집이서는 해벤 손님 왔다구 달을 잡넌다 머 한다 해서 밥을 잘해 주었다. 밥을 잘 먹구 상을 물린 담에 主人과 이런 네기 데런 네기 하다가 쥔이 우리 집에는 춤추는 쥐가 있다구 말했다. 이 사람은 쥐가 어드릏게 춤추갔능가, 거짓뿌리 아닌가 하느꺼니 쥔은 "아니다 우리 집 쥐는 춤춘다. 만일에 춤추디 안으면 우리 집 재산을 折半을 주갔다. 그러나 춤추면 소곰 바리와 당나구는 날 줘야 한다"구 말했다. 소곰당시는 그렇가라구 했다. 쥔은 쥐구넝을 타라막은 소캐를 뽑구서 "쥐후동당 괄로쥐 광쥐야 너 한 번 나와서 춤추면 우리 一生 호강이러구나" 하구 노래했다. 그러느꺼니 백쥐가 나와서 춤을 얼씬얼씬 췄다. 그래서 소곰당시는 고만에 소곰바리와 당나구꺼지 다 빼틀리우구 말았다. 이 소곰당시는 저에 말에 돌아와서 그런 말을 했더니 이웃 사람 하나이 자세히 물어 개지구 당나구에다 소똥 말똥을 싯구 소매다 광이 한 마리 네개지구 그 산골에 그 집을 찾아가서 자리 좀 붙자구 했다. 主人이 붙으라 해서 자리를 붙었넌데 쥔은 또 해벤 손님 왔다구 달두 잡구 해서 저녁밥을 짓구 있었다. 이 사람은 쥔이 없는 사이에 쥐구넝을 막는 소캐를 뽑구서 "쥐후동당 괄로쥐 광쥐야 너 한 번 나와서 춤을 취멘 우리 一生 호강이러구나" 하구 가만히 노래 불렀다. 그랬더니 쥐가 나와서 춤을 추었다. 이 사람은 소매서 광이를 내서 쥐 앞에 났더니 광이는 그 쥐를 잡아먹었다. 이 사람은 소캐를 쥐구넝에 막아놓구 있넌데 저녁 밥상이 들어와서 잘 먹구 상을 물렸다. 그리구 쥔과 이런 말 데런 말 했드랬넌데 쥔은 자기 집에는 춤추는 쥐가 있다구 했다. 쥐가 춤추는 쥐가 어데메 있간 하멘 놀라는 테하느꺼니 쥔은 있다구 하면 내기하자구 했다. 이 사람은 그렇거자 했더니 쥔은 쥐구넝 마개를 뽑구 "쥐후동당 괄로쥐 광쥐야 너 한 번 나와서 춤을 추면 우리 一生은 호강이러구나" 하구 노래 불렀다. 그런데 쥐는 나오디 안했다. 또 노래허구 또 노래허구 해두 쥐는 나오디 안했다. 고담에 쥔에 색시가 노래했다. 그래두 쥐가 안 나와서 아들보구 해보라 하구 메누리보구 해보라구 했는데두 쥐레 나오디 안했다. 그래서 쥔은 재산 절반을 이 사람한데 줬다.

*1937年 7月 定州郡 郭山面 造山洞 金仁杰
*1937年 7月 宣川郡 深川面 伍峯洞 金炳彬

# 춤추는 쥐 | 넷날에 한 사람이 당나구에다 소곰을 많이 싯구 심애山골[1]루 팔레 갔는데 날이 저무러서 어떤 집에 가서 자리 좀 붙자구 했다. 쥔이 나와서 그렇가라 해서 그 집이서 잤넌데 다음날 아침에 쥔이 "우리 집에는 쥐가 많은데 그 쥐덜이 춤을 잘 추워요" 하구 말했다. 이 사람은 쥐가 춤을 춘다는 말을 첨 들어서 쥐가 춤추다니 믿을 수 없다구 말했다. 그러느꺼니 쥔은 "우리 집 쥐가 춤을 추디 못하문 내 재산을 다 당신 주갔소. 그러나 우리 쥐가 춤을 추면 당신 소곰을 다 나 주워야 하오 하구 말했다. 소곰당시는 그카라구 했다. 쥔은 뜰악에 나와서 "닐닐리야 닐닐리야 큰 쥐에 작은 쥐야 날래 나와서 춤춰라!" 하구 과티느꺼니 쥐덜이 한물커리 나와서 춤을 추었다. 그래서 소곰당시는 소곰을 다 빼틀리우구 집으루 어슬렁어슬렁 돌아왔다. 이 사람에 뇟은 적은니가 소곰을 빼틀리우구 온 거이 분해서 그 소곰을 도루 빼틀러 오갔다구 해서 소곰을 싯구 광이를 소매 안에 몰래 감추어 개지구 그 산골에 그 집으루 찾아가서 자리 좀 붙자구 했다. 쥔이 그렇카라 해서 그 집이서 자게 됐는데 뇟은 쥔 몰래 쥐를 불러내서 광이한테 잡히여 먹게 했다.

다음날 쥔은 우리 집 쥐는 춤을 춘다구 했다. 뇟은 쥐가 무슨 춤을 추능가 겁소리 말라구 했다. 쥐은 우리 집 쥐가 춤추디 않으문 우리 재산을 다 당신 주구 만일 춤추면 당신 소곰을 다 우리에게 주갔능가 하구 말했다. 뇌이 그렇가자 했다. 그르느꺼니 쥐은 "닐닐리야 닐닐리야 큰 쥐에 작은 쥐야 날래 나와 춤춰라"구 소리했다. 그런데 쥐는 나오디 안했다. 쥐은 또 "닐닐리야 닐닐리야 큰 쥐에 작은 쥐야 날래 나와 춤춰라" 하구 소리했다. 그래두 쥐레 한 마리도 나오디 안했다. 이번에는 온 집안 사람이 나와서 춤추라 해도 쥐는 나오디 안했다. 뇌은 그 집 재산을 개지구 와서 잘 살았다구 한다.

＊1935年 1月 宣川郡 郡山面 長公洞 金燦建

1) 심심산골


# 도로 찾은 당나귀 | 넷날에 海邊에 사는 소곰당시 하나이 당나구에다 소곰을 싯구 산골에 가서 다 팔구 소리하멘 집으루 돌아오멘 누구던지 좆 한 번만 보이면 이 당나구 주갔다구 했다.

어떤 아레 이 말을 듣구 저 집에 가서 자기 오마니과 그 말을 했다. 이 낸은 그 말을 듣구 고까짓 것 좀 보이구 당나구 한 마리 얻갔다문 그런 둏은 수레 어데 있갔노 하구 아덜과 그 소곰당시를 대불구 오라구 했다. 아이레 가서 그 소곰당시를 끌구 저에 집에 왔다. "정말루 좆 한 번 보이문 당나구 주갔소?" 하느꺼니 소곰당시는 주구 말구요 했다. 그래서 이 낸은 자아 보구레 하구 보여주었다. 소곰당시는 당나구를 주구 갔다.

그 후 한 두서너 달 지나서 이 소곰당시는 그 집이 찾아가서 그 낸과 전에 보여준 건 좆이 아니랍데다. 그르느꺼니 그 당나구 도루 내주어야갔소 했다. 女子는 그런 말이 어데메 있소 그건 분명히 좆이우다구 했다. 소곰당시는 아니라구 자꾸 우겼다.

낸은 증이 나서 "아아 이거이 좆이 아니구 뭐갔소?" 하멘 초마를 걷어올리구 앞을 벌레 보였다. 소곰당시는 개지구 있던 작시미루 女子에 거기를 칵 찔렀다. 女子는 놀래서 에일 했다. 소곰당시는 거 보구레 그거이 에일이디 웬 좆이요 하군 당나구를 끌구 갔다구 한다.

*1932年 7月 定州郡 安興面 好峴洞 趙閏河
*1933年 1月 宣川郡 郡山面 長公洞 金燦建

# 奸智에 속지 않은 사람 | 넷날에 한 소곰 당시레 소곰을

나구에다 한짐 싯구 山골루 팔레 갔다. 날이 저물어서 한 집에 들어가서 자리 좀 붙자 하느꺼니 붙으라 해서 그 집에서 자게 됐다. 근데 재밤이 되느꺼니 그 집 낸이 아이고 아이고 하멘 울구 있었다. 소곰당시는 잠을 깨서 와 그르우 하구 물으느꺼니 自己 남덩이 갑제기 죽어서 그런다구 하멘 이거를 갯다 묻어 주멘 自己 집 財産 있는 거 다 싸개지구 딴 데 가서 같이 살갔다구 했다. 소곰당시는 그 낸에 말에 구미가 나서, 그 남덩 죽은 거를 거죽대기에다 싸서 새끼루 깍깍 꽁겠다. 그러느꺼니 낸은 남덩이 죽을 때 썪은 새끼루 동제[1] 달라구 했으꺼니 썪은 새끼루 동제 주라구 했다. 그래서 소곰당시는 썪은 새기루 동제서 그 아근에 있는 늪에 집어던지갔다구 짊어지구 늪에꺼지 갔다. 그리구 집어던질라구 하느꺼니 낸은 남덩이 죽을 때 늪에 던질 적에는 마즈막으루 한 번 풀어서 보구 던지라구 했으꺼니 동진 새끼를 풀어 보라구 했다. 소곰당시는 낸이 하잔 대루 새끼를 풀었다. 그랬더니 죽었다는 남덩이 와다닥 니러나서 소곰당시를 늪에 쓸레 넣구 저에 집에 다라와서 소곰당시에 소곰짐과 나구를 찾이했다. 늪에 빠틀리운 소곰당시는 갸우갸우 해서 살아나와서 자기 집으루 돌아와서는 어느메 산골에 갔다가 소곰짐두 빼틀리우구 죽을 번하다가 살아나왔다구 말했다. 그 말에 사는 흉끌스러운[2] 사람이 이 말을 듣구 소곰을 한 바리 싯구 그 골루 찾아가서 그 집에 자리를 붙었다. 재밤에 그 집 낸이 아이고 아이고 울어서 와 우능가 물었더니 아니나다를가, 남덩이 갑재기 죽어서 운다 하멘 죽은 남덩을 묻어 주멘 같이 살갔다구 했다. 이 사람은 그렇하자 하구 시테를 동지레 하느꺼니 낸은 썩은 새끼루 꽁제라구 했다. 이 사람은 죽은 시테는 썩은 새끼루 동제면 못 쓴다 하구 든든한 밧줄루 깍깍 동겠다. 그 집 남덩은 아푼 것두 참구 죽은 테하구 가만히 있었다. 다 동제 개주구 이걸 메구 큰 늪에 집어던질라구 하느꺼니 낸이 마즈막으로 한 번 풀어 보구 던지라구 했다. 이 사람은 죽은 걸 보멘 무얼 하갔소 하멘 그대루 늪에 던저넸다.

이 사람은 이와 같이 해서 그 집 남덩을 쥑이구 그 집에 있는 재산을 다 싯구 집으루 돌아와 잘살았다구 한다.

＊1936年 7月 定州郡 郭山面 石洞下端 金相允

＊1936年 12月 龍川郡 楊光面 龍德洞 金載甲

＊1936年 12月 宣川郡 宣川邑 朴根弘

＊1936年 12月 宣川郡 台山面 仁岩洞 金興善

※但 늪에 빠진 사람은 살아나와서 그 後 변장해서 다시 그 집에서 자다가 집 주인의 奸計에 속지 않고 남자를 단단히 묶어서 늪에 넣어 죽이고 그 집 재산을 뺏어왔다고 했다.

＊1936年 12月 定州郡 定州邑 城內洞 卓時德

※但 큰兄이 비단짐을 싣고 팔러 갔다가 宿所 주인의 奸計에 빠져 늪에 빠져서 뱀이 됐다. 다음 동생이 비단짐을 싣고 그 집에 와서 자다가 주인의 奸計에 빠져 늪에 빠졌던 형의 化身인 뱀의 도움으로 歸家하고 末弟가 그 집에 가서 주인의 奸計에 속지 않고 주인을 단단히 묶어 늪에 던져 죽이고 두 兄이 빼앗긴 비단을 도로 찾고 이러한 奸計로 行人의 재물을 뺏어모은 것을 다 뺏어 싣고 왔다로 되어 있다.

1) 묶어  2) 흉한 사람, 여기서는 재치 있는 사람이란 뜻

# 아우의 보복 | 넷날에 소곰당시 하나이 소곰을 싯구

팔레 나갔넌데 날이 저물어서 너관에
들어 자리를 덩하구 백켄에 오좀 누러 나갔다. 그르느꺼니 한 색시레
나오서 헤죽헤죽 하멘 온 나주 自己가 자는 방으루 둘오라구 했다. 이
소곰당시는 조와라구 밤이 돼서 색시 방에 가서 들어갈라구 문을 열
었다. 색시는 문 안에 지케섰다가 이 소곰당시 상때기[1]를 빨 글티구선
벅작 과뎄다. 그르느꺼니 사랑에서 자든 그 집 넝감이 와다닥 달레와
서 와 그러능가 했다. 색시는 이자 어드르 놈이 나하구 자자멘 내 방에
둘우와서 상때기를 빨 글테 주구 내쫓았다구 말했다. 넝감은 그 말을
듣구 나그내들이 들어 있는 방으루 달레와서 어느 놈이가? 하멘 이 사
람 데 사람 상을 디레다봤다.

소곰당시는 구세기에 쭈굴티구 가만히 앉아 있었는데 이 넝감이 소곰
당시에 상을 보더이만 글틴 자죽이 있으꺼니 야 이놈이 그랬다 하멘
끌구 나가 께 매달구[2] 직사[3] 때리구 말과 소곰짐을 다 빼틀구 쫓아냈다.

소곰당시는 훼쥐해서 집에 돌아갔넌데 이 소곰당시에 저그나가 마
주나왔다가 믠에 상이 글틴 거를 보구 와 그렁가 하구 물었다. 아무데
너관에 들었다가 색시 꾀임에 빠저서 말과 소곰을 다 빼틀리구 왔
다구 말했다. 저그나는 그 말을 듣구 내레 가서 도루 빼틀러 오갔다구
소곰짐을 말에 싯구 그 너관에 찾아갔다. 자리를 덩하구 오좀 누레 밖
에 나가느꺼니 색시가 나와서 헤죽헤죽 하멘 밤에 자기 방으루 오라구
했다. 적으나는 밤이 돼서 그 색씨 방 앞에 가서 바디를 벗구 앵둥이를
디리밀구 문을 열었다. 색시는 지키구 있다가 빨 글티구 과뎄다. 적으
나는 얼는 바디를 입구 서 있다가 너관집 넝감이 달레와서 와 그러능
가 하는 것을 그 넝감에 상판을 빨 글티구서 색시 방에 들어갈라는 놈
이 어떤 놈인가 하멘 과뎄다. 그리구 넝감을 붙데잡구 불을 헤구 보느
꺼니 넝감에 상에 글틴 자죽이 있어서 아 이넘이 색시 방에 들어간 놈
이라구 마구 때렜다. 그리구 시아비가 메누리 방에 들어간 놈이라구

욕하구 이런 놈은 가만 안 놔 두겠다구 덤베느꺼니 돈을 줄꺼이니 살레달라구 빌었다. 이렇게 해서 저그나는 믜에 잃었던 말과 소곰을 도루 찾아왔다구 한다.

＊1935年 1月 鐵山郡 站面 龍堂洞 白天福

＊1936年 12月 宣川郡 台山面 圓峯洞 朴根葉

＊1937年 7月 碧潼郡 加別面 加下洞 李秉煥

＊1937年 7月 宣川郡 宣川邑 川北洞 李在瑄

※但 소곰당시는 명디당시로 되고 뺏기는 것도 명디로 되었음.

1) 얼굴    2) 추켜 매달구    3) 죽도록, 아주 심하게


# 미련한 兄의 奇智 | 넷날 어늬 집이서 믜이 믹제기라구 저근아를 맨제 당개 보낼라구 했다. 그러느꺼니 믜이 결이 나서 하루는 텅간에 가서 소를 꼬리를 붙잡구 끌구 나왔다. 오마니레 이걸 보구 와 그러능가 하구 물었다. 믜은 믜보다 저근아가 맨제 당개 가게 돼서 世上이 까꾸루 됐능가 해서 소두 앵뎅이보탄 가야 할 거루 알구 꼬리를 끌구 나오무다구 했다. 오마이레 이 말을 듣구 믜보탄 당개 보내기루 했다구 한다.

＊1934年 8月 義州郡 古寧面 西古洞 金文國


# 미련한 자의 奇智 | 넷날에 아들 兄弟를 개진 사람과 三兄弟 개진 다른 사람이 있었더랜넌데 하루는 이 두 사람이 술 먹으레 갔다가 고만에 잘못 돼서 아들 三兄弟 개진 사람이 아들 兄弟 개진 다른 사람을 쥑였다. 아들 三兄弟 개진 사람은 집에 돌아와서, 샛재 아들은 믹제기레 돼놔서 이 아들을 빼놓구 우에 두 아들만 데불구 이를 어드르카문 뚱갔나구

황눈을 하구 있었다. 믹째기 셋재레 아버지가 저에 兄들과 황눈하는 말을 門 밖에서 엿듣구서 놈에 아바지를 쥑였스문 아바지두 쥑여야 한다구 아바지를 꽁꽁 꽁데서 골간에 네두었다.

　아바지 죽은 집 아덜 兄弟가 이 집이 와서 우리 아바지를 쥑였으꺼니 우리는 너에 아바지를 쥑이루 왔다. 날래 너 아바지 내놔라구 과댔다. 그러느꺼니 믹제기레 우리 아바지는 내레 꽁데서 골간에 가두어났다. 쥑일라문 골간에 가서 쥑이라 하면서, "근데 쥑일라문 내 말을 듣구서 죽이라. 너덜이 우리 아바지를 쥑이문 우리 큰兄이 가만 두디 않구 너들 兄을 쥑일 거다. 그르문 너들 적으나레 우리 兄을 쥑이갔넌데 그러문 우리 작은 兄이 너에 저그나를 쥑이게 된다. 그러문 너네 집은 아들이 하나투 없게 돼서 망하게 되는데 우리 집은 적은 아들이 하나라두 기터 있게 된다. 이렇게 되는 거를 알구서두 우리 아바지 쥑이갔으문 쥑이라." 이렇게 믹제기레 말하느꺼니 그 兄弟레 가만 생각해 보느꺼니 그럴 듯해서 그냥 돌아가구 말았다. 믹제기래두 말 잘했다는 넷말이야기야요.

＊1936年 12月 定州郡 玉泉面 文仁洞 金珽鴻

# 꾀를 써서 장가들다 | 넷날에 어느 말에 한 부재레 있었넌데 이

부재집에 콩은 딸이 있었다. 그 집 막세리에 총각이 이 부재집 딸과 結婚하구파서 여러 가지루 생각하다가 하루는 가마귀를 한 마리 잡아개지구, 自己는 감당옷[1]을 해닙구 새깜한 자밤둥에 부재집 운두란에 있는 큰 들메나무[2] 우에 올라가서 아모가이 있넝가 하구 부재에 이름을 크게 불렀다. 부재넝감은 자다가 부르는 소리를 듣구 놀라서 깨나서 그 나무 밑이 가서 예예 하구 대답했다. 그러느꺼니 나무 우에서 "나는 옥강상데러다, 한데 너 딸이 하나 있디 안네?" 하는 소리가 났다. 부재녕감은 예예 있슴무다 하구 대답했다. "너 그 딸을 너에 막세리 총각과 살게 하라. 그라느문 너에 집에 큰 禍亂이 니러난다" 하는 말이 나서 부재녕감은 예예 그라가갔읍니다 하구 대답했다. 막세리 총각은 가마귀 발에 초를 매구 불를 혜구 놔 주멘 나는 올라간다 했다. 가마귀는 놔 주느꺼니 불을 달구 하늘 높이 나라갔다. 이거를 본 부재녕감은 정말루 옥항상데레 내리왔다가 올라가는 줄 알구 고이 올라가시요 하구 절을 자꾸 하구 나서 집이루 들어와서 저 댕내와 그 말을 다 하구 막세리 총각과 혼세하기루 했다.

막세리 총각이 당개 올 적에 저 오마니과 죽에 넌넌 도구레[3]를 해달라구 해서 이걸 지갑에 니쿠 가서 첫날밤에 자멘서 포대기 안악에 도구레를 널어 놓구 다음날 아직에 니러나서 도구레를 보구 아 색시레 띠 쌌다. 우리 색시레 싼 띠는 내레 먹어야 한다 하멘서 그 도구레를 다 집어먹었다. 그러느꺼니 색시는 저 오마니한데 가서 엄매야 엄매야 너 사우 잘 얻었두나 하구 말했다. 오마니레 와 하느꺼니 글쎄 어즈낙에 내레 싼 띠를 엄매네 사우레 다 먹누나 하구 말했다.

그 후 이 신랑이 가싯집에 가갔다구 저 오마니과 콩 한 두[4]에 소금 한 두를 두구 닥가서 달라구 해서 이걸 먹구 갔다. 가서 가싯집에서 자다가 자리에다 띠를 한 멍석 쌌다. 그리구 다음날 아침에 니러나서 저 색시과, "前에 내레 님제 싼 띠를 먹었으느꺼니 이제는 내가 싼 띠를 님제레 먹구레 안 먹으문 난 님제와 살디 안갔다" 하구 말했다. 색시는 할 수 없이 그 띠를 먹을라구 했넌데 암만해두 먹을 수레 없어서 저 오마니과, "엄매야 네 사우레 그 전에 내 띠 싼 거 먹었다구 이제는 나보구 제가 싼 띠를 먹으래누나 만일에 안 먹으문 안 살갔다구 한다. 그런데 암만 먹을래두 못 먹갔다" 하구 말했다. 오마니레 "어듸 나 좀 먹어 줄라꾸나" 하구 와서 먹어 봤넌데 암만해두 먹을 수가 없었다. 가시 오마니는 사우를 부뜰구 自己네 세간 절반을 줄 꺼이니 살라구 했다. 사우는 안 된다구 하멘 그 띠를 먹어야 살갔다구 했다. 이 말을 듣구 가시 아바지두 나와서 세간 절반을 줄 꺼이니 제발 살라구 빌었다. 막세리 총각은 이렇게 해서 부잣집 딸하구 결혼하구 그 집 세간 절반을 받아 개주구 갑작이 부재레 돼서 잘살았다구 한다.

＊1935年 1月 定州郡 郭山面 石洞下端 金相允

1) 검은 색 옷   2) 나무이름, 楡   3) 새알   4) 되

# 꾀를 써서 장가들다 │ 넷날에 총각 하나이 옆에 집 체네한데루

당개 들구파서 저 오마니과 체네 집이 가서 그 말을 하라구 했다. 그래서 오마니가 체네 집이 가서 우리 집 아덜이 이 집으루 당개 오갔다구 그러는데 우리 사둔합시다레 그르느꺼니 체네 오마니레 싫다구 하멘 총각에 욕을 드립다 했다. 이 총각은 그 말을 듣구 어데 두구 보자 하구서리 어데메서 독수리 한 마리 잡아 개지구 와서 달걀 깍데기에 챙기름을 두구 심지를 네서 불을 헤서 독수리 꽁지다 달아 개지구 밤에 체네네 집 뒤 큰 나무에 올라가서 아무가이야 아무가이야 하구 체네 아바지를 불렀다. 재밤에 뒤 큰 나무서 부르는 소리가 나느꺼니 체네 아바지레 나와서 나무 밑에 스느꺼니 나무 우에서 "나는 하늘서 내리온 神仙이다. 너는 옆에 집 총각한데 네 딸을 시집 보내야 한다. 시집 보내디 안할 것 같으면 베락을 내리갔다. 알갔능가? 나는 간다" 하멘 독수리를 나주었다. 그러느꺼니 독수리는 꽁지에 불을 달구 나라갔다. 이 사람은 정말 하늘서 神仙이 내리와서 그 말을 하구 가는 줄 알구 네네 꼭 하갔습니다 하멘 절을 했다. 그리구 딸을 옆에 집 총각한데 시집 보냈다. 이 총각은 이렇게 게구를 피워서 당개 갔넌데, 당개 가는 날 엿을 사개지구 가서 밤에 색시와 잘 적에 엿을 퍼대기[1]다가 붙여 놨다. 그리구 자다가 니러나서 떳내레 난다구 법석대며 퍼대기를 들테 보구 엿 붙은 걸 보구 이거 색시레 띠 쌌구만 하멘 내가 먹어 없애야갔

다 하구 집어먹었다. 색시는 점적해서 아뭇 쏘리 못하구 있었다.

　다음날 밤에는 新郞이 정말루 띠를 싸놓구선 떳내래 난다 하구서 퍼대기를 들티구 띠레 있으느꺼니 어젠 나즈는 내가 먹었으느꺼니 온 나즈는 님제레 먹어야 한다구 색시를 주었다. 색시는 그 띠를 먹을라넌데 다 먹디 못하구 오마니를 불러서 함께 먹었다구 한다.

＊1933年 8月 宣川郡 台山面 七星洞 玉仁德

1) 포대기, 이불


# 사위쫓기 |

넷날 어떤 가난한 사람에 집에 사우가 다니러 왔었넌데 이 사우레 한 번 와개지구선 가딜 않구 오래오래 있었다. 이 집 넝감은 어드르카야 사우를 쫓아보낼가 생각하다가 어늬 날 아침에 마당을 쓸다가 급하게 문 있는 데루 나갔다. 그리구 하하 있다가 들어오멘, "허 벨놈으 새끼 다 있다. 남에 사우 오래 있건 말건 무슨 상관이야. 우리 집이 가난하멘 뭴 하나" 하구 혼자말루 두덜댔다. 사우레 이 말을 듣구 아침밥두 먹디 않구 가 삐렸다구 한다.

＊1936年 7月 龜城郡 沙器面 新市洞 金致載


# 방귀쟁이 |

넷날에 하루에 호박을 야들 개하구 밥을 한 가매를 먹는 사람이 있었넌데 이 사람은 아무것두 할 줄 모르구 방구만은 잘 꾸기만 한 사람이드랬다. 그래서 父母는 이거 못됐다 하구 내쫓았다. 그래서 이넘은 여기더기 돌아다니는데 하루는 어떤 곳에 가느꺼니 어떤 덜에서 작은 중과 큰 중이 갈리워서 돌담 쌓기 내기를 하구 있었다. 이넘은 작은 중 있넌 데루 가서 돌담을 싸주기루 했다. 그런데 이 방구쟁이는 돌담을 쌓티 않구 낮잠만 자구 있

었다. 싯건 한잠 자구 니러나 보느꺼니 큰 중덜은 볼세 높이 다 싸아 놨
넌데 작은 중덜은 상기두 덜 싸서 이 방구쟁이는 큰 중덜이 담을 쌓쿠
있넌 데다 대구 방구를 푸웅 뀌었다. 그랬더니 그 돌담이 다 문어뎄다.
그래서 방구쟁이는 그 돌을 다 개저다 돌담을 잘 싸 주었다구 한다.

＊1934年 7月 義州郡 光城面 豊下洞 張炳煥

# 호박충이 |

넷날에 한 사람이 있었넌데 이 사람은 호박을
너머너머 많이 먹어서 단본에 한 서너 가매나
끓에 먹는 호박퉁이드랬넌데 그 집이서는 이 사람 멕에 낼 미천을 당
해 낼 재간이 없어서 나가서 너 함자 빌어먹던디 하라구 내쫓았다. 그
러느꺼니 이 호박퉁이는 여기더기 싸다니드랬는데 한 번은 거 어드메
갔더니 사람들이 산을 허물구 있넌데 산지[1]와 광이루 허무는 것이 안
타가와서 "나 같으면 단본에 다 허물갔넌데…" 하구 보구 있었다. 산
허물던 사람덜은 이 말을 듣고 "당신은 정말 단본에 다 허물 수가 있능
가" 하구 물었다. "나 호박을 서너 가매 끓에 주문 단본에 허물갔소" 이
렇게 말하느꺼네 그카라 하구 호박을 큰 개매다 한 솥 끓어 줬다. 호
박퉁이는 그걸 다 먹구 자기레 들어셀 만한 구넝을 파달래 개지구 파
주느꺼니 그 구넝 안에 들어가서 방귀를 한 방 꽝 하구 뀄다. 그랬더니
벼락티는 소리 같은 쾅 하는 소리가 나멘 그 山은 어데루 가구 없어뎄
다. 이 사람들은 기뻐서 이 호박퉁이를 데레다가 소랑 돼지랑 잡아서
싯것 멕였다. 그런데 배찡[2]이 나서 띠레 매리운 걸 참구 있었드랬넌데
참다 참다 더 못 참아서 밖으루 나갈라구 하다가 고만에 꽝 하구 방구
가 나와서 집이 허물어디구 띠레 마구 쏟아데 나와서 띠에 파묻혜서
죽었다구 한다.

＊1932年 8月 定州郡 西面 下端洞 鮮于基惆

1) 삽    2) 복통

# 提報者 색인

ㄱ

朴炳哲　　鐵山郡 餘閑面 朝陽洞　120, 137, 249
朴炳灝　　宣川郡 南面 三峰洞　34, 218
朴鳳姐　　楚山郡 豊面 龍堂洞　122
朴璿圭　　宣川郡 南面 三峰洞　171
朴承郁　　龜城郡 天摩面 塔洞　127
朴枝華　　宣川郡 台山面 圓峯洞　129
朴致熹　　宣川郡 南面 石和洞　322
朴致熹　　宣川郡 宣川邑 川南洞　330
朴泰弘　　龜城郡 舘西面 造岳洞　306
朴享采　　定州郡 安興面 好峴洞　45
朴亨采　　定州郡 安興面 好峴洞　274
方一英　　鐵山郡 鐵山面 東部洞　243
白基偉　　龍川郡 外上面 新龍洞　29, 263, 285
白南斗　　義州郡 威遠面 西洞　171, 356
白天福　　鐵山郡 站面 龍堂洞　31, 58, 70, 110, 199, 229, 268, 354, 372
白賢瑞　　義州郡 廣坪面 上廣洞　231


ㅅ
鮮于基愃　定州郡 西面 下端洞　261, 377
鮮于殷　　龍川郡 外上面 停車洞　263
申潤德　　宣川郡 深川面 古軍營洞　219
申正均　　龍川郡 外上面 停車洞　248


ㅇ
安光翼　　定州郡 大田面 雲田洞　133
安龍概　　宣川郡 郡山面 長公洞　55, 57, 118, 199, 265
安泰祿　　鐵山郡 站面 東川洞　199
梁命相　　宣川郡 宣川邑 越川洞　34, 217, 236, 237
梁勝祐　　宣川郡 宣川邑 越川洞　217
吳利興　　宣川郡 宣川邑　303
吳裕泰　　定州郡 安興面 安義洞　246
玉仁德　　宣川郡 台山面 七星洞　376
元義範　　定州郡 觀舟面 舟鶴洞　103, 160, 171, 180, 218, 249, 251
元禧斗　　龜城郡 館西面 造岳洞　137
劉準龍　　宣川郡 山面 香山洞　147, 211
劉昌惇　　義州郡 古館面 堂谷洞　175, 192, 220, 223
尹載晙　　義州郡 廣坪面 上廣洞　265
李光鉉　　龍山郡 內中面 香峰洞　160, 171, 248, 249
李圭穆　　新義州府 梅枝町　286

李基植　宣川郡 水淸面 古邑洞　94, 189, 207, 348

李基浩　定州郡 郭山面 鹽湖洞　266

李東烈　鐵山郡 鐵山邑　177

李東昱　龍川郡 楊光面 龍溪洞　31

李龍載　定州郡 玉泉面 文仁洞　280

李明常　宣川郡 宣川邑 川南洞　109, 128

李明赫　博川郡 南面 孟中洞　259, 334, 342

李秉煥　碧潼郡 加別面 加下洞 土智里　171, 268, 372

李錫奎　楚山郡 板面　195

李錫泰　龍川郡 龍川面 德峰洞　34, 230, 329, 354

李成萬　龍川郡 東上面 乾龍洞　347

李星瑞　定州郡 郭山面 造山洞　253

李世益　龍川郡 內中面　31

李壽榮　鐵山郡 鐵山邑 東部洞　34, 129, 131, 261, 314, 320

李順柱　朔州郡 朔州面 西部洞　268

李汝檆　龍川郡 內中面 堂嶺洞　160, 321

李榮培　宣川郡 水淸面 雁山洞　272

李英學　宣川郡 宣川邑 川南洞　320

李庸逸　宣川郡 水淸面 古邑洞　34, 128, 143, 156, 158, 226, 356

李元春　龍川郡 外上面 停車洞　150, 161, 171, 245, 259, 312

李在琯　宣川郡 宣川邑 川北洞　127, 245, 268, 372

李在鉄　宣川郡 宣川邑 川北洞　250

李銓　宣川郡 水淸面 古邑洞　354

李仲培　宣川郡 水淸面 雁山洞　273

李枝洙　碧潼郡 松西面 六西洞　83, 225

李贊基　宣川郡 宣川邑 川南洞　35, 172, 187, 261, 277

李菖奎　龍川郡 東下面 台山洞　33, 127

李菖奎　龍川郡 外上面 停車洞　96, 238, 294

李鐵　宣川郡 水淸面 古邑洞　31, 57, 120, 127, 225, 249, 265

李鐵檆　宣川郡 水淸面 古邑洞　335

李學敬　宣川郡 宣川邑 川南洞　279

李弘泰　宣川郡 郡山面 砂橋洞　19, 23

李熙洙　宣川郡 山面 保岩洞　125, 181, 249, 257

李熙銓　宣川郡 水淸面 古邑洞　131

李熙詮　宣川郡 水淸面 古邑洞　245

林信恒　定州郡 定州邑 城內洞　342

林恒信　定州郡 定州邑 城內洞　321, 325, 340

ㅈ

| 張明翰 | 鐵山郡 雲山面 단島洞 | 314 |
| 張炳鶴 | 博川郡 北面 長新洞 | 333 |
| 張炳煥 | 宣川郡 義州郡 光城面 豊下洞 | 46, 127, 128, 265, 281, 305, 309, 377 |
| 張鳳漢 | 宣川郡 宣川邑 川北洞 | 29 |
| 張鳳煥 | 宣川郡 宣川邑 | 120 |
| 張錫珪 | 龍川郡 外下面 做義洞 | 33 |
| 張錫潡 | 碧潼郡 雩峙面 雩下洞 九音里 | 360 |
| 張錫元 | 朔州郡 朔州面 東部洞 | 199, 218, 294 |
| 張錫寅 | 龍川郡 外上面 做義洞 | 106, 256, 260 |
| 張膺植 | 宣川郡 宣川邑 川北洞 | 30 |
| 張翼昊 | 宣川郡 深川面 古軍營洞 | 160, 171, 176, 356 |
| 張俊根 | 義州郡 古津面 樂元洞 | 135, 259, 265, 316, 346 |
| 田尹敬 | 宣川郡 宣川邑 川南洞 | 249 |
| 全義喆 | 朔州郡 外南面 大舘洞 | 109 |
| 田種哲 | 朔州郡 朔州邑 東部洞 | 22, 33, 40, 88, 186, 189, 297 |
| 鄭利澤 | (張錫元과 같음) 義州郡 古津面 樂淸洞 | 218 |
| 鄭利澤 | 義州郡 古津面 樂淸洞 | 158 |
| 鄭炳一 | 楚山郡 板面 | 44 |
| 鄭聲源 | 定州郡 觀舟面 草庄洞 | 21, 118, 184, 196, 199, 298, 354 |
| 鄭聖則 | 鐵山郡 扶西面 石山洞 | 165 |
| 鄭龍澤 | 鐵山郡 餘暇面 蓮花洞 | 188 |
| 鄭元河 | 鐵山郡 鐵山邑 東部洞 | 94, 202 |
| 鄭濟世 | 龍川郡 楊下面 立岩洞 | 255 |
| 鄭濟世 | 龍川郡 楊下面 五岩洞 | 109 |
| 鄭燦聖 | 定州郡 馬山面 納淸亭洞 | 240, 260, 271 |
| 趙尙伯 | 定州郡 定州邑 城內洞 | 257 |
| 趙閨河 | 定州郡 安興面 好峴洞 | 269, 311, 369 |
| 朱延範 | 宣川郡 東面 路下洞 | 234, 241 |
| 朱廷範 | 宣川郡 東面 路下洞 | 171, 225 |
| 柱勳梯 | 宣川郡 深川面 付皇洞 | 242 |

ㅊ

| 車德煥 | 龍川郡 內中面 東山洞 | 261 |
| 車道豊 | 宣川郡 水淸面 嘉物南洞 | 226 |
| 蔡信用 | 宣川郡 宣川邑 川北洞 | 225 |
| 天原義男 | 博川郡 德安面 南五洞 | 266 |
| 崔敬天 | 義州郡 古舘面 上古洞 | 307 |
| 崔根柱 | 宣川郡 南面 汶泗洞 | 292 |